U0362134

近现代名家传记丛书

盛宣怀传

SHENG XUANHUAI ZHUAN

夏东元 著

南开大学 出版社

天津

图书在版编目(CIP)数据

盛宣怀传 / 夏东元著. —天津：南开大学出版社，
2021.1(2024.11 重印)
(近现代名家传记丛书)
ISBN 978-7-310-06033-7

Ⅰ.①盛… Ⅱ.①夏… Ⅲ.①盛宣怀(1844—1916)
—传记 Ⅳ.①K825.3

中国版本图书馆 CIP 数据核字(2020)第 272605 号

盛宣怀传
SHENG XUANHUAI ZHUAN

南开大学出版社出版发行
出版人：刘文华
地址：天津市南开区卫津路 94 号　　邮政编码：300071
营销部电话：(022)23508339　营销部传真：(022)23508542
https://nkup.nankai.edu.cn

天津泰宇印务有限公司印刷　全国各地新华书店经销
2021 年 1 月第 1 版　　2024 年 11 月第 3 次印刷
240×170 毫米　16 开本　26.5 印张　6 插页　416 千字
定价：88.00 元

如遇图书印装质量问题,请与本社营销部联系调换,电话:(022)23508339

盛宣怀(1844—1916)

盛宣怀在紫禁城骑马像

辛亥革命后盛宣怀改装照片

上海交通大学所立南洋大学创始人盛公铜像

轮船招商局大楼

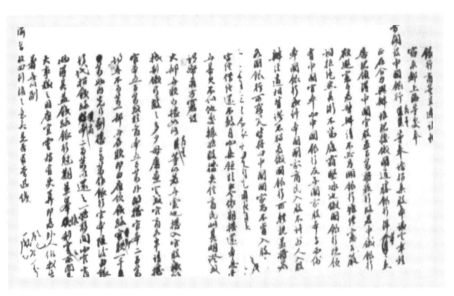

1897 年中国通商银行总董向盛宣怀呈递的说帖

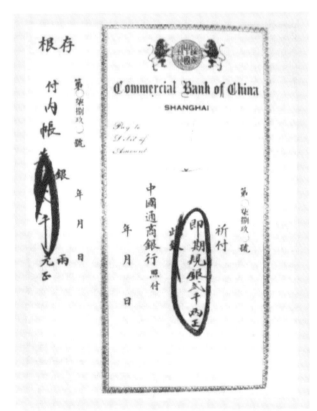

中国通商银行股票

盛宣怀晚年像

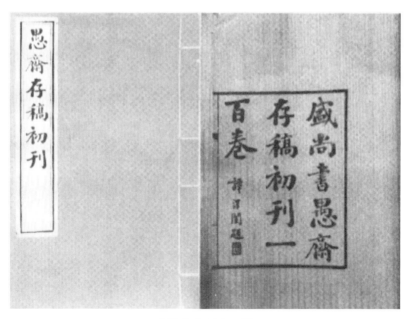

《愚斋存稿初刊》

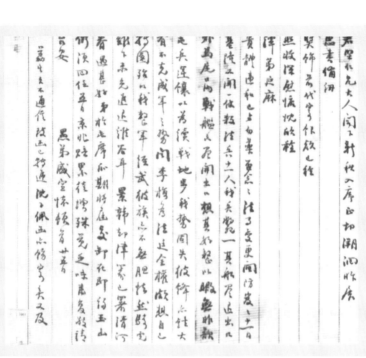

盛宣怀手迹

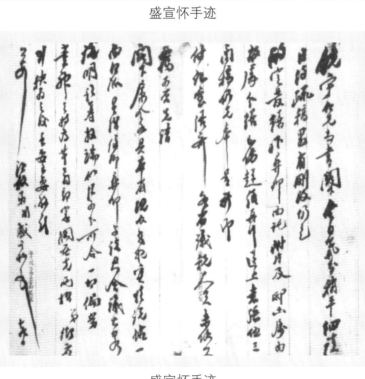

盛宣怀手迹

盛宣怀新论（代序）[*]

夏东元

一　引言

对历史人物的评价，同对所有历史事件的评价一样，必须置于历史长河的发展规律中，看他对于历史发展趋势起怎样的作用：是阻碍还是促进，是顺应还是违反，或者两者都有；并区别前、中、后各阶段的不同表现与社会作用，而做出实事求是的评价。用这样的标准来衡量以经营中国社会发展需要的工商业为己任并卓有成效的盛宣怀，显然必须纠正过去多年来对他不加分析笼统地加上"大买办"的头衔并以此加之否定的不公正的看法。

为了正确地评价盛宣怀，一定要澄清近些年来出现的一些说法，即如果对洋务运动有所肯定，势必引起对于一些历史人物重新评价的麻烦。似乎是说，为了避免"重新评价的麻烦"，还是维持原来传统的对洋务运动否定的看法为佳。这种说法是错误的。一切事物都在发展，历史科学也不例外。随着马克思主义水平不断提高和发展，资料的不断丰富和运用资料水平的不断提高，人们社会实践不断丰富和发展，历史学工作者必将对历史上的问题不断有新的发现和新的认识。随之而来的必然是对一些历史人物、事件有新的更为正确的论述，这是一。其二，对现实问题要有错必纠，对待历史上的问题也应该一样。绝不能因为是历史人物，而对其错误的看法和说法等闲视之。历史是现实的镜子，现将盛宣怀的一生分为"顺

---

* 本文是作者 1985 年 9 月在兰州大学的讲学提纲。

应历史发展趋势的佼佼者"　"保守的政治态度与进步的经济实践的矛盾"
"走了一条'U'字形的路"等诸方面加以论述。

二　顺应历史发展趋势的佼佼者

　　中国近代社会的发展趋势是资本主义必然代替封建主义。顺应这种趋
势并促进其发展者，在这一点上就是有其进步性和贡献而应被予以相应的
肯定；反之，阻碍这种趋势发展者，则是退步落后甚至是反动的，在这一
点上就应被给予否定。盛宣怀虽曾站在清王朝立场上，参与和策划过镇压
人民起义和革命，但其一生主要是资本主义工商业的有力经营者，对中国
资本主义发生发展起了积极的作用，应该被予以恰如其分的历史地位。

　　盛宣怀在1872年参与创办中国第一个洋务民用企业轮船招商局之后，
主持创办湖北煤铁开采总局、电报局、纺织等工业企业，到1896年及以后
几年，几乎独揽了全国铁路修建与煤铁矿开采和冶炼，又与近代工商业发
展相适应，办了中国人自办的第一家银行——中国通商银行、中国第一所
工业大学堂——天津北洋大学堂，紧接着又创办了始为文科高等师范班、
后发展为正规科技大学的南洋公学。这些资本主义新事业是当时中国社会
所迫切需要的。

　　盛宣怀之所以积极地创办和经营这些洋务企业事业，是由于他认识到
中国一定要变贫弱为富强，变落后为先进，才能不受外国资本主义侵略者
的欺凌。要做到这点，出路只有一条，那就是引进先进的科学技术以发展
资本主义工商业。《盛公墓志铭》的作者陈三立说盛宣怀所办轮、电、矿、
路"诸大端为立国之要"，是中肯之言。

　　追逐剩余价值和高额利润是资产阶级本性，盛宣怀当然不能例外，但
盛宣怀在以攫取高额利润为出发点的同时，有着保利权、分夺洋商之利的
积极思想。创办轮船招商局是因为"火轮船为中国必不可废之物，与其听
中国之利权全让外人，不如藩篱自固"；一手经营电报是为了"传递军
报……厚利商民"，抵制洋人"驺驺乎有入江之势"地在中国设线；办煤
铁矿务是由于购洋煤"利自外流，不若采中土自产之煤，利自我兴"。其

后盛氏所创办和经营的铁路、银行、纺织乃至办学堂等事业，无一不具有
适应时势需要和抵制洋商侵占权利两个特点。

为了适应时势和抵制洋商侵利，必须使自己的企业有较强的竞争力。
企业怎样才有竞争力？盛宣怀认识到，官本官办是难以做到的，企业主要
应由将之"视为身心性命之图"的商人来经营，也就是商本商办，才能较
好地做到这一点。所以盛宣怀在创办近代企业中，除湖北煤铁开采因种种
原因官本官办外，大都是主张商本商办的。他总是把"顾商情"放在办企
业的首要地位。他认为只有这样才能持久地办下去，才能达到富强的目
的，尽管他有着将封建的"官"与资本主义的"商"混在一起的局限性。

综上所述，盛宣怀举办了中国近代社会所非常需要的资本主义工商
业，适应了时势的要求；他在办企业的方针上，也基本上是正确的，故除
湖北煤厂以失败告终外，轮、电、矿等多数企业是成功的，起到了赢利和
与洋商争利的作用。盛宣怀所经营的近代企业及与之相适应的新式教育文
化等事业，在中国当时都是新鲜事，是前人所未做过的事，无先例可循。
因此，可以说，盛宣怀是处于非常之世，走着非常之路，做了非常之事的
非寻常之人。

三　终其生未能克服保守的政治主张与进步的经济实践间的矛盾

如果说盛宣怀在经济主张和实践上适应了中国"时"与"势"的要
求，顺应了中国历史发展趋势，那么在政治主张和态度乃至实践上，却是
违反时势的要求，违反民主制度必然要代替封建专制制度的社会实际的。
并且，他终其生未能克服。这种保守的政治主张和态度与进步的经济实践
间的矛盾。这是盛宣怀的致命伤。这个致命伤要追溯至他开始创办近代企
业时的指导思想。这个指导思想就是李鸿章在1877年所说的盛宣怀"欲
办大事，兼作高官"。这里所说的"大事"就是指洋务工业企业。在当时，
对清政府来说，任何大事莫过于关系到清王朝存亡的洋务事业；对盛宣怀
个人说，所有"大事"当然也莫过于办洋务工业企业。在李鸿章讲这句话

时，盛宣怀还是一位如李氏所说"官既未操左券，事又无从着手"的青年。盛氏似乎意识到，"作高官"，要先把洋务企业的"大事"办成才有可能。这种"高官"与"大事"是矛盾的，因为用资本主义的"大事"，作为做封建专制主义政府"高官"的资本，这不就是"中学为体，西学为用"的翻版和引申吗？不加克服，必将重蹈与将这一思想体系付诸实践的洋务运动的同一失败的命运。

盛宣怀一生旅程基本上是以"办大事"为资本，逐渐达到"作高官"的目的。他在19世纪七八十年代举办轮船、电报、矿务、纺织等企业的基础上开始做官。继1884年署天津海关道之后，很快于1886年秋正任南北洋"中间站"的山东登莱青道兼烟台海关监督；1892年调任起着北洋大臣（由直督兼任）参谋部作用的天津海关道，直至1896年。1896年是盛宣怀大发迹的起点。这一年他担任与国民经济命脉密切相关的汉阳铁厂、铁路总公司、中国通商银行等企业的督办，被授予太常寺少卿之衔和专折奏事特权。此后盛宣怀的官阶扶摇直上，大理寺少卿、会办商务大臣、工部左侍郎，等等，到1908年被授为邮传部右侍郎，1911年荣膺邮传部尚书，真的"作高官"了！之所以官阶升迁如此之快，又如此之高，主要是由于他基本上控制了所有重要的洋务民用工业企业，成为在经济上支持清王朝的有力柱石和对外关系上的有力帮手，从而成为清政府不可或缺的人。而这，也正是盛宣怀的悲剧。照理，资本主义发展，必然要求资产主义民主制度与之相适应，但盛宣怀发展资本主义经济却是想做高官，做封建专制政府的高官，这是与民主制度不相容的。而且官阶愈高，同他所控制的新的资本主义经济的矛盾愈大，终致其在政治上成为辛亥保路运动和保清派集中的资政院的攻击对象。因此，1896年是盛宣怀官阶上大发迹和经济大发展的起点，也是其落后保守的政治思想明显表露从而走下坡路的开始。

这里，须说明两个问题。

第一，在过去一些著作里，常常有人以盛宣怀赚了许多钱号称中国"首富"作为诋毁贬斥他的依据。这是不公正的。众所周知，剩余价值规律曾起过发展经济和推动历史前进的杠杆作用，盛宣怀之所以办了那么多企业，发了那么大的财，是剩余价值规律的推动的结果。他为积累财富而创办前人未办过的工业企业；为此而召集商股将闲散资金化为有用；为此而引进先进的科学技术；为此而办正规的新学堂和派遣留学生；为此而与洋商斗或和；为此而与一切敢于同他竞争的对手斗或和，从而推动经济的巨大发展和进步。何况，盛家的富不始自盛宣怀，而是早有"富名"了。光绪季年，有人控告盛宣怀接受英人贿赂而致富时，盛宣怀致友人书澄清此事说：

> 倘分英赂，敢硬争乎！……佳某家素有富名，实不自今日始。同治丁卯（1867），李文忠督两江，即命故父招股开张公典三十余家，以便劫后穷民。癸酉（1873）创轮船，庚辰（1880）创电报，即替出典当首先入股……故乡田园，浙广别业，多属旧物，斑斑可考。今为汉厂、萍矿又集巨资，不得不招摇过市，以取众商之信。①

这封简短的信函说明以下几个问题：（1）盛家原来就是富户，故在太平天国被镇压时能做到"开张公典三十余家以便劫后穷民"；（2）常州家乡田地房产和浙江、广东等处的药店、钱庄、典当等商店也是"旧物"，不是盛宣怀办洋务后才开设的；（3）更为重要的是，盛家不是将钱财窖藏起来，而是投资于轮、电、矿、冶等近代基础工业企业，让其流通增值，对经济发展起促进作用，这正是马克思主义所赞许的。因此，富不应是贬盛宣怀的理由。我认为，盛宣怀的问题，不在于他用商本以谋利，而在于他既似商又似官，由似官而为官，用商力以谋官，由倾向于为官发展到利用官势以凌商。以追逐剩余价值和高额利润为目的的盛宣怀，当然是"商"，但他在办洋务民用工业企业那一天开始，即是以官方代表身份出场的。用商力以谋资产阶级的"官"，谋民主主义的"官"，并反过来保护资产阶级的利益，那当然是进步的。但他谋的是封建专制政府的"官"，就必然从以"官"护商发展为"利用官势以凌商"，到辛亥革命前夕，他由民族性很强的资本家变为用官力将轮、电、铁路、矿务、银行等关系国民经济命脉的企业联缀起来企图实行垄断的资本家了。

盛宣怀充当封建政府的"官"，他就必然反对政治上的民主性的维新

---

① 《盛宣怀致岑春煊函》，见《盛宣怀实业函电稿》（下简称《实业函电稿》）下册，第792页。

改革。如在戊戌维新中，盛宣怀公开提出与康、梁等人相对立的变法方案，"中国的根本之学不必更动，止要兵政、工政两端采取各国之所长"。到清政府搞预备立宪时，他才附和说"但求宪法顾得住君权，未始无益。"这与清政府的御制立宪异曲同工。

由此可见，追逐剩余价值以致富，对盛宣怀不应贬而应褒。他如果由发展资本主义而为资产阶级民主政府的官，也无可非议。但盛宣怀当的和升的是封建的"官"，这不仅应该贬，而且也多少影响到他的民族性的资本主义性质，而带有官僚垄断资本主义味道了。这就是说，这种垄断不是资本主义发展的结果，而是用"官力"把各种企业联缀起来的。盛宣怀并不隐晦这一点。他说："目下留此一官，内可以条陈时事，外可以维护实业。"

第二，如果说盛宣怀为了"作高官"而"办大事"，又以"高官"的力量把资本主义的"大事"带上官僚垄断性，"官"多少影响到经济的性质，那么，盛宣怀将他的"大事"，即经济的稳定发展放在首位的态度影响到他政治外交上的处理方针，"东南互保"是明显的例证。由于盛宣怀经营多年的招商局、铁厂、铁路、矿产、银行等经济设施主要集中于长江中下游，他从自己的利益出发搞东南互保，对中国的经济发展固然有利，却也正符合英美帝国主义的利益。

在1900年八国联军入侵和义和团运动中，各种势力的关系是很复杂的：慈禧太后为首的清王朝与义和团的关系，八国联军侵略者与清王朝的关系，盛宣怀与清王朝及其与八国联军侵略者的关系，等等。盛宣怀从他的洋务工业企业"大事"出发，是怎样处理这些关系的呢？帝国主义列强与清王朝为敌对的双方，而盛宣怀却与清朝敌对的一方搞"互保"，这是"抗旨"；慈禧太后利用义和团，而盛宣怀却坚决主张剿灭义和团，这又是"抗旨"。盛宣怀在剿拳、惩凶、护使和反对慈禧太后的一切做法上，与列强的要求是一致的，当然也符合他本身的利益。

由上所述，盛宣怀是为"作高官"而"办大事"；反过去，为了"大事"而影响了他的官的做法，他逐渐沦为"洋人的朝廷"的清政府的官，尤其是像盛宣怀这样的主要管理洋务工业企业的大官，不可能不受到清政府和帝国主义的支配和影响。这就使盛宣怀这位"高官"不可能对他的洋

务工业"大事"起到理想的保护作用，而要在相当程度上听任帝国主义和
垂危的清政府的摆布。例如，辛亥铁路国有，并不是盛宣怀所办"大事"
中必不可少的步骤，但他却做了，他也只能去做。铁路国有的是与非，要
看情况而定，一般的我们可以存而不论，但辛亥年"实为帝国主义所有"
的铁路国有，则是违反人民利益的。

由此可见，盛宣怀在经济活动上是顺应历史发展趋势的，在政治上却
是违反时代要求的。

四　走了一条"U"字形的路

以盛宣怀为首的资本主义集团，是利用"官"的力量把各企业连缀起
来对国民经济实行某种程度垄断的资本主义，我称之为初具规模的官僚垄
断资本主义。它不符合一般资本主义国家经济的自由竞争规律，及必然发
展为垄断。所以，盛宣怀的"官"的地位不存在，以他为首的带有垄断性
的资本主义就要解体。因此，对盛宣怀个人来说，当他在辛亥革命的潮流
冲击下被清王朝作为替罪羊下了台，他就不再为带有官僚垄断性的资本家
了。尽管他对轮船招商局、汉冶萍公司和一些纺织工厂等仍有一定的控制
权，但那只是以一般经理、董事、会长和股东的资格去控制，而没有什么
"官力"的压制。于是他对帝国主义和中外商人首先是外国商人又恢复符
合了资本主义的一般竞争规律。他仍不失为民族性较强的资本家。从一定
意义上说，盛宣怀走了一条"U"字形的路程，即从民族性较强的资本家
始，仍以民族性较强的资本家的身份终其生。

讲到这里要说明一个问题，即孙中山为首的中华民国政府没收了盛宣
怀的财产后又还给了他的问题。学术界不少人认为，孙中山主张还给盛宣
怀已被民国政府没收了的财产，是资产阶级向封建官僚、大资产阶级妥协
的表现。这是不公正的。既然如上所述，盛宣怀离开了官的权力恢复到一
般自由竞争的资本家的身份，那么，对盛氏政治打击的同时，应给予他财
产的保护。孙中山的做法是正确的。

五 余谈

综观盛宣怀的一生，由于其政治观点和言行是保守落后乃至于反动的，他注定在政治上是一个失败者；但他的经济主张和所办近代工商业却是符合历史要求的，故他在经济上基本上是一个成功者。之所以成功，除全书所讲的那些原因外，他勤奋认真的工作作风，也是重要原因之一。仅就我看到上海图书馆所收藏他的个人档案资料，在数十万件电报、信件、企业章程、合同和各种原始文件中，有数以千万计的盛氏手稿和他的修改稿。经他手签发的文书，一般都经草拟、誊清修改、再修改等三稿或更多稿才发出。即使进入老年，他仍认真如旧。盛氏的亲密幕僚叶景葵先生记其事云："宣统之季，余在造币厂监督任内，公适筹画币制条款，召余商榷，函电属草，每于病榻亲自为之，精细为群僚之冠。"[1] 盛氏事业上的成功，绝非偶然。

像盛宣怀这样的人，学术界应为之写传记。研究中国资本主义的历史却不研究盛宣怀是不可思议的。之所以至今没有一本传记，因过去的一些观念，资料很不完全也是重要原因。《愚斋存稿》原计划刊印奏稿、电稿、函稿、文稿四部分，后只刊出奏、电二稿；中华书局出版的《盛宣怀未刊信稿》只是断断续续的几小段。它们都是起自1896年。至于1896年以前的几十年，资料很缺乏，而这几十年对盛宣怀的研究和评述，却是非常重要的。

写《盛宣怀传》是我长期的愿望和计划，酝酿于20世纪60年代初，积极准备于70年代中、后期，其间有两年以上时间，我在上海图书馆馆长顾廷龙先生支持下，几乎每天在该馆大量翻阅摘抄"盛宣怀档案资料"；1981年发表的《论盛宣怀》为撰写本书奠定了基础；而为盛宣怀写传付诸实践，则始于1983年秋冬之交四川人民出版社蔡济生同志对我的促进和约稿。在写作过程中，全国已先后有八家出版社向我索约《盛宣怀传》书稿

---

[1] 转引自《盛宣怀珍藏书牍初编·近代名人手札真迹》顾廷龙先生《序》。

出版，我在此表示衷心的感谢。

《盛宣怀传》成书过程中，得到我的夫人薄芳同志大力协助：她除做抄卡片、誊清稿和核对资料等工作之外，书末所附《盛宣怀一生经历记要》，是由她完成的。

目　录

第一章　由封建知识分子向新型
洋务人才转变

一　重"有用之学"，轻举业

非常之世，必有非常之人走着非常之路，做着非常之事，以达到个人的欲望和目的，并对社会发展起着新的促进作用。1840年鸦片战争后的中国，是在外国资本主义侵略下空前急剧变化的"非常之世"：进犯的敌人，不是像过去四邻落后的"夷狄"，而是拥有先进科学技术与坚船利炮的资本主义列强；军事入侵的目的，不只是像祖先们曾经遇到的"夷狄"的攻城略地、劫夺财物，而是在逼签的城下之盟条约中，写上什么开通商口岸、降低关税，以及领事裁判权等闭塞的官僚们视为奇怪的条款。随着这些条款的实施，大量廉价商品尤其是，与人民生活最切近的纺织品的输入并逐步占领中国市场，促使传统经济结构破坏；另一方面，伴随列强侵略而来的传教士们深入中国社会进行文化渗透，促使儒家等传统观念的变化。这也就是先进思想家郑观应所说的列强侵华"不外通商、传教两端。通商则渐夺中国之利权，并侵中国之地；传教则侦探华人之情事，欲服华人之心"①。由于资本主义列强的这些侵略活动，中国的自给自足自然经济逐渐解体，并被迫融入世界资本主义流通体系；近代工商业发生和发展了，新的工人阶级和资产阶级产生了；在西学东渐的过程中，中西文化交流的同时，也伴随着冲突和交锋等前所未有的新变化。有识之士惊呼着"千古未有之奇变""亘古未见之变局"，形象地概括描绘了这种"非常

---

① 郑观应《易言·论传教》，见夏东元编《郑观应集》（上册），第121页。

之世"。

在这"非常之世"的历史条件下，循着原来旧路走的是普遍现象，但也有在这"非常之世"一开始，即探寻着新的"非常之路"的人。这种类型的人随着时代的前进且日益增多。他们的出发点和政治立场不尽相同，自觉和自发的程度也人各有别，但在不按照老路子走，而是根据新的情况走出一条新的路的情况上，则有其一致性。尽管这种"一致性"还存在着量的甚至是质的差别。盛宣怀是在"非常之世"中想要走新的"非常之路"做"非常之事"的人中的佼佼者。这一点，当时人和后来者均有评述。盛宣怀于1892年正任天津海关道时，对中西文化交流有贡献的沈毓桂，就用"非常之事必待非常之人任之"①之句来恭维他；1896年盛宣怀拟在汉阳铁厂办半工半读大学堂时，郑观应曾有"东半球未有之大学堂，真非常不朽之功业也"②的赞许。"非常之事"和"非常不朽之功业"，虽是指某一件事说的，却可以点窥面地说明盛宣怀所办事业均为非常之举，因为上述两例是盛氏事业的一个组成部分。所谓"盛氏事业"，主要是兴办和发展资本主义工商业。之所以要看作"非常"，系做了前人之所未为。陈夔龙对此有过确切的表达，他说盛宣怀"所治皆未有故事非素习者"③。这并非过誉之词。这里所说的"非素习"的"未有故事"，主要是指引进先进的科学技术、举办近代工矿业及相应地创办金融、教育等洋务事业。盛宣怀在初露头角时即向李鸿章表达过大办洋务事业的宏愿，他函告李氏说，除努力办好轮船、电报之外，"竭我生之精力，必当助我中堂办成铁矿、银行、邮政、织布数事，百年之后，或可以姓名附列于中堂传策之后，吾愿足矣。中堂得无笑我言大而夸乎？职道每念督抚姓名得传后世者几人哉？遑论其下。是故做官不及做事多矣"④。盛宣怀这里所说的"做事"就是办洋务。后来历史发展表明，上述几件"事"不仅办到，而且办得极好，并非"言大而夸"。他虽说"做官不及做事"，事实是既做了事，

---

① 沈毓桂《恭贺盛杏荪观察调任津海关权篆拙句六章》，1892年8月17日《万国公报》复刊第43册。

② 上海图书馆藏盛宣怀档案资料（下简称"盛档"，盛档以外的上海图书馆所藏未刊资料概称"上图未刊"），《郑观应致盛宣怀函》，光绪二十二年十月初八。

③ 陈夔龙《盛公神道碑》，《愚斋存稿》（下简称《愚稿》）卷首。

④ 《盛宣怀上李鸿章禀》，《实业函电稿》上册，第46页。

也做了官，而且做的是大官，是从"做事"很自然地达到"做官"。当然，盛宣怀之名流传后世，不是由于他"做官"而是由于"做事"。盛宣怀这样想和这样做，绝非偶然。他从青年时起，即非比寻常地视办洋务重于"习举业"。

盛宣怀，字杏荪，一字幼勖，号次沂，又号补楼，别号愚斋，晚号止叟；另有思惠斋、东海、孤山居士等字号，江苏省常州府武进县（今常州市）人，生于1844年11月4日（道光二十四年九月二十四日），即鸦片战争后签订不平等的《中英江宁条约》《中美望厦条约》《中法黄埔条约》，中国社会开始沦为半封建半殖民地的时代。盛宣怀在这种急剧变化的社会中成长，历史表明，他在这个变化过程中，是起到一定作用的。

盛宣怀生长于地主知识分子和封建官吏家庭。祖父盛隆，字惺予，嘉庆庚午（1810年）举人，当过浙江海宁州知州；父亲盛康，字旭人，道光甲辰（1884年）进士，1860年前后，以布政使衔先后任湖北粮道、盐法道。由于盛康注重经世致用之学，所以辑有《皇朝经世文续编》①一书。盛宣怀生长于这个家庭，在接受封建教育方面，比之社会上一般儿童有更优越的条件，同时，盛宣怀不能不受到盛康的经世致用思想影响而比较注意社会实际的问题。极速变化的中国近代社会常常使经世致用者们更加关心和研究社会上的现实，并投身于变革之中。这种"变革"在当时莫大于以引进先进科学技术兴办工矿企业为中心的洋务活动了。这也许是盛宣怀后来不很注重科举时文并沿着正途登晋，而走着不寻常的洋务活动的道路前进的缘故。

盛宣怀在童年时，时而随在父亲的官邸，时而回常州盛氏府第读孔孟经书。1860年至1861年，太平天国进军苏、常、沪、杭，盛宣怀跟随祖父母避居苏北盐城。那时，盛康正权湖北粮道，遣使迎盛隆赴鄂。年方十

————————

① 关于盛康辑《皇朝经世文续编》事，我编著的《盛宣怀年谱长编》上册第323—324页辑有《汪洵致盛宣怀函》三件（均为1889年）。函中说《经世文编》已刊印好，呈上。盛宣怀要汪氏再编一部《续编》，署盛康之名。汪洵表示此举"茫茫坠绪"，甚为困难，"敬谢不敏"，拒绝接受这个任务。故我认为，盛宣怀未曾有《经世文编》行于世，《皇朝经世文续编》即是在《经世文编》基础上加以扩充而成，署了盛康之名。这部《续编》资料甚广甚富，主要是由于盛康与各省督抚、清王朝各部乃至军机处高官们的关系而收集到的。因此，该《续编》盛康虽未亲自编辑，对成书的作用还是颇大的，再加上他的经世致用指导思想，署其名应无愧色。

七的盛宣怀，乃跟祖父母由南通航海至宁波，经浙江、安徽、江西，转辗半年始达于鄂。此后居鄂五六年。这一时期，对盛宣怀来说是比较关键的，是影响他一生的思想和社会实践的基础。

盛宣怀在湖北期间，其父由粮道改任武昌盐法道。湖北处于淮北与四川两大产盐地之间，那时，淮北同四川在湖北互争引地，相持不下。盛宣怀在父亲那里闻其事，私下草拟"川、淮并行之议"，盛康"采其说以上，卒如所议行"，较好地解决了川、淮争引地的矛盾。本来就很注重经世致用的盛康，至是益勉其子宣怀致力于"有用之学"①。盛宣怀也确实不负所望，他除秉承父训之外，日与鄂中贤士大夫接触中，也大多切磋社会实际问题。陈夔龙说盛宣怀"幼慧，有深沉之思"②，是不无道理的。他"思"的是如何解决社会现实问题，不是世俗的八股时文。

盛宣怀之所以致力于"有用之学"，比较注重实际问题的研究，固然同其父亲"经世致用"观点相联，也同他当时在湖北所处的特殊环境有关。

湖北处天下之中，武汉又地处长江中段，扼东西南北之咽喉。对当时军事形势来说，其正当天京上游，是太平天国和清政府必争之地。双方经过反复较量，太平军未能达到目的，湖北终被湘军所占有。经营好湖北是曾国藩的战略要着，确如胡林翼所说，"平吴之策，必先保鄂"；"保鄂必先固汉阳"。所以清政府委派同太平军角逐多年并与曾国藩齐名的、号称"综核名实，干济冠时"③的胡林翼任湖北巡抚；胡死，又派由胡林翼推荐的事事"效胡林翼"所为的严树森继任④。胡、严等人在军事、政治诸方面，对于战胜太平军和在鄂境内消除革命势力，采取了一系列有效措施。当时年轻而颇有思想的盛宣怀，身处于"军务吏治，严明整饬，冠于各行省"⑤的湖北，凭着他父亲同官场多方面的关系，接触到许多人和事和社会上很多问题。湖北的军务吏治，对善于"事事研求"的盛氏，至少有如下一些启示：（1）加强军事力量以击败太平军是头等大事。对太平军的仇

---

① 盛同颐《显考杏称府君行述》（下简称《行述》），《愚稿》卷首。
② 陈夔龙《盛公神道碑》，《愚稿》卷首。
③ 上引文均见《清史稿·列传193》，中华书局版，第39册，第11930、11935页。
④ 同上书第40册，第12267页。
⑤ 见《行述》，《愚稿》卷首。

恨是盛宣怀的阶级本能，他认为他和其家族颠沛流离，就是太平军造成的。为了打败太平军，必须建立一支训练有素、装备精良的新式军队。（2）军队必须有取之不尽的饷源。为此，开源节流等理财之法应提到很重要的地位。（3）建立健全的保甲制度以清除"匪患"。为达此目的，必须注重让人民休养生息并给以生活出路。以上二者固然给盛宣怀以影响，而那时正在兴起的以学习西方先进科学技术为主要内容的洋务运动和已推向内地的变落后为先进的维新洋务思潮，对他也必然起着作用。

在湖北特殊环境中一段时间的观察研究，初步奠定了盛宣怀后来经世致用、洋务吏治等方面的思想和实践的基础。《行述》中说盛宣怀在湖北"既事事研求，益以耳濡目染，遂慨然以匡时济世自期，生平事功，基于此矣"。这是基本上反映实际情况的论断。

盛宣怀这种从客观情况出发，研究实际问题和解决实际问题的思想素养，就必然会对中国社会需要什么、革除什么等问题，由朦胧的自发想法逐渐达到比较自觉的意识。有这样一种思想素养的人是不会对科举时文有多大兴趣的，因而沿着正途登晋也就不大可能。所以，盛宣怀虽于1866年回常州原籍应童子试中秀才，但此后1867年、1873年和1876年三次应乡试，均名落孙山。举人既未考中，进士也就无法企望，于是"遂绝意科举"。

关于盛宣怀未从科举正途发展，时人有说他是"时运不济"；也有说他是"读书不成去学剑"者流。这里有一个是非标准问题，不可不辩。

盛宣怀注重社会实际研究和解决实际问题的思维方法，是同以八股时文为晋身之阶的科举制格格不入的，而且愈到后来在他已从事轮船招商局等企业创办和经营时期，就愈是与科举的一套陈旧制度不相容。因此，如果说是渺茫而掏摸不到的"时运不济"，还不如说是革新与守旧、前进与落后的矛盾反映。"名落孙山"对盛宣怀来说，不能认为是不光彩的事。恰恰相反，它说明了盛宣怀高出一个时代的思想体系与封建科举取士的体制不相适应的问题。因此，如果说"读书不成去学剑"的成语可用于盛氏的话，那也应该看作是褒词，而不是贬词。事实上，盛宣怀也不以此为不光彩。他在19世纪70年代两次应秋试时，已把主要精力放在招商局经营和湖北煤铁开采上，未把科举当作重要事情对待。观于"匆匆应秋试"①
一语，即可充分看到这个态度。事实上，盛宣怀在那时，对于重"有用之
学""轻举业"的思想，已有明确表述。就在他第二次应秋试的 1873 年，
为了福建船政局如何更快地培养人才的问题，盛宣怀函告李鸿章说："并
当我国家出洋学习……然趋之使学，诱之使学，倘能于文武两途之外，另
开弁学等项各一途，于武考弓石之外，另立枪炮一格，则十年后，人才不
患其竭，用处极多，亦不患其闲散也。"② 多么鲜明的观点！他实际说明
"文武两途"科举取士是没有什么用的，只有另办科技学校（"弁学"）才
能培养出取之不尽的有用人才。这里说明了盛宣怀有与世俗不同之处，有
超越常人之处。自古"超越常人"者，对社会的作用也不寻常，有做着大
大有利于或基本有利于社会的事，和大大不利于或基本不利于社会的事两
种情况。盛宣怀对中国社会的"不寻常"的作用如何呢？本书将对他做实
事求是的评述。

二　入李鸿章幕并取得信任

1870 年，李鸿章以湖广总督之职受命去陕西"防剿"回民起义。"帷
幄需才"。追随李鸿章在江苏无锡等地办团练与太平军为敌的杨宗濂，推
荐盛宣怀于李鸿章，盛随即入李幕。李鸿章（1823—1901 年），安徽合肥
人，字少荃。1847 年中进士，曾授翰林院编修。1853 年太平天国定都南
京，随侍郎吕贤基回籍办团练，与太平军为敌。1858 年赴投正在江西镇压
太平军的曾国藩幕，襄办营务。1860 年前后，太平军进军苏常和上海，李
奉曾国藩命回皖北编练淮军，次年 4 月上旬率淮军到上海，在与太平军作
战中，大力"资取洋人长技"，更新武装，很快升任江苏巡抚、署两江总
督。他在镇压捻军后，于 1867 年授湖广总督，随即调赴"剿回"前线，
1870 年起长期任直隶总督。李氏是与洋务运动相始终并实际领导洋务运动
的人，对盛宣怀一生事业密切攸关。

---

① 见《行述》，《愚稿》卷首。
② 《盛宣怀上李鸿章禀》，同治十二年正月下旬，《实业函电稿》上册，第 7 页。

李鸿章早就与盛康"雅故"，见了这位世侄颇为器重和赏识，即委派其为行营文案兼充营务处会办。盛乃如机要秘书般地随侍李鸿章的左右。

盛宣怀善于抓紧关键时机。他当然会意识到，这是他一生有所作为的起点，是晋身阶梯的第一步。要想从这里逐级高升，必须取得李鸿章的信任。于是，他为镇压少数民族起义而卖力地工作着，在晋、陕等省的山川中跋涉，甘之如饴。诚如《行述》中所说，"盛夏炎暑，日驰骋数十百里"，而不辞劳顿；草拟文稿，"万言立就"①。这虽不免有些夸张，但其艰苦奋斗确是事实。不仅"同官""皆敛手推服"，李鸿章对这位世侄也刮目相看。不久，天津教案发生，列强以陈兵海上相威胁，清政府将李鸿章及其所部淮军从西北"剿回"前线调往直隶，以防沿海不测。得心应手的盛宣怀也跟随李氏赴津。由陕西赴山西，"涉函关，历太行，尽揽山川阨塞形胜"之外，沿途盛宣怀也与李部将领郭松林、周盛传等研讨兵事谋略，纵谈淮军长驻上海，接触西方资本主义国家的先进技术、坚船利炮及新式文化等新鲜事。这必然使盛氏学习到许多新知识，了解到许多新鲜事。总之，盛宣怀在这一过程中，开阔了眼界，得到了很多的实际锻炼。所谓"历练日深，声誉亦日起"②，这为他担任更重要的工作创造了条件。果然，不多天他即被任命至会办陕甘后路粮台和淮军后路营务处工作。这种工作，使他因职务之由能够往来于津沪等地，采办军需等物品，这使他不仅工作卓有成绩，且因此在津沪接触到很多新鲜事物，如新技术、新思想等。盛宣怀的职衔很快提升，从军逾年，即被荐升知府、道员衔，并获得赏花翎二品顶戴的荣誉。晋升可谓速矣！

1870 至 1871 近两年间，盛宣怀在李鸿章幕初步显示了才干，取得了信任。这就为他奠定了晋升的初基。从此，他长期追随李鸿章，经营以发展资本主义近代工商业为中心内容的洋务事业，成为李鸿章的左右手。陈三立所说"公以诸生起监司，最受知李文忠公"，是符合事实的。这也是盛宣怀此后发展前程的关键一着。为什么"最受知李文忠公"？这不能仅李鸿章与盛康"雅故"，或是从盛宣怀能够"顷刻千言"等才干，更主要的决定性的原因是由于盛宣怀引进先进技术，兴办近代工商业为中心的洋

---

① 陈夔龙《盛公神道碑》，《愚斋》卷首。
② 见《行述》，《愚斋》卷首。

务观点与李鸿章相一致的缘故。《盛公墓志铭》的作者陈三立说得好：

> 时文忠为直隶总督，务输海国新法，图富强，尤重外交、兵备。
> 公则议辅以路、矿、电线、航船诸大端为立国之要，与文忠意合。①

李鸿章"尤重外交、兵备"，盛宣怀也认为轮、电、路、矿"为立国之要"，而这又恰"与文忠意合"。这种"意合"，即是在面对洋务要害问题上的"意合"。这种"意合"在社会作用上有着两面性：一方面首先是维护清朝统治的"意合"；另一面，也是在当时中国社会发展需要上的"意合"。"维护清朝封建统治"的需要和"社会发展需要"虽是一个问题两个方面，但后者必将成为清朝统治的否定力量。这表明，盛宣怀的命运有与清王朝联系着的一方面，也有矛盾着的一面。"联系"与"矛盾"的两面，集中于盛宣怀一人之身。盛宣怀是怎样处理"联系"与"矛盾"两面的呢？从他后来的发展看，那就是利用清王朝支持洋务活动的时机，大力发展以引进先进科学技术发展工商业为主的洋务事业，以此积蓄力量，并凭此以升高官衔；而后又以官权促进洋务事业的发展。盛宣怀就是这样把维护清统治与办洋务统一于一身的。李鸿章就盛宣怀于 1876 年禀求大办洋务的条陈评价说："盛杏荪机智敏达而乏毅力，其条陈固欲办大事，兼作高官，官既未操左券，事又无从着手。"② 这里所说的"办大事"，是指洋务事业，因为那时的"大事"莫过于洋务。我对此曾有过一段阐述：

> 事实上，在李鸿章讲这话的 1877 年，盛宣怀已经"着手"在"办大事"了，这个"大事"，主要是创办了洋务工业企业。他似乎意识到，在"办大事"的同时，"兼作高官"是不能"操左券"的，只有把洋务工业企业办有相当基础，"作高官"才可能"操左券"，后来盛宣怀的发展基本上与这一过程相符。③

---

① 见《愚稿》卷首。
② 李鸿章《致潘鼎新函》，光绪三年五月十九日，《李鸿章致潘鼎新书札》第 102 页。
③ 拙作《论盛宣怀》，见《纪念辛亥革命七十周年学术讨论会论文集》中册，第 1646 页。

因此，本章第一节所引盛宣怀所说的"做官不及做事多矣"中，"做事"确是真实思想，但这并不排斥"做官"，只是不像通常从正途晋升，而是适时的从办洋务的"事"达到"做官"的目的。

依据上述，本书将从盛宣怀"办大事"的洋务事业，尤其办近代工商业，作为开宗明义首要篇章。

三　参与轮船招商局创办及其主张的正确性

盛宣怀的洋务企业活动发端于1872年轮船招商局的创办。中国自己办轮船航运初议于19世纪60年代前期。自第二次鸦片战争以来，航行于中国的沿海和长江内河的外国轮船日益增多，揽载客货之外，亦享运输漕粮之外，归其运输，获利甚丰。国内一些有志之士，也想自己办轮船航运，夺回厚利。1862年，商人吴南昌等人愿购轮船四艘，充运漕米之用，未能实行。1868年，道员许道身、知容阂请求政府劝谕华商置买轮船，运漕之外，兼揽客货。这一请求虽经两江总督曾国藩、江苏巡抚丁日昌同意，但日久因循，未有成局。然而，自办轮船航运的舆论继续扩大，有志于此者也不乏其人。盛宣怀处此情况下，也认为"大利不可不兴，每欲有所陈说"，于1872年4月"遵奉李相国面谕，拟上轮船章程"①。盛宣怀在草拟章程时，即表现出非凡的洋务才干。他在《章程·序言》中写道：

> 伏思火轮船自入中国以来，天下商民称便，以是知火轮船为中国必不能废之物。与其听中国之利权全让外人，不如藩篱自固。船厂之设意甚深也，已兴之何可言废……今人于古人尚不甘相让，何夷狄之智足多哉！②

简短的几句话，说明盛宣怀已认识到：（1）先进的轮船运输客货是中国社会发展的需要，是"必不能废之物"；（2）轮船航运业的利权，不能

---

① 盛档，盛宣怀拟《上李傅相轮船章程》，同治十一年。
② 盛档，盛宣怀拟《上李傅相轮船章程·序言》，同治十一年。

"全让外人"，而应收回自办，他有与洋商争利的思想；（3）洋人能办好的事，中国人也一定能办好，洋人之"智"未必"足多"，而国人应该努力勇敢地创办并经营好轮船公司。为了促进轮船招商局的办成，盛宣怀还驳斥所谓"轮船辄愈造愈多，经费难以为继，是彼藉以生财，我反因此耗财"的谬论，说：船厂所造之船，"租给商人营运，暂则为节流，久则为开源"，不仅不会"耗财"，而且是"转弱为强，系此一举"①。因为，"强"必须建筑在"富"的基础之上，轮船航运是致富之要道。问题在于要经营得法；经营得法必须摆正国家和商民间的关系，要"筹国计必先顾商情"。他对此有一段精辟的论述：

> 中国官商久不联络，在官莫顾商情，在商莫筹国计。夫筹国计必先顾商情。倘不能自立，一蹶不可复振。试办之初，必先为商人设身处地，知其实有把握，不致废弛半途，办通之后，则兵艘商船并造，采商之租，偿兵之费。息息相通，生生不已。务使利不外散，兵可自强。②

这里说明，盛宣怀在办轮船航运业伊始，观点就是比较正确的。他把"顾商情"置于首要的地位，因为只有这样，才能持久地办下去，才谈得上"筹国计"，也才能做到"利不外散，兵可自强"，从而达到国家富强的目的。但盛宣怀在那时即有局限性，即企图把封建主义的"官"，与资本主义的"商"混合在一起，这实际上是"中学为体，西学为用"思想在办近代企业这个具体问题上的反映。这个矛盾体现在盛宣怀身上，就是"办大事"为了"作高官"，它影响到盛宣怀一生的发展。

然而，盛宣怀的"顾商情"的观点却是符合资本主义企业经营要求的。它可能甚至是必将发展到集商股以商办企业的轨道上来时。上文已经讲到，盛宣怀遵李鸿章之命所拟第一个章程，就是主张商办的，但因与浙江海运委员负责筹建轮局的朱其昂招徕商资归并商局公办的主张不一致而被否定。朱其昂说："现在官造轮船，并无商船可领，稔知在沪殷商，或

---

① 盛档，盛宣怀拟《上李傅相轮船章程·序言》，同治十一年。
② 盛档，盛宣怀拟《上李傅相轮船章程》，同治十一年。

置轮船，或挟资本，向各口装货贸易，向俱依附洋商名下，若由官设商局招徕，则各商所有轮船股本，必渐归并官局。"① 朱氏要将依附洋商名下的华商轮船股本招徕的主张是可取的，但要使这些招徕的资本逐渐"归并官局"，则不能认为是正确的。它与盛宣怀把"顾商情"放在首位的意见，显然是矛盾的。那时，李鸿章的代表天津海关道陈钦、天津河间兵备道丁寿昌均同意朱其昂的主张，并令朱酌拟条规，委派朱其昂、朱其诏兄弟借领官款 20 万串回沪兴办，名其局曰"轮船招商公局"，主要任务是运漕粮。这是招商官办性质的轮船航运局。

　　然而，官办轮运是不能持久的。其一，仅仅运输漕粮，不揽载客货，是起不到与洋商争利的作用的；其二，官办轮运很难招集商股于自己的名下，尤其很难使附于洋商者转附于自己，尽管清政府拨款 20 万串以"示信于众商"，商人还是难以信任。这样的一种不顾商情、不能收回洋轮利权的做法，是不能持久地经营下去的，因而也就达不到"筹国计"的富强目的。果然，轮船公局开办不到几个月，众人即筹议改变官办的局面。其中盛宣怀首先认为"公事有必须斟酌变通处"，并提出"气脉宽展，商情踊跃，持久不敝，由渐扩充"十六字方针。这个方针是建立在"商情踊跃"的基础之上的，无怪丁寿昌"深服伟论"② 了。

　　在这种情况下，盛宣怀又接受了李鸿章"饬议章程"之命。他这次所拟章程条目有"委任宜专""商本宜充""公司宜立""轮船宜先后分领""租价宜酌定""海运宜分与装运"等六款③，贯串着"筹国计必先顾商情"的精神，尤其是贯串着"为商人设身处地"的精神。盛宣怀指出，要做好近代航运工作，首先，应该成立招商局，"创立规矩，联络官商，而后官有责成，商亦有凭藉"。这个招商局应委派有道府头衔的"精明殷实可靠"者主持其事。这里所谓"殷实可靠"者，绝不是官场中人，而是指绅商之类的人。只有这种类型的人，才能起到"联络官商"的作用。官与商两个方面的人才能都信任他，才能把轮船航运办成功。其次，由总办刊发章程。该章程仿照外国洋行，召集商股 50 万两，100 两一股，认票不认

---

① 《交通史·航政编》第 1 册，第 140 页。
② 盛档，《丁寿昌致盛宣怀函》，同治十二年春。
③ 盛档，盛宣怀拟《轮船招商章程》，同治十二年春。

人，以"收银日为始，按年一分支息，一年一小结，总账公阅，三年一大结，盈余公派"。这是具有资本主义性质办企业的宗旨。第三，在经营上也遵循资本主义的原则。如规定"官场来往搭客搭货，亦照例收取水脚"，不得以官势损害公司利益。又考虑到"试办之初，本重利轻"，和外国"洋行争利……势必大减水脚"等原因，建议：（1）租给的轮船应减少租价；（2）每年以40万担漕粮交局轮装运，"稍藉补苴"①，以加强招商局的竞争能力。另外，盛宣怀还对轮船吃水深浅、装货分量、耗煤多寡和制造更适合商运要求的轮船等问题，均有考虑，以期达到轻成本增利润的目的。这些考虑，尽管是初步的，但在没有办近代企业经验的条件下，却是很可取的。

在以盛宣怀为主的一些人坚持"先顾商情"的商股商办正确思想指导下，1873年5月，陈钦、丁寿昌委派同知林士志来到沪上，以"或出资搭股，或入局办事"相招徕股实公正的绅商，6月，直督李鸿章即札委买办出身的唐廷枢为商总办，重订章程，广招股份。唐廷枢的章程显然与朱其昂所订条规不同。前者为商办，权在商总办；后者为官办，权在官总办。唐廷枢的章程却与盛宣怀的观点基本一致，但也有某些不同的地方。例如：唐廷枢强调以商民中威望高招股多者为商总，每百股选一商董，商总于众董中推举，盛宣怀则强调委派有道、府头衔者两员"主持其事"；唐廷枢强调"商总为总局主政"②，说"事属商办，似宜俯照买卖常规"，司事人等认真"选充"，请政府"免添派委员"③，即一切按商的要求和原则办事，而盛宣怀则强调总办要"联络官商"，要"上与总理衙门、通商大臣、船政大臣"④ 等官方权要机关和人物联络好关系。按照盛宣怀的观点，"官"应处于企业的矛盾主导方面，唐廷枢则认为"商"应处于企业的矛盾主导方面。

然而，盛、唐毕竟都是商股商办的主张者，盛宣怀同朱其昂的矛盾则是在集商股商办与否的问题上。在1872年8月间，盛宣怀奉李鸿章之命

---

① 盛档，盛宣怀拟《轮船招商章程》，同治十二年春。
② 《轮船招商局局规》，《交通史·航政编》第1册，第143页。
③ 《轮船招商局章程》，《交通史·航政编》第1册，第145页。
④ 关于盛宣怀方面的引文均见盛档，盛宣怀拟《轮船章程》，同治十一年。

"在沪密与各商拟议，实事求是稍窥底蕴"之时，适遇朱其昂，并谈起了轮船航运招股商办的意见，朱对此持否定态度。盛宣怀记述朱其昂的见解说："其见到处尤为切而不浮，轻而易举。惟朱守意在领官项，而职道意在集商本，其稍有异同之处。"① 可见，盛宣怀、朱其昂虽在"官""主持其事"这一点上有一定程度的相同，但在商本商办还是商本官办或是官本官办问题上，却是不一致的。这种"不一致"是经商根本原则上的不一致。

以上说明，唐廷枢与盛宣怀都主张商本商办，但唐坚持"商"居于企业的主导地位，比之盛的"官"居于企业主导地位的意见要胜一筹；朱其昂主张商本官办或官本官办，更多的是代表封建政府的"官"的利益，与资本主义经营原则有悖，将注定以失败告终。唐、盛的意见将使企业的发展有较为广阔的前景，尽管盛的"官居企业主导地位"的主张有较大的局限性。

四　争取充当"总办"职

据上所述，盛宣怀有着"官""商"两个方面的特性。他有"官"的身份，但"商"的倾向性是明显的。拥有这种矛盾特性的人，在盛宣怀看来，是最具有资格主持招商局事宜的理想人物。因为拥有这种特性的人，是能"联络官商"的"公正精明殷实可靠"者，是既能代表"官"又能"取信众商"② 者。于是盛宣怀展开了争取轮船招商局总办这一职位的活动。

1873 年轮船公局筹议招集商股商办之时，早就委派盛宣怀拟定轮船章程的李鸿章，意图要盛宣怀"总其成"。李的直属下级丁寿昌等人当然是领会这个意图的。丁寿昌虽奉李命同召唐廷枢、朱其昂、盛宣怀等到天津

---

① 盛档，《盛宣怀致李鸿章函》（亲笔底稿），同治十一年秋。现已收编于我编著的《盛宣怀年谱长编》（下简称《盛长编》，上海交通大学出版社 2004 年出版）上册，第 16 页，学者可查阅全文。

② 盛档，盛宣怀拟《轮船章程》，同治十一年。

议其事，但总办一席，却属意于盛宣怀。丁寿昌函告在沪的盛说："弟顷奉中堂面谕，唐景星业已来津商议轮船招商各节，阁下如愿出为综理，即祈刻日办装北上，以便面为商酬，迟恐此局一定，未便另添总办矣。"[①] 可见，李鸿章要盛宣怀"出为综理"轮船局，就是要他做"主持其事"的总办。丁寿昌直截了当地说明盛宣怀胜任总办一职的理由，告盛说："办理招商，必应选举商董数人，集资办事，而以委员总其成，官商方能一气联络。阁下抒论在先，诚中肯綮"[②]，足敷"总其成"的总办之任。丁寿昌认为，唐廷枢固然是"熟悉轮船事宜，素为粤商信服，足胜商董之任"者，但"官商一气联络"的"总其成"者，还需"抒论在先，诚中肯綮"的盛宣怀。丁寿昌的意见不是没有道理的。

然而，盛宣怀似乎意识到，招商股办轮船公司，恐很难按照自己的意思去做，而且招徕股商等事，非是当时初出茅庐的盛宣怀所能承担得了的。但招徕商股却是招商办轮局的成败关键。于是，盛宣怀借故不往：一是说他要陪同刘铭传"作沪上之游"[③]；另一个理由是足患湿气，回到常州老家杜门不出者久之。他写信给丁寿昌，表达了那时的观点和心情。他写道：

> 宣怀现因足患湿气，一时未克来津，想云甫、景星诸君万难久待，谨先缮呈节略两扣，伏祈垂察，并乞密呈中堂。如蒙采择，宣怀不敢自耽安逸，必当遵饬先行合同和衷商办，稍有头绪，即赴津门面禀一切。已事之商榷，较诸未事之空谈必有胜者。倘以所请概难准行，恐无以扩充，即无以持久，宣怀才疏力薄，深虑无裨公事，与其陨越于后，不如退让于前。明察如我公，必能为我斟酌出处也。[④]

这段话的意思是说：如果按照我的集商股商办而"官"居于企业主导方面的方针办，盛某就"不敢自耽安逸"，积极行动起来"和衷商办"，且在上海实践一段时间之后，即赴天津和诸公会商一切；"倘以所请概难准

① 盛档，《丁寿昌致盛宣怀函》，同治十二年春。
② 盛档，《丁寿昌致盛宣怀函》，同治十二年春。
③ 盛档，《盛宣怀致朱其昂函》，同治十二年春。
④ 盛档，《盛宣怀致丁寿昌函》亲笔底稿，全文见《盛长编》上册，第16页，同治十二年春。

行”，那盛某则不参与其事，即所谓“与其陨越于后，不如退让于前”，总办之职就不必考虑盛某了。可见，盛宣怀不去天津同朱其昂、唐廷枢等人会商，主要还是意见上的分歧。“足疾”等理由不过是饰辞而已。如果说盛宣怀是因为意见上的分歧而不愿去天津会商，而以李鸿章为首的北洋头目们于 1873 年 6 月委任唐廷枢为轮船招商局总办，暂时不给盛宣怀以总办职，他不只是因为盛宣怀不去天津的原因，而主要是由于盛宣怀在招股集资方面还缺乏能量。因为当时资金大多集于买办商人手中，盛宣怀的集资关系是在封建官吏和士绅方面，但在买办商人方面则是欠缺的。而唐廷枢恰恰在这方面有其优越条件。因此，从当时形势看，总办职为唐廷枢所得是必然的。盛宣怀即使应召随时“办装北上”，也是达不到任总办之职的目的的。故在总办一席委唐廷枢担任后，丁寿昌即致书盛宣怀说：

> 尊函并条款三章，均呈中堂阅过。奉谕：唐景星既已入局，一切股分听其招徕，两淮盐捐似可不必。如阁下顾全大局，愿出综核，即在沪上与唐景星诸公面议公禀可也。[1]

从李鸿章“一切股分听其招徕”的指示，可看出李鸿章任命唐廷枢为总办，主要是因为唐氏在招徕股份上有把握，且李告诫其他人不得插手，“两淮盐捐”作资本也不需要了。丁寿昌唯恐盛宣怀对此决定不惬而意气用事，故特地提出要他“顾全大局”。如果其“愿出综核”的话，那也只是唐廷枢的副手，有事必须与唐廷枢等人“面议公禀”，不得自作主张。是年 8 月，盛宣怀被札委为会办。看来，李鸿章的这一安排是正确的。

为了了解李鸿章这种安排的正确性，需简要介绍担任洋务派所办的第一个民用企业的总办的唐廷枢其人。

唐廷枢（1832—1892 年），广东香山（今中山市）人，字景星，亦作镜心。父亲在香港为外国人当听差。唐廷枢于 1842 年至 1848 年在香港一家教会学堂接受六年“彻底的英华教育”[2]，学得一口流利的英语，曾写过一本《英语集全》。离校后在香港一家拍卖行当过低级助手。1851 年起在

---

①　盛档，《丁寿昌致盛宣怀函》，同治十二年五月二十日。

②　见汪敬虞《唐廷枢研究》第 157 页。

港英殖民政府当了七年翻译，与同在那里工作的李泰国相识。后来唐氏到上海海关担任海关大写，与时任海关负责人的李泰国不无关系。1861 年后任怡和洋行买办达十年之久。在这一过程中，唐廷枢与洋行买办、华洋各商界、轮船航运公司等方面建立了广泛的网络关系。他除自己办有丝、茶、棉花等商号外，还在保险行、洋行附股，尤其是在洋商轮船公司如公正、北清、华海等公司均有较多的投资。除了他自己的资本投入外，在他的影响下不少华股加入，他俨然成为"华股领袖"①，此外，他还于 1870 年前后，独自在香港租赁轮船两艘"往返港沪"②。可见，唐廷枢既"熟悉船务"，又有广泛招徕资本的社会基础。在这方面盛宣怀是难与之比拟的，招商局总办一席似非唐莫属。果然，唐廷枢任总办后，原来被缺乏资金所困扰的招商局，资金从不足 20 万两一跃而扩大为 100 万两，其中唐氏同乡并与之常常联手经营商务的宝顺洋行买办徐润（雨之）一人即投入 24 万两。这代表了招商局在一定程度上的转折，也是唐廷枢一生的转折。

轮船招商局从官办转为商办的改组工作于 1873 年夏完成，该局名称也由"轮船公局"改为"轮船招商局"。在总、会办中，代表官方的朱其昂、朱其诏主管漕运事宜，代表商方的唐廷枢、徐润主管揽载、招股等轮运各务，而盛宣怀这位会办，却兼管漕运和揽载二事，兼了"官""商"两个方面的工作，足见其地位之重要了。盛宣怀在轮船招商局的重要性，可从当时在李鸿章左右的沈能虎时一封致盛宣怀函得到说明。沈能虎之函说：

> 顷见朱、唐会禀，请执事会办漕运，以匡云翁之不逮，爵相旁批：漕运、揽载及一切规画事宜均令会同商办。云云。只此两语，全权在握，日内即发札或俟折弁入都带交亦未可知。③

从这段话中的漕运揽载"均令会同商办"一语，可见盛宣怀在招商局的重要程度，可以"总揽"一切了。

---

① 见汪敬虞《唐廷枢研究》第 5 页。
② 郑观应《复张君弼士书》，《郑观应集》下册，第 828 页。
③ 《盛宣怀实业朋僚函电稿》（下简称《实业朋僚函稿》）中册，第 1305 页。又："折弁人都带交"，因盛氏正在北京应乡试。

第二章 初显经营才干和自身的"官" "商"矛盾

一 买并旗昌船产的作用和贡献

盛宣怀虽只有轮船招商局的会办名义，但由于他兼管漕运、揽载两事的特殊身份及李鸿章的"一切规画事宜均令会同商办"的批示，加之他坚持按资本主义原则办企业，故对招商局作出了较为重要的贡献。除上章所说他坚决主张集商股商办这一资本主义特征外，在具体的企业经营上，他也有着较为先进的资本主义特点。

首先是从追逐高额利润出发与洋商争利。本书第一章已经谈到，盛宣怀筹办轮船航运的首要目的之一就是挽回利权。他后来回忆此事时曾以第三者的口吻说："按万国公法，凡长江内河商贾之利，国人专之……中国通商以后洋船往来江海，水脚奇昂，夺剥厚利，然商民莫不称便，势力无从禁阻，同治十一年江苏盛宣怀请于合肥李相国设招商局。"① 这里说盛宣怀对办轮局的认识和作用有三：一是江河航运之利，应该"国人专之"，洋人不得染指；二是洋商轮运即使水脚高昂，"夺剥厚利"，商民仍乐于接受，可见新式航运业是商品经济日益发展必然兴旺的行业，任何力量都阻挡不了；三是认识到中国应该赶紧自己兴办轮船航运招商局，具体建议是盛宣怀向李鸿章提出的。盛宣怀这种自办轮局国人独"专""厚利"，以排挤洋商的思想，是进步的，是反映了历史发展的要求的。这样的指导思想必将能有效地与强手争斗。

轮船招商局成立伊始，即遇到一个主要竞争对手——美国旗昌轮船公

---

① 盛档，盛宣怀亲笔修改底稿《轮船招商局办事始末》，光绪八年。

司。该公司开办于 1862 年，历史久，实力强。不仅如此，新办的轮局又受到形势变幻的影响。一方面，如 1874 年日本侵略台湾，1875 年云南腾越人民处死英国侵略分子马嘉理而引起交涉的"滇案"，都对招徕股份不利，"入股者虑海防有事，未能踊跃"。另一方面，轮局开办两年，轮船已排到十六号，"规模日见恢宏"，盛宣怀将这种"日见恢宏"的情况禀告李鸿章说："溯查职局创办以来，在我所收之利权仅□（原文空格）百万，而彼（指洋商轮船公司——引者注）所失之利已及千万。"① 这就引起了洋商的妒忌，他们竟将水脚减至一半或六七成，"意欲藉滇案未了牵累局船，遂其垄断之心"。在这种洋轮倾轧的情况下，轮局兢兢业业，官商协力，克服了重重困难和压力，"通盘计之，尚有七厘之利"；而旗昌公司并没有得到好处，它"力争一年，暗亏已重"，百两股票跌至六七十两。旗昌"又见局本已充，争挤无益，故有归并之议"② 。商局对旗昌的胜利，盛宣怀是起到作用的。他始终坚持以我为主振作的方针，说："彼客也，我主也；但有反客为主之机，断无喧宾夺主之理。"③ 这是反败为胜的可贵的民族精神。有了这个精神，即使当时旗昌所开之金利源有资本 200 万两，而招商局约估只数十万两，力量悬殊，却能迫使旗昌认输。旗昌认为招商局"自顾不遑，必无余力"并吞旗昌，乃"故悬其价以相胁"④ 。但招商局"毅然为之"，毫不犹豫地购买了旗昌船产。这件事办成功，盛宣怀起了很重要的作用。首先是盛氏早就有扩大商局规模的强烈愿望，他在此前一年即向李鸿章表明这个意图说："嗣后民船之利，益为轮船所占夺。似惟有扩充职局，以我全力与彼争衡，庶使为彼所攘之利权，仍可为我收回十之五六……必期资本日充，局面日固，自立于不败之地，以待将来之功效。"⑤ 有此思想，一遇买并旗昌的机会，必然会积极行动。

　　根据徐润的说法，议买旗昌船产时，唐廷枢、盛宣怀"均不在局，只余一人主持，三日之内已将草约主决"⑥ 。据我看到的材料，草约虽是徐润

① 《盛宣怀上李鸿章禀》，光绪五年，《实业函电稿》上册，第 15 页。
② 盛档，盛宣怀等《招商局始末及扩充办法节略》，光绪三年底。
③ 盛档，盛宣怀亲笔修改底稿《轮船招商局办事始末》，光绪八年。
④ 盛档，盛宣怀亲笔修改底稿《轮船招商局办事始末》，光绪八年。
⑤ 《盛宣怀上李鸿章禀》，《实业函电稿》上册，第 15 页。
⑥ 《徐愚斋自叙年谱》第 37 页。

"主决",正约却是盛宣怀完成的,亦即将该事最终办成功者当为盛宣怀。据盛宣怀亲笔致徐润的函信中说到:1876年冬,徐润为买旗昌船产事,亲自到武穴会见正在湖北勘矿的盛宣怀。徐、盛间的意见是有分歧的。盛认为"筹款不难",但购买旗昌船产之后,"特以船多货少、洋商争衡为虑"。为此,盛宣怀特地从湖北赶到南京与有关人员商讨此事。待对他所提和所顾虑的问题,徐润与唐廷枢"均有解说"时,盛宣怀"始毅然请于幼帅(两江总督沈葆桢,字幼丹——引者注),以定此议"[1]。可见,尽管盛宣怀曾说过"归并旗昌一切布置均不及会商而已定"[2],但最后定下"购买"这个大前提的还是盛宣怀。那时,在唐廷枢、徐润、朱其昂和盛宣怀等商局头领中,能够直接当面"请于幼帅"者,唯有盛氏,而不"请于幼帅"是定不下"购买"的决定的。关于"筹款付价",据徐润说系"杏翁一人之力"[3]。

从决定"购买"这一前提和筹款支付这两件事看,买并旗昌船产,盛宣怀起了主要的作用。盛宣怀曾说,归并旗昌,"盛某主其成,而与洋人议价则唐某也,领款付款则徐某也"[4]。因和"筹款"这两个决定性的关键的程序既为盛宣怀完成,说他是"主其成"者也就不为过分。事实上,盛宣怀在两年前就想扩大招商局的经营规模了,他曾禀告李鸿章说:"兹值洋商添设通商四处,并于长江所过码头准轮船起卸货物;嗣后民船之利,益为轮船所占夺。似惟有扩充职局,以我全力与彼争衡,庶使为彼攘之利权,似可为我收回十之五六"[5]。这种强烈的民族性精神使他遇有买并旗昌以扩充商局之机是必然会力"主其成"的。

盛宣怀既在买并旗昌船产时起了主要的作用,那么,对于买并旗昌的评价就与评价盛宣怀有关。因此,稍论一下归并旗昌的问题是必要的。

对于招商局买并旗昌船产,历来论者褒贬不一。有说是壮大了招商局的力量,增强了其竞争能力;有说是购买了陈旧船只,为旗昌摆脱困境。

---

① 盛档,《盛宣怀致徐润函》,光绪三年。

② 盛档,《盛宣怀致徐润函》,光绪三年。

③ 《徐愚斋自叙年谱》第37页。

④ 盛档,盛宣怀亲笔修改底稿《轮船招商局办事始末》,光绪八年。

⑤ 《盛宣怀上李鸿章禀》,光绪五年,《实业函电稿》上册,第15页。

诚如徐润所说："或赞其是，或斥其非。"① 这些说法均不无根据。我们的评价应以民族利益为准。中国必须发展近代航运业以促进经济的发展，这是肯定的。褒还是贬？应以在归并旗昌后，招商局是否达到与洋商争利的目的为断。

并买旗昌后，并没有出现盛宣怀所顾虑的"船多货少"的情况，而"洋商争衡"却是加剧了。这种"加剧"应该看作是好事。因为说明招商局成为洋商的劲敌了，洋商若不加剧争衡，他们想要获利是困难的。在"洋商争衡"的过程中，招商局的船虽是多了，但每只船的货运量并未减少，所以"洋商争衡"也未使预计的困难情况出现。

所谓"洋商争衡"主要是太古轮船公司，除此之外，怡和轮船公司也有类似情形。太古见旗昌归并已成，忌妒之心更甚于对先前的旗昌。盛宣怀记述太古对双方力量对比的估计说："彼自谓江船四号，海船四号，置本百余万，英国利息三四厘，年终只求四万之利。而深知商局领官款一百九十万，又欠旗昌一百二十二万，均照八厘息，即使商股不计息，每年亦需利二十余万两；又闻新招之股一时难集。遂尔拼命争挤。"太古认为这种优劣对比情况，争衡可以操必胜之权，于是"故意减低水脚：上海至汉口每百斤跌至水脚一钱，上海至汕头每百斤六分，又分一船走宁波，以挠我势。使商局兼顾不遑，招徕难旺"。② 当然，招商局也是有计算的。争衡的结果，并没有如太古的如意算盘，商局除官息未付外，尚获利一分有半。拨补了上届商股之息，全付了本届的股息后，所获利润数与同太古竞争前徐润的"其势一分半可以坐稳"③ 的估计相仿，轮船招商局从而站稳了脚。

为什么太古滥跌水脚到如上所说的程度以相竞，招商局还能站稳脚并取得不少利润？除如唐廷枢、徐润所说的"我船有漕米装运，洋船全恃揽载"；"我局经费，栈房、辛工、轮船用度、驳船杠力，均较洋商撙节"；"以本国人揽本国货，取信自易，利便实甚"④ 等原因外，与以盛宣怀为主

① 盛档，《徐润致盛宣怀函》，光绪三年六月初十。
② 盛档，盛宣怀等《招商局始末及扩充办法节略》，光绪三年底。
③ 盛档，《徐润致唐廷枢函》，光绪二年二月十九日。
④ 《唐廷枢、徐润预算节略》，光绪三年冬，《交通史·航政编》第1册，第147页。

的，也包括唐廷枢、徐润等人的竞争的指导思想有关。他们不畏洋商，从民族资本的利益出发，考虑洋商的特性，权衡敌我双方利弊。他们考虑："彼原系谋利而来，若肯以已得之利，不患折阅与我争衡，是亦我国商贾之利，英人少获一两，我国商贾即少出一两。故太古盛怒而减，我亦乐得随之而减。"① 盛宣怀认为，彼既为谋利而来，就不可能长期地折阅下去，他明确告诉当时负商局总责的徐润说："太古争衡，势亦不久。"② 我方却有条件长期与它竞争，因我方只要运三个月漕粮的收入，即能供"将及一年费用，即使货物全被揽去，水脚全行放低"③。所以竞争下去，得利者将是中国商人，而绝不是洋商。这种指导思想，就是竞争取胜的精神保证。这种精神果然在实践中发生了作用，终于迫使太古、怡和于 1877 年冬与轮船招商局签订了第一次"齐价合同"。

之所以与怡和、太古竞争能取得如此平等的结果，与买并旗昌增强了招商局的竞争力有着密切关系。历史也证明了这一点。表述盛宣怀买并旗昌之功者甚多，兹列两件于下。

沈能虎于 1888 年致盛宣怀函说：

> 旗昌之船栈码头均为我得，其房产亦归我得，似是天与人归。至沪市生意，若无商局则尽洋之，而无华商矣。若租界地皮，若不买此产，则尽洋产而无华产。此就大局而言，机不可失，若等就商局而立，亦应自置房屋，岂宜久长租用。况地段之好，房屋之坚固，价位之便宜，三者俱备，实为千载一时之遇。④

沈瑜庆（沈葆桢之子）于 1913 年致盛宣怀函说：

> 追忆光绪初年，局本不过二百万，受外国各公司倾轧，喧宾夺主，票价落到十余两，彼时台从到金陵与先人定议，假官款归并旗

① 盛档，盛宣怀等《招商局始末及扩充办法节略》，光绪三年底。
② 盛档，《盛宣怀致徐润函》，光绪三年。
③ 盛档，盛宣怀等《招商局始末及扩充办法节略》，光绪三年底。
④ 《实业朋僚函稿》中册，第 1244 页。见《盛长编》上，第 128 页。

昌，至今结账，产业估价涨至一千九百万两，虽后来办事人劳绩不可没……应有报酬……始事者……崇德报功之义无万阙诸。……①

二　严格按赢利原则整顿商局

在招商局与太古、怡和的竞争中站住脚跟的条件下，盛宣怀针对招商局的问题提出整顿意见八条："船旧应将保险利息摊折""商股应推广招徕""息项应尽数均摊""员董应轮流驻局经理""员董应酌量提给薪水""总账应由驻局各员综核盖戳"② 等。这八条整顿意见，基本上是科学管理近代企业的意见，多数被招商局所采用，尽管有的根据具体情况变化有所修改，但大多变成了局章。接着，盛宣怀又就赫德所拟《整顿招商局条陈》，发表了关于招商局的弊源和救弊之法③的意见。兹先将上述八条结合这一时期盛宣怀在一些通信中所表达的如何解决招商局的实际困难、增强竞争能力等想法，综述于下，以见他经营近代企业的才干。

并买旗昌之后，以御史董携翰为代表，抓住商局一些问题"蜚语横生"。这些问题是盛宣怀已经看出来的，那就是他所说的"船耗之不除，官本之无着，江船之多停"④。备些确系难题，但盛宣怀说，"果能对症发药，未始不治"⑤。对于彻治这些问题，盛宣怀开了关键性的"对症"之药。

轮船、机器、房产等物，年必折旧，这是企业经营的起码常识。招商局创办伊始，根本谈不上科学管理。在开办的最初三年，船产等并没有折旧费⑥，这是违反经商原则的。盛宣怀认识到了这一点，他说："洋商轮船公司局章，每年递折船旧，原因轮船值本新旧迥殊，如一船十年之后，价

---

① 《实业朋僚函稿》中册，第1046页。见《盛长编》上，第128页。
② 盛档，盛宣怀禀李鸿章底稿《整顿轮船招商局八条》，光绪三年十二月。
③ 盛档，盛宣怀禀李鸿章《对赫德〈整顿招商局条陈〉之意见》，光绪五年。
④ 盛档，《盛宣怀致徐润函》，光绪三年底。
⑤ 盛档，《盛宣怀致徐润函》，光绪三年底。
⑥ 无折旧费是根据盛宣怀和一些人的讲法。据直接管理招商局的徐润《禀李鸿章》中说，第一年、第三年均"未折船旧"，但第二年曾"提折耗二万三千两零"（见盛档）。

必不值十之五六，是以不折船旧，名虽有利，实则蚀本。"如果说刚开办因"力不从心"而未折旧，那么自第四年起"亟应逐年递折船旧，以固本原"。他同样认识到，这时的折旧费，要在怡和、太古激烈竞争中"于生意水脚项下开除，势必不能"。因此，盛宣怀提议用招商局"自保轮船所得保险利息，专备摊折船旧"① 之费。他计算，招商局本有船 12 号，置本 134 万余两，归并旗昌轮船 16 号，置本 136 万两，合计成本 270 万两，"倘有保险利一分，每年便可折去船旧二十七万（两）。倘通扯仅有数厘，亦可折去船旧十余万（两）"。盛宣怀很有信心地说："逐年递折，逐年估价，通计船价如果不足，则尽数摊折，及折至适如时值，则将此款另存作为公余。"② 一方面新置新船，另一方面准以利作本掣发股票给股东，他认为这样做，"则船旧之虑可释矣"③。盛宣怀用自我保险之费作为折旧费，不能算是很科学的管理，但在创办之初洋商争衡盈利不丰的条件下，却是无办法中的一个好办法。

官本问题在买并旗昌船产后成为招商局突出的问题。招商局在买并旗昌前，官款约近百万，归并旗昌时，官款筹垫百万两，两者相加共官款 190 万两。官本大大超过商款。商局既需筹还旗昌 122 万两欠款，又需对官本付息拨本，真是不堪其累。诚如盛宣怀所说："就现在局势而论，即使生意可保，而欠项累累，年复一年，终恐支柱万难。且当洋商争挤之日，既须外揽生意，再加内筹垫款，获利固无把握，归本更无定期。"④ 商局将被拖垮。徐润也说："近来生意清寥，水脚烂贱，其势岌岌可危。究其根底，不在长江揽载之少，而在官商利息之多。欲事挽回，必得于官商利息中着意做文，方足以持久远……如能停止五年利息，可期周转无亏。"并说盛宣怀于 1876 年冬在南京与沈葆桢商谈借官款时即"曾建此议"⑤。可见盛宣怀对于官本问题早有预见，徐润只是将此议提诸实践的日程而已。盛宣怀具体提出缓缴官款利息的意见是："暂请五年为度。"五年之内，逐年缴还官本银十成之一，免缴利息；五年之后，逐年缴还本银十成

---

① 盛档，盛宣怀禀李鸿章底稿《整顿轮船招商局八条》，光绪三年十二月。
② 盛档，盛宣怀禀李鸿章底稿《整顿轮船招商局八条》，光绪三年十二月。
③ 盛档，《盛宣怀致徐润函》，光绪三年。
④ 盛档，盛宣怀等《招商局始末及扩充办法节略》，光绪三年底。
⑤ 盛档，《徐润致盛宣怀函》，光绪三年六月初十。

之一，能有余力息项亦照商款均派。这样做，"在商局缴本一成，譬缴一分之官息，在公平中拨本一成，可望十年而归款，则官本之虑可释矣！"① 这样干下去，"洋人见我无掣肘之忧，或不拼命相拒；局员可专心经营；商股不至踟蹰，亦必接踵相继"②。一举而数得焉，商局可以兴旺矣。

轮船自我保险，将其保息折旧，和官本缓缴息银，做到"一举数得"，那么"江船之多停"问题也是不难解决的。例如，"仿照日本自置轮船办法，沿江沿海各处均准局船揽载，不必限定通商口岸"，这比之有通商口岸停靠的限制的洋轮要优越得多；还可"请加拨各省漕粮"③ 给局轮装运。这样，招商局轮船且有不够用之虑，何患"多停"！

接着不久，盛宣怀乘对赫德所拟《整顿招商局条陈》的批评之机，进一步提出了招商局的致病之由和救弊之法。

赫德的"条陈"的主要精神，是企图借招商局弊窦与救弊之机，达到夺取招商局之权的目的。他首先指出唐廷枢的"历练识见"，"不足以专管如此之局"，加之又"分心于煤矿机器厂等"，以致商局"因管理不善而百弊滋生"，"其弊之最大者莫如收取搭客水脚及上栈租费"，和"总办、会办等多用伊等亲戚朋友充当局中司事，并不问其人之本事品行"④，等等。赫德所列招商局弊病并非都不中肯，问题在于他想乘所谓"整顿"之机，达到使商局归洋商控制的目的。他提出将招商局改组成新的股份有限公司，把局产按三折左右折价转给新公司，以破坏招商局民族性的旧局，变为洋商控制的买办性新公司。机警的盛宣怀对此坚决反对。他一针见血地指出："该总税司所称将现在局中各产折实估价，转与新局一法，却于新局大有裨益。盖成本既轻，获利自易。不知新局成本之轻，即旧局亏本之大。"⑤ 他对赫德的这套办法绝对不能同意。为此，盛宣怀提出"及时弥补"挽回旧局的方针，以与赫德改旧局为新公司针锋相对。为实现此方针，寻找"受病之源"，他拟订了"次第挽回之法"⑥。这个"法"归根结

① 盛档，《盛宣怀致徐润函》，光绪三年。
② 盛档，盛宣怀等《招商局始末及扩充办法节略》，光绪三年底。
③ 盛档，盛宣怀等《招商局始末及扩充办法节略》，光绪三年底。
④ 盛档，赫德拟《整顿招商局条陈》，光绪四年。
⑤ 盛档，盛宣怀禀李鸿章《对赫德〈整顿招商局条陈〉之意见》，光绪五年。
⑥ 盛档，盛宣怀禀李鸿章《对赫德〈整顿招商局条陈〉之意见》，光绪五年。

底即是增加盈利。

首先，关于轮船招商局是否要购造先进的新式轮船这一问题，盛宣怀回顾商局历年购造船只的弊病：价昂、船旧，耗煤多，行驶慢，而"装货未必多"。然而常常还要购买这种船，这是为何？他说，"无人不厌旧船，无人不主收束，乃（光绪）三、四两年中，又买'洞庭'、'永宁'、'怀远'等极旧之船"，这就使修理之费极重难支，修好后营运中也难以获利。针对这种病源，盛宣怀认为，"欲筹补救之法，莫如将本重而不能获利之船酌量减价陆续出售"，将售得之款存放起来，以备随时购造耗煤少、行驶速、装货多的新船。他甚至说："即以三十余号之旧船，换成十余号之新船，亦尚合算。"因为"盖修理省而费用少，目前虽似吃亏，久后终能获益。此贵精不贵多之说也"①。这种救弊之法，就是降低消耗，增加效益和利润，达到竞胜对手的资本主义经营之法，在当时是正确的、先进的。

其次是招商局任用洋人管事的问题。招商局在"创设之初，首戒洋人管事"②。这是盛宣怀极力主张的。但自买并旗昌之后，情况发生变化，洋员随旗昌船产一起移交过来。盛宣怀指出，这些洋人不仅一直未去，"且授以重权，予以厚饩。各船既有船主、铁管，局中又用总船主、总铁管二人。窃思居中既有此二人，便不必再有总办；既有总办，而又用此二人，不但无裨局务，且因此转多修理枝节"。他举"怀远"船的修理为例说，该船"成本只有四万，修费竟至十万余"，其他各船修理亦有类似浪费情况。这与"局中之总船主，即系怡和之总船主，在对头处作事，大有碍于局务"，不无关系。而且，这些洋人的工资很高，总船主每年不下万金。盛宣怀认为，"苟能有裨局务，原不妨费此重资，无如雇用以来，实有如上所云之弊"，故"急宜及早斥退，以符定章而免后悔"③。

招商局第三个弊端要算是任用私人了。盛宣怀正视赫德所讲总、会办任用"亲戚友朋"的事，具体化地说："局中同事，半属局员本家亲戚，虽其中非无有用之才，而始而滥竽，继而舞弊，终且专擅者不乏其人。"

---

① 盛档，盛宣怀禀李鸿章《对赫德〈整顿招商局条陈〉之意见》，光绪五年。
② "首戒洋人管事"系盛宣怀语，他也是身体力行者。同治十三年二月二十二日贝锦泉致盛宣怀函推荐英人法乐为保险行总管，盛宣怀亲笔批道："招商局总管拟用华人，保险局事，须俟秋中方有头绪，届时再当奉闻。"（见盛档）
③ 盛档，盛宣怀禀李鸿章《对赫德〈整顿招商局条陈〉之意见》，光绪五年。

他认为对这种人的处理是棘手的，"留之则有尾大不掉之虑，去之则又恐纠买旧船往来江海为吾局之患"。但不管怎样，这一问题是非处理不可的，因为它影响到了商局的发展。于是盛宣怀提出：凡局员之亲戚本家，"无论若何出众，均宜引嫌辞去"，不得以"某人得力为词"；出局后如有与局为患者，"即惟某局员是问"①。

以上这些除弊治弊之法，可以概括为：任人唯贤，降低成本，提高生产效率，加强竞争能力。这是符合近代企业经营原则的。在去弊病的基础上，盛即提出"进以补剂"，其中如"两淮之添设鄂岸盐票……拨局百票，借运五年，每年约可余银二十余万（两）"，以加速扣缴官款。不管是否实行，却说明盛宣怀是很想开源以经营好商局的。

为了把除弊治弊的工作做好，必须改进管理体制，盛宣怀对此有很精辟的见解。他首先从领导者的心理谈起，他说："凡人之情，类多喜功畏过。当局务岌岌之时，甚望同人之来，以分其责；及似有转机之际，又深愿同人之去，以固其权……局务至此，既不可馁其气，馁则败愈速；尤不可倭其过，诿则心愈离。"② 为了克服管理者们这些缺陷，提议："自本年（光绪五年——引者）六月为始，在局五人分年轮驻沪局坐办，一切悉归调度，仍以四人副之，和衷商榷，力破积习。坚忍不渝，功过亦五人与共。其应轮驻坐办之员，不准藉端推诿，庶利弊可互相兴除，勤惰可互相规劝，盈亏亦可互相比较……杜倭卸之弊，而绝倾轧之端。"③ 盛宣怀这个改进管理的意见是高明的。

清政府基本上是按照盛宣怀从 1877 年归并旗昌后两三年间所提的改进意见实行管理的，这对于招商局产生了良好的作用。这一点可以从 1878 年至 1881 年四年间的盈利情况可以得到一些证明。盛宣怀于 1882 年比较满意地作了如下的记述：

戊寅、己卯、庚辰、辛巳（1878 年至 1881 年——引者注）得收水脚一千三百余万，除支用修船、官利及提存保险外，净得盈余二百

---

① 盛档，盛宣怀禀李鸿章《对赫德〈整顿招商局条陈〉之意见》，光绪五年。
② 盛档，盛宣怀禀李鸿章《对赫德〈整顿招商局条陈〉之意见》，光绪五年。
③ 盛档，盛宣怀禀李鸿章《对赫德〈整顿招商局条陈〉之意见》，光绪五年。

余万。欠款渐轻，而轮船三十号，皆已汰旧更新，码头十余处，亦复扩充添造，局本五百万者，今已折实三百余万矣……嗣后该局年必获盈利五六十万，连提存保险可得百万，公款全还清，商股争相附入。不费国家一钱，而江海之间轮船三十号，以张国威；华人载货之资每年收百万不入洋人之手，以杜漏卮。论国计，则收回已失利权，而官帑仍无毫末之损；论商情，则成就公司之创局，而民股实操子母之赢。①

这段叙述与实际情况基本上相符合。上述成绩，虽也是与唐廷枢、徐润等人共同努力的结果，但盛宣怀出的好主意所起的作用是不可忽视的。徐润在叙述归并旗昌后的情况说：归并旗昌之事，是非褒贬不一，"此时木已成舟，只能以是而生锐心，不能以非而存退志"②。盛宣怀可称是"以是而生锐心"者。当然，是与非是客观存在，有客观标准的。盛宣怀根据归并旗昌后"收回生意何止千百万"的情况，很自信地说：

　　窃以为通商以来所办各事，惟此招商局无损于公，而有益于公，倘能在上者主持公道，勿惑浮言，则太古、怡和之码头、船只，亦必为中国所并。从此与各国更换新约，悉如公法，其外国轮船不得入我内地，岂非自强之一大端哉！③

这段话是盛宣怀的亲笔底稿，他虽把归并太古、怡和船产即能"更换新约，悉如公法"的事看得太简单，但却是有着"自强"的丰富感情和反映实际的论述。

三　"坚请督办"

上述买并旗昌船产和整顿招商局两件事，说明盛宣怀经营近代企业的

---

① 盛档，盛宣怀亲笔修改底稿《轮船招商局办事始末》，光绪八年。
② 盛档，《徐润致盛宣怀函》，光绪三年六月初十。
③ 盛档，盛宣怀亲笔修改底稿《轮船招商局办事始末》亲笔附言，光绪八年。

才干是超群的，成效是显著的。但他不是完全以"商"的身份去经理轮局的，他既有"官"的身份，又有"官"的目的，因而他自身有着难以克服的矛盾和不利于经营的因素。

　　盛宣怀虽在招商局已是身兼漕运、揽载两责的会办，但绝不会以此为满足，他要凭着会办的地位攫取更多更大的权力。他虽反对局员任用"亲戚友朋"，但他自己在招商局开办之初，即企图安置亲信作为其扩大权势的措施之一。他曾通过朱其诏向唐廷枢推荐自己的亲朋到商局充任司事。然而，代表商的总办唐廷枢尽管与盛宣怀在集商本以商办上的观点一致，但在企业控制在谁的手中这一问题却是有矛盾的。盛宣怀办洋务企业这样的"大事"是有着"作高官"的政治目的，显然与唐氏所代表的"商"的经济利益是对立的。盛宣怀既有此政治目的，必然要掌握轮船招商局这个最早的洋务民用企业。而唐廷枢为了取得高额利润，发展和扩大企业的经营，从洋商手中收回利权，必然要使轮局掌握在自己手中，以便按照商务原则经营。这也就是唐廷枢、徐润所说的"局务由商任不便由官任"，请清政府"免添派委员，除去文案名目，并免造册报销"，一切按"买卖常规"办理①。盛、唐之间的矛盾，首先表现在用人上。当盛宣怀通过朱其诏荐亲信于唐时，唐断然拒绝。朱其诏将此函告盛宣怀说："本拟设法位置，实缘商局用人景翁早已定夺，局中所有夥友，一概不用，以致无从报命。"② 商局初期权是在以唐廷枢为首的商总手中。

　　然而，盛宣怀知道，大权不在握，"大事"办不成，便无从发展，"高官"也就无从做起。随着时间的推移，盛宣怀同握有权力的唐、徐的矛盾也愈渐加深。盛宣怀为无权而牢骚满腹，为取得权力而作了一系列的活动。首先，他笼络朱其昂兄弟共同对付唐廷枢、徐润。本来，盛宣怀与朱氏在商本商办，还是官本官办，或商本官办上，主张不一致，但在他向唐、徐进攻并企图夺权中，却采取了与之联合作战的姿态。这有如下一些表现。

　　第一，盛、朱一唱一和地叫嚣无权，以制造舆论。朱其诏说，轮局

　　① 盛档，《唐廷枢、徐润、张鸿禄上李鸿章禀》，光绪七年。
　　② 盛档，《朱其诏致盛宣怀函》，同治十二年五月三十日。

"主政为景、雨二君……局中事宜全仗景翁、雨翁，诏亦不过随声画议"①。盛宣怀在安置亲信于商局未成后，已耿耿于怀，但他突出地感到无权是始于 1876 年归并旗昌轮船公司之事。当时，唐廷枢去开平，盛在湖北勘矿，由徐润一人主持草约的制定。盛宣怀在事后向徐润抱怨说："忆去冬吾兄亲来武穴，议办归并旗昌之举，弟即说筹款不难，而特以船多货少、洋商争衡为虑，故于株陵、上海之行，晨夕与诸公再三辩论，逮至所虑各层吾兄与景翁均有解说，乃始毅然请于幼帅，以定此数。弟复虑局面过大，未可以弟不谙商务之人空挂虚名，致误实事，故即禀请派人更换。不蒙允准。正月间驰抵上海，即欲妥筹整顿，乃彼此均不能虚心采纳。且归并旗昌一切布置，均不及会商而已定矣。"② 话虽讲了许多，但说来说去，其中心意思还是"无权"二字。什么"空挂虚名"，故"禀请派人更换"；归并旗昌"一切布置均不及会商而已定"；"所虑各层"唐、徐不虚心听取而"均有解说"；"彼此均不能虚心采纳"，等等，种种这些归根到底是官与商的矛盾，如果大权握于他盛宣怀手中，那他就不会有意见了。盛宣怀还把自己在招商局的"无权"地位，直接捅到李鸿章那里，说："职道在局除却为难之事，绝未一语会商。局内视为无足轻重之人。"③ 这说明盛宣怀对于在商局的"无权"地位是不甘心的，这酝酿着与唐、徐间矛盾更深的发展。

第二，盛宣怀控告唐廷枢、徐润办事无能，却尽可能对他人掣肘。盛进而禀告李鸿章说："今昔情形不同，得失关系尤大。细审任事诸人，并不加意刻勉，反觉遇事疏忽。人无远虑，必有近忧。"④ 这就是说，唐、徐等"任事诸人"很不理想，他们是些"无远虑"招"近忧"者流。盛宣怀对唐、徐进行笔伐；朱氏则在行动上对唐、徐留难。例如，有一段时间，朱其昂、朱其诏和盛宣怀均不在局中，轮船招商局关防交其兄朱粹甫管理。粹甫握有印章，或不到局，或不交印盖用，使公事难办。徐润向盛宣怀诉苦表说："粹甫自阁下去后，仅来三次，不过片时，嗣后

---

① 盛档，《朱其诏致盛宣怀函》，光绪二年十二月初五。
② 盛档，《盛宣怀致徐润函》，光绪三年。
③ 盛档，《盛宣怀禀李鸿章》亲笔底稿，光绪四年。
④ 盛档，《盛宣怀禀李鸿章》亲笔底稿，光绪四年。

屡请不到，非弟等不欲其来局也。盖弟与景翁之意，均以为多一人则多一人识见，最属相宜。即关防不肯交局，每遇公事此间送往阅看，虽留难守候俟其抄阅，弟等亦从无一言。至于银两之不能多付，诚恐万一多付，将来如何结算？系为慎重公项起见，并无他意。"① 由此看来，朱氏与唐、徐间很明显是"官""商"矛盾。唐、徐按商务原则不多付银两，朱氏则控制官印卡住唐、徐的脖子。盛宣怀对朱粹甫的做法是不会不额手称庆的。

盛、朱与唐、徐间矛盾的发展，导致盛宣怀为夺取权力而进行争取"督办"位置的活动。这种活动是由来已久的。

本来，招商局名为官督商办，实际上未派"督办"。早在1877年初，盛宣怀禀告两江总督沈葆桢，一方面借自己奉派办理湖北开采煤铁"免致兼营两误"为名，请批准消除他招商局会办之职，"俾得专心开采"；另一方面，盛却请于招商局增设督办之职。他向沈葆桢建议说，唐廷枢调赴福建、天津办洋务，只有徐润、朱其诏"常川驻局，是否须添派大员督办，以一事权？抑即责成在局各员妥为经理之处？伏乞钧裁"。② 这个督办，是另行"添派大员"，还是他盛宣怀自己？行文中虽不能肯定，但沈葆桢的批示，却给了盛宣怀一个底。沈批道：

> 禀单抄折均悉。招商局甫将旗昌公司归并，置本较前更多，事务较前更繁。当此扩充精进之际，该道明敏干练，才识兼优，极应督率经理，以裨局务，而广财源。湖北开采煤铁，虽亦该道管理，然一水可通，常川往来，两事尽可兼顾，岂宜遽存去此就彼之心。即使李伯相准另派大员，亦须该道为之引翼……所有招商局务，仰仍照前认真筹办，以副委任。③

这个批示，"仍照前"三字，虽表明不提高盛宣怀原来的地位，但盛氏对招商局的重要性却得到进一步确认，尤其是即使"另派大员，亦须该

① 盛档，《徐润致盛宣怀函》，光绪三年七月初七。
② 盛档，《盛宣怀禀沈葆桢》，光绪二年底。
③ 盛档，沈葆桢在《盛宣怀禀沈葆桢》上的批语，光绪三年正月十六日。

道为之引翼"一语，更显得他在商局的分量。看来盛宣怀的督办位置只是时间问题了。盛宣怀从沈的"批示"中也似乎意识到这一点，于是随即将他禀沈葆桢中的招商局"添派大员督办"等意思，请留居天津的朱其诏当面请示李鸿章，朱回信说："诏屡欲将吾弟（指盛宣怀——引者注）所嘱之言说上去，总未得间。限我一月定能报命。"① 于此，可见盛宣怀为轮局"督办"事活动之频繁了。他在等待着时机的到来！

1877 年代表官方管漕运的朱其昂去世，盛宣怀抓紧时机向李鸿章"坚请督办"之任。为什么朱其昂死后盛宣怀要"坚请督办"？当时有人说他有两个目的：一是"鉴于此局之难支，自求脱卸"，请别的大员来当督办；二是"鉴于工商之有成，故求拔擢"，请委派他盛宣怀来当督办②。从行文看，这两个可能性都是有的，但我看后一个可能更大些。盛宣怀向李鸿章解释：前者是求退，后者是求进，两者都不是他的本意。他说：

创办以来，无日不危如卵石，未尝稍避劳怨，目前稍有效验，正可奋发有为，而何敢退葸也……奉委以来，无日不避让未遑，自知诸事未谙，到处甘居人下，此后驾轻就熟，益思坐观成效，而何敢进求也。③

这些话是不符合情理和逻辑的，尤其是在"进求"与否问题上更是如此。原来他盛宣怀"自知诸事未谙"，故"到处甘居人下""此后驾轻就熟"，应该可以不"居人下"了，怎么"益思坐观成效"而仍"甘居人下"呢？因此，盛宣怀所说"何敢进求"，就是"勇往求进"的意思。下面一段叙述可以证明。

盛宣怀在同一函中向李鸿章诉说自己是"局内无足轻重之人"之后说，盛某在招商局是集漕运、揽载于一身的会办，在局外人看来，我是"可恃操纵之辔。上以实求，下以客应。倘再粉饰因循，身败名裂，不足

① 盛档，《朱其诏致盛宣怀函》，光绪三年五月初四。
② 盛档，《盛宣怀禀李鸿章》亲笔底稿，光绪四年。
③ 盛档，《盛宣怀禀李鸿章》亲笔底稿，光绪四年。

赎咎。职道居今日万无中立之势"①。这就是说，兼有官商之权的会办，本来"可恃操纵之辔"，上级也确是以此来要求我的，但下面却以"客应"。这种有名无实、有职无权的局面再因循下去，必致我"身败名裂，不足赎咎"的。因此，或是进或是退，"万无中立之势"；或则去唐、徐，盛宣怀大权独揽，或是留唐、徐，盛某扬长而去。盛的真实意图当然是"大权独揽"。他借"或谓"的口吻向李鸿章表达这个意图说：

> 远则事无结束，近则机有转圜，奋身独任其艰难，未始不可挽救全局。南洋大臣谓：军营中常于营官中拔一人为统领，正名定分，何各不相下。然商务宜联以情，非如营务可绳以法，等而齐之，则名不正者事不成，驾而上之，则心不降者气不协。故中立不可，进更不可。②

盛宣怀与唐廷枢、徐润到了"各不相下"的程度，"等而齐之"不可，"正名定分"地擢盛为督办以"驾而上之"，唐、徐必不能"心降""气协"的。因此，盛宣怀"坚请督办"的"本意"，即是去唐、徐而任他自己为督办。其实活动督办之事，大约在1877年初，在他上沈葆桢禀，表示要"辞差"和请"添派大员督办"的同时，朱氏兄弟和盛宣怀就在酝酿了。请看以下事实。

第一，1876年旗昌百两股票跌至70两左右，随后又骤涨至103两，唐廷枢、徐润二人在70两一股时，买了1600余股，而朱其诏一股未买，其原因，据朱其诏说是"因雨之吩咐并嘱福昌不动手，以致一股不到手"。朱氏气愤地告诉盛宣怀说："虽财运之不通，实雨之之误我。气极！"③ 朱其诏的义愤促使他更决心支持盛宣怀主持局政，故当盛宣怀提出辞去招商局会办职时，朱氏力劝暂缓。他函告盛宣怀说："吾弟（指盛宣怀，下同——引者注）上禀辞去招商局差，家兄（指朱其昂——引者注）意力劝吾弟且缓。（朱原注："此次奏稿吾弟然举首辞，更不甚妥洽，恐南洋见怪

---

① 盛档，《盛宣怀禀李鸿章》亲笔底稿，光绪四年。
② 盛档，《盛宣怀禀李鸿章》亲笔底稿，光绪四年。
③ 盛档，《朱其诏致盛宣怀函》，光绪二年十二月初五。

耳。") 即使坚辞,何不明年大驾到沪会晤后发禀,如何?"① 这里所说的"力劝吾弟且缓"辞差,就是要盛宣怀斗争下去,以为后来"坚请督办"的准备和步骤。

第二,从光绪三年朱其诏与丁寿昌的一段对话,也可明显看出"坚请督办"酝酿过程。

> 丁寿昌问:五人(指唐廷枢、徐润、朱其昂、朱其诏、盛宣怀——引者注)意见如何?
>
> 朱其诏答:因公不合,间或有之。
>
> 丁:归并旗昌后生意如何?
>
> 朱:太古、保康减价争衡,恐难收利。
>
> 丁:既如此,五人更宜同心竭力做去,不可稍有懈心。至于告退之说,一般不可。唐景星、何制军(闽浙总督何璟——引者注)留闽,沈制军似已答允。(朱原注:"乐翁以为不然")如放其去,杏翁能兼其任否?
>
> 朱:局中银钱尚短不少,当时曾说盛、朱筹官项百万,唐、徐招商股百万;此时唐、徐尚未交卷,曳白而出,未免贻笑。(朱其诏在附注中以此事请问盛宣怀:"任其曳白而出耶?抑并欲照前章程仍倩其专责揽载耶?示我主意为祷。")②

从这段丁、朱的问答和朱向盛的"请问",可以看出:(1)官商间的矛盾确实不小;(2)朱其诏想趁闽浙总督何璟要留用唐廷枢之机夺其总办权。夺权到什么程度?让其"曳白而出"地干脆离局,还是保留一个"专责揽载"?这要由盛宣怀来定夺。至于唐廷枢这个总负责人走后谁来接替?显然是盛宣怀了。丁寿昌下一个问话可知。

> 丁问朱其诏:闻人说,局事杏生有独办之意?(朱旁注:"吾弟闻之可口〔不〕问。")

---

① 盛档,《朱其诏致盛宣怀函》,光绪二年十二月初五。
② 盛档,《朱其诏致盛宣怀函》,光绪三年五月初四。

朱答：不但杏生无此意，且吾等均有脱卸之意。①

朱其诏的答话是"此地无银三百两"的表白。因为：（1）"杏生有独办之意"，一定有所据而云然；（2）朱其诏是"力劝"盛宣怀"暂缓辞差"的，怎么又"均有脱卸之意"了呢？（3）朱其诏在"闻人说局事杏生有独办之意"句旁特地加注"吾弟闻之可不问"，叫盛宣怀"不问"其事，实际就是示意，这话正中下怀，造一点"独办之意"的舆论并无坏处。

从上述一系列事实看，盛宣怀的"坚请督办"，就是他自己企图当督办无疑。

四　在官商之间徘徊

从前几节的叙述，表明盛宣怀是具有"官""商"两重特性的人，而"坚请督办"是"官"的身份居于主要地位。对盛宣怀"坚请督办"应怎样看待，这关系到对盛宣怀的评价问题，这里要作必要的说明。拙作《论盛宣怀》一文中说过："盛宣怀……既似商又似官，由似官而为官；用商力以谋官，发展到利用官势以凌商。"②盛宣怀的经历与唐廷枢、徐润等人不同。唐、徐也捐有道员之类的官衔，但从他们的出身和社会关系等方面看，"商"毕竟是基本的方面；盛宣怀出身于"官"的家庭，又利用家庭的官场关系进入李鸿章幕，混迹于官场。盛宣怀从 1867 年"知府尽先补用"，到 1875 年"道员缺出尽先题补"，都是由于为清政府统治效力而递升的，或以"陕甘后路粮台出力"，或以"派赴台湾照料淮军营务"有功等③。从经历说，盛本来就是走"官"的路子。但盛宣怀又是非正途出身而取得候补道等官衔者。从中国近代当时的形势看，非正途出身而能做到大官，必做前人未曾做过的洋务事业才有可能，因为这是维持清政府统治

---

① 盛档，《朱其诏致盛宣怀函》，光绪三年五月初四。
② 《纪念辛亥革命七十周年学术讨论会论文集》中册，第 1651 页。
③ 第一历史档案馆藏，《盛宣怀履历单》，《历史档案》1985 年第 1 期。

的需要。盛宣怀在 1875 年取得道员尽先题补资格前，除镇压人民起义之外，就是通过办洋务企事业而取得信任的。办轮船招商局初显了其经营干才，1876 年参与中英烟台的"滇案"谈判，又显示了其对外交涉的才能。以此，吴淞铁路案起，李鸿章乃拣派随之在烟台谈判的盛宣怀与朱其诏一起，"驰往上海与该关道（指冯焌光——引者注）详酌机宜，设法操纵"①。可见盛宣怀取得信任并得到知府、道员等官衔，是从仕宦场中获得的，不像唐廷枢、徐润等人从经商而捐取的。

　　然而，盛宣怀在筹办洋务企业之始，就是商本商办的主张者，在此后的经营中，他又是基本上以经商的原则也即按照盈利的原则办企业的。他认为，要办好近代企业并发展它，不招商股是万不可能的，官本很有限，商本才是取之不尽的财源。只有商本商办，才能可靠地按逐利方针办商务，也才能洋务企业持久不衰并不断扩充规模，只有这样才能达到抵制洋商的经济侵略和收回利权的目的。

　　向之论者，常常说盛宣怀贪得无厌赚取钱财，并以此作为鞭挞他的理由。这是不对的。剩余价值规律曾经是推动历史前进的巨大杠杆力量，追逐剩余价值和尽可能高的利润，是资产阶级的本性，它曾起到推动历史发展的作用。运用商务原则经营工商业"赚钱"，非但不足为盛宣怀病，在当时应该说是他与封建主义对立的进步表现。正因为如此，盛宣怀虽是由官场关系而得以经营洋务企业，他的观点却同唐廷枢、徐润等人的观点相一致或是接近。故在那时，盛宣怀虽具有"官"与"商"两重目的和身份，而"商"的目的，在一定时间里，还是他的一个主导的方向。因为他在商局创办之初的主张，与唐、徐为主的商的一方并无矛盾，却同官的矛盾较多。办轮船招商局之初，即有一个不成文法：总、会办中官的代表管漕运，商的代表管揽载，盛宣怀之外的其他会办只主管漕运或揽载一方，只有盛宣怀兼管漕运与揽载，这绝不是偶然的。

　　随着时间的推移和招商局的发展，盛宣怀与"官""商"间的关系，逐渐发生变化。这种变化，虽早在轮局筹建伊始即潜在着，但到归并旗昌和盛氏"坚请督办"之后，盛与唐、徐间的矛盾才显露了出来，而他同朱

---

　　① 李鸿章《妥筹上海铁路片》，光绪二年七月二十七日，见《李文忠公全书·奏稿》（下简称《李书》）卷 27，页 62。关于"滇案"与吴淞铁路谈判两件事，参见本书第六章第一节。

氏家族的一致性多了起来，导致了盛、朱联合对付唐、徐的局面。这是盛宣怀"官"的本质的暴露，也是他为了"作高官"，把"办大事"的大权全部握于手中的初步尝试。这应是"为盛宣怀病"的始点。当然，如果是唐廷枢、徐润对招商局经营有很不好的影响，或是盛宣怀总其成将经营招商局得很好，"坚持督办"也不是坏事。但前者并非事实，后者亦无法证明。但不管如何，盛宣怀利用官场关系排挤商权并企图将全权握于自己手中，不能认为是可取的。

盛宣怀从"商"为主导方面逐渐向"官"为主导方面的转变，承其权衡于官商之间，以达到有利于己的目的的行为，突出地表现在1880年招商局的弹劾案上。

正当盛宣怀"督办"之职尚未到手的时候，发生了王先谦等人弹劾招商局营私舞弊案，在总、会办中，盛宣怀首当其冲。盛宣怀很庆幸他仅居于会办之职，他推卸罪责于唐廷枢、徐润而函告洋务金融家胡光墉（雪岩）说："招商局事权悉在唐、徐二人，众所共知。执事久在上海，亦难逃洞鉴。若舍唐、徐而问及鄙人，犹如典当舍管事管账而问及出官，岂不诬甚！侄一人得失何足重轻，但圣明之世，似亦不应有此莫须有之奇案。"① 盛宣怀这句"莫须有之奇案"的话，不是没有道理的。王先谦的弹劾罪状有好多条，大多是属于站在顽固派立场上看待新兴近代企业的性质，且有的弊端盛宣怀在王先谦弹劾之前就已经指出过。弹劾中主要集矢于盛宣怀的，是关于购买旗昌船产时"扣帑入己"和"侵渔中金"。"扣帑入己"很快得到了澄清。经过江南制造局总办李兴锐、津海关道郑藻如、江海关道刘瑞芬查复，问题集中到以盛宣怀为首的"侵渔中金"上来。

这件事究竟如何？事实证明是有误会的。事发，即有不少为盛宣怀鸣不平的人。他们说：招商局创办"系盛之力，以后俱是唐廷枢、徐润二人经理"，对"渠受此不白，难以自明"，深表同情②。在为盛宣怀鸣不平的人中，以最知情的唐廷枢之言较为透辟有力。他指出：（1）归并旗昌时，"画押之日，盛道已回湖北"，付款是在画押之后，盛宣怀没有机会染指。

---

① 盛档，《盛宣怀致胡雪岩函》，光绪七年二月初八。
② 盛档，《徐士铭致慕周函》，光绪七年。

（2）所谓"中金"，"即系酬劳中人经手奔走之费"。购买旗昌船产时买家与卖主面对面成交，绝未假手于人。可见其间并无所谓"中人"，无"中人"何来"中金"！而且"中金"均在正价之外，由卖主或买家或买卖双方均摊另给，既然不在正价之内，"弹劾"和"查复"所说在正价之内扣成人囊是没有根据的。（3）刘瑞芬等三道员的"查复"误"花红为中金"。所谓"花红"即是官所说的"津贴"。所说被旗昌公司要索津贴10万两事，是"因该行向办金利源公司每年得行用10万两，若将全帮轮船归并职局，那该行年中固少10余万两进款，而各口所用办事人等，又不能不津贴薪水盘川令渠回国，或另谋事业。所以议及花红一款"。而此项"花红"，均包含在222万两正项之内。由此可见，"中金"固属子虚，别人更不能沾染毫厘。诚所谓"以风影之词，生猜疑之柄"①！

唐廷枢在说明上述理由之后，结论性地写道：

> 职道经手之事，固不便使盛道受不白之冤。总之，盛道于收买旗昌一事，仅与职道等主其议，而领款付款，盛道皆未经手，其因公而未因私，不言可知。且其在局从未领过分文薪水；凡遇疑难事件，顾公商酌，无不踊跃，向为各商所钦服。今以清白之身，忽遭污蔑，亦不得不代声明。②

唐廷枢为盛宣怀辩解的理由基本上是符合实际情况的；他最后结论性的语言，虽不无溢美之处，但在那时的盛宣怀，也确有如唐廷枢禀李鸿章函中所说的那股劲头和热情。这是反映资产阶级的奋斗精神本质的。而对盛宣怀来说，至少在他"坚请督办"的当时，要采取"欲取先与"的姿态。

盛宣怀从"办大事""作大官"的个人发展的战略目标和长远利益出发，采取高明的左右逢源的做事办法。当他"坚请督办"时，他联合朱其诏以挤唐、徐；当他要避开弹劾风潮时，却又借助商力为自己辩解。但由

---

① 盛档，《唐廷枢禀李鸿章》底稿，光绪七年二月初七。此底稿系盛宣怀所拟，唐廷枢认可，即用唐的名义发出。

② 盛档，《唐廷枢禀李鸿章》，光绪七年二月初七。

于盛宣怀"久在仕途"① 并想在仕途中步步高升，这个目标成为了其思想言行方面的主导，故对盛而言，全面控制招商局的目的是一定要达到的。他虽于 1882 年因弹劾风波而暂时离开招商局，但其以此局为基地以扩充经济实力，并从而逐渐获得预期的高官厚禄的强烈愿望未泯，他正酝酿着卷土重来，并大权独揽地一统招商局。

---

① 李鸿章《查覆招商局参案折》，《李书·奏稿》卷 40，页 21。

第三章　湖北煤铁矿开采及其经验教训

一　大力经营矿务的原因

清政府继大办近代军用工业之后，于 19 世纪 70 年代掀起办民用工业企业的高潮。最先创办的近代民用企业是为加速商品流通服务的轮船招商局。在工业生产领域，首先兴办的是矿业，也即煤炭、金属矿的开采和冶炼产业。这是由于军事工业的发展和轮船航运的兴起，急需铜铅铁等原料和燃料的缘故。李鸿章说："中土仿用洋法开采煤铁，实为近今急务。"①正当而立之年且有一定洋务阅历的盛宣怀，适逢其会。他既参与了轮船招商局的创办，也是矿务企业创始者的重要一员。如果说盛宣怀在轮船招商局只有会办名义，大权握于商总唐廷枢、徐润手中，那么对于开矿，他则是独当一面的大权在握者。

盛宣怀于 1875 年开始经营的湖北省广济、大冶煤铁矿务，同台湾基隆煤矿、直隶磁州煤矿一样，是清政府最早用洋法开办的三个煤矿之一。它们开办的原因基本一致，那就是各制造局和新办的招商局轮船需煤甚多，而军火制造亟用铜铁等金属原料日益增加，其中尤以煤炭需求最急。故盛宣怀在筹建湖北煤铁矿厂时曾说："煤厂与机器、招商两局相表里。"② 由于局厂原需煤铁等物购自外洋，所以自己办厂开采，很自然地与"敌洋产"是密切相联系的。对此，盛宣怀有着明确的认识。他说：

> 各省现设船、炮等局及夫民间炊爨等用，需煤日多，与其购英美

---

①　李鸿章《复翁玉甫中丞》，光绪元年十月二十三日，《李书·朋僚函稿》卷 15，页 29。

②　盛档，盛宣怀《湖北煤厂拟改归官办议》，光绪元年十月。

> 各国及日本之煤，利自外流，不若采中土自产之煤，利自我兴……现
> 在台湾与湖北两处先后奏请筹款开采，意在平土煤成本以抑洋煤。①

　　意思很明确，开采煤矿，一方面是新兴工业的需要，另一方面也是为了抵制外国资本主义的经济侵略。盛宣怀后来回忆办湖北矿务的目的，说是"初欲开中国之风气，以收外洋之利权"②，是符合事实的。盛宣怀在此后所办的矿务，也同样有抵制侵略的意图。例如，他在禀请开采山东登州铅矿时说过："以兴地利，以开生计，并以杜洋人觊觎之心。"③ 正因如此，盛宣怀在筹办湖北煤铁矿开采时，即视"此举关于富强大局"。

　　盛宣怀在办矿务伊始，即找到湖北这块地方，这绝非偶然，而是有其历史渊源的。他在19世纪60年代初"随官鄂中"时，看到过"广济县禀禁开挖武穴煤山"的文件，注意到此地煤矿丰富。1867年他亲至其地进行考察，"乃知其地滨江"，交通比较方便；又考之地方志，"始知该山属官"。他"抨评于中将十年"④ 之后，始决定选湖北广济办矿。盛宣怀认为，从地势运输等条件看，湖北较之直隶磁州、台湾基隆更佳，因而有可能把采矿事业办好。他把广济与磁州、台湾作比较，说："磁州河道行远，煤质累重，转运多艰，大约将来只能舍煤取铁。台湾则重洋运艰资费，尚虑难敌洋煤。似不如先就南省滨江之处泽地开采，简便易举。"⑤ 应该说，盛宣怀是一个有事业心的有心人。他一方面早于办该矿的前十几年即开始酝酿于胸，另一方面，他尽可能与别矿作比较找出有利的条件，绝非盲目从事。他把办此矿的优点，仔细具体地概括说：

> 　　武穴一隅，民向不资以为生，则官为开采，不夺其生计，较胜于乐平者，一也；民情虽亦浮动，尚堪动之以利，结之以义，用洋匠设机器，不致决裂，较胜于衡州者，二也；武穴实为吴楚咽喉，等洋法

---

① 盛档，李明墀、盛宣怀《上李鸿章详》，光绪二年十二月初九。
② 盛档，盛宣怀《上李鸿章详》，光绪十年闰五月。
③ 盛宣怀《禀请开采登州铅矿并拟订章程由》，光绪九年六月初十《申报》，引自孙毓棠《中国近代工业史资料》第一辑下册，第1119页。
④ 盛档，盛宣怀《湖北煤厂改归官办议》，光绪元年十月。
⑤ 盛档，盛宣怀代李鸿章、沈葆桢拟会奏稿，光绪元年十二月十九日。

一有成效，近悦远来，相率观法，安知乐平、衡州以及江皖等处不闻风兴起，为海内风气之先，较胜于台湾者，三也；滨江一水可通，轮船径运上海，无须火轮车路，无须开浚河道，较胜于磁州开平者，四也。①

上述四点，说明盛宣怀考虑在湖北开采煤铁矿产时，不仅考虑到地利，还考虑到该地民情和历史状况，思虑不为不周。在此思想指导下，湖北煤铁开采总局于 1876 年初成立。

二　期于必成的努力

盛宣怀经营湖北煤铁矿，不仅得地利，而且上有李鸿章的支持，下有早被李鸿章誉为"才识俱优，洵为出色之员"②，时任湖北汉黄德道的李明墀的合作。李鸿章对盛宣怀办湖北煤铁开采的期望非比寻常提高。该局的动议筹办始于 1874 年下半年。筹办之始，李鸿章即告以"需用经费通盘筹画，确有把握始可设厂试办，渐求扩充，切勿轻率从事，致招物议"③。在筹建过程中，李唯恐盛不按他的指示办事，以致败事，又给了"缔造伊始，局面不必阔大，必须试办有效，再行逐渐开拓"④ 的指令。应该说李鸿章这些指示是使企业有可能办成功的稳健方针。李鸿章对盛宣怀作方针性的指示的同时，还预报喜讯，说他哥哥李瀚章即将调回湖广总督任，上面"不患无人主持"⑤。这样，中央有李鸿章，地方上有湖广总督李瀚章，还有当地道官李明墀的合作与支持，加上办矿的正确方针，办湖北煤铁成功的可能性很大，李鸿章也不允许其不成。

这是为什么？这是因为李鸿章要把湖北作为办矿典型，成功后以此推广的缘故。基本上同时开办的台湾、开平、湖北三处矿务开采，李鸿章独将亲

---

① 盛档，《盛宣怀致李鸿章函》，光绪二年十一月二十二日。
② 上图未刊，李鸿章《保荐李明墀片》，同治八年八月，《李鸿章未刊奏稿》。
③ 盛档，《李鸿章致盛宣怀函》，光绪元年十一月初五。
④ 盛档，《李鸿章致盛宣怀函》，光绪二年十二月初六。
⑤ 盛档，《李鸿章致盛宣怀函》，光绪二年九月二十一日。

信盛宣怀安排于鄂，独厚于鄂，也是经过深思熟虑的。李鸿章向盛宣怀明确表达过这个意思。他一则说，"欲俟阁下在鄂开采有效，庶开平仿办亦易"①，再则说："鄂省矿务中外具瞻，成败利钝，动关大局，一涉颓沮，势必旁观窃笑，后来裹足。"② 这就是说，湖北矿务只许成功不能失败，成功了可为开平等处仿效，失败了则必成为旁观者的笑料。李鸿章唯恐盛宣怀不领会其意，又以关切的口吻告盛说："鄂省则阁下立足之地，自应在鄂得手，方为办理有效。"③ 盛宣怀不负所望，竭尽全力以期力底于成。

首先，盛宣怀在官办、商办还是官督商办等关系上，费尽了筹思。他已有办轮船招商局的经验，深知这个问题关系到企业的发展前途。当议办之初，盛宣怀在天津拟订《湖北煤厂试办章程八条》，把官商、官民"利权宜共"置于突出的地位。他写道：居今日而言开采煤铁矿之利，"仅当分中外，不当分官民，并不当分官商也"。这几句话，具有鲜明的抵制侵略的民族性。他认为在区分中国外国这一界限的前提下，在中国内部不分官民官商的原则下，湖北矿务以仿照招商局的官督商办形式为宜。他说：

> 此类创举，责之民办，而民无此力；责之商办，而商无此权；责之官办，而官不能积久无弊。惟有援照轮船招商局官督商办之一法。商集其费，民鸠其工，官总其成，而利则商与官、民共之。④

盛宣怀在这里把民、商、官三者的优缺点均看清了，尤其是看到"官不能积久无弊"可谓深透。只有发挥官、商、民各家之长庶可有成。在那时，像办采矿这种类型的企业，采取盛氏所讲的官督商办还是比较恰当的。盛宣怀又根据上述原则，拟订了民、商、官具体的分利办法，那就是"商以资本获官利，而更有余利六成以及之"；"民以开挖获工食，而更有修堤实惠以及之"；"官则坐取其厘税，而更有余利三成以及之"⑤。这种分配利润的原则，官坐享之成比之民、商要多得多，而且所谓"官督"的

---

① 盛档，《李鸿章致盛宣怀函》，光绪三年八月初二。
② 盛档，《李鸿章致盛宣怀函》，光绪三年七月初八。
③ 盛档，《李鸿章致盛宣怀函》，光绪三年七月初八。
④ 盛档，盛宣怀拟《湖北煤厂试办章程八条》，光绪元年九月。
⑤ 盛档，盛宣怀拟《湖北煤厂试办章程八条》，光绪元年九月。

"官"，实际就是盛宣怀自己。但从大局看，从发展民族工矿业看，不仅切实可行，也是对资本主义发展有利的。果然，盛宣怀即"遵饬招徕，十万巨资一呼而就"①。

然而，时隔不久，风闻采矿厂不仅是仿轮船招商局，而且有"湖北之煤厂改而归并轮船"之说。盛宣怀着急了，他禀告李鸿章说：西洋"办一事即开一事之公司……未闻以一公司而能包罗一国之利权，以一人而能毕天下之能事。……若以湖北已成之煤厂改而归并轮船，出自宪意谁敢不遵！其将就此一矿而止耶？抑尚欲劝他省呕尽心血而创其成，俱为我攫而得之耶？恐湖北一厂之成败尚在未定，他省更不必言矣"。盛宣怀认为，开采煤铁矿是"中国自强转移大计，在此一举"，这样的大事，创办任务是很艰巨的，但"绝无人惠然匡助，相与图成！逮至股分招定，规模粗具"，却冒出来"归并招商局"之议，宁有是理！遵饬招商股者失信人是小事，"使富强大举，有始无终，缩大为小"② 却是个大问题。因此，盛宣怀表示，对湖北煤厂归并轮船招商局之策是不能同意的。他的这个"不同意"是有道理的。

盛宣怀本来就是集商资商办近代企业的主张者，"官督"即意味他盛宣怀充当督办。无论从企业的发展或盛宣怀个人利益来说，官督商办都是适当的。今既有人"责其谬妄"，官督商办不成；"归并"即使"藉可分创办者之镑"，亦不敢苟同。因为，一方面，这时轮船招商局的权力主要在唐廷枢、徐润手中，盛宣怀名为会办实无多少权力，"归并"即意味着煤铁矿被唐、徐等人抢去；另一方面，盛宣怀这样做，不仅是个人利益问题，也关系到矿厂的前途，因为那样大的矿厂归并于一个招商局，真所谓"以一人而能毕天下之能事"了，其败也必矣！

正当左右为难、举棋不定之际，盛宣怀想出了非其本愿的"改归官办之一法"③。"官办"固然是为了解决"归并"与"反归并"的矛盾，但也不是没有一定的客观依据。归官办是有其一定的客观条件和可能的。盛宣怀认为，湖北兴济等处矿山，有的如"阳城本系官山，似应官为筹本开

---

①　盛档，盛宣怀《湖北煤厂改归官办议》，光绪元年十月。

②　盛档，盛宣怀《湖北煤厂改归官办议》，光绪元年十月。

③　盛档，盛宣怀《湖北煤厂改归官办议》，光绪元年十月。

采，则利益涓滴归公，办理可期远大"①；有的矿山如兴国地方，虽属民山，但民众自己开采，"或因分利难均，或因资本浅薄，随挖随辍，鲜能获益，是以远近闻风，颇愿归官开采"②。学术界有以湖北煤矿改官办为盛宣怀病者，这是不公正的。因为发展近代矿业是历史的要求，停办是不能允许的；继续办下去，商办既不成，归并于招商局只会有更多的掣肘，改为官办也是解决矛盾使之能继续办下去的切实可行之一法。历史上的官办企业也不是绝对不能成功。但不能否认，对湖北煤厂来说，官办却是它失败的根由之一。

官本官办是不得已采取的办法。盛宣怀在解决由官督商办改为官本官办的同时，也抓紧实施了开办矿厂所必需的几项措施。

首先是物色矿务人才。用西方先进技术开采矿产，在中国为首创事业。对盛宣怀来说，通过办矿实践活动进行摸索，还谈不上有什么经验。要开矿必先勘矿，勘矿和采矿必须有新型矿务人才，这是盛宣怀最先遇到的难题。但是，他并不畏难，一方面，他到处寻找矿书，以期略知其理，例如，他请在福建工作的张鸿禄代为寻觅斯米德翻译的《五金矿论》，当他找到此书第一卷时，喜出望外地学习起来，同时密切关注、学习报纸上的矿学论文，勤奋地学习以便明了矿学理论③；另一方面，他重金聘请矿师，请赫德和中国驻外使节选聘优秀矿师，他已认识到，聘得好的洋矿师比之筹集资本更为重要和困难。关于好矿师与筹集资本的比较，他有一段精彩的言论：

> 开矿不难在筹资本，而难在得洋师。盖筹资本于目前，即可获子母于日后，又非同造船制器有耗而无来也；矿事之成败利钝，实以洋师之得人不得人为定，而其本领又不难在开矿，而在认矿也。认矿只须得一二人，便可遍视各省产矿之地。夫以一二人而可揽十余省之地利，亦不妨优给薪资，并当议明开成一矿给赏若干，使其专心为我

---

① 盛档，李明墀、盛宣怀《禀李鸿章》，光绪元年十二月十七日。
② 盛档，李明墀、盛宣怀《禀李鸿章》，光绪二年六月二十日。
③ 盛档，《张鸿禄致盛宣怀函》，光绪二年九月初六。

所用。①

盛宣怀把开矿的成败归之于得人与否的观点，从根本上说是对的。这段话对人与资本的关系、勘矿与开矿的关系，以及厚给薪资与洋矿师亦很值得等看法，都是正确的。在那时，勘查矿产等近代开矿业，只有洋矿师能胜其任，盛宣怀能认识到这一点并付诸实施，是可贵的。但盛宣怀的可贵，还不在于"使其专心为我所用"，而在于不长期依赖洋矿师，而是通过向洋矿师学习等措施，培养自己的人才。他在聘洋矿师之初即提议：一面在同文馆及闽沪各制造局，选择略谙算学聪颖子弟一二十人，随同洋矿师实地学习，学习用科学方法分析矿石，并购买外国博物馆所藏土石化验以备参证；一面饬出洋留学生酌分一二十人在外国专学开矿本领，二三年后即可先行回国备用。之所以要赶紧培养自己的矿业人才，盛宣怀说得很清楚："实以开采为大利所在，未便使外人久与其事。"②"未便使外人久与其事"一语，表明盛宣怀独立自主地办近代企业的思想感情。

然而，论者对盛宣怀提出两种指责：其一是说高薪聘请洋匠为买办性；其二是说盛氏聘请了不精于矿业的马利师导致浪费。这两种指责都不能认为是公允的。

在开矿之初，其对于科学勘矿和机器开采是一窍不通的，在这种情况下，要么仍用土法开采，要么仍然依赖进口原料、燃料和金属制品。此两者均已被洋务官僚们所基本否定，只有洋法开采和冶炼的一条路，那也只有请洋矿师了。盛宣怀在这个问题上毫无买办性可言。他对被聘的洋矿师的要求是很严格的。例如，在雇聘马利师的合同中说："该洋人既充本局监工，无论大小事体总当听从本道主使，勤慎妥当，诚实办事。礼拜日仍应照常办公。并须随时随事先行禀明本道，斟酌妥当，方准照办，不得擅自主张。"③ 盛宣怀在要求洋矿师听从中国人指挥的同时，对其技术上的要求也是严格的。所谓误延马利师，也不是完全盲目的，是慎重从事的。盛在与马利师初见面时，"闻其议论徜柣（恍）迷离，迥不如台湾翟萨条理

---

① 盛档，《盛宣怀致○○○（李鸿章）论矿事书》，光绪二年七月。
② 盛档，《盛宣怀致○○○（李鸿章）论矿事书》，光绪二年七月。
③ 盛档，《英矿师马利师合同》，光绪二年正月二十五日。

井井，故仅定半年之约"①。当然，这"半年之约"最好不订，但由于一时请不到人和"求效之心过急"，"半年"仍为"误延"。然而，在没有先例的创办矿业之初，聘洋矿师不当，亦不足为怪，这一点李鸿章的看法还是比较合乎情理的。他函告盛宣怀说，"中国用西法开矿，事系创举，洋匠高下访询殊难确实，此皆不足引咎"②，以安慰和鼓励盛宣怀不必为此而灰心。

盛宣怀没有灰心，而是想由外行变为内行，他告诉李鸿章说，宣怀虽然对于"地学化学，格致门类，一名一物，绝无所知，然犹欲勉力考究其近似，冀不为人所蒙蔽"③。当他发现马利师技术不行，就毫不犹豫地予以辞退，并对马利师"函请另行择地"再行勘矿的要求予以拒绝，而另外聘请了英国矿师郭师敦。郭师敦不仅精通矿务之学，且兼谙机器原理。经过仔细考核，盛决定聘其为矿师，于1877年春订立三年雇佣合同。后来实践证明，郭师敦"于矿务、化学、绘图一切甚为熟谙，办事亦颇认真"④，是一位勤奋而合格的优秀矿师。

人才这个大前提解决了，第二个应着手进行的，就是积极勘矿、开采和冶炼了。盛宣怀的指导思想是"先煤后铁""以铁为正宗"。这得到李鸿章"所见甚是"的赞许⑤。在这方针下，在兴济探煤的同时，盛又派矿师到大冶勘探铁矿，并决定到外洋购买新机器，用洋法开采和冶炼。经过一段时间艰苦的努力，有了初步眉目。盛宣怀乃于1878年12月亲自到大冶勘查铁矿，查明县北四十里之铁山，"铁层平厚，一如煤层……且邻境俱属富有铁矿"⑥。铁矿找到，沿江一带上自黄石港，下至石灰窑等处，随即寻觅安炉炼铁基地。本来选定黄石港东一里许吴王庙旁高地安炉，但考虑到矿石由樊口出江，如能在樊口上下江岸设炉，运费较省，于是又督率矿师和地方县令履勘武昌、黄冈所属南北两岸上下百里之地，以期找到最适

---

① 盛档，《盛宣怀致李鸿章函》，光绪二年十一月二十二日。
② 盛档，《李鸿章致盛宣怀函》，光绪二年十二月初六。
③ 盛档，《盛宣怀致李鸿章函》，光绪二年十一月二十二日。
④ 盛档，盛宣怀所开《郭师敦矿师证明单》，光绪五年十一月。
⑤ 盛档，《李鸿章致盛宣怀函》，光绪三年七月初八。
⑥ 盛档，《盛宣怀致翁同爵函》，光绪三年六月二十二日。

当的地方安炉①。可见，盛宣怀不仅因武穴之煤与大冶之铁近在一二里之内而坚韧地去做，且能考虑到设炉冶炼之地最能节省人力和运费。这种经营思想是正确的。

盛宣怀为了办成并办好湖北矿务，在这段时间是非常辛劳的。由于兴济煤质欠佳，煤层较薄，他于1877年秋至武汉上游探寻煤矿。他向李鸿章报告此时的繁忙情景说：

> （光绪三年）九月十七日自宜昌启程，二十日行抵荆州府属之沙市。职道即舍舟登陆，先赴当阳县属之观音寺，会同地方官查明产煤各山，并晓谕绅民……以免疑阻而生事端。部署既定，职道仍遄归沙市。于十月初七日亲率矿师乘舟，溯沙江，入漳河，水竭滩多，日行二三十里，至十三日始获行抵观音寺。逐日督率矿师郭师敦等履勘荆当所属各矿……拟（于十九日）即率该矿师前赴大冶覆勘铁矿。②

在盛宣怀率同矿师反复努力勘查下，证明大冶铁矿是品质优良，蕴藏丰厚；荆当煤质坚好，亦属优等，"能与美国白煤相埒"。有铁有煤，条件具备，湖北矿厂终于在1878年炼出铁样，初步有了端倪，这已是三年时间了。创业真不容易啊！

盛宣怀之所以如此坚韧不拔地去发展湖北矿厂，除形势需要外，主要是为了自己创立有影响的基地。这一点李鸿章对他讲得很清楚，如本节前文所说的"成败利钝动关大局""鄂省则阁下立足之地，自应在鄂得手"，等等。当盛宣怀遇到困难，打算舍鄂他图时，李及时告诫说，若湖北煤铁开采"规画难成，不得已而改图北来，议其后者将谓不克取效于南，亦必不能取效于北"③。这就是说，李要求盛只能在鄂搞成功，不许失败，也不许转移阵地。盛宣怀说他本来就"凛遵训诲"的，他坚定地表态说过"一则自立不败，始终不移，必使有成效而后荐贤自代，利钝所不敢计也。一则廉正为本，精核为用，必视国事如家事，尽我心力，可质穹苍，镑忌所

---

① 盛档，《盛宣怀禀李鸿章》，光绪三年十二月十九日。
② 盛档，《盛宣怀禀李鸿章》，光绪三年十一月初十。
③ 盛档，《李鸿章致盛宣怀函》，光绪三年七月初八。

不暇顾也"①。尽管他预期将有国人嫉妒、洋人觊觎、创始无经验可循，以及运输不便、厘捐太重等"十难"②，但还是勇往直前地去做。盛宣怀满怀信心地向李鸿章保证说，"中国试办各矿，尚无一处得手。人情易于图成，难于谋始，既难克期成效，尤难无米之炊。任事者未尝不望而却步。但有此地产，有此矿师，有此开办之端倪，如竟畏难中止，尽废前功"③，盛某是不敢也不愿这样做的。

然而，客观结果不完全以主观努力而必胜和必成。广济之煤不能应大冶炼铁之需，而新找到的荆门当阳之煤，据郭师敦之计算，所需资本大大高于原来的估计数字，资本不足，不得不由官办改为商办。

三　商办失败，赔垫巨款

湖北煤铁矿务由官办转为商办的具体过程，关键在于矿师郭师敦的科学核算。

1877 年 11 月间，盛宣怀率郭师敦到荆门当阳寻觅煤矿。郭师敦经过年余的勘查，于 1879 年 4 月 25 日（光绪五年闰三月初五）对矿区范围内的煤层煤质、开采规模、使用机器人力及所需资本等作了详细核算，并向盛宣怀汇报。关于经费一项，单荆门煤矿机器等设备各物，核算 5.5 万两（其他设备、运输、安装等费均不在内）。煤炭出口至长江，运输极为困难；由窿口到长江，中间需先用牲口运至观音寺，再由观音寺用小船装运，途次过载大船，方可运至沙市。这不仅成本昂贵，且于水涸时有不能启运之虑。如果要降低成本并解决水涸之阻，必须由产地到江口建造铁路，而这段造路费至少得 40 万两。如果不筑铁路，产矿规模会缩小一半，即年产 2 万吨。荆门煤与大冶铁同时开办，大冶在采铁的同时，设一炼铁厂，荆门之煤即供炼铁厂之用，这样做，各色设备齐全约需 12 万两④。这

①　盛档，《盛宣怀致李鸿章函》，光绪二年二月二十日。
②　盛档，《盛宣怀致李鸿章函》，光绪二年二月二十日。
③　盛档，《盛宣怀禀李鸿章》，光绪四年三月。
④　盛档，郭师敦《勘矿采煤成本并办煤铁厂报告》，光绪五年闰三月初五。

就是说，开矿加筑铁路约需 50 万两以上；不筑铁路而煤铁并办，约需 20 万两以上。湖北煤铁开采总局开办时所领官本 30 万串，且已用去过半。故不管是哪一种方案，资本缺乏都是个大问题。怎么办？停办是不被允许的，且违背初愿；办下去就必须解决资本问题，盛宣怀与总办局务之李金镛等人商议，向鄂督李瀚章提出两策："如仍归官办，拟请在制造、海防项下每年拨款，以煤熔铁，以铁供制造，联为一气。而以前首五年用款，援照制造局奏销。此一策也。如谓矿务与制造有别，拟请截止官本，另招商股，遣撤洋匠，专办煤矿，一听商之自为成否。（原文如此——引者注）而已用之官本若干，不得已请就截存之官本生息弥补，毋庸奏销。此一策也。"① 盛宣怀又以此意向李鸿章请示。

前一策，实际上是把煤铁的开采与冶炼生产作为军事工业的附庸，这是倒退的扼杀煤铁生产的办法，从盛宣怀当时思想水平看，并非其本意，而且也行不通。李鸿章对于盛宣怀的制造、海防项下各拨款 1.5 万两的提议，给予了"所请各拨一万五千两，均毋庸议"的批示。看来，湖北煤铁业要办下去，只有实行后一策即招商股的办法了。李鸿章也很赞成此策，他批示道：荆门、大冶煤铁矿厂办理确有把握，"若因经费不继，中道而辕，未免可惜。应照所拟招商开办之一法，较为便捷"②，责成盛宣怀招商筹办。对于原领 30 万串官项作如下规定：尚余的 14.2 万串官本截止使用，已用去的 15.8 万串存交江苏、汉口各典生息，以利息逐年归本。这个规定亦责盛宣怀一人清理，以期有始有终。

盛宣怀即遵照办，于 1879 年 6 月关闭了湖北开采煤铁总局，另开办荆门矿务总局。

然而，招股并不顺利。在开局之初，只招到 500 股实银 5 万两，距离煤铁同办需款十万两之数还很远。故盛决定先用土法采煤，洋法炼铁，但必"待煤无匮乏之虞，方敢议开铁矿"③。至于规模，应由小而大，由浅入深，"将来能见利益，再议扩充"④。程序和规模既定，湖北荆门煤铁矿的

---

① 盛档，《盛宣怀致李鸿章函》，光绪五年闰三月。
② 盛档，李鸿章对盛宣怀禀请继续办矿办法上的批语，光绪五年四月初七。
③ 盛档，《盛宣怀禀李鸿章》，光绪七年七月初九。
④ 盛档，盛宣怀、李金镛《上李鸿章详》，光绪五年五月初九。

经营开始。经营年余，其于 1880 年 12 月续行招股，然应者寥寥。投资购买股票的多寡，是企业经营景气与否的寒暑表，其无利可图可以想见。之所以如此，主要由于经营不善，运输困难，成本昂贵等种种困难。结果荆门煤矿未能扩充，大冶熔铁炉亦未能开办，预期的目的未能达到。鄂督李瀚章于 1881 年总结荆门矿务三年来"局无起色"的原因说：

> 推求其故，盖由荆门矿煤久经土民办运，该局名为开采，实则收买民煤转售牟利。该处煤色即使能抵洋煤之用，而收民煤以转卖，焉用此局为耶？且历委员董，并未躬亲局务，徒令司事经理，局中糜费且不过问，司事借端蒙蔽，弊窦实多，虽免厘减钞，力轻成本，仍于公事无济。①

这就是说，荆门矿务局的失败，一由于局董不躬亲管理，弊窦丛生，管理不善；二由于荆局不事生产，而收买"民煤以转售"，攘夺小民生计，垄断罔利。这样，原定的"开中国未兴之地利，收外人已占之利权"两个目的均未能达到。按照李瀚章的结论："上损国税，下碍民生，而于洋煤无毫末之损，于公亏无涓滴之益"，何用此矿局为？建议裁撤停办②。李鸿章根据实际情况，给予盛宣怀以"实属办理荒谬"③ 的训斥。

盛宣怀对此并不服气，他追溯到广济煤矿失败的原因，说广济失败，开始误听马利师之言，而事实上广济之煤实在是"散而不聚，松而不坚"，地产如此，非人力所能改变。但事败虽于官于商不利，于当地人民"则不为无益"，因为"百姓劳其筋力，取其土货，以易我资财"④。因此，不能认为广济开矿只是有害无益。至于荆门之败，盛宣怀认为司事金德鸿要负主要责任，他本人并没有什么过失。这又遭到李鸿章"哓哓置辩，实负委任"的训诲，勒令裁撤。盛宣怀赔垫了 1.6 万余串，到 1884 年始结案。盛宣怀似乎对李鸿章也有些埋怨，他禀告军机大臣阎敬铭说：

---

① 盛档，《李瀚章致李鸿章函》，光绪七年七月。
② 盛档，《李瀚章致李鸿章函》，光绪七年七月。
③ 盛档，李鸿章《札盛宣怀》，光绪七年七月二十七日。
④ 盛档，《盛宣怀禀李鸿章》，光绪七年闰七月。

> 佺自李傅相奏调不足十四年，差缺赔累祖遗田房，变卖将馨，众皆知之。今再被此重累，恐欲求吃饭而不能。父年古稀，无田可归。从此出为负欠官债之员，入为不肖毁家之子![①]

办湖北煤铁赔垫 1.6 万余串，怎么严重到"欲吃饭而不能"了呢？因实际赔累远过此数。他于 1890 年夏电告张之洞说到此事，说是"徒抱苦心十五年，空赔公款十五万（两）"。这是由于上海出现钱典胡光墉等人倒账所导致的金融危机，所余存 14.3 万串生息官本，盛宣怀说被倒去 10 万余串。本已失，利尽赔，户部复饬缴制钱，钱价比光绪初年每银一两少换 400 余文，遂至赔上加赔，致"宣怀以此败家"[②]。这是符合实际情况的叙述。确实，盛宣怀被湖北煤铁矿的赔累弄得狼狈不堪。

公平而论，盛宣怀对湖北煤铁矿的失败虽负有责任，但事属创始，洋矿师马利师技术低劣，误贫矿为富矿，后虽改聘技术高的郭师敦，但糜费既已不资，运输困难、资金短缺等矛盾一时无法克服，故不完全是盛宣怀之过。盛宣怀由此取得经验教训，为以后办矿乃至其他企业，创造了有利的条件，也为近十年后张之洞创办湖北铁厂提供了煤铁矿勘查与开采的线索。

四　在办矿热潮中的积极表现及移矿款于电务的正确性

正当盛办湖北煤铁矿无成效而被裁撤的时候，19 世纪 80 年代初国内却掀起了投资办矿的热潮。盛宣怀虽办矿失败，但他在取得一定经验的基础上，毫不气馁地投入了这个经营矿务的热潮。

当时经营矿务热潮中的"矿务"，主要是指煤炭的开采和金属的采掘与冶炼。掀起办矿的热潮是有其客观原因的。第一，应近代军用工业进一

---

① 盛档，《盛宣怀禀阎敬铭》，光绪十年闰五月。
② 盛宣怀《致张之洞电》，光绪十六年四月初七日，见《中国近代工业史资料》第一辑下册，第757—758 页。

步发展的迫切需要。继清政府于 19 世纪 60 年代创办了几个大型军用工业
之后，七八十年代各省也先后开始创办。为了军用产品的"核价尚廉"，
为了"就动拨之款，核制成之数"较之购诸外洋者便宜些，必须获得廉价
的燃料和廉价的铁、铜、铅等金属原材料。这些燃料、金属原材料，原来
大多购于外洋，运费既昂，且常有中断供应之虞。因此中国自己办矿已迫
在眉睫。第二，中国有工业的发展需要。轮船招商局开办已十年之久，发
展较快，其他如纺织、食品、缫丝等工业企业正在兴办，急需煤炭和相应
原材料的供应。第三，出于同洋商争利的目的。对煤炭和金属的采掘工
业，外国资本主义侵略者早有觊觎的表示和行动，为了捷足先登抵制侵
略，国人积极集资创办相关企业。第四，自鸦片战争之后几十年，买办、
商人的资金积累已相当可观，他们有从流通领域转向生产领域的要求；并
且地主官僚在风气渐开、有利可图情况下，也有将其原始积累的财富投于
近代企业的要求。从主、客观两个方面看，19 世纪 80 年代初，中国掀起
办矿热潮是有其历史必然性的。一向有志于办近代企业的盛宣怀投身于这
个热潮之中是很自然的了。

办矿热潮首先表现在集股上。当时报纸所载的"每一新公司起，千百
人争购之，以得股为幸"[①] 的抢购股票的情况，比比皆是，而以上海尤甚。
开矿公司"如长乐、鹤峰、池州、金州、荆门、承德、徐州等处，一经禀
准招商集股，无不争先恐后，数十万巨款，一旦可齐"[②]。尽管这些矿务公
司，除开平外，均一时未投入生产，也未见经济效益，但股票价格却持续
上升，都在票面值之上，有的达到票面值的 200% 以上。《沪报》1882 年 9
月 27 日所载 9 月 26 日的股票价格情况如下表所示。

股票名称	票面额（两）	市价（两）
开平矿务局	100	216.5
长乐铜矿	100	168
鹤峰铜矿	100	155
平泉铜矿	105	256

---

① 《申报》，1882 年 6 月 9 日。
② 《申报》，1882 年 2 月 2 日。

上述股票价格高于票面值的事实，在其他方面也得到证实。郑观应致书盛宣怀及时反映这种情况说："近日欲开矿者甚多，因开采平泉、长乐、鹤峰股票大涨。"他劝告盛"亟宜趁此机会集股开办"这个"利己利人"的矿业①。盛宣怀的确是抓紧这个机会的，他与全国各省的不少矿产开采项目都有关系，或亲自主持并率矿师勘探，或插足其间。兹先将其在办矿高潮中的表现及经营思想，次举山东和辽宁两处矿务为例叙述之。

盛宣怀对金属矿的兴趣并不自 19 世纪 80 年代才开始，80 年代，他之所以"狃于煤矿"，是由于轮船和制造局需煤更迫切的缘故。他早于 1878 年即注意到长乐、鹤峰紫铜、白铅"富抗滇南""禀准弛禁试办"，并挖取了不少矿样化验，据英矿师化验报告，含有净铜三四十分。本当试办下去，但因需要去筹办直赈，"乃改辙而北"，他对此颇为惋惜②。然而，盛宣怀虽未能把长乐、鹤峰金属矿办下去，却根据多年办洋务企业和办矿的经验，对开采长乐、鹤峰铜铅矿提出了系统的切实可行的程序和办法。首先，他说明铅铜等金属矿的开采比之煤铁容易的道理。他认为煤铁"非用西法大举不能获利"，这是"以其笨重难运，而炼铁中国不得其法"的缘故。铜铅则不然，它们"可以就矿所炼去泥石再将净质搬运，虽羊肠鸟道，运费不重"。盛宣怀在此处特意加注云："须先用中法以小炉去泥石运至大地方，再师西法细细提炼，铅中必有银子几成也。"③ 盛宣怀不仅说明铅铜等开采较易于煤铁以坚定信心，而且对土洋如何结合以减轻成本也提出主张。看来他对技术加工过程也初步有一些知识。在这一前提下，盛宣怀提出"首勘矿苗"，依次是辨矿质、查运道、计人工、募炉头、集资本、议税厘等程序。他对从集资、勘矿到生产冶炼、销售等，即生产过程与流通过程，均有说明，其基本精神不外乎减轻成本提高劳动生产率以达到获利之目的。这里择其两三实事求是进取例言之。

（1）办矿要有坚韧不摇的精神。盛宣怀历史地叙述长乐、鹤峰人民探矿情况说：此二处矿苗甚多，但常常初探不过一线如藤然，谓之"藤苗"；越挖越宽，积聚甚广，谓之"瓜苗"。地下矿苗究竟如何虽西匠不能预必。

---

① 盛档，《郑观应致盛宣怀函》，光绪八年六月初五。

② 盛档，《盛宣怀复金福曾函》，光绪七年。

③ 盛档，《盛宣怀复金福曾函》，光绪七年。

当地历史上有祖、父辈只得到"藤苗",儿、孙辈始得"瓜苗"者。故办矿者必须要有坚韧性始可。他特别提醒办矿者,勘矿"只能论理不当言命"。这是有科学头脑的表现。

(2)土法洋法根据实际情况决定。长、鹤处万山之中,离水道较远,若将矿石运出再炼,运费太重;"若就山中开炉,机器既不易盘人,且恐产矿之处散而不聚",集矿石于一处亦非易事。因此,"不如就本地土法随处设小炉子,随挖随炼,但求去其泥石,不求分提干净"。然后择近水之处,仿西法设大炉细细加炼。土炼用本地人,西法"欲求其精,非雇一洋人不可"①。这是根据实际情况降低成本保证质量的好办法。

(3)招集商资,切忌领官本。盛宣怀根据湖北煤铁开采总局领官本而赔垫的惨痛教训,提出"领官款则万不可",必须招商股的意见。办法是在开始试挖时凑出1万金,"如同放赈"一般。此款来源,"或先布告同人,愿附股一千两者,先出一百两,得红则准其再出九百两,不得红,则将试挖工本刻信录了结"。如能成功,那就照企业章程办理。因此,他进一步提出了按资本主义企业经营原则厘定新章,这一是为了科学地管理企业;二,也是为了对付政府干预。他以为新章可以改变"户部索铜,复成云南弊政"②的情况。由此可见,盛宣怀的资本主义管理企业的思想,同清政府用封建主义势力控制工矿企业是水火不相容的。

长乐、鹤峰铅铜矿开采,盛宣怀并未躬亲办理,只提出建议。真正由他亲自创办的是山东和辽宁金州等矿。他办这两矿也是在上述同一思想指导下进行的。1882年,盛宣怀率矿师池贞铨等到山东登州等地勘查金属矿藏;随后又奉命到辽宁金州勘查煤铁矿。因正忙于办理津沪电线事宜,故迟至1883年春始购办探扦机器,派向办矿务之冯颂南、张逸卿、池贞铨、林日章等到骆马山地勘查,延英国矿师马利师与其事;另一方面,他着手招股20万余两,郑观应等绅商均积极认股,所谓"尊望所孚,商等踊跃争先,不数日而集成其事"③。集资是比较顺利的,但由于闽浙电线分头开工正在吃紧之际,盛宣怀又奉命办理与英商大东电报公司交涉事宜,乃派

---

① 上引文均见盛档,《盛宣怀致金福曾函》,光绪七年下半年。
② 《盛宣怀致金福曾函》,光绪七年下半年。
③ 盛档,金州矿务股商《致盛宣怀函》,光绪十年六月初一。

上海电报学堂毕业生姚岳崧会同冯庆镛坐局办理。以故盛宣怀未能始终躬亲其事。

在金州矿筹办过程中，发生了移矿股于电线的事。勘查初步表明，苏家屯铁质颇佳，但骆马山之煤质远不如鸭绿江所产，矿师提出运鸭绿江之煤以就苏家屯之铁，但路远费重；盛宣怀的意见是移苏家屯之铁就开平之煤。均未能果成。这时，盛宣怀正加紧办闽浙电线，需资甚多，乃移金州矿股十几万两于电线，并立即将矿股改为电股。为了这件事，盛宣怀遭到弹劾，并受降级调用处分。一贯贬盛宣怀的史学界人士常借此进行鞭笞。应该怎样看待这件事，是贬还是褒，有多讲几句的必要。

第一，1883 年正值法国启衅，海疆戒严。电线建设有关军务，而电股又未招齐，势将影响建设电线的进度。因此移矿股为电资是可行的、有利的。第二，金州矿务一时不能启动，矿股难以获利，而"沿海各省及长江电线，系已成之局，以矿易电，众商皆所乐从，股本均有着落，无虑亏耗矣"①。故移矿股为电资，于国于民都是有利的，它尤其是克服了矿股"求售无门，转押无所，若忍亏丢手，何从弥缝，苦累交迫，莫名言状"② 的窘境。因此第三，诚如负责复查此案的曾国荃所说：盛宣怀"挪矿股归入电股，皆据一再禀详，移缓就急，亦尚非有意含混。且苏、浙、闽、粤电线之成，皆得该道移矿就电之力，于军务裨益尤大"③。不仅无罪，其功且大矣！结果，盛宣怀接获"免予降调"处分之命。

盛宣怀早期创办的矿业，即由煤而铁而铜铅等的开采，成功率很低，其原因是多方面的，有主观的，也有客观的。总的来说，不足为盛氏咎。因为从盛宣怀方面说，他办矿主张基本上是正确的，他在行动上也是积极的、努力的，而且亦取得了重要的经验。例如：（1）不能领官本，必须商本商办；（2）在必要时要不惜工本地雇用高明的洋工程师，但从长远看必须培养自己的矿务人才；（3）盛宣怀自己摸索到一些办矿的规律，并掌握了技术知识并了解了其中的甘苦，由外行逐渐向内行转化。

---

① 曾国荃《查覆盛宣怀处分疏》，《曾忠襄公奏疏》卷24，页23。
② 盛档，金州矿务股商《致盛宣怀函》，光绪十年六月初一。
③ 曾国荃《查覆盛宣怀处分疏》，《曾忠襄公奏疏》卷24，第24页。

第四章　大力经营电报局

一　适应了历史的必然和时代要求

盛宣怀在继 19 世纪 70 年代参与办理的轮船招商局未如己意和经营湖北煤铁矿务失败之后，却于 80 年代初创办了经营颇有成效的大型企业——电报局。

架设电线开展电报业务，不仅是中国近代经济发展的必然，也是时代的要求。中国在洋务运动时期创办的电报事业，基本上是盛宣怀一手督办和经营的。因此，可以说盛宣怀顺应了这种历史的必然和时代的要求。

电线电报为近代商务、军务所必需，它像铁路、矿务等工矿业一样，必为外国资本主义侵略者所垂涎。早在 19 世纪 60 年代初，沙俄侵略者把留捷克，向清政府"屡次言及本国为通信便捷，欲由都城至天津造用发铜线法"，被清政府所拒绝而终止，但留有"酌定以后如有允许他国于贵国设立此法，必须先准俄国以为始"之说①。接着，1863 年英使卜鲁士也照会清政府，说英国电线企业家闻说俄国将设电线至恰克图，意欲"添设飞线与俄国所设相连合"，也即欲由恰克图经北京城至海口设立电线②。美国也不甘落后，其公使于 1864 年"备具照会，请置铜线"③。对以上种种要求，清政府均毫不犹豫地予以拒绝。清政府之所以拒绝洋人在中国设电线，其原因与拒绝外国在中国筑铁路一样，主要出于政治上也即军事和外交上的考虑，认为两者都有损于清政府的政治权利。"开设铁路，洋人可

---

① 同治元年正月初九俄国把留捷克照会，《海防档·电线》（一）第 1 页。
② 同治二年五月二十三日英国卜鲁士照会，《海防档·电线》（一）第 3 页。
③ 《海防档·电线》（一）第 5 页。

以任便往来"，较之"尽东其亩"更为严重；"倘任其安置飞线，是地隔数千里之遥，一切事件，中国公文尚未递到，彼已先得消息，办事倍形掣肘。且该线偶值损坏，必归咎于官民不为保护，又必丛生枝节"①。可见，清政府不允许洋人在中国架设电线，一是为了抵御侵权，一是害怕出事引起交涉。"抵御"也是出于"害怕"。在这方面，江西巡抚沈葆桢讲得更为明确，他说："外洋之轮船捷于中国之邮递，一切公事已形掣肘，若再任其设立铜线，则千里而遥，瞬息可通，更难保不于新闻纸中造作诡言，以骇观听。"②

以上是 19 世纪 60 年代清政府对于设立电线的态度。这个态度表明，清政府自己不设电线，也不让外国人在中国设线。对清政府来说，那时近代工业才刚开始出现，且主要还是军事工业，电线不是经济发展所必需；而对内镇压太平军和捻军，电线也不是军事上所必不可少之物。而对于洋人设线，在害怕的心理的影响下，清政府除多次口头上对英美等国进行劝阻外，其在行动上也有所表示，那就是利用人民反侵略情绪，密谕当地人民破坏不听劝阻者擅自所立设的电杆及电线。例如，1865 年上海利富洋行在浦东竖电杆 200 余根，地方官即"密饬民人全行拔去"，认为这样做，洋人"以后或可废然思返"③，不敢擅自架设电线。

外国人急于在中国设线，清政府拒绝并加以反对，中国人民也不允许来行动。于是洋人想出了中国人由出钱自设电线以供中外人使用的办法。例如法国翻译李梅之议，他看似是为清政府的利益着想，说："中国与泰西各国，既笃友谊，而信函常相往来，则发铜线之事，后来所必须有也。"他建议中国政府出钱，雇洋人修造，中国"沿路之地方官，必能用心照料及保护一切"④。这真是侵略者的如意算盘：洋人既不必投资，又不受到"拔电杆"的风险和损失，却能获得使用电线的权利，一举两得。然而，当时中国经济发展水平还很低，李梅虽利用清政府"中外和好"的心理提出建议，该建议仍不为清朝官僚们和经济管理者们所接受。清政府当时对

---

① 《海防档·电线》（一）第 5 页。
② 同治四年三月初三沈葆桢函，《海防档·电线》（一）第 10 页。
③ 同治四年六月十一日李鸿章函，《海防档·电线》（一）第 23 页。
④ 同治五年四月初一李梅函，《海防档·电线》（一）第 41 页。

于李梅的建议未予理睬，但 15 年后，该建议却成了中外均能接受的方案而付诸实施，而实施这一方案的身体力行者就是盛宣怀。

盛宣怀督办中国电线的架设和电报的经营，始于 1880 年津沪电线之设。在他筹办电线之先的十几年间，清政府实际上对于发展电线事业已有较为充分的酝酿和思想准备。

自 1865 年李梅建议中国自己设线之后，列强要求在中国架设电线的愿望进一步加强。1866 年法国领事李添嘉请设广州至香港电线[①]；1867 年俄国催请设立从恰克图至北京及天津电线[②]；同年，美国玛高温请设由上海至香港、由上海至天津"联三处为一气"的海线并牵引上岸[③]；当时还很落后的日本也妄图染指，屡催"自恰克图、蒙古、张家口至天津举修通线一道"[④]。清政府均一一拒绝，认为此端绝不可开，此端一开，洋办电线将由沿海而内地而京城乃至遍及全国；而且，一国获利，诸国效尤，"只图网占中国之利，而不顾滋扰地方之害，实在万难迁就"[⑤]。应该说，清政府对于外国资本主义列强妄占中国电线之利严予峻拒的态度是对的。

然而，腐朽软弱的清政府对于列强纷至沓来的设线要求，毕竟难以招架。经过酝酿，尽管电报对中国来说还不是经济发展所必需，清朝官僚们提出了与李梅相似的自己设线以供中外使用的主张，以缓和矛盾，首先提出的是福建船政大臣沈葆桢，他于 1870 年提议说：

> 闻电线之设，洋人持议甚坚，如能禁使弗为，则多一事不如省一事，倘其势难中止，不如我自为之，予以辛工，责以教造，彼分其利，而我握其权，庶于海疆公事无所窒碍。若听其自作，则遇有机密事务，彼一二日而达者，我十余日尚复茫然，将一切机宜为之束手矣。[⑥]

---

① 同治五年十月二十七日两广总督瑞麟函，《海防档·电线》（一）第 48 页。
② 同治五年十二月初十俄国倭良嘎哩函，《海防档·电线》（一）第 51 页。
③ 同治六年二月十二日两江总督曾国藩函，《海防档·电线》（一）第 62 页。
④ 同治七年三月初二，《海防档·电线》（一）第 71 页。
⑤ 同治五年十月二十七日两广总督瑞麟函，《海防档·电线》（一）第 48 页。
⑥ 沈葆侦《议请自设电线》，同治九年七月十六日，《海防档·电线》（一）第 95 页。

这个观点，代表了洋务当权派的一般认识。这种认识比之过去已有了很大的提高。由不让洋人设线自己也不设，到由自己来设线——我出钱，彼出技术，彼虽分其利，我却握其权。由于权自我操，故不致有公事"彼一二日而达者，我十余日尚复茫然"，以至于"机宜束手"之弊。显然，洋务派自己设线有被迫因素，它是侵略者群起要求设线所促使的，但已从政治上慎加考虑了。以前不肯设线是为了抵御侵略，现在"我自为之"也是为了抵御侵略。表现虽不一样，目的却是相同的。

清政府在1870年沈葆桢提出自办电报时，还没有从商业需要出发考虑，因此，虽从政治上考虑而设线，但对该事没有多少迫切感。从政治军事的迫切需要考虑，是以1874年"海防议起"为始点。这是日本侵略者进犯台湾给了洋务派教训，使其意识到自己赶紧办电报是必要的。李鸿章在《筹议海防折》中说："今年台湾之役，臣与沈葆桢函商调兵，月余而始定，及调轮船分起装送，又三日而始竣。而倭事业经定议矣。"[1] 他深感吃了信息不通的亏，认为必须在赶快筑铁路的同时，尤应更快地架设电线，因为"有电线通报径达各处海边，可以一刻千里"[2]，统帅不至于误事了。基于这样一种认识，于是有1874年至1875年沈葆桢奏准在台海设立电线之事，和1875年至1876年其将丹国在福建厦门600里电线和马尾50里之电线买回自办之事[3]。

正当清政府从军事上和政治上有迫切设电线的需要的同时，洋务民用工业企业从19世纪70年代中期起大力筹办和快速发展起来。商务信息灵通是重要关键，为了市场竞胜以达到分洋商之利的目的，架设和利用电线电报也成了发展工商业的迫切需要了。

到19世纪80年代，架设电线创建电报业真正成了中国历史的必然和时代的要求。盛宣怀顺应了这个"必然"和"要求"。

---

① 《李书·奏稿》卷24，页23。
② 《李书·奏稿》卷24，页23。
③ 光绪元年十一月十四日闽浙总督李鹤年文，《海防档·电线》（二）第218页。

二　经营电报的指导思想

盛宣怀在适应"历史的必然和时代的要求"创办电报之始，就将"为商务服务"放在重要的地位。他在建议李鸿章创办津沪电报之初，虽在《电报局招股章程》亲笔底稿中说过"中国兴造电线，以通军报为第一要务，便商民为其次"①的话，但在其所拟《电报局招商章程》中则说："中国兴造电线，固以传递军报为第一要务，而其本则尤在厚利商民，力图久计。"②"其本则尤在厚利商民"一语是多么可贵的思想！它表明盛宣怀认识到了电线电报是经济发展的产物，反过来必须为经济服务，在促使经济加速发展中起作用。电报与轮船、铁路等一样，同为近代工业生产在流通领域中的重要项目。电报尤为资本周转、商品流转等商务信息传递的重要一环，它对生产发展起着促进的作用。电报既然从根本上说是为商而设，就应该由"商"来投资，由"商"按经营近代企业的原则来经营。经商的根本原则就是追逐尽可能高的利润。这个原则规定了它必然要同一切与之竞争的对手较量。这个对手首先当然是帝国主义侵略者。作为电线电报主要筹办人，盛宣怀对此是有一套思想准备和行动措施的。

（1）保权。为了追求剩余价值和高额利润，电报事业必须保持中国的民族权利。盛宣怀明确并认识到了这一点。例如，当英、美、法、德四国要在上海设立万国电报公司添设自香港至上海的海线时，他说："伏查自苏至粤，海口甚多，前此大北海线仅通香港、厦门、上海三处。若准各国援同治九年奏案另设沿海水线，则海口皆通，骎骎乎有入江之势。从此我有机要，彼尽先知，我有官书，转须假手，反客为主，关系匪轻。"③非想办法对付不可，非坚决阻拦不可。

（2）怎样才能"保权"？盛宣怀认为只有先人一着地自己设线。据他

---

① 盛档，盛宣怀亲笔底稿：《谨拟电报局招股章程》，光绪七年；另在盛宣怀《详定大略章程二十条》中也说过这两句话，文字略有不同。

② 盛档，盛宣怀拟《电报局招商章程》，光绪七年。

③ 盛档，盛宣怀等《禀李鸿章稿》，光绪八年。

后来回忆："电报局系光绪六年宣怀禀请李中堂奏明试办。"① 这就是说，电线之设主要是采纳了盛宣怀的建议，这是事实。盛宣怀在1882年架设江苏至广东电线时曾说过："伏念各国交涉常情，凡欲保我全权，只争先人一着，是非中国先自设电线，无以遏其机而杜其渐。"② 李鸿章据此奏称：现在筹设苏、浙、闽以达广东电线，"系为因时制宜，预杜外人觊觎起见"③。1881年津沪电线之设也出于同样的考虑。

（3）官督商办的形式最为理想。盛宣怀认为要达到上述"杜外人觊觎"的目的，非采用"官督商办"的形式不可。他说，"此等有益富强之举，创始不易，持久尤难。倘非官为维持，无以创始；若非商为经营，无以持久"，所谓"商受其利而官操其权，实为颠扑不破之道"④。的确，在风气未开的当时，在一般人心目中利害未卜的当时，官不为之倡导维持，单商人自办是很困难的。历史事实表明，官在自设电线中可以起到以下一些作用：第一是在商股招徕以前，官可垫款先行筹办，以免误时；待股份招足，分年缴本。其次，在自办电线之初，来自官民方面的阻力是很大的。顽固官僚的反对是不必说了，即使沿线一般居民，他们在反对洋人设线的同时，也未尝不反对华商设线，因为他们可能"误会贸利之图，无关军国大计"而加以反对。因此，官如果不加意认真照料保护，"则恐费靡巨万，功堕半途，华商寒心，外人贻笑"⑤。如能向人民说明这是官为督理，并饬"地方官一体照料保护"，那就比较有保障了。盛宣怀在申请津沪电线官督商办时就说明了这个道理："初创电线绵延三省，民知官事，不敢妄动；官知国事，不敢不认真巡守。若尽委之于商，虽出数倍看守之资，而无益于事。此非官为保护不可。"⑥ 这是很有见地的。

盛宣怀从追逐剩余价值和尽可能高的利润出发，创办和经营电线电报，外与洋人争电报权利，内为政治军事和工商业服务，并一定程度顺应外国人使用电报的要求。这一整套办电报的思想，贯串于实践中，指导了

---

① 盛档，盛宣怀《设电报沿革》，光绪三十二年，盛宣怀亲笔附言。
② 盛档，盛宣怀《禀李鸿章稿》，光绪八年。
③ 光绪八年十二月初照准李鸿章奏，《海防档·电线》（二）第432页。
④ 盛档，盛宣怀《详定大略章程二十条》，光绪七年。
⑤ 盛档，盛宣怀等《禀李鸿章稿》，光绪八年。
⑥ 盛宣怀等《上李鸿章禀》，《实业函电稿》上册，第206页。

清末电报事业的发展。应该说，盛宣怀在电报业上表现出了远见卓识。

三　以"利商务"为准则，并特别强调电务人才培养

盛宣怀经营电线电报业，表现了其非凡的才干，而且由于大权统于一己，可以按自己的意志行事，不像轮船招商局那样权不归己，不能实现自己的主张。他的主张如何呢？这要从他所拟定或参与拟订的电报章程说起。兹以1880年至1881年盛宣怀所拟津沪《电报局招商章程》① 为中心，适当结合其他章程加以叙述。

总的来说，盛宣怀是从利商出发来拟订章程的。他写道："电报原为洋务军务而设，但必先利商务，方可行远而持久。"② 他从"必先利商务"这一根本目标出发，制定了一系列方针和措施。

第一，官股与商股关系。"官"真正做到对商的"护持"：自天津至上海近3000里电线，由官垫支经费20万两，拟集商股10万两，归官款之半，使嗣后成本官居其半，而"利息出入全数归商，以示体恤，而广招徕"。商股10万两"酌提官利长年一分"，除商股官利外，"所有余利作为公积，以备陆续添造，使线愈远而利愈厚"对于官本则规定十年之内不提官利，十年之后才同商本一律起息，息金仍存局作为加添官股。这样，"庶商本余利易于充足，即线道易于推广，其利无穷"③。盛宣怀总括官与商的原则是：电线"未成之先，官为垫款创始，既成之后，复官为筹款经理。及其推行尽利，亦官为拨款教习保护"④。这些规定，是符合"先利商务"的原则的。

第二，远大的战略目标。在电报局尚不为中国人民所了解的当时，盛

---

① 《电报局招商章程》共十二条，郑观应《盛世危言后编》卷12 将其作为附录收入。其原始底稿系盛宣怀亲笔所拟，题为《电报局招商章程》，其后又在此基础上增为《详定大略章程二十条》上于李鸿章，李每条都作了批示。原件藏于上海图书馆。

② 盛宣怀《电报局招商章程》，光绪七年，刊于《盛世危言后编》卷12，原件藏于上海图书馆。

③ 盛档，盛宣怀《电报局招商章程》，光绪七年。

④ 盛档，盛宣怀《电报局招商章程》，光绪七年。

宣怀即看到它的远大前途。他说："中国人众，自必信多，将来电信四通八达，所取信资，当可日增月盛。"但从目前看，寄电信者未必能多，所收电报费未必能够开销。因此，要使电报业得到维持并不断发展，官必须予以津贴，他提议"暂由北洋洋药加厘项下具领津贴"。这种津贴待以后有余利时归还。盛宣怀在这一观点中的短视是只说"人众自必信多"，没有认识到电信的发展主要是由于近代工商业发达的道理。但他已明确认识到："中国电线势必先难后获，故必有远识者乐从其事。"① 他认为，从发展的角度来看，"中国电信愈推愈广，故本局余利势必愈久愈多"②。这实际上是意识到电报随着经济发展而必将发展的真理。果不出所料，历史事实表明盛宣怀确有预见。

第三，维护企业自主权。为了达到电报业发展的目的，必须维护企业的自主权，保证其不受干扰。盛宣怀认为，尽管电报是"官督"企业，但除军机处、总理衙门、各省督抚衙门、各国出使大臣所寄洋务军务电信，区别对待地记账结总作为归还官款外，其他所有各省官府电信一律收取现金，并且要先付款后发电。他说，"各省官府过多，若稍一通融，势必经费无着，尽欲借支津贴，何以持久。是以仿照轮船局章程，无论官商皆需一律取资"③，不予通融。另外，对于电报局内部的管理，他规定一概按经商原则，"官"不得干预。这表明，盛宣怀虽身任"官督"，但他对官还是存有戒心，而倾向于商。

第四，强调商人的长远利益和官商利益的一致性。盛宣怀的"倾向于商"，除表现在"第一"中注意商民当前利益之外，也表现在为了坚定商人投资获利的信念，他特别强调商民的长远利益。他说："商人出资承办，意在急公，凡属西法创举，必应历史久远，以数十年为通筹，庶可冀后日之盈，以补今日之绌。"他在这里强调给予商人利益的必要性及其与国家利益的一致性说："现在众商出资报效，自应准其永远承办推广施行，是商人之利，亦国家之益也。"④ 为此，他对待新老股商也有所区别，即非常

---

① 盛档，盛宣怀拟《详定大略章程二十条》，光绪七年。
② 盛档，盛宣怀亲笔底稿，《谨拟电报局招商章程》，光绪七年。
③ 盛档，盛宣怀亲笔底稿，《谨拟电报局招商章程》，光绪七年。
④ 盛档，盛宣怀拟《详定大略章程二十条》，光绪七年。

照顾创始者的利益。他说，"将来本局再有扩充，亦必先尽旧股，再招新股"，原因是"不愿使创始者徒苦尝试，后来者反许居上。此实西法中可取之法也"①。这种指导思想和做法，必将对电报局开办和发展起到良好的作用。

第五，为了"利商务"和"行远而持久"，引导商人投资固然是决定性的，但没有相应的电报人才，也是办不到的。本书前章已叙述到，盛宣怀在资本和人才两者上，更加重视人才。他举办电报之初即想到培养这方面的人才。中国培养电报人才，始于1876年福建巡抚丁日昌购置丹国旱线自办，并请丹国三名洋教习教中国学生，于光绪二年三月初六日（1876年4月1日）开学，收学童40名。一年期满。据说成效显著，对于"竖桩、建线、报打书记、制造电气等艺，多已通晓"②。但这是短期训练班性质，不是正式学堂，正式开办电报学堂则始自盛宣怀。早在1880年津沽架设电线时，盛宣怀即建议设立天津电报学堂，李鸿章随即同意，说：设堂训练电报人才，可以做到"自行经理，庶几权自我操，持久不敝"③。在京沪电线架设时，盛宣怀明确地认识到电报学堂"与本局相表里"的关系，因此学堂应该被放到很重要的地位，于是请将天津电报学堂增办一年，并提议由国家出钱办理，说："学生俟到局派事之后，薪水由本局开支，所有设立学堂经费系为国家造就人才起见，应在军饷内开支，免在商本内归还。"④李鸿章给予了"电报学堂经费准免在商本内归还"⑤的批示。这就抬高了电报学堂的地位，减少办学阻力，又免去用商资办学投资的负担，无疑对商是有利的。迨津沪电线办成，电报学堂一年期满，按例停办，但盛宣怀因浙、闽、粤和长江电线需才孔殷，此才仍需天津电报学堂培养，故又请展限一年，并扩大招生名额。他报告李鸿章说："除现有学生赶紧教习外，再招谙习英文学生四五十名一体教习，约于来年年底即可拨归职局派用。在学堂所费无多，而人才庶可敷用矣。"⑥

---

① 盛档，盛宣怀拟《招股简明章程十条》底稿，光绪七年。
② 见《海防档·电线》（二），第232、233、243页。
③ 光绪八年八月十二日李鸿章奏，《洋务运动》（六），第336页。
④ 盛档，盛宣怀拟《详定大略章程二十条》，光绪七年。
⑤ 盛档，李鸿章在《详定大略章程二十条》上的批示。
⑥ 盛档，盛宣怀等《禀李鸿章稿》附章程十二条，光绪八年。

怎样就能做到"敷用"？"敷用"的内涵是什么？盛宣怀明确提出国有人才必须在电报技术上能够替代洋人。因此他要求学生们不仅"知打报之法"，更需"实力讲求测量远近、试验电力、修理机器、修理水线各项功夫"。为了做到这些，其具体措施是：（1）由电报学堂选择聪颖大学生八名，"责成洋教习专教测验之法"；（2）由机器局选拔聪颖大学生三名，移送电报局交与大北公司，"学习修理电报机器之法"；（3）由电报局"选派聪颖学生数名，交与大北公司学习修理水线之法"。盛宣怀满怀信心地说，照这样做下去，"一年之后，群才毕集"，可逐渐撤洋匠①。事实证明电报局做到了。从这件培养电报技术人才之事看，盛宣怀仅仅在办电报一年余的实践中就由外行变为内行了。

当然，盛宣怀这些培养人才的设想和作为，是在办电报开头的一两年。随后形势大变，大北、大东两外国电报公司竞争加剧，内地电报有了大发展。盛氏随即于1882年冬将处于一隅的天津电报总局移驻上海，并改名为中国电报总局（或"公司"）。培养电报人才的事也大起变化，除天津电报学堂长期地办了下去，上海也办起了电报学堂，而且还办了几所分校。培养人才的事业发展远远超出盛宣怀的预期。

以上五项，是盛宣怀从利商出发制定的保证电报局筹建发展和不断延伸扩大的基本方针和措施。除这些而外，其他还有如电线材料免税，各局用人"加意遴选，不得徇情滥收"，洋员的使用和严格要求，巡警沿途保护，电码的规格和使用法等等②。所有这些，都基本上符合资本主义办企业的赢利原则。

四　对侵权的抵制和电报的社会作用

以资本主义赢利为准则办企业，必然要同竞争对手发生对立。国办电报业主要是同丹麦大北、英国大东两家公司有矛盾和斗争。这种矛盾斗争，主要表现在收回旱线、海线不准牵引上岸以及电价的平等交易等问题

---

① 上引文均见《盛宣怀上李鸿章禀》，光绪八年正月，《实业函电稿》上册，第203页。
② 这些规定均见盛宣怀拟《详定大略章程二十条》，光绪七年。

上。兹分别述之。

前文已经谈到，外商企图在中国通商口岸架设电线，19 世纪 60 年代已不时出现，这为清政府和人民大众所不许，断电线、拔电杆之事时有发生。1870 年（同治九年）清政府乘英公使馆官员威妥玛请求自广州经上海至天津设海线之机，作了"电报海线沉于海底，其线端不得牵引上岸，以分华洋旱线界限"的规定，但英、俄、美等国均有违约的设线要求。丹麦大北公司不仅设海线，且在吴淞设有旱线，它在厦门之线也已违约上岸。1882 年冬，中国电报局成立后，以盛宣怀为首，援引同治九年清政府关于海线不准牵引上岸的规定进行交涉。1883 年是交涉的紧张阶段。谈判的第一个关键是拆除丹麦大北公司吴淞线及其在厦门上岸之线。那时英国大东公司正由上海至香港设海线。该公司援引丹麦吴淞旱线与厦门上岸之线为例，坚持要在上海、福州牵引上岸。盛宣怀清楚地意识到，要阻止英商海线在上海进口上岸，"不得不议拆丹国旱线，以保中国自主之权，并以服各国商人之心"。在福建，他认为"欲拆厦岸已成之丹线，方能拒福、汕将至之英线"。因此，既必须即时拆除大北的吴淞至上海旱线，也必须拆除它在厦门上岸之线[1]。而对于大东公司，则按此原则议立合同。在盛宣怀亲笔所拟的合同稿中规定："大东公司所设海线，只能由吴淞口径达香港，所有沿海各处，无论已开未开口岸，一概不准添水线，所过口岸，亦不得分设线端，亦不得援照上海与旱线接头递报，以归中国自主之权利"；"中国允许大东海线做到吴淞口为止，与中国旱线头相接。如大东须趸船，即泊吴淞口近口处所"[2]。这种维护中国电线自主权利、反对外国侵权行为的思想，是很可嘉的。

与大东公司议立合同的同时，盛即同大北交涉拆除吴淞旱线和厦门上岸之线。在拆除旱线和上岸之线后，便允许大东公司在上海附近南汇县羊子角设趸船，将海线头置于其上，福建的大北趸船设于川石山。然而，大北商人只同意拆除吴淞至上海之旱线，不答应拆除厦门上岸之线，说"厦门线端系由海滨岸边由地下直达屋内"，不应与吴淞旱线一样拆除。盛宣怀反驳说，厦门"虽与私立旱线有别，然已牵引上岸"，显违同治九年原

① 盛档，盛宣怀《禀闽浙督宪何》，光绪九年三月十七日。
② 盛档，盛宣怀拟《与英商大东公司订立合同议稿》亲笔底稿，光绪九年。

议。如果同意不拆，即无以拒大东线端上岸。他说，"若以丹商线端在厦上岸可不理论，恐他日英商水线延及福州、汕头，亦必援照由地下引至洋房之内。届时难以专拒英商"①，并坚持厦门上岸之线与上海旱线一样拆除。谈判结果基本上按照中国方面的意见办理，从而维护了电线的主权。

其他如在西南与法国、英国的电线相接，东北、西北方面与俄国的接线，都同样维护了中国的电线电报主权。盛宣怀后来曾概括地回忆这种对外抵制、维护主权的情况说：

> 光绪六年商请北洋大臣李奏请设津沪陆线，通南北两洋之气，遏洋线进内之机。先约丹国将已造上海陆线拆去归还中国。其水线端与英线皆止许至吴淞为止。丹有厦门海线年久不复能拆，英商援以为请。其香港至上海线，经过福州，亦准于川石山设一线端为过脉，仍不得入福州。我电局并与香港总督平心理论，亦得于香港设中国电报局，而拆其潜造之新安线。大费唇舌始克立定年限，会订水陆线相接合同。其它镇南关、东兴、蒙自、思茅与法国旱线相接，腾越边界红蚌河与英国旱线相接，珲春、黑河屯、恰克图、伊犁与俄国旱线相接，皆与各该国订立条款至详且慎，不使逾越尺寸。②

这是反映实际历史情况的叙述，是符合盛宣怀多次所讲的"坚守自主之权"的原则的。他以此为准处理列强对电报业的侵占。在中国电报创办初具规模时，帝国主义企图利用吸收中国为"万国电报协会"会员国，以束缚中国电报事业的发展。盛宣怀坚决反对参加该协会，说："现在中国创办未久，虽规模粗具，然未便遽行入约。"他敏锐地察觉到，一经入约，"一切电报交涉事件，须按万国通例办理"。这样，"恐未得期益，先被其掣肘。只有坚守自主之权不为侵占，将来再行察酌"③。这一想法无疑是具有民族性精神的。这个精神亦表现在与大东、大北所订三公司"齐价合同"上。现以1887年7月7日（光绪十三年五月十七日）由盛宣怀签字

---

① 盛档，盛宣怀《致闽浙督臣函》，光绪九年三月二十二日。
② 盛档，盛宣怀拟《电线设立情形》，光绪二十八年。
③ 盛档，盛宣怀《致李鸿章函》亲笔底稿，光绪十一年。

的《华洋电报三公司会订合同九款》①为例说明之。

  一、外洋电报，香港、上海、福州、厦门与欧洲过去诸国来往者，不论由海旱线传递，俄国不在其内，均归两水线公司所得。两水线公司将上海、福州、厦门寄至欧洲并欧洲过去诸国寄至该三口之报费，分与华公司一百分之十分，如海线断一年内不出六十日之外，华公司代寄前项电报，应归还水线公司应得之全报费，如出六十乒之外，则于第六十一日为始，全报费归华公司得。

  二、外洋电报，除沪、福、厦三口外，不论中国何处与欧洲及欧洲过去诸国来往者，不论由海旱线传递，均归华公司，如华旱线断，一年内不出六十日之外，水线公司代寄前项电报，仍归还华公司应得之全报费，如出六十日之外，则于第六十一日为始，水线公司每字归还现在旱线报费。

  三、华公司两水线公司，于一、二款所注明之外洋报，不论由海旱线传递，香港在内，俄国不在内，一律取价二元，即八法郎克半，如欲更改，须三公司允准方可。

其他还有外来电报"经过中国旱线者定取价五法郎克半"、定好价目后欲更改者必须经三公司同意等。这个合同应该说对三个公式基本上是平等的，对半殖民地中国电报业来说，也并没有什么不利。盛宣怀回忆这个电报"齐价合同"说："与英丹海线订立出洋齐价合同，更得分收每年五六十万，岁入共二百数十万元，开支经费利息报效之外，岁有公积。"②1898年复与"大东、大北订立齐价合同，从此逐年所入日见加增"③。于此可见电报在"分洋商之利"方面的作用了。

电报的作用，除"遏洋线进内机"、"分洋商之利"之外，在发展国内商务军务上也是很大的。兹举盛宣怀主持下所设电报商局线路的具体设施加以说明。

---

① 此件藏于上海图书馆盛档。
② 盛档，盛宣怀《设电报沿革》，光绪三十二年。
③ 盛档，盛宣怀《电线设立情形》，光绪二十八年。

自 1881 年津沪电线改归官督商办后，1882 年电报局接办了苏、浙、闽、粤等省陆线，次年办长江线；1884 年至 1885 年因"海防吃紧"，设济南至烟台线，随又添至威海、刘公岛、金线顶等地方；1886 年因东三省边防需要，由奉天接展吉林至珲春陆线；1887 年因郑州黄河决口"筹办工赈事宜"，由山东济宁设电线至开封；1888 年，因广东官线业已造至南雄州，商线乃由江西九江设起至赣州以达庾岭入南雄相接，"使官报得以灵通"；1890 年，"因襄樊地方为入京数省通衢，楚北门户边境冲要"，乃由沙市设线起以达襄阳，1893 年又添设襄阳至老河口电线；1895 年由西安起接设电线与老河口相接，"使西北电线得有两线传递，庶无阻隔之虞"。以上都是因军务、商务上的需要而设立的。其他次第架设的，如 1896 年武昌至长沙，1898 年长沙至湘潭、醴陵、萍乡等线，则主要是为了商务，至于 1901 年"因两宫回銮"而添设的潼关至正定电线，也在商务上起到作用。

以上是电报招商局设立电报干线的情况。至于更多的支线：1884 年添设的天津至京城，山东掖县之沙河至胶州电线；1898 年所设胶州至青岛之线，湖北武昌至大冶、大冶至九江之线，"又因汉口上游北岸线杆年年被水淹损，阻误要报，添设南岸一线以备不虞"；1891 年徐州至台庄线和 1892 年安庆至芦州线；1898 年济南至济宁线"以备黄河之害"，徐州至宿迁线"以避运河之害"等，也主要是为了商业发展的需要[1]。

另外，在盛宣怀主持下，"仍归一气呵成"[2] 的西北、东北、西南以及中国台湾、朝鲜等处所设约占 30% 的官局电线，也同商局电线一样在军事和经济方面起到积极作用。例如：1882 年中国军队在朝鲜"壬午兵变"中的成功，"实赖电报灵捷"[3]；1884 至 1885 年，"法人开衅，数省用兵，朝廷指挥军事万里户庭，机不或失……电线与有功焉"[4]；1887 年漠河金矿的创办，"一切雇募矿师、购办机器、招募股商等事，均赖安设电线"[5]，而矿厂成立后，亦赖电报沟通了与市场的联系。

当然，电报的作用是有两面性的。办洋务本来就是为了挽救清王朝的

---

① 盛档，以上均见盛宣怀《电线设立情形》，光绪二十八年。
② 《盛宣怀上李鸿章禀》，《实业函电稿》上册，第 231 页。
③ 李鸿章《商局接办电线折》，光绪八年十二月初八，《李书·奏稿》卷 45。
④ 《盛宣怀拟电报节略》，《实业函电稿》上册，第 224 页。
⑤ 黑龙江将军恭镗等奏，光绪十三年二月二十二日，《洋务运动》（六）第 383 页。

垂危的统治，为了这个目的，外之抵御侵略，内之镇压人民。电线在对外斗争和发展经济上起着积极的作用，却在对内镇压人民方面必然起着反动的作用，那就是在攻剿革命力量中赖电报以迅捷地调兵遣将，达到把人民革命力量镇压下去的目的。盛宣怀曾得意地说："去年（指 1904 年至 1905 年——引者注）湘赣会匪起于仓猝，若无萍乡、醴陵电报，搜捕何能如此迅速。凡郡县尽设电报，匪类不能蔓延，功可弭乱，岂仅广收利益哉？"①

至于对外，国有电报既起到了抵制作用，却也有适应外国侵略者要求的一面。外商在中国内地设线遭到人民强烈反对，"洋人亦知公愤可畏……听中国自办"②，洋人亦可较好地享用。后来的史实确系如此。侵略者以殖民主义者姿态使用中国陆线的消息时有所闻。张之洞曾义愤地说："未与接连之线，洋人尚敢无理挑剔；如其既与接连，彼此相共，或迟或误，彼更有词。假使两电并须即发，先此后彼，必致相争；后我先人，亦无此理。"③

然而，盛宣怀在筹办和经营电线过程中，基本上还是对中国社会起了积极和有益的作用，这是值得称许的。他在 1902 年回忆电报事业的艰苦历程时说：

> 创行之始，人皆视为畏途，即身任其事者，成败利钝亦绝无把握，若非不辞劳怨，不避疑谤，惨淡经营，焉有今日！成既如此之难，守益不能不尽其力。中国商务可以与外人争衡者甚少，当此商战之际，尤宜保此已成之局为之倡。统计电报商线纵横数万里，设局百数十处，均属商款商办，即有借用官项者，业经陆续清还，有案可考。逐年所收报费，只通商口岸及省会之区能有盈余，凡偏僻处所亏折者多，全赖挹注之法。
>
> 查股利一项，第一届未能分派毫厘，第二届至第十二届仅派五厘、七厘不等，十三届起始得照派一分。他人视为绝大利薮，实则千百股商铢铢寸寸之微也。光绪二十四年大东、大北订立齐价合同，从

---

① 盛档，盛宣怀《设电线沿革》，光绪三十二年。
② 《洋务运动》（六）第 330 页。
③ 《洋务运动》（六）第 415 页。

此逐年所入日见加增，而各局支销，亦日见其巨。除局用学薪巡费尚有一定之数，其活支者以岁修大修购料为大宗。学堂捐款并报效银两，亦多需十余万元。①

以上叙述基本上反映了办电报艰苦的真实过程。盛宣怀在办电报事业的过程中，虽不免有缺点和错误，但其积极性作用是主要的，且成绩是值得肯定的。然而，像办一切新鲜事物一样，它总是要遭到旧势力的反对。电报业也不例外地遇到麻烦，弹劾盛宣怀之风又起了。什么"招权纳贿，任意妄为"，什么"总办电报，害则归公，利则归己，克扣军饷，搜罗股票"，什么、"平日居官，亦多攀援依附"② ……种种蔑词，不一而足。清政府命直隶总督王文韶确查禀复，并推荐代理盛宣怀督办之职的人。王文韶就蔑词一一为盛开脱，并提出电报之事非盛莫属的意见。他上奏清王朝，首先肯定盛宣怀经营电报之功，"臣查中国电报之设，始于光绪六年，一切章程皆盛（宣怀）手定。现在除湖南一省外，西则新疆，北则三省，业已处处通行。其事务之纷纭，用人之繁赜，非有精心贯注其间，未易秩然就理"，目前俄、法、日、美等国纷纷请接电线和设德律风等事，"均非他人所能涉手之事"；而后，王文韶对盛宣怀作出公正而称赞的评价说：

> 臣维泰西各国由商而富，由富而强，中国仿而行之，二十年来惟电报、招商两局成效已著，而一手经营，虽屡经波折，而卒底于成者，盛（宣怀）也……贬亦岂敢谓盛之外，竟无一人堪以胜任者，惟或则历练未深，或则声望未著，急切求之，实难其选。盖盛具兼人之才，而于商务洋务，则苦心研究，历试诸艰者已逾二十年，设以二十年前之盛（宣怀）处此，臣亦未敢保其必能接手也。③

这基本上是实事求是的评价。

---

① 盛档，盛宣怀《电线设立情形》，光绪二十八年。
② 盛档，王文韶《查复盛宣怀参案折》，光绪二十一年。
③ 盛档，王文韶《查复盛宣怀参案折》，光绪二十一年。

五　中美设德律风交涉上的民族性

在与同电线电报性质相似，而又与盛宣怀所经营的电报业相矛盾的美国请设德律风一事上，盛宣怀表现了鲜明的民族性。

1887年春，美国传声公司商人米建威、黄腾派克向李鸿章提出在中国设电话电线以传声的请求，企图侵夺中国的电话权利。其所递节略十一款，第一款即表现出赤裸裸的侵权："请允敝公司在中国现在通商各口岸之内，及将来或有续准通商口岸地界之内，设立传声电线以及制造此项传声电线应用物件，五十年内专归敝公司承办，其期限以允准之日为始。"① 这里说明，米建威不仅要侵占已开口岸的电话权，而且还要包括未来增开的口岸；不仅侵占传声的电话权，而且还企图设厂制造传声器材，也即要求合法化设立工厂。美国商人为达此目的，投下一系列诱饵："中国国家如有要务应得尽先传语，其传费听中国量度其开销之数酌给"；美国"应凑资本总不在六百万美国钱以下"；"中国可买进股票六分之一，或情愿可以买进六分之三，则中国商董与承办者一样事权办事"②，等等。所谓"中国商董与承办者一样事权办事"的承诺是虚假的，"节略"的另一款露出其狐狸尾巴："公司中除总办总查外，所有董事及办事人员，均可由华人中选择，以充其事。"这就是说，"一样事权"的含义中，总办总查是不在华人事权内的；即使是在各分局，华人也只能担任会办。这些表明，德律风企业的权力实际上是控制在美商手中。美商为达此目的，米建威以名为报效华股100万干股，实为贿赂③相引诱。他与马建忠进谒李鸿章面称：

---

① 盛档，美商米建威等《请设电话线节略》，光绪十三年五月二十七日到。

② 盛档，美商米建威等《请设电话线节略》，光绪十三年五月二十七日到。第五、八、九各款。

③ 米建威、黄腾派克《请设电话线节略》的底稿中有："所拨资本以一百万作为中国国家干股，听其挪移取息。"这段话在正式"节略"上删去了。盛宣怀与米建威订有电话合同，共分四款，但盛宣怀亲笔所起草稿有第五款，原文是："王敦派克、米建威收存中国附作传声公司股本美国银圆一百万，如传声电线中止，其银即拨作中国银行股本，如银行亦不成，其银圆一百万即由王敦派克、米建威凭其股票汇付中国现银，交中国电报局转呈北洋商宪。"此条在正式合同上拿掉了。据"节略"与《合同》底稿，说明一百万美元干股显系贿赂。

中国入股的 100 万元，"米建威情愿先行报效，如恐股票不实，允即带回美国代售现银，如数汇至中国，以坚中国之信"①。盛宣怀敏锐地认识到美商企图占有中国电报之利，而约见米建威面谈。下面是盛、米的对话：

> 盛：现在德律风公司经电报局会订合同，将来即使建设，不能稍越范围，致碍中国电报权利，则尔等报效之德律风股票一百万元，尔恐无此利益。
>
> 米：既蒙中堂批准，中美银行将来利益，更胜于德律风，现回美国拟劝德律风商人改办银行，而我等前出之德律风股票一百万两（两系元之误——引者），实系售卖股票之余利……情愿将此售票余利报效中国海防经费五十万元，以归中国。如果中国国家在将来黄腾派克来华合办德律风，则中国电报之利不致分夺，亦愿贴补电报局洋银五十万元，以归中国商民。②

盛宣怀一语点破了米建威侵夺电报之利的企图，如不想夺电报之利，那报效的 100 万元何处来呢？那是"绝无此利益"的。米建威用"中美合办德律风"作搪塞，欺骗说"不致分夺"电报之利。盛宣怀则从保电局之利出发，仔细分析并针锋相对地将计就计予以对付。盛宣怀将此分析和对付米建威的办法向李鸿章作了详细报告。他说：

> 职道查米建威此次来华，初欲造德律风以夺我电报之利，继欲改设中美银行，仍愿以出售德律风股票余利分别报效贴补。原应拒之不纳，惟念德律风奉准十一款在先③，而电报局续议四款在后④，如银行梗议，在该洋商仍以德律风来相缠扰，似不如留其报效贴补之凭据，以备抵制。大约德律风定以范围，无甚利益，欲其先缴国家报效银洋五十万元，又另交电局贴补银洋五十万元，自足止其觊觎之心，仍保

---

① 盛档，盛宣怀《禀李鸿章》亲笔底稿，光绪十三年六月。
② 盛档，盛宣怀《禀李鸿章》亲笔底稿，光绪十三年六月。
③ 指米建威所呈《请设电话线节略》十一款。
④ 指盛宣怀与米建威所订通商口岸设电话线合同四款，见下文。

我电局之利……附呈米建威立存五十万之凭据一纸。①

这段话说明盛宣怀对付外国资本主义侵夺电报之利的手腕和办法是很高明的。中美办银行和办德律风是两码事，但又是有联系的。德律风与电报决然分开使之不沾电报之利，即无多大利益，所谓余利百万是空头支票。中国要米建威先缴报效电局补贴各 50 万元，他一定无所出，这就能"止其觊觎之心"了。为了说明问题，兹将盛宣怀与米建威所订合同四款录于下②：

一、米建威允照钦差北洋商宪李中堂批准，回国竭力凑集资本银五千万两前来中国设立中国官银行，会同中国官办理。

二、盛督办允请钦差北洋商宪李中堂批准黄腾派克、米建威凑集中美股本，议在中国通商口岸之内设立传声电线，其应设在何处，均听中国主持择定。自此项电线盛督办与米建威议定，只能专在通商口岸之内设立，其所立线杆不得离开通商埠头一英里之遥。此口不得达至彼口，埠内不得达至埠外，且只能专为传声之用，不得传字致碍中国电报公司权利，并违中国所定禁约各案。

三、中国官银行即经设立以后，中国电报公司如欲兼并传声公司，可与银行办事商董筹议，倘能意见相同毫无隔碍，仍需禀请北洋商宪批准。

---

① 盛档，盛宣怀《禀李鸿章》亲笔底稿，光绪十三年六月。为了将米建威"报效"搞清性质，兹将米建威 50 万元"凭据"等未刊原文录于下：（一）《李鸿章购买中美德律风公司股分五千股》："今日买进中美德律风公司股分五千股，每股计美洋一百元，今准给建威权衡将此项股票据向中美德律风公司换实在股票五千张，并准其将此项股票出卖，取价愈多愈好。所受之银，照该商所写存本大臣处之收条汇寄办理。光绪十三年五月二十七日，西历一千八百八十七年七月十七日。"（二）《译米建威立存五十万之凭据》（盛宣怀亲笔中文底稿）："美国人米建威所有收到中国李中堂搭入德律风敝公司股分五千股，计算本美国银五十万元，现奉李中堂之命，将此股分代为售卖，无论贵贱，以米建威到美之日起，六个月之内，汇还美国银五十万，立此收条交呈李中堂收存为凭。"（三）李鸿章《给米建威洋文信》（盛宣怀亲笔中文底稿）："现在中国搭入贵公司德律风股分五千股，特托阁下带回美国，即为代售，六个月之内将现银如数汇还至中国，交本大臣查收勿误。"按：据上述三个文件和其他有关资料，此 50 万元可能是美商赠给李鸿章的干股。从"李中堂搭入……五千股"、股票在美售卖后汇寄"至中国交本大臣查收"等看来，似是向李鸿章行贿之款。

② 盛档，此件盖有北洋通商大臣关防，并有英文原件。

四、银行办成之后，中国电报公司如向银行借款，二三十万两之内不算利息，不出一年之期；一百万两之内照算三厘利息。

以上各款中国电报公司盛督办与米建威奉饬议定，呈请钦差北洋商宪李中堂核准盖印以后应以此合同为凭。

光绪十三年五月二十六日，即西历一千八百八十八年七月十六日。

盛杏荪（签字）

米建威

见证：马眉叔

黄开甲（签字）

从合同第二款看，盛宣怀对美国德律风经营范围限制很严，美国无甚利益是显然的，只有在银行上做文章了。但银行办成甚非易事，所以盛说"如银行梗议"而以电话相扰的话，那就抓住其报效凭据"以相抵制"。用心是很好的，斗争也是有力的。这再一次表明，盛宣怀从维护本身利益出发，抵制洋商侵夺权利的坚定性。

盛宣怀为维护电报利权的事与马建忠发生了矛盾。马建忠上给李鸿章说帖，主张成立舰饲，并给予其传声之利。盛宣怀则认为徽开，款可借贷，但传声之利不能给。他有一段很精辟的议论：

美之银矿最盛……借贷尤易，何妨定议。惟欲在中国通商口岸设立传声传字德律风公司，其德律风可家置一付，说话便易，价目公道。华电必须四码，经两次翻译，本不及洋字爽快，若得传声传字之法，人必趋之。中国电报权利，始必为所分，终必为所夺。现在三万里电线养费修费，岁需三十余万，悉赖各商埠所得报资以把注，若商埠先为所夺，天下电线何人能养？若全交美，则权利尽失。与英、丹争之数年而始定者，复一旦失之于美！如遇海防军务消息，彼族必更倍速于我，其始害何止夺吾之利！将来必致归咎于创议之员。况光绪九年批准英、丹合同在先，英之九龙旱线，丹之吴淞旱线，仅数十里，华公司皆禀请拆去归并于华，声明以后不准在岸上设立电杆以清界限。今忽准美商设数千里之电杆，英丹必有藉口。以上情形尽在中堂洞鉴之中。所为之动者，股票一百万元耳！以一百万元买我三十年之权利，每年不过三万元，而所失之电利何止十倍！①

盛宣怀的这些话表明他保护中国电线电报权利之心始终不渝。在这一点上，马建忠不及盛宣怀远矣！这主要是由于马氏居于电报局外，对维护电报权利的感情不如盛宣怀深切。经多次磋磨，于 1899 年冬，盛宣怀始"奏准德律风悉归电局办理"，在八国联军侵华中，其认为所有一切德律风官线，均不应"交洋人代办"，因为如果"交洋人代办"，"诚恐从此效尤"②，使电利尽失。

---

① 盛档，盛宣怀《禀李鸿章节略》，光绪十三年。
② 盛宣怀《寄北京胡芸楣侍郎》，光绪二十七年八月初六，《愚斋》卷56，电33，页15。

第五章　督办轮船招商局

一　实现了"督办"的愿望

本书第二章结束语中说，盛宣怀虽于1882年因弹劾而暂时离开招商局，"但他以此局为基地扩充经济实力，并从而逐渐获得预期的高官厚禄的强烈愿望未泯，他正酝酿着伺机卷土重来，并大权独揽地一统招商局"。这个"机"果然被他"伺"到，并达到了目的，实现了"督办"的愿望。

盛宣怀实现督办轮船招商局的愿望，是经过一番斗争的。他首先必须挤掉总揽局权的徐润。盛宣怀与徐润早已于19世纪70年代后期作过较量，其结果是盛在"坚请督办"中败北①。这次重新较量，始于1883年。这年，上海出现金融危机，银根奇紧，金融倒账风潮随之而来。徐润亏欠了巨款，濒临破产，李鸿章派盛宣怀到招商局查处整顿，这对盛宣怀来说当然是求之难得的美差。照徐润的话说，盛氏莅任即"借端发难，个人具禀南北洋大臣，以该局本根不固，弊窦滋生，几难收拾"②。徐润所说的这段话不是不可信的。因为盛宣怀有"从前去差，皆雨之去我"③的成见并因之耿耿于怀，在查处徐润亏欠局款问题上，就难免有过分的行动，借官势以压徐；把徐润搞成"家业荡然，生机尽矣"的苦况。徐润恳求盛宣怀"代为陈情，暂准宽展限期"，当然不会得到盛的支持。后来徐润回顾当时盛宣怀对付他的情况，一则诋之为"口蜜腹剑"，再则斥之为"居心太

---

① 参见本书第二章第三、四节。
② 《徐愚斋自叙年谱》第39页。
③ 盛档，《盛宣怀致谢绥之函》，光绪十七年。

苟"。据估算，徐润共亏欠轮船招商局 16.2 万余两，他本想"将产契向亲友处力求抵借，设法张罗，以期照数清结"，在抵欠之余，"代为乞恩……免其置议"[1]。结果是既未能等到徐润向亲友处抵借张罗"照数清结"，也未邀准"免其置议"，而是李鸿章根据盛宣怀的查核上奏清廷，说徐润等"假公营私，驯至亏欠局款，实属瞻玩"[2]，给予了其革职的处分；在赔款上是用徐的股票和房产等财物作抵的。这种抵款，徐润与盛宣怀各有一张账单。数字大体相同，但在抵赎等看法上，双方则大相径庭。这牵涉到盛宣怀的为人，为了明辨是非，兹以徐润的账单为主，将盛宣怀账单[3]的数字附于括号内。在账目列清后，再将盛、徐各自的道理摆出，加以分析论述。

欠数：原欠共规银十六万二千二百五十六两八钱七分五厘，付过规银六千八百七十二两八钱一分（盛单：六千八百八十七两二钱八分一厘）

净欠银十五万五千三百八十四两零六分五厘（盛单：十五万五千三百七十九两五钱九分四厘）

抵数：交局股票八百八十三股合银八万八千三百两（盛单：八百八十三股作抵银八万八千二百六十五两五钱九分四厘；十四年赎一百八十股，二十一年赎五百四十股）

交房产四段，行息七厘，合规银六万七千一百五十两，两抵外共结余银六十九两九钱三分五厘。

四段房产：

一、镇江地作银八千两（盛单：镇江市房二所抵银八千两，十二年原价售出[4]）

二、永业里五亩四九作银三万二千三百三十六两（盛单：地五亩四分九厘，洋房一所，楼房三十六间，作抵银三万二千三百三十六

---

① 盛档，《徐润致盛宣怀函》，光绪十年七月十五日到。

② 上图未刊，李鸿章《革徐润、张鸿禄片》，光绪十年十二月，《李鸿章未刊奏稿》。

③ 盛宣怀的账单藏盛档，题为《徐润欠招商局款及偿还情况》，光绪三十年。徐润的账单见《徐愚斋自叙年谱》第37—38页。

④ 按系售给杨谷山。

两；二十四年原价赎去）

三、源芳巷六分六厘九，作银四千八百十八两（盛单：后源坊地六分六厘九毫，楼房九间，作抵银四千八百十八两；二十四年原价赎去）

四、乍浦路四亩二分三六，作二万二千两（盛单：地四亩二分三厘六毫，洋房一所，作抵银二万二千两，二十三年原价售出①）

徐、盛各自的账单数字基本一致，即使有差异也只是两、钱之间。问题在于他们对这些数字背后的看法相对立。例如，盛宣怀就徐润股票、房产抵赎问题，写了如下一段后记：

> 查光绪十年原抵时房产照时价抵足，股票时价只值五十两左右，作一百两抵欠，嗣后股票价值涨至二百余两，仍照原抵百两赎去。房产于二十四年分价涨逾倍，亦照原价赎去。本局吃亏甚巨，局中人至今憾之。②

这就是说，徐润在股票上每股多占了150两，净赚10余万两；房产赎回者是指永业里和源芳巷二处，原价共3.7万余两，以赎回时与作抵时涨价一倍计算，尚净赚近4万两。股票和房产相加，照盛宣怀的看法，徐润占了招商局的便宜至少在15万两以上。

然而，徐润却是另一算法。照徐的计算，不仅招商局占了他的便宜，而且盛宣怀也得了大利。关于股票抵赎问题，虽说是"迫于压力"，但也认为抵欠时是以时价50两照原价百两作抵，未提出多少异议，但在房产上，徐却是提出很多异议。其一，永业里、源芳巷房产每年收租银2600两有零，从1884年抵欠到1898年赎回，招商局得租银约3.7万两左右；这实际也就是他徐润的吃亏数目。其二，对于被盛买去的乍浦路房产，徐润大发牢骚说：此房产到1897年被盛买去时，"已值加倍之价。杏翁对人曰：'此地未赎，于雨之面上不雅，我为赎之，免得多挂一笔账。'遂照十

---

① 这里所说"原价售出"，是被盛宣怀买去的。
② 盛档，《徐润欠招商局款及偿还情况》盛宣怀亲笔《后记》，光绪三十年。

年分抵数原值取去。既沾其利，复沾其名。但为势力所压，知者不敢言，不知者反以为待我之厚。口蜜腹剑，良有以夫！"[1] 此外，徐润还揭露盛宣怀"以强硬手段"用2.6万两购去实值四五万两的十六铺地归入招商局，说："此亦杏翁居心太苛，防我等重备船只在该处设立码头，与彼争衡，故为此杀一警百之事。"[2]

据上所说，盛宣怀说徐润沾了招商局的便宜，以致"局中人至今憾之"，并且自己还为了徐氏"面上不雅"而去赎乍浦路房产，也就是说帮了徐润的大忙；徐润却说盛宣怀是"既沾其名，复沾其利"的"口蜜腹剑"伪君子，是仗官势使"知者不敢言"的欺压商民者。谁是谁非呢？盛宣怀和徐润都是资产阶级，资产阶级竞争规律就是在获取尽可能多的利润原则下，挤倒对方，大鱼吃小鱼。在这个意义上，他们是一个本质。但就事论事，盛宣怀同徐润有所不同，那就是盛宣怀有官力的支持。徐润对此有一段将自己与盛的中肯的对比，他说："润既挟孤直之行，素无奥密之援，致奉参革；兼以泰山压卵，谁敢异言，致润有冤莫伸。"他指责盛宣怀那样对付他"其居心尤不可解"[3]。徐润说自己"无奥密之援"而遭到"泰山压卵"的欺侮，可谓一语中的，但说盛宣怀"居心尤不可解"那就糊涂了。其实是很可解的，那就是盛"利用官势以凌商"，从而于1885年8月1日攫得了多年谋而未得的轮船招商局督办的职位。就这件事该如何评价盛宣怀？从大鱼吃小鱼的资本主义竞争规律说，他的做法无可非议；但也挟官势以达目的，则越出自由竞争范围，应予以贬斥，但这更要看他任督办后，对商局发展的作用是积极的还是消极的而定。

应该指出，盛宣怀对颇有经营才干的徐润始终耿耿于怀。1891，年徐润亏欠案了结并解除"参革"之后。名为会办实为总办的马建忠因故离开招商局，谢家福（字绥之）乘机向盛宣怀推荐徐润为总办，认为总办一席"非徐莫属"，并以去就相争向盛表态说："徐来一日奉陪一日，徐不到局决不与闻。"[4] 谢家福还从培养人才这个角度考虑说："有一雨之，然后可

---

① 《徐愚斋自叙年谱》第38页。
② 《徐愚斋自叙年谱》第39页。
③ 《徐愚斋自叙年谱》第39页。
④ 盛档，谢家福《禀李鸿章稿》，光绪十七年九月。

引出几个后辈英雄。不致雨之死后无人可用。"[①] 然而盛宣怀还是充耳不闻，并斩钉截铁地表示，我与徐润"两人不能再合"，"再合"还是会出现"太阿倒持"[②] 的结局。一语道破了盛与徐矛盾的症结在于盛之权过去被徐润揽去了，他再也不允许"太阿倒持"，不用徐润为总办是"无法挽回之事"。他明确地回绝谢家福说："想公能助雨之，不能助鄙人，天也非人也。弟既不敢以关系国家之商局送一人情，亦无计挽回阁下偏好偏恶之心。"[③] 这就是说，谢家福以去就争取徐润重任招商局总办，我宁愿丢掉谢家福这位老朋友，绝不让徐润任总办之职。

二　任督办后的整顿措施和积极作用

盛宣怀任招商局督办后所拟《办理招商局节略》中说：

（招商局买并旗昌后）商局轮船得三十余号，各口码头尽扼其要，江海之利先为彼族所占者夺回过半。唐廷枢、徐润见局势日张，渐谋专擅，盛宣怀等皆辞去，而唐、徐更无忌惮，事事侵蚀。……该局积弊已深，亏耗甚重……如国家听其挫折而不思所以保护之，恐以后有类乎招商局之举，人必避之惟恐不早，而权利有不为洋商所独擅者几希矣！士大夫终日言自强，而论事之人多，任事之人少，必欲造就后起之秀，必当考核已成之局。凡成事者优予拔擢，偾事者严予惩处，则人才何难兴起，权利何难尽收。[④]

这段话可看作是盛宣怀整顿招商局的指导思想，其中心就是吸取唐廷枢、徐润时期的经验教训，选拔优秀人才，增强竞争能力，达到竞胜洋商、挽回利权的目的。这个指导思想是正确的、积极的。有此思想再加上

---

① 盛档，《谢绥之致盛宣怀函》，光绪十七年九月十五日。
② 盛档，《盛宣怀致谢绥之函》，光绪十七年十月。
③ 盛档，《盛宣怀致谢绥之函》，光绪十七年十月。
④ 《盛宣怀拟办理招商局节略》，《实业函电稿》上册，第 36 页。

相应措施，其成功可以预卜矣。

盛宣怀于 1884 年初到招商局进行查处。徐润、唐廷枢先后离局。盛乃新派马建忠（字眉叔）为会办。不久，盛宣怀调琴天津海关道，局务由马建忠经理。这时正是中法战争进行之时，战争影响到商局轮船的行驶。在盛宣怀授意支持下，马建忠将商局轮产售与旗昌洋行，以保局产，并期于战争中照常营业以取利。

盛宣怀在"查处"的实践中认识到，要办好招商局，"非商办不能谋其利，非官督不能防其弊"。他根据这一原则对招商局进行组织整顿，厘定用人、理财章程各十条。它们同过去有不少明显变化。这里主要谈一下用人问题。在原来商办时期，规定："商总为总局主政，以一二商董副之……其余商董分派各分局任事仍归总局调度。商董若不称职，许商总禀请大宪裁撤，另行选举；商总倘不胜任，亦应由各董联名禀请更换。……总局分局栈房司事人等，由商总商董挑选精明强干朴实老成之人充任。"①1885 年新制订的用人章程作了较大改变，规定：商局"专派大员一人认真督办，用人理财悉听调度"；"会办三四人，应由督办督度商情，秉公保荐"②。前后两者相比有明显的改变：（1）商总办的权力被官督办所代替；（2）设置了官督办，商总办一席被取消了，后来虽设帮办，但不是总办的帮办，而是督办的帮手。这几个职位的具体人选是：盛宣怀自任督办，选马建忠、谢家福为会办。他选拔马、谢两人是经过慎重考虑的。他评价马建忠"绝顶聪明，诸事要好，非唐、徐可比。其病只在'轻率'二字"③。盛氏认为，这个"病"可用谢家福来克服。他禀告李鸿章说："马眉叔明干有为，其疏忽处正藉绥之缜密足以补之。"④ 但谢因病固辞，故添派沈能虎为会办。马建忠实际上是集总办、会办于一身。故谢家福说"马道台居会同督办之名，而实兼商总"⑤。

这种全由商办变为"官督商办"，是前进还是后退？或是有进有退？要有较为明确的论证。这里不妨先引用谢家福在实行上述制度三年多之后

---

① 《局规》十四条，《交通史·航政编》第 1 册，第 143 页。

② 盛宣怀拟《用人章程十条大旨》，《交通史·航政编》第 1 册，第 156 页。

③ 《盛宣怀上李鸿章禀》，《实业函电稿》上册，第 52 页。

④ 《盛宣怀上李鸿章禀》，《实业函电稿》上册，第 41 页。

⑤ 盛档，《谢家福致盛宣怀函》，光绪十七年八月二十五日。

上给李鸿章说帖中的一段话来说明，对我们判明官督商办的是与非或许有些帮助。他写道：

> 大局枢纽务在认清官督商办确然两事，不可兼并，不可纷歧。如以两事而浑一气，必致无所裁制，无所维系，驯至无所忌惮。此前局所以受病也。如以一事而公诸数人，必致始而和同，继而疑忌，驯至各存意见，或以一事而分属数人，必致畛域分明，精神散漫，驯至不可振奋。此后局所以宜戒也。惩前毖后，惟有商为办而官为督。商而充官，则以商督商，必致朋比；官而充商，则以官督官，难于箝制。①

显然，谢家福对于"官督商办"这个形式还是肯定的。但"说帖"中的意思是说招商局未能做到这一点：在中法战争前的相当长时间，是"以商督商"，1885 年盛宣怀任督办后是"以官督官"。要做到名副其实的"官督商办"，关键在于一定要设置商总办一席。他说，"今局宪皆官也，下皆散商也，有散商而无总商，事事待决于官督之人"②，是不行的。谢家福说他之所以"奉身以退"，辞会办职，是为了"腾出一席以为商总地"。他认为："商总果生意出身，则同气相求，各局各船各栈，皆商也；商总而以会办代之，则各局各船各栈，浸假而近乎官矣，浸假而远乎商矣。其尚能与太古、怡和争胜者，必无此理。"③ 这个意思是说，要使招商局兴旺发达，与洋轮角胜，必须实行名实相副的官督商办。谢家福慷慨激昂地说："如必废商总而添会办，且以会办而充商总，名实既不相符，界限又相牵混，积而久焉，必与商督商办同一偾事。"④ 李鸿章对于谢家福的意见很赞同，他批示道："设立商总，使商情无隔膜之虞，甚为有见。"⑤

然而，盛宣怀为了集权力于一身，坚决不设商总。按当时商局分工情况，可以明显地看出盛的集权。盛宣怀于 1886 年出任山东登莱青道，不常驻局。局中分为八股，马建忠总管揽载、修鲶、翻译三股，沈能虎总管保

---

① 盛档，谢家福《上李鸿章说帖》，光绪十二年十二月。
② 盛档，谢家福《上李鸿章说帖》，光绪十二年十二月。
③ 盛档，《谢家福致盛宣怀函》，光绪十七年八月二十五日。
④ 盛档，《谢家福致盛宣怀函》，光绪十七年八月二十五日。
⑤ 盛档，李鸿章在谢家福《上李鸿章说帖》上的批语，光绪十二年十二月。

险、煤料、案牍诸股，谢家福管漕运，银钱股为提调严潆所司。盛宣怀对
他们采取"互相勾稽"的办法，即"提调慎写联票，马道核对联票签字，
沈道核对流水账簿签字，谢牧核对月总签字，并且，仍将流水、月总每月
寄交盛道复核、每季汇总送李鸿章"存核"①。局中马建忠作用最大，而权
力归总于盛宣怀。李鸿章认为，这种情况有如谢家福所说"一事公诸数
人，始而和同，继而疑忌，各存意见"②，因此有派商总的必要。但这为盛
宣怀所顶撞，原因主要是由于设商总对盛宣怀的集权不利，尤怕"太阿倒
持"的再现。

诚如谢家福的见解，在那时官督商办仍然有其必要性，问题在于盛未
按此原则办理，而形成了"官督官办"。但因盛宣怀本人"商"的倾向性
较强，故对招商局的发展仍然起到了颇大的促进作用。

首先是作为督办的盛宣怀的指导思想是比较正确的。他说："轮船招
商局，外洋所谓公司也。大而言之，借华商之力，以收洋商之利权；小而
言之，将本求利而已。故成本必须核实，得利方有把握。"③ 这才可能达到
"收洋商之利权"的目的。所以盛宣怀先做成本核实的工作。自光绪十一
年六月二十一日（1885 年 8 月 1 日）接任督办那天起，将旧局"无从考
核"的烂账，"简括稽其实欠之数""界限划清，昭彰众目，庶使接办者三
年之后，或得或失，无可推倭"。他估算旧招商局共欠股本银、仁和济和
保险银等款项 550 万两（除新借的汇丰银行 30 万镑合银 180 万两，实欠
370 万两），"以上实欠本银五百五十万两，作为本局接管之成本"。但当
时抵借汇丰 30 万镑时，公估船产之价为 200 万两，"即当以公估之价作为
实值，其余作为浮值"。盛宣怀认为浮值必须逐渐得到弥补，"若能使浮值
减轻，则成效渐著"④。这就是说，"浮值"是否能很快补为"实值"，是
商局经营成败的首要一个标志。他决心要"救前人之失……徐图恢复"⑤。
果然，在盛宣怀"一敛字决"原则下，"接办年余，获利既多，储款皆
实"。他满怀信心地向李鸿章报告说："能若此成效，如三年不改笔法，事

---

① 盛档，盛宣怀为李鸿章拟《致招商局札文》，光绪十二年十一月初七。
② 盛档，李鸿章在谢家所上"说帖"上的批语，光绪十二年十二月。
③ 盛档，盛宣怀拟《招商局理财十条·叙言》，光绪十一年六月。
④ 盛档，盛宣怀拟《招商局理财十条》第一、第二条，光绪十一年六月。
⑤ 盛档，盛宣怀拟《招商局理财十条·叙言》，光绪十一年六月。

权不转移，必能全数偿还洋债，成本折至三百万以内，官商血本皆有着实。"① 事实证明，不久即实现上述愿望。

汇丰借款向旗昌赎回船产。1884 年中法战争紧张进行之际，7 月 31 日（光绪十年六月初十）轮船招商局将局产船只售与美国旗昌洋行。这件事当然是正确的。它虽由马建忠经办，但实际是得到盛宣怀的支持的。事先马建忠致函唐廷枢、盛宣怀说："越事孔棘，法人要求过甚。局船不能不预为布置。"决定售与旗昌。在"与总船主商定办法的同时，"又电请杏翁应否禀报"。盛当即首肯，给予"应即预禀"的复电②。当时人即对此事有持非议的。杨廷杲（字子萱，武进人。长期从事电报局工作）就曾警告盛宣怀说："招商局易主，令人一惊。此事真耶贾（假）耶？外人不得而知。若果有其事，外边物议纷纷，恐将来股东为难，并外边言语均不甚好听，务望阁下此事切不可预闻为幸。"③ 作为知己者的杨廷杲劝告盛宣怀勿"预闻"招商局产售与旗昌事，可见社会非议的严重程度了。盛宣怀曾将局船易帜、事询问经元善，经告以"处此市面难通，积弊难整，又值中法决裂，商船难以出口之际"，为了招商局的利益，售与旗昌以易帜的做法是对的。经元善还鼓其气地说："此时谣啄原不必计，只要事定收回后，处处脚踏实地，事事悉心整顿，勿再好大喜功，勿染官场习气，虚心求才，鞭辟入里，而至要关键第一勿徇私情。天下事全在人为，亡羊补牢，未为晚也。"④

经元善的见解是可取的。盛宣怀的做法基本上与经元善的见解一致。他没有计较易帜之初的社会"谣啄"，而尽力做到"事定收回"，也最终做到了于 1885 年 8 月 1 日在他接任督办之职那天向旗昌买回船产，款项是向汇丰银行借的 30 万镑。这是由于"接办伊始，随在需银，而局款一空如洗，官商无可筹挪"，乃禀明李鸿章向汇丰借了此款⑤。可见赎回一事单款项上，盛就是费了很大力气的。

讲到这里必须澄清关于汇丰银行借款以赎回局产的问题。有的论者认

---

① 盛档，盛宣怀《上李鸿章禀》，光绪十二年九月初一。
② 盛档，《马建忠致杏、景翁函》，光绪十年闰五月十九日。
③ 盛档，《杨廷杲致盛宣怀函》，光绪十年六月十二日。
④ 盛档，《经元善致盛宣怀函》，光绪十年七月初十。
⑤ 盛档，盛宣怀等《接办轮船招商局节略》，光绪十二年。

为盛宣怀一上任即大批借款，年息七厘，受人制约，不能不被认为是一个缺陷。他们实不知从当时情况看，借款是振兴招商局所必需的一着。不借款就无从买回旗昌船产，不从旗昌买回船产，则诚如后来有人的追述："彼时不能收回，则皮之不存，毛将安傅（附）。"① 局将不局，一切无从谈起。而收回之功盛宣怀应居首位。除其极力主张汇丰借款外，更重要的是，因当时售与旗昌时，"但有杜卖明契，未立买回密约，该洋行将据为己有"②，盛宣怀"大费唇舌"地"悉照原价收回"③。所以施亦爵回顾这段历史说："乙酉（1885 年）之夏，向旗昌收回而后重定基础，乃有今日。故言商局之成绩，当以收回旗昌为断……至谓局中盈余全在地产，确亦有理，但亦收回旗昌以后，生意蒸蒸有以致之。苟非生意有余，焉有置产之本？即收回旗昌颇非易事，微公（指盛宣怀——引者注）孰能任之。"④ 确实，不全力向旗昌收回局产，何来"生意蒸蒸"！又何来盈余！而收回船产又系盛氏之功，施亦爵对盛宣怀的溢美之词基本上是符合事实的。

不可否认，盛宣怀向汇丰银行借款的合约虽基本上是平等的，但其中也有过多的迁就和对苛刻条款的接受。例如，在将船产抵于汇丰的前提下，船产估值者两人均由汇丰荐派，"而估价各薪费，均由招商局付出"。此后到 30 万镑并利还清为止，每年由汇丰派"妥当者二人，估局中各产物轮船……其薪费等项均由招商局付出"。如果此两人估值不足 200 万两之数，招商局即须随时以物产补足。这不啻控制了判断商局财产值高低之权。此外还规定："于此合同订立之后，汇丰派一监理之洋人，该洋人可以随时查看局中账簿，并验看各船各产业。如局中有办事不妥，以及产物短少，有碍借款利银之担保，监理人应告知汇丰"，汇丰知照招商局即应筹办。如果招商局不照汇丰所要求办理，"汇丰可以有权全行收取或摘取局中船只各物业，可出卖，可出赁，可出典，听凭汇丰主意，并任由该行自办，或托他人代理。如一经汇丰管业，即可直行经理，俟收存银两敷还

---

① 盛档，《施亦爵致盛宣怀函》，民国三年甲寅三月初四。
② 盛档，盛宣怀《上直隶总督王文韶禀》，光绪二十一年。
③ 盛档，盛宣怀《上直隶总督王文韶禀》，光绪二十一年。
④ 盛档，《施亦爵致盛宣怀函》，民国三年甲寅三月初四。

所欠本利各项为止……"① 以上这些表明，汇丰银行利用30万镑贷款在一定程度上控制了轮船招商局；招商局方面当然是不得已地接受了这些苛刻条件的，但由于招商局经营较好，故苛条未能实现。应该说，向汇丰借款一事不足为盛宣怀咎。

　　盛宣怀振兴招商局的最后一个有效措施是争取官对招商局的维持。轮船招商局既明确了官督商办，官督办又是李鸿章的亲信盛宣怀，那么利用官的力量来维持商局就是意料中的事了。李鸿章对此表态说："当此局势岌岌之际，必须官为维持，乃可日就起色。"② 李鸿章主要采取四项措施来维持招商局：（1）减免漕运空回船税。李指出，嗣后局轮运漕空回，请免北洋三口出口税二成，如原来装米1000石，回空时免收出口货税200石，查照派运米数通扯免足二成。（2）减免茶税。嗣后华商从湖北附搭局轮出口帽合茶，请照砖茶之例，每百斤减为出口正税银六钱，并免复进口税。这样，商局藉得水脚，他船不得揽载。（3）增加运漕水脚。该水脚过去为每石五钱六分，中法战争期间，旗昌与怡和、太古承运漕粮减为三钱五分，实际是亏本的，他们意在争运，排挤华商。现在交招商局承运漕粮，照沙宁船例每石支四钱三分一厘。略高于怡、太，不再扣减，亦不扣海运局公费，"以免亏赔而资津贴"。（4）缓拔官本。招商局各省原存的官本，除陆续归还外，尚应还银77万余两，而该局现欠洋债计有100余万两，官本洋债一并归还必无力量，于是暂缓拨还官本，免扣水脚，俟洋债还清再缴官本③。这几项措施，对于招商局恢复经济力量，无疑是一种支持。

　　由此可见，盛宣怀任督办之初，争取官的支持对振兴招商局是起到积极作用的。因为，盛宣怀这位官督办较易取得李鸿章的支持，而李鸿章的支持才使招商局较易恢复力量。盛宣怀曾明确向李鸿章表达这种关系，说"○○（宣怀）坚持于下，吾师批准于上"④，事情就容易办成了。照盛宣怀任督办之初想法，商局办有头绪即全归商办。他对李鸿章说："三年之后，洋款还清，官商各款有着，吾师与○○（宣怀）皆可告无罪于天下，

---

　　① 盛档，《招商局汇丰银行借款合同》，1885年7月28日。此合同中方由盛宣怀和马建忠签字。
　　② 李鸿章《遵议维持招商局折》，光绪十二年正月二十一日，《李书·奏稿》卷56，页1。
　　③ 李鸿章《遵议维持招商局折》，光绪十二年正月二十一日，《李书·奏稿》卷56，页2、3。
　　④ 盛档，盛宣怀《上李鸿章禀》，光绪十二年九月初一。

（宣怀）必告退，奏定悉归华商经理，官可不问。"① 利用官的力量促使招商局更快地恢复和振兴，恢复旧观并使之有所发展之余，"悉归华商经理"当然是好的，这种指导思想是很可取的。然而，有些话并非真情。如说三年后宣怀"必告退"，完全不是真实思想，岂有多年"坚请督办"而几经曲折始如愿以偿，能轻易地"告退"！后来的事实也证明了其心并非如此。因此，所谓"官可不问"，实际上就是他盛宣怀这个督办，即是商督办而非官督办，三年后"官"不必再来过问了。所以后来盛宣怀多次强调他这个督办，是商督办不是官督办，是有其历史渊源的。可见盛宣怀不仅为招商局恢复振兴而利用官力的维持，还看到招商局发展中"官可不问"的未来。如真能这样，那对招商局发展是很有利的。

　　盛宣怀振兴招商局的第四个措施，就是雇佣技艺高超有本领的洋人并强调自主权。使用洋技术人员是必要的，但所雇之洋人必须有真实本领，这是盛宣怀的一贯主张。他任招商局督办后，对洋技术人员作了整顿，其中派尉霞为总大车兼署总船主，即是一例。他认为，"总大车验修各船机器，较总船主更要紧。现用之总大车系罗贝一党，由'江裕，升来，毫无本领"②。尉霞本系旧局总大车，是有真本领的，派他任总大车兼总船主是比较适宜的。为了考验尉霞，盛与他订明先凭条月支领薪水商局 300 两保险局 100 两，但不立合同，作为正式聘任的过渡阶段。在过渡时期，盛命他"饬将各船逐号查验，并将各船洋人逐名考核呈报"。盛宣怀在使用洋人上非常强调自主权，他给尉霞做了规定："以后调换船主及大修，须商督办；调换船主以下及小修，与局会办商定。"不仅如此，他还"通饬各船洋人不准饮酒，查出酒醉即辞歇"；并将"马士所司汇丰、怡太往来之事"，交由总翻译陈猷办理。经过对洋人的整顿，不仅招商局的工作效率提高，而且"洋薪岁少万金"③。

　　对于经过考验确有能力胜任其职的洋人，盛宣怀在聘定以后即不轻易变动。如 1892 年招商局会办唐德熙等人以人们对于尉霞"啧有烦言"为

　　① 盛档，盛宣怀《上李鸿章禀》，光绪十二年九月初一。

　　② 上图未刊，盛宣怀《致李鸿章电》，光绪十三年六月十五日申刻到，《李鸿章未刊电稿·三》。

　　③ 上图未刊，盛宣怀《致李鸿章电》，光绪十三年六月十五日申刻到，《李鸿章未刊电稿·三》。

由建议调换尉霞时，盛宣怀不以为然地说："本局……会办与船主向来隔膜，全在尉霞一人调动，以致啧有烦言。"这就是说，尉霞一人调动人员难免得罪一些人，"啧有烦言"不一定证明尉霞不对，恰恰证明尉霞是正确的，如果因此而调换尉霞，会使镑毁得逞，故盛说："鄙见另派总船主不特糜费，且恐各有私心，更不妥当。"①

由于盛宣怀在任督办后采取了一系列有效的整顿措施，招商局不仅很快得到恢复，转危为安地振兴在望，且得到了发展，增强了竞争能力，有力地与怡和、太古争斗，与"野鸡船"争斗，并将轮运事业推广到内河小火轮船，促进内地商品流转加速，对国民经济发展起着有益的作用。

三　与怡和、太古角胜

由于盛宣怀任督办后采取了较为有效的措施，招商局很快得到恢复和发展。招商局票面值每股 100 两的股票，从 1884 年的 50 两，很快恢复到 100 两至 200 两之间。洋债逐年按数偿还，官款亦得以逐步归还。怡和、太古两个老敌手自 1890 年齐价合同届满时，又复跌价相争，企图挤垮招商局。在这种情况下，盛宣怀并不示弱，他领导招商局会办、帮办等人，不仅应战，而且积极进攻，逼迫怡和、太古再一次回到谈判桌上，签订了第三次齐价合同。

1890 年初，招商局和怡和、太古三家第二次齐价合同期满，虽经续约谈判，未能合拍。2 月间，太古公开表示，"既难说合，只可分手"。马建忠对此表态说"我局断难示弱"，定下了"外则镇静姑与应，内揽客货期在必斗"② 的策略。从此展开了招商局与怡和、太古的新的争斗的序幕。怡、太首先用大跌水脚的办法招揽客货，以期战胜商局。兹以汉口地方为例。汉局总办施肇英向盛宣怀报告说："汉地三公司涣散情形，太古先得电信，水脚先行滥放，始则七八折，继而五六三四折，近日竟跌至一折或

---

① 盛档，盛宣怀《致唐德熙、陈猷、严芝眉函》，光绪十八年正月初五。
② 上图未刊，《马建忠致李鸿章电》，光绪十六年正月二十一日亥刻到，《李鸿章未刊电稿·四》。

五厘。"怡和公司也不甘落后，"亦跌至一折"。局船虽"未敢如此之滥"，却"亦有跌至二折者，亦有跌至三四折者"①。汉局应如何应对？施肇英向盛宣怀请示。盛宣怀复函云：

> 太古滥放水脚竟至一成，实属不成事体。我局与怡和仍宜随时会商，总以四成、三成五为率。如果一成即任太古全装。好在船期不同，亦不能全无生意。②

盛宣怀这个主张是正确的。因为水脚折至"一成"，一定要赔本，"赔本"绝不能长此下去的。"一成即任太古全装"，我固"不能全无生意"，且可坐观其败。另一方面，盛宣怀的总倾向是联络怡和以对付太古这也是对的。因为"太古向来轻视怡和，而怡和又负气不肯相让"③，两者间矛盾不浅，可利用他们间的矛盾以战而胜之。并且，盛宣怀也没有忘记警惕怡和，他知道太古本大利足，是劲敌，因而指示下属说："既防太古明与倾乳，亦须防怡和暗中损我。"④ 可见盛宣怀对怡、太两家是同等地作为竞争对手看待的。在1890年夏秋间三公司会谈中，发现怡和"所欲太奢"时，陈猷建议联合太古"与之力争"，盛宣怀则认为"恐太古亦不是好人"。他回忆往事证实自己观点的正确性说："记得今春我局与太古为难，颇以怡和为好人，借与宁波码头，至今受其所累，不可不小心。"他指示陈猷说："现在水脚均已复旧，而港、甬、福三家争斗之兵未撤，仍是卧薪尝胆之秋，阁下谓怡和外强中干，未知何时可以下旗，尚望留意为之。"⑤

据上所述，盛宣怀始终坚持一条原则，即：做生意以盈利为准，绝没有哪一家会离开"利"而空谈什么信义。怡和或是太古绝无例外。招商局联怡斗太，或联太斗怡，都是暂时的，在任何情况下对它们都应提高警惕，尽管盛总的倾向是联怡和以对付太古。历史事实证明，盛宣怀在怡、

---

① 盛档，《施肇英致盛宣怀函》，光绪十六年二月十三日。
② 盛档，《盛宣怀复施子卿函》，光绪十六年闰二月十六日。
③ 盛档，《陈猷致盛宣怀函》，光绪十五年八月初八；又见《沈能虎禀李鸿章稿》，光绪十七年，函中说："向来太古轻视怡和，而怡和又负气不下。"
④ 盛档，《盛宣怀复施子卿函》，光绪十六年闰二月十六日。
⑤ 盛档，《盛宣怀致陈猷函》，光绪十六年十月十一日。

太问题上所持的立场和策略是对的。此其一。

盛宣怀在与怡和、太古争斗中所采取的第二个大的有力措施，就是尽力增强招商局的竞争能力。这主要有以下几种表现：（1）想方设法招揽客货。盛宣怀与怡、太拉开战幕之初即指示各分局，一则曰"三公司已经毁议，全在揽载认真，方免蹬乎其后"，绝不能"为太古争占先着"①；再则曰"三公司分开，彼此争斗各不相下，全在联络客商相机因应"。他要求九江、汉口、福州等分局抓紧夏秋新茶上市之机，"务须妥为设法招徕，能与各栈家暗中商议，给予全年一成回用，使货物全装局船，以和定为止。则所损小而所益多"②。各有关分局立即照办，表示"一俟新茶登场，自当联络栈家，设法招徕，以冀争胜怡、太，仰副宪意"③。（2）盛宣怀在指示各分局设法力争多揽客货的同时，又通过李鸿章这位权势人物争取国家津贴帮助。他函告会办严潆说，"太古负气跌价颇伤大局，若果无和议，已密请傅相与总署、户部商定，设法酌加厘金，以客商所省之水脚暗加厘金之上"，以"酌贴商局"。盛宣怀估算，"大约本局经费连汇丰利息需用一百五十万两，照此跌斗能否收进八十万两，所短七十万两，拟请国家津贴。以三年为度，想必怡、太可以自退矣"④。（3）争胜怡、太作为考成标准。盛宣怀在争取多揽客货和国家津贴以增强竞争力的同时，又对各分局总、会办提出严格要求，这个要求就是将争胜怡和、太古作为主要考成标准。他在同一时间致函各有关分局说："务望以后振作精神，但能争胜怡、太，即是诸公至要考成。"⑤ 这个考成标准的要求，对各分局尽力揽客货、改善经营以战胜怡、太起了不小的促进作用。

在1890年三公司战幕拉开之际，盛宣怀有计划地采取了一系列措施：外而利用怡、太间的矛盾，以便各个击破，内而对属员提出严格的考成标准，加上多揽客货的指示和争取政府津贴等，以增强招商局的竞争能力。这些就是迫使怡和、太古就范，回到谈判桌上的有力保证。

在削价竞争一段时间以后，局、怡、太三家又重开谈判。这是盛宣怀

---

①　盛档，《盛宣怀致梅西函》，光绪十六年二月十五日。
②　盛档，《盛宣怀致梅西函》，光绪十六年闰二月十七日。
③　盛档，《黄建瑞、陶鸿绶致盛宣怀函》，光绪十六年三月初一。
④　盛档，《盛宣怀致严潆函》，光绪十六年闰二月初四。
⑤　盛档，《盛宣怀致梅西函》，光绪十六年二月十五日。同时又用同样的话致书汉口仁甫。

增强实力、用斗争求和谈的策略的胜利。在这一点上他同他的知己郑观应的下述观点是一致的。身居澳门的郑氏在和盛宣怀谈到与怡和、太古的斗争原则说:"能战而后能守,能守而后能和,未有不能战不能守而遽能和也。善夫公法有云:势均力敌而后和议可久。今若事事迁就以求和好,彼见我中怯,必有要求,势必致吃亏而后和。"① 盛宣怀与郑观应不约而同地按照这一指导思想进行斗争,从而达到与怡、太谈判的目的并签订了基本平等的第三次齐价合同。

齐价合同的基本平等,是力量强弱较量的具体体现,也与盛宣怀的正确态度有关。局、怡、太三家的第二次齐价合同实行不久,就发生了中法战争,合同执行中断。战后,1886 年 3 月,三公司接订合同,其规定是:天津口水脚每百分计商局得四十四分,怡和得二十八分,太古得二十八分。漕米每船 3000 石以内,水脚不分给,另派船独装,独装漕米亦不分给。长江口水脚每百分计商局得三十八分,太古得三十五分,怡和得二十七分。福州口水脚每百分计商局得五十分,怡和得五十分,太古不走船。宁波口水脚计商局得五十分,太古得五十分,怡和不走船。到 1890 年底,"总结三公司摊分水脚,计天津一口商局派收十万八千余两,太古派出十万八千余两,怡和两平,是太古水脚比较商局多收,商局独占便宜。长江一口商局派出十二万余两,太古派出七万余两,怡和派收二十万两,是商局、太古水脚比较怡和多收,怡和独占便宜。福州一口商局派出一万余两,怡和派一万余两,怡和稍占便宜。宁波口商局派出一万四千余两,太古派收一万四千余两,是太古稍占便宜"② 。从上面派出派收情况看,第二次合同商局只有天津一口占较多便宜,其他三口均稍吃亏。太古于合同期满时即函致招商局,说它天津口吃亏太大,要求从二十八分增为三十二分。招商局不但不允所请,且将原信掷回,事遂决裂。盛宣怀乘来沪之机与太古代表杯士、怡和代表麦机嘉小克锡面谈,下面是他与杯士的对话。

杯士云:期满商订合同,不应掷回原信。天津合同太古吃亏太多,理应与商局一样平分。

---

① 盛档,《郑观应致盛宣怀函》,光绪十八年五月二十四日。
② 盛档,盛宣怀《禀李鸿章》,光绪十七年。

盛宣怀：汝要太多，故未复信，论主客，商局应多分。今商局于长江及福州、宁波皆时亏，长江怡和船少，占便宜尤乡，我如能向怡和将长江分数收回数分，即可匀出天津数分与尔。①

在面谈中，盛宣怀答允太古天津口由二十八分增为三十二分。他认为"每分约计银一万四千两，仍可抽出别船多走他口。其实每年不过四万（两）左右。我并索其宁波分数"。杯士同意"宁波多收水脚，可准商局暗扣二成，再行摊派分数"②。于是又与怡和麦机嘉面谈云："长江合同期内，汝多分二十万（两）之多，太不公平，汝应让与商局四分。"也即从二十七分减为二十三分。说之再四，怡和允给三分，每分约银 1.3 万两。但怡和要商局天津让给两分，盛宣怀拟让一分。津、江相抵，收回怡和两分。这同让与太古天津口四分相抵，商局少两分。每年少得 2 万余两。盛宣怀对这种处理的看法是：

> 查天津一口商局近年确占太古之便宜，故不得不稍让与太古分数；长江一口怡和近年确占商局便宜十分之七，又占太古便宜十之三，故不得不向怡和收回分数。而太古愿将长江收回分数尽归商局，亦见公道。③

盛宣怀对于初次谈判的评价基本上是公允的。然而，正要按此方案定议并签订合同时，怡和反悔。怡和代表克锡"坚执长江一定要二十七，天津三十一，不减丝毫"。这就是说，怡和在长江口不减少，天津却要加三分。盛宣怀义愤地对谈判代表陈猷说："是克锡明欺我矣！弟断不能允，毋庸再议。"他进一步明确强调："怡和合同之事……分数彼要比去年冬议多三分，弟断不能允，宁可亏本再斗，决不能为大局失此体面。"但他没有把话讲绝，而是要陈猷在谈判中掌握分寸说："如有可顾全我体面之法，我稍吃亏，尚可商议。"这就是在坚持原则基础上也有灵活性。他说："此

---

① 盛档，盛宣怀《禀李鸿章》，光绪十七年。
② 盛档，盛宣怀《禀李鸿章》，光绪十七年。
③ 盛档，盛宣怀《禀李鸿章》，光绪十七年。

弟立定主见，不可动摇也。"① 在这一思想指导下，盛向陈猷指示两条妥协办法："一、长江准其不减，天津亦不加；一、天津加与二分，长江现减二分，候其添一大船即加还他二十七分。"② 盛宣怀意思是说，招商局不在乎一二分和多收两三万两银子，而主要是为了"体面"。会办、帮办们对盛宣怀的意见也很支持，他们函告盛说："若不得江、津七十七分（指长江、天津相加数——引者注），决计不立合同，有此贴亏十二三万两，并有怡和旧合同五万余两，大可再斗一年……我局既已减至七十七分，必须守定此数，不可再减，以观动静。"③

　　盛宣怀在与怡、太谈判中，具体地实践了他以实力做后盾的观点。他一方面要陈猷等谈判代表"将我实在主意切实告知怡、太两家，如若不让，弟即赴津京将漕米奏请悉归本局包运京仓，便可通年匀装；再请海军衙门将土药厘金酌提二十万两一年津贴商局"。他自信地说，有此两条，"虽一百年亦不再议和矣"④！另一方面，盛宣怀指示局员们在顾客方面做文章，即"要结客心"，广为招徕。他说："生意之道，以要结客心为主。"怡、太就是这样做的，它们"有益记、厚记作后路，棉纱匹头尽归伊装，而不议涨，药材一项伊所不装者，独议涨价，名为抵敌野鸡船，实则使我受恶名，而彼得实惠，计甚狡毒"⑤。招商局应向怡、太学习。如盛改变对待潮帮的态度就是一例。本来盛宣怀主张"将潮帮中之下等主顾删除不做"，或用马建忠所建议的"剔除潮帮必欠水脚之户，以贻害于太古"⑥ 的策略，这时局员拟"照怡、太通融"办法："招徕客货放给回用"⑦。盛宣怀明确指示："现在三公司毁议，尤须联络客商以广招徕，潮帮虽疲而生意甚大，似须略为变通，未可概行屏弃……闻太古暗中多有折扣，我亦未可拘守成辙。"⑧ 意思是也应给予潮帮折扣。盛宣怀认识到，现在汉口等地处于"太古遇事力争，又有野鸡船抢分生意"的危难时刻，有效地克服办

---

① 盛档，《盛宣怀致陈辉庭函》，光绪十七年十月初五。
② 盛档，《盛宣怀致陈猷函》，光绪十七年十月初七。
③ 盛档，唐德熙、严潆、陈猷《致盛宣怀函》，光绪十七年十一月初七。
④ 盛档，《盛宣怀致陈猷函》，光绪十七年十月二十日。
⑤ 盛档，《盛宣怀致施子英函》，光绪十八年十月十九日。
⑥ 盛档，《盛宣怀致施子卿函》，光绪十四年二月二十日。
⑦ 盛档，马建忠、沈能虎《致盛宣怀函》，光绪十七年六月十六日。
⑧ 盛档，《盛宣怀致陈敬亭、施子卿函》，光绪十八年五月。

法，"惟有联络客帮。遇有野鸡船争夺，则联合三公司以斗之；遇有太古暗中损我，则尤当自己与客人暗中迁就，总不可比较怡、太分数太少，以长他人之气焰"①。这种斗争指导思想是取胜怡、太的精神保证。

盛宣怀的可贵还在于罗致人才。他在采取各种措施与怡、太斗争中，发觉进行斗争的得力人才缺乏。1892 年局、怡、太齐价合同签订，但怡、太有反悔之意时，他想起了熟悉商情且尤其是了解太古内情的、富有市场斗争经验的郑观应。

在招商局遇到困难的时候，盛宣怀为什么会想到郑观应？在这里有必要简介一下郑观应其人。

郑观应（1842—1921 年②），字陶斋，广东香山（今中山市）人，是中国近代早期资产阶级改良主义思想家，实业经营家。1858 年考秀才未中，郑乃到上海学贾，先在宝顺洋行工作，随即任买办，后在太古洋行任高级买办，并参与创办太古轮船公司。与此同时，他自己也经营商务。18 世纪 70 年代中后期，郑与盛宣怀等上海闻人办义赈。与中外人士交游甚广。在太古任买办期间，即参与洋务企业的创办。首先于 1878 年任上海机器织布局襄办，曾一度任总办。1881 年被盛宣怀委为上海电报分局总办。1882 年出于办好民族工商业的爱国热情，他毅然脱离太古来轮船招商局任帮办，经营颇有成效。郑与盛宣怀在商本商办和经营管理上办法观点基本一致，在办矿冶等企业时合作得也很好。他先后三入轮船招商局，对局务贡献甚大。后被盛宣怀称为"招商局必不可少之人""第一救星"。

当时，郑观应于 1884 年春离开招商局去中法战争前线从戎以来，已七年有余，盛在与怡、太斗争激烈之时问策于郑，认为"陶斋进（局）去可能稍用奇兵"以致胜③，乃邀郑观应到烟台、天津商讨战胜怡、太等问题。盛见郑颇有见地，遂邀之再入局。他请郑观应重入招商局的目的是很明确的：一是因为"上海总局居中驭外，尚少精熟轮船交涉及总司各口揽载之人"，郑氏足当其任；二是"拟复与各国轮船公司调和，彼此获益，以助

---

① 盛档，《盛宣怀致陈敬亭函》，光绪十八年四月。
② 关于郑观应去世时间，我曾根据其子郑润燊口述，定为 1922 年，近查《申报》1921 年 6 月 15 日郑去世讣告为 1921 年 6 月 14 日，即辛酉五月初九。
③ 盛档，《盛宣怀致盛荔荪函》，光绪十八年八月。

职道材力所不逮"①。郑观应不负所望，他于1892年12月重入招商局后，除大力整顿内部外，即会同陈猷等人与怡、太重开谈判，终于1893年春基本上按照盛宣怀提出的条件，签订了第三次齐价合同，并付诸实施。这个合同固然是局、怡、太三家相互妥协的产物，但追根求源是以盛宣怀为首的招商局等人进行斗争的产物。

在谈判乃至签订合同的过程中，盛宣怀坚持原则已如上述。在齐价合同执行过程中，他也仍然是毫不妥协地与怡、太的破坏性行为作斗争。当怡、太派人与盛宣怀商议"应公派一洋人查账"，并拟"以私人作为公荐"任用他们的私人时，盛宣怀针锋相对地说："此事不应以私人充当，必须三家公司保举信其公正无私方能公请查账。"他并告诉同人说："所保（查账）之人，必须我所信服，方能应允……弟想查账如果请得公正细心之人自可有益无损，倘怡、太仍以私人作为公荐，弟必坚持不允，且须订明如有偏私即须另换。"② 盛宣怀对于敌手违反合同规定的警惕性是很高的。当他查阅到太古武昌舱单搭客54位却有33位是半票幼童时，一眼看出其中有弊而揭发说："太古如此减脚，显系暗中兜揽舞弊取巧，似此合同虽有若无，成何事体！"他要陈猷向太古"严切诘问，何以如此暗跌，违碍定章"，要太古"据实函复，与之理论"③。这个正义要求得到了局员们的支持，他们函告盛宣怀说，怡和亦"有暗减水脚之弊，太古则尤甚"，如"太古强词夺理，即与散去合同亦属无妨"④。这就迫使怡、太不敢无顾忌地任意违约。

执行齐价合同不久，即产生了实际的效果。当1890年三家分手削价竞争时，招商局这年净余2.08万余两，1891年降到1.7万余两；而执行新合同的头一年，即1893年，净余即达到27.64万余两，此后更逐年增多。从这里就可以看出盛宣怀在与怡、太争斗和签订齐价合同上对招商局所起的积极作用了。商局面值百两的股票，也由1890年的50两左右，上涨到1893年的140两以上，可见对其民族航运业起了有益的作用。

---

① 郑观应《禀谢直隶总督王遯（应为李鸿章——引者注）札委会办招商局事》，《盛世危言后编》卷10，夏东元编《郑观应集》下册，第800页。
② 盛档，《盛宣怀致唐凤墀、严潆、陈猷函》，光绪十九年六月十三日。
③ 盛档，《盛宣怀致唐凤墀、严潆、陈猷函》，光绪十九年四月二十一日。
④ 盛档，严潆、唐德熙、陈猷《致盛宣怀函》，光绪十九年四月二十八日。

四　关于排挤"野鸡船"问题

局、怡、太三公司齐价合同的签订，实际上即是三家垄断同盟的形成。这就很自然地排挤三家以外的船只招徕揽载。这种三家垄断同盟以外的争载船只，即是所谓"野鸡船"。这种"野鸡船"问题早就存在，1886年盛宣怀即谈到过此事。他说：商局虽与怡、太订立合同，"而本年长江又有福记洋行添船跌价，天津、烟台又有日本轮船跌价争夺，南洋各埠更多合同以外之洋船，将来生意殊无把握。"① 到1890年前后，"野鸡船"争衡激烈，引起三家重视，故三公司在第三次齐价合同中对此作了明确规定。走长江合同第十三条中说：

> 三公司必须邻陆敦好，保全推广生意，彼此获益。倘有别家争衡生意者，必须彼此联络跌价以驱逐之。②

所谓"别家争衡"即指"野鸡船"争载。这在走北洋合同第十八条也有类似规定，其中写道："三公司所走轮船常川上海、烟台、天津等处，务要同心协力，彼此沾益。倘有别家轮船争衡生意者，三公司务须跌价，以驱逐他船为是。"③ 三家逐渐把别家争载的船只，统名之为"野鸡船"。向之论者，常常说局、怡、太三家排挤"野鸡船"是在压制民族资本主义航运业，这是把"野鸡船"仅仅看作是招商局以外的中国船，显然是违背事实的。实际上，所谓"野鸡船"多数是外国洋行、企业的一些小船。

北洋与长江比较，长江"野鸡船"最多，对三公司威胁也最大。从1890年至1892年间，长江中三公司以外的"野鸡船"，据汉局董葆善、施肇英等人向盛宣怀的报告：美最时之"宝华"轮，麦边洋行有"萃利"

---

① 盛档，盛宣怀《上李鸿章禀》，光绪十二年十月十四日。
② 盛档，《翻译轮船招商局、太古洋行、怡和洋行三分订明合走长江轮船洋文合同》，光绪十八年正月十七日（1892年2月25日）。
③ 盛档，《翻译轮船招商局、太古洋行、怡和洋行三分所订北洋轮船洋文合同》，光绪十八年正月十七日（1892年2月25日）。

"华利"两船，华昌行有"益利""长安""德兴""宝华"四船，马利师行之"金陵"一船，和兴公司之"飞鲸""飞龙""飞马"三船，等等。可见所谓"野鸡船"大多数是外国洋行、企业的轮船，这个前提必须明确。这个前提清楚了，可以来论述排挤"野鸡船"的问题了。

须说明招商局为什么排挤"野鸡船"及对盛宣怀支持这一排挤行为应如何评价。招商局排挤"野鸡船"总的来说，是为了保护自身的利益，防止争载。盛宣怀在三家合同届满、新合同未订之时就曾担心地说："惟长江'野鸡船'日多，今年太古作梗，合同未定，开河以后势必互相跌斗。"[1] 他要镇江分局姚岳望"与沪汉各局时相斠酌"，采取对策。继削价之后，当局、怡、太又一度恢复原价或仅八折时，姚岳望就担心"麦边、和兴野鸡及鸭屁股等船充斥长江上下，脚价骤复，而彼更可减价招揽"，致损局利[2]。汉局施肇英对盛宣怀讲得更清楚，他说："窃维三公司和局虽幸告成，而长江一度小船众多，亟宜设法遏制以卫利权。"[3]

第三，排挤"野鸡船"，固然是与怡和、太古共同的利益，但更主要是商局独家的需要。1890 年德商美最时行的"宝华"船向走汉口以东长江，"本月（指光绪十六年二月——引者注）望后，忽弃长江之利，而竟欲专走宜昌汉口，与汉局争此利数。今日'宝华'已第一次开宜昌矣。共装货八百余件。"汉口商局"江通"亦开宜昌，水脚对折以与较量，但汉局总会办担心："'宝华'船既与汉局争衡，苟有得利，则其余之'野鸡船'由长江而改走宜昌者，不止一'宝华'也。"[4] 在多数情况下，是"野鸡船"损害三公司的共同利益。因此镇局姚岳望举例说明三家"和"的必要性说："和兴野鸡公司之'长安'向跟太古，今则跟我'江孚'，其'益利'又跟我'江裕'。镇江怡和借与码头，不免分我生意……三公司一日不和，则人心一日不合，谣言一日不息，血本亦不能不亏。是故以和为贵。[5] 因此，在一定时间里，三公司或商局一家将对付"野鸡船"作为主要任务。

① 盛档，《盛宣怀致姚岳望函》，光绪十六年正月二十八日。
② 盛档，《姚岳望致盛宣怀函》，光绪十六年九月十七日。
③ 盛档，《施肇英致盛宣怀函》，光绪十八年九月十五日。
④ 盛档，汉局董葆善、施肇英《致盛宣怀函》，光绪十六年闰二月初四。
⑤ 盛档，《姚岳望致盛宣怀函》，光绪十五年八月十九日。

以盛宣怀为首的招商局制定了对付"野鸡船"的对策，其总的原则是使其无利可图，逐步做到就范归并。例如，汉局对于走宜昌以分利的船，施肇英等人就说过："此次'宝华，既走宜昌，务使其无利可沾，或数次之后不战自罢，亦未可知。且其余之觊觎者，或以'宝华'为前车而裹足不前也。"① "使其无利可沾"之策，可用于所有"野鸡船"，在这前提下，招商局可对野鸡船实行代理、吞并或邀之入伙。"代理"大都在三公司和定之后，例如陈猷所策划的和兴公司即是其例。他说，三公司"和定之后，和兴公司拮据更甚，来年必觅人代理，然后本局可设法代理其船，调其船走南洋或营口至汕、厦等处，包其每年得水脚若干"②。对有的野鸡船就干脆用吞并的办法。例如三家"密商"，将"野鸡""小船全行买入"，这里面有"长安""德兴""益利""华安"和一些趸船，约银20万两。陈猷认为"若将小船归三公司买尽停泊不走，并掣肘祥生、耶松二厂不准装做长江小船或修理小船"，这样收买之后，三家将长江水脚加二成核收，"不到一年即可收回二十万两矣③。至于邀请入伙，可以郑观应的建议为例。1893年，郑观应第二次进招商局不久，他认识到"野鸡船"的威胁，对盛说："太古因与麦边相好，拟先邀麦边之两小轮入伙；本局与怡和意见，则须将在长江占有多数生意之小轮尽邀入伙，以免跌价争衡。④ 邀入伙的目的仍是为避免争载。

盛宣怀对上述几种意见都是支持的。盛宣怀很忌"野鸡船"，因为它们灵活易变，无法驾驭，常常是三家水脚复旧的障碍，故非要制服"野鸡船"不可。他的基本主张：遇有"野鸡船"争揽客货时，商局即向顾客通融，如"局船与野鸡船同开之日，局中买票亦须暗地通融，勿为野鸡船多夺"⑤。遇有潮帮多装"野鸡"小船影响到三公司水脚时，则联合三公司，既对付"野鸡"，也在制服"野鸡"之余制服潮帮。在对付"野鸡船"和对付潮帮的关系上，盛宣怀在致施肇英书中有一段典型的意见，兹节录

---

① 盛档，《董葆善、施肇英致盛宣怀函》，光绪十六年闰二月初四。
② 盛档，《陈猷致盛宣怀函》，光绪十八年八月初九。
③ 盛档，《陈猷致盛宣怀函》，光绪十八年二月初十。
④ 郑观应《致招商局盛督办书》，光绪十九年春。《盛世危言后编》卷10，《郑观应集》下册，第817页。
⑤ 盛档，《盛宣怀致唐德熙、严潆、陈猷函》，光绪十八年四月初三。

如下：

> 潮帮疲玩，只要三公司合力整顿，当易就范。惟现在野鸡轮船尚有数艘，我若拒之过甚，势必全装洋船。况太古生意专恃潮帮，即使会议允洽，我则奉公守法，彼仍暗中通融，与大局无益而反有损。鄙意拟先将小船设法抵制，务使创巨痛深，不敢再来侵扰。如长江各码头有可停留之处，即设法或租或买，岁费无多，而水脚无损折之虞，裨益匪浅。俟小船尽绝之后，再与怡、太商制潮帮之法。①

这段话有两层意思，一个是潮帮为太古在长江所专恃，三家如果先联合对付潮帮，太古不会齐心，潮帮也可去装"野鸡船"；故首先应是集中力量先消灭"野鸡船"，而后再制潮帮。商局会办、帮办们就此指示照办了。到1893年冬，据施肇英说"目下小船早归三公司节制，此外已无他虑"，是时候三家联合制潮帮了。他提醒盛宣怀，"若再迁延坐视，则更有不堪设想者矣"②。可见招商局会、帮办们与盛宣怀的观点是一致的，他们的执行是坚决的。盛宣怀在招商各分局对和兴等公司"野鸡船"进行"掣肘"之时，总是给予各分局"所办甚是"③的赞许。

据上所述，盛宣怀及其领导下的轮船招商局压制"野鸡船"，并不是压制民族资本主义航运业的同义语，而主要是压制外国洋行与之争衡的小船，其性质是符合资本主义的自由竞争规律的；同样，盛宣怀的指导思想符合资产阶级追逐尽可能多的剩余价值和高额利润的要求，无可非议。垄断同盟是力量较量中斗争和妥协的产物。至于招商局与怡和、太古联合有无买办性问题，这也要作具体分析。资本主义垄断同盟是没有国界的，而且怡、太既早已进入国门，在清政府无力将侵略者驱逐出国门的情况下，在招商局无力挤走怡、太的条件下，力量相当的局、怡、太联合起来压制竞争对手，也是在资本主义竞争规律所允许的范围。对被压制的竞争对手，不论是外国的还是中国的同盟是同样对待的，所以招商局以外的中国

---

① 盛档，《盛宣怀致施肇英函》，光绪十九年二月十四日。另外二月初四也有类似的信给施。
② 盛档，《施肇英致盛宣怀函》，光绪十九年十月初一。
③ 盛档，《盛宣怀致陈猷函》，光绪十八年二月十六日。

船也被视为"野鸡船"而予以排斥。例如，怡和洋行买办严迪吉于1891年曾向盛宣怀建议：三公司联合起来除"合力驱逐飞字号之船"，尽可能令其"绝迹"之外，集中力量对付一下开平煤矿的船。他建议"至于开平局之船，若果该局船只仍在申回津时揽装杂货，我公司则可停止用该局之煤炭"①，作为制裁的手段。然而盛宣怀对此建议表示冷淡，未曾认真执行过。可见，对洋务运动中的盛宣怀来说，他并没有压制民族资本主义航运业，相反，盛宣怀尽力发展小火轮以加速运输，尤其是发展内河的民族航运业。

五　发展内河轮船航运业

盛宣怀在1885年任轮船招商局督办后的另一个对商局、也是对国民经济的重要贡献，就是倡议设立航行于内河的小火轮航运公司。据盛宣怀说，在创办和发展内河航运业上，他"久怀此说"。他之所以有此设想，也是为了达到收中国自有之利权以致富强的目的。他上条陈于北洋和两广总督说：

> 年来外国富强，无不自通商始。口岸通商人与我共之，内地通商我自主之。故欲求中国富强，莫如一变而至火轮，设一内地快船公司，与招商局相为表里，以兴中国内地自有之商务，而收中国内地自有之利权。②

盛宣怀避开洋人到内地独立自主地发展商业以致富强的心情溢于言表。他说想设立内地轮船公司之志虽久，但"未敢以语人"，这是因为"人或有其位而无其识，有其识其位而无其肩任"。无数事实证明这个认识的深刻性。的确，新开辟一件事情，特别是火轮船通航于内河之类的事，

---

① 盛档，《严迪吉致盛宣怀函》，光绪十七年。
② 盛档，盛宣怀《内地设轮船公司议》，光绪十二年三月。

非有识有位、且勇于"肩任""不惮为天下先"① 者不能办成。因来自各方面的阻力是很大的。例如，1883 年，当郑观应提出发展内河小轮船航运业以加速商品周转时，连具有维新思想的民族资本家谢家福都说要与郑"割席"断交以示反对②。可见发展内河小火轮阻力之大了。力阻者的理由主要是两条：一曰"是导洋人内窜也"；二曰"是令民船日废也"。盛宣怀对比毫不留情地予以驳斥，说"不知通商自有界限，洋船所至，必归洋关，若民船则由常关稽核，不归洋关，洋人无从藉口"，谈不上导之"内窜"；至于说到民船，商业发达了，客货日旺，载不胜载，何"日废"之有？他在批驳两谬论之后，又陈述小火轮对加速商品流通的作用，列举了五利说：

> 内地果设轮船，其船坚利，足以御盗，周流荒僻，足以弭盗，一利也；往还迅速，足以便行旅，二利也；征调灵捷，足以便军旅，三利也；练习海疆屿澳支流叉港，足以备水师之选，四利也；运载归总，不至走漏税厘，五利也。③

以上所讲"五利"，主要是针对封建统治者的，虽然也是盛宣怀的思想，但不是他设内河小轮的主导方面，主导方面还是为了发展近代工商业以致富强。这从他办内河小轮航运的具体实践可以得到说明。

盛宣怀是第一个设内河小轮航运的具体实践者，这一事业开始筹办于1886 年他新任山东登莱青道之初。登莱青道是盛宣怀第一次正任道台之职，可以说，想要发展内河轮运的一个有"识"者，终于有了"位"子，可以有能力在山东他的辖区内首先"肩任"此事了。但是他明白，他虽有"识"，可是"位"还是不够高，于是禀请李鸿章的支持。他在说明办内河航运的指导思想时说："查泰西各国律法，不通商各埠只许本国轮船行驶，日本亦然。惟我中国因噎废食，则江海之利有与外人公共而无独得者，甚

---

① 盛档，盛宣怀《内地设轮船公司议》，光绪十二年三月。
② 见郑观应《致苏州电报局总办谢绥之刺史论苏小轮书》，《盛世危言后编》卷 10，《郑观应集》下册，第 799 页。
③ 盛档，盛宣怀《内地设轮船公司议》，光绪十二年三月。

可惜也。"① 要撇开洋人，在航运业中获"独得"之利，只有发展内河航运业。他明确表示，若没有这位李傅相支持，他来办是难以成功的。他说，今欲开此风气，微我中堂夫子孰能为之，微○○（宣怀）亦孰肯言之。"② 这表明：只有李、盛配合才能把在内河开风气的小轮船办成功。这样说，在当时并不过分，这种自负是有根据的。盛宣怀向李鸿章慷慨陈词，说明山东发展内河小轮航运的有利条件及其必要性和其于国于民的好处，等等。他写道：

> 查东海各口，南与江苏盐城毗连，北与直隶盐沧毗连，所辖一千三百余里，大小海口一百余处，而水深七八尺可驶浅水小轮者约有十余处。如掖县出草帽缏，岁约三四万包，皆由陆路盘山驼运，每包须运费京钱四千，间有民船海运，常虞倾覆，商民畏之。而距掖县三四十里，即有太平湾、虎头岸两口，可驶浅轮，若水脚每包一两，即可收银三四万两，其枣子、粉丝等物出口，洋布等物进口，每年水脚亦有数万两。③

这一席话说明盛宣怀在山东内地通航小火轮的计划是周密的，他对所要达到的致富目的以及达到目的的具体措施均有计算。他为了防止有"导洋人内审"之嫌，报告李鸿章说："○○（宣怀）与在烟洋商酌定，只准招商局华轮前往，不准洋轮前去。皆云此一定之理，毋庸多虑。"④ 上李鸿章禀仅十天，即光绪十二年十月二十四日就得到李鸿章准许"试办"的批复⑤，并随于十一月十三日复书盛宣怀，对盛所提"别其称曰内地华民轮船……不通商口岸只准民轮来往，总在常关领牌纳税……不与洋船交混"等意见很表赞成，希即"妥定章程，随时防微杜渐，无任有所藉口，稍越范围"。李鸿章对此事非常关心，期于必成。李唯恐清政府阻拦，指示盛宣怀采取"先斩后奏"办法，对总理衙门"无须先咨，免生枝节，如其来

① 盛档，盛宣怀《上李鸿章禀》亲笔底稿，光绪十二年十月十四日。
② 盛档，盛宣怀《上李鸿章禀》亲笔底稿，光绪十二年十月十四日。
③ 盛档，盛宣怀《上李鸿章禀》亲笔底稿，光绪十二年十月十四日。
④ 盛档，盛宣怀《上李鸿章禀》亲笔底稿，光绪十二年十月十四日。
⑤ 盛档，《盛宣怀致李鸿章书》亲笔底稿，光绪十二年十一月初六。

问，再复可耳"①。因为根据李鸿章自己的经验，先请示不准，就难办成；若既成事实，清王朝也无可奈何，只能承认事实。盛宣怀办成山东内河小轮航运，李鸿章确实是帮了大忙的。

盛宣怀得到李鸿章的支持，随即从两个方面做工作。一个是做商人的工作，他"路过沙河，与商人筹议"，得到了商人们"共相喜悦"的反映。另一个是做上级的工作。盛宣怀与会办马建忠一起具禀山东巡抚张曜，他们拿着李鸿章这柄"尚方宝剑"说："傅相拟照各国在不通商口岸试行浅水民轮船，以收自有之利权。"②"傅相"和"收自有之权利"两块牌子摆出来，作为巡抚的张曜是非同意不可的。为了打破张曜的顾虑，盛又告以此举不影响山东省的财政收入，他说：本来考虑到办内河小轮"于陆路厘金恐有损碍"，但"现查东海各口陆路不收厘金"，故无碍于省的财政，而对于"商苦不便"的旱路运输，却能起到便民利民的作用。他将具体办法报告张曜说："曾与傅相函商，拟用浅水轮船一二只驶行，将土货驳至烟台，再行过载，藉兴商务，其名曰'华民驳货轮船'，悉照民船看待。"③张曜很快批准了他的请求。这样，中国内河小轮航运业很快在山东省设立并发展起来。

盛宣怀办内河小轮航运的思想有可取者三。

第一，御外争利。他说："盖土货多出口一分，则现银入华多一分。"④不仅如此，土货还能抢占国外市场。他说："近来日本知我以土产不值钱之麦草，可易西人之重利，加意仿照编制，花样愈出愈新，该国官长切实讲求，货何如为美，运何如为便。彼产日多，则我产日滞。"他认为只有加速运输过程，产品精益求精，才能抵敌。盛宣怀于光绪十三年"正月间赴济南道出莱州之沙河镇，即传草帽商人杜荫溥、徐克敏等来见，与之讨论帽缠花样必须求精，价目必须公道，方免为倭商所夺"⑤。他与洋商争利的心情是迫切的。

第二，增税利国。盛宣怀禀告李鸿章说："职道宣怀去年到任以来，

---

① 盛档，《李鸿章致盛宣怀函》，光绪十二年十一月十三日。
② 盛档，盛宣怀、马建忠《禀山东巡抚张曜》，光绪十二年十二月。
③ 盛档，盛宣怀、马建忠《禀山东巡抚张曜》，光绪十二年十二月。
④ 盛档，盛宣怀《禀李鸿章》，光绪十三年十二月二十六日。
⑤ 盛档，盛宣怀《禀李鸿章》，光绪十三年十二月二十六日。

察看山东海口情形，与天津、上海各口情形俱不相同。烟台为通商口岸，而进出货物皆须由陆路驮运，山路崎岖，运费繁重"，他这位烟台海关监督的"司关权"者，"总求土货出口，多多益善"。货物流通加快了，税收也就自然增多了，这对国家也有好处。

第三，利民便商。他说："登莱青半属山地，民甚贫苦，以草帽缏为生计，由陆路运至烟台，每百斤需钱三四串；一遇风雪，难免潮变，帆船险阻，益难克期，商民久以为苦。"① 运输受阻，反过去又影响到生产者的生计。发展内河小轮航运，这些缺陷就可以克服了。他估算小火轮运输，"由虎头崖太平湾驳运，则半日可到烟台，水脚又省，运程又快，并可售去帽缏买回别货，实为商民之便，实亦帽缏生产者之利也"②。

以上三点归结到一点，即促进国民经济的发展，促进商品流转加速，促进资本主义因素迅速发展，因而这在当时是进步的思想和行动。正因如此，盛宣怀想要进一步将内河小轮航运推广于全国，并将此同国家富强联系起来，他展望于未来，总结性地说：

> 拟请推行内地民轮之意，固不仅在东、粤两省，并不仅在招商局所得揽载之利也，而在轻土货之运费速土货之运程。晓夜飞行，无患险阻；综核厘税，无虞偷漏；凡有水之处，可以抵铁路之用，而无铁路之费，庶可广销土货，以敌洋货偷卮，实为富强之所关。③

简单几句话，把内地小轮的优越性及其对发展国民经济的促进作用，讲得清清楚楚。其认识水平之高，在当时可说是罕与颉颃者，且其中对于将小轮推行至全国的迫切性和必要性，也言之尽矣！

首先推广开办内地小轮的，一是广东，二是台湾。

关于广东开办内河小轮航运，据盛宣怀说，他于光绪十二年三月，即与粤绅前济东泰武临道李宗岱等禀请设立"内地江海快船公司，与招商局

---

① 盛档，盛宣怀《禀李鸿章》，光绪十三年十二月二十六日。
② 盛档，盛宣怀《禀李鸿章》，光绪十三年十二月二十六日。
③ 盛档，盛宣怀《禀李鸿章》，光绪十三年十二月二十六日。

相为表里，驾驶悉用华人，税钞悉归常关，使洋人无从藉口"①。盛宣怀打算先行设立广东至佛山、三水、肇庆等处轮运。船只之大小，须视"水之浅深、宽窄"而定；而这些地方"能否购买（建造）码头，以便轮船停泊，亦须先行察看地势，方有把握"。盛随派直隶候补道张振乐"前往测量察看"②。在调查河道的同时，盛宣怀亲拟《粤省内地江海民轮船局章八条》。这八条章程体现盛宣怀办内河航运的先进思想者有：第一，与洋关划清界限以杜洋商藉口。他写道："内地设立商轮，原为流通财货，藉便贸迁起见。此船与洋关无涉，专行内地，名为内地江海民轮船局，不请洋关船照，不在洋关完税，以清界限。"③ 这个宗旨有保护民族利益抵制侵略之意。第二，摆正招商局与粤商、火轮船与民船的关系。预计所需的资本40万两，本可由招商局筹拨，"惟此系粤省民人生业，而招商局股分天下共之"，于是盛决定该资金由招商局出六成，粤商出四成，但须明确，虽名为"内地民轮船公司"，"实招商局分设，是以仍归招商局督办，庶可联络一气……由招商局派一总办驻扎"。这既照顾到地方绅商的积极性，又将之纳入招商局的轨道。另外，公司规模采取逐步扩大的步骤，先试行轮船两只，"庶使商旅贸迁乐其便安，而渡船生计仍无窒碍"，前途与现状都照顾到了。以上两点主要说明盛积极的一方面，但他在推广小轮船中也有局限的一面，如"只准他人添股，不准他人另设，以免纷争"；对于官府有事轮船"听征调""不取船租，平日代递文书不收水脚"④，等等，都表明他存在着与资本主义自由竞争规律不相容的倾向。

广东内河小轮船运先至肇庆，一年以后，即1887年，盛又动议扩展至梧州。他说，"梧州地方为云贵两广通衢"，所产药材等物，"均系天下通行之货，懋迁往还者亦觉不少"；通航以后，"久而久之，富国富民可操左券"⑤。

显然，内河小轮航运是加强盛宣怀督办地位和权力的新机构，虽带有封建性的一面，但总的来看，其性质是民族资本主义企业。在盛宣怀的倡

---

① 盛档，盛宣怀《禀李鸿章》，光绪十三年十二月二十六日。
② 盛档，《盛宣怀咨马建忠、沈子梅、陈猷》，光绪十三年九月十九日。
③ 盛档，盛宣怀亲拟《粤省设内地江海民轮船局章八条》，光绪十三年九月。
④ 以上引文均见盛档，盛宣怀亲拟《粤省设内地江海民轮船局章八条》，光绪十三年九月。
⑤ 盛档，盛宣怀《粤省设立内地轮船公司添拟章程》，光绪十四年。

导下，内河小轮航运扩展很快，例如，1891 年盛成立了粤港渡轮公司以与怡、太争斗，1892 年指示厦门招商分局创议设立福建泉漳两郡民轮驳船公司等。台湾的轮船则早于它们，在抵御外商入侵上更具有代表性。

盛宣怀在接任招商局督办不数月，即与马相伯、马建忠一起，乘中法战后恢复台湾经济之机，禀请台湾军务大臣刘铭传设立台湾商务总局，举办轮船航运。刘铭传批示，"应行举办之初诸从撙节……不得效招商局之虚糜浪费"，所集股份"分为五分，以十万为一分，商股四分，每分公举董事一人，官本一分，选派委员一人，俱到局公同办事"，并指明"与招商局两不相涉"①。但随后不久办起的台湾船局，与招商局采取了"外合内分"②的形式，与广东内河轮船公司之"实为招商局分设"者不同。这是由台湾的实际情况所规定的。

1887 年，原招商局会办，即因 1884 年倒账风潮而革职的张鸿禄，奉命造轮船两只，"声言专走长江北洋，以与招商局争衡"。盛宣怀认为，"与商局争竞，两有所损"之外，且将引起"三公司互相跌价，彼此受亏"，建议"外合内分"③，这是因为：（1）"台船两只未入合同，恐怡、太欲照洋商不入合同之轮船一例视之"，也即当作"野鸡船"与以排挤，对台船说，"既有官贴，又恃船少……尚可不虑为洋行所制，势将互相倾乳"，这样下去，"必致牵动职局轮船自顾不下，安能外御其侮"！如果台船与招商局表面合起来，就不会出现这个问题。（2）台船只有二三只，"另开一局，无异从前朱道其昂初创之难"，如果"交招商局代办，外面合为一起，可免争斗，又省开销。码头栈房悉照局船停泊储货"④。显然，"外合"主要是对付怡、太，维护民族航运业的主张。

所谓"内分"，从根本上说，就是保证台船的独立经济体制和利益，其具体办法，盛宣怀对李鸿章、刘铭传讲得很清楚：

---

①　盛档，刘铭传在盛宣怀等《禀请招股设立台湾商务总局》上的批语，光绪十一年十二月二十一日。

②　盛档，光绪十五年五月初八台湾抚院咨北洋大臣；又见盛宣怀拟《台船大略章程》等未刊文稿。

③　盛档，盛宣怀《上李鸿章、刘铭传禀稿》，光绪十四年。

④　盛档，盛宣怀《上李鸿章、刘铭传禀稿》，光绪十四年。

另立台湾轮船账薄一本，凡代收之水脚列作入款，代支之保险、辛工、煤炭、物料、关费、码头扛驳各力以及杂用大修小修，列作支款。职局按照代办章程每百两只提五两，以充局用。按年总结共得余利若干，悉归台湾商局照本均派。①

可见"外合内分"，对招商局有利，对台湾轮船更有利，只有对怡和、太古等洋商不利。所以被派到台湾去办理此事的杨宗濂说"台船两只，合则息争省费，与北洋面上好看。"② 盛宣怀"外合内分"的主张是正确的。

有人说，盛宣怀的"外合内分"主张，在实际做法上是将权力集于他一手。在他拟订的《台船大略章程》中规定，台船总局的总办由招商局委派杨宗濂担任；"所有沪局及长江、天津各处，应由职道派人经理"；"船上所用坐舱人等，可归台湾总局派用，如有不称职者，亦须由职道商明台湾总局随时更换"③。用人之权全握于盛宣怀手中。这不仅是"外合"，实际上也是"内合"了。据此可以认为，用人之权集于盛氏之手，这是事实，但无此权，任意任用非人，是很难达到"息争省费"的目的时。所以虽有"内合"的一面，但并非吞并，而"内分"的一面仍是鲜明的，并且主要斗争目标又是怡、太，故"外合内分"的积极面是主要的。

①　盛档，盛宣怀《上李鸿章、刘铭传禀稿》，光绪十四年。
②　盛档，《杨宗濂致杨宗瀚书》，光绪十四年。
③　盛档，盛宣怀《台船大略章程》，光绪十四年。

第六章　大发迹的准备基本就绪

一　李鸿章的提携

"办大事""作高官"，这是李鸿章于 1877 年对盛宣怀一针见血的刻画，也可以说是李对盛一生发展的道路指引。盛宣怀是按照这条道路和程序走的，李鸿章也是照此方针培植盛宣怀的。当洋务工业企业等事业的"大事"有了一定的基础，盛就应该向"高官"迈进了。盛宣怀做"官"可说是从 1884 年他署理天津海关道拉开序幕，此前虽于 1879 年暂署天津河间兵备道（亦称天津道），那只是为了救灾方便。盛正任做"官"的实践则是 1886 年到 1892 年的登莱青道兼烟台海关监督；而 1892 年至 1896 年正任天津海关道，则可以说是盛宣怀大发迹的准备成熟时期。1896 年是他大发迹的起点。而所有这些，均与李鸿章的关怀提携密切有关。李鸿章对盛宣怀确实非同一般，除在政治上关心外，他对盛的生活也很关注。例如，早在 1875 年冬他致书盛，在对盛办湖北煤铁矿厂作指示之外，又以长者的口吻教训盛宣怀说："闻金陵豪将花赌颇盛，而执事亦跌宕其中，毋亦少年结习欤！"[①] 意思要盛宣怀在生活作风上注意些。要叙述盛宣怀的发迹问题，就得说明盛宣怀与"引为毕生第一知己"[②] 的李鸿章的关系，及李对盛的提携和栽培。

盛自 1870 年入李鸿章幕后，很快得到信任，并主要在筹办洋务企业和外交事务两个方面得体李的培养，而尤其在于洋务工业企业方面。因为李鸿章知道，洋务工业企业这个事业，是中国千古以来未曾有过的大事业，

① 盛档，《李鸿章致盛宣怀函》，光绪元年十一月初二，李亲笔附言。
② 盛同颐《行述》，《愚稿》卷首。

也是清王朝赖以自救的大事业。所谓"办大事"者在此，所谓"作高官"亦当以此为起点。在这一目标下，李鸿章当然要将盛宣怀大肆吹捧，首先是向清朝廷推荐和吹嘘他。

1870 年盛宣怀随李鸿章从西北"剿回"前线调赴天津办理教案事件时，即侍候左右。1876 年李鸿章与英国威妥玛在烟台进行"滇案"谈判中，盛宣怀对李鸿章"多所赞画"，很快"议结"①，他这时已成为李氏的得力帮手了。"滇案"刚一议结，李鸿章即在烟台派盛宣怀和朱其诏一起驰赴上海，会同上海道冯焌光商办吴淞铁路事宜。李鸿章给予盛以"详酌机宜，设法操纵"②的特殊任务。盛果然不负所望，按照清政府的意图将吴淞铁路买回拆毁。

买回吴淞铁路的谈判，是盛宣怀首次基本上独当一面的外事活动，故我稍作叙述以令读者窥其在外交方面的才能。

盛宣怀从烟台抵沪后，随即回苏州省亲。在这期间，由沪道冯焌光和朱其昂负责铁路谈判事务。英谈判正使梅辉立既不议价，也不交出账目。冯、朱函称"事尚棘手，催属就道"返沪。盛乃于 11 月 20 日（光绪二年十月初五）回到上海。孰知梅氏于次日（初六）即登门向盛告辞回京，以示撒手拖延。盛宣怀一方面扛着李鸿章大牌子表彰他说"宪台甚佩贵公使领会大局，办理爽直"；另一方面正色地告以"价目未定，若贵使先行还京"，我盛某"亦先行赴鄂"办理矿务，留在上海的"朱道台病体尚难劳心，冯道台与麦（华陀）领事恐复龃龉"，谈不成功，于事无补，所以"应请贵正使暂留数日，先看总账，即可议定总数，随即再核细账，办事贵持大体，不必过较锱铢"。意思是说拖延下去对英商是很不利的，铁路既不能营运，资金陷在里面不能周转，这不是"过较锱铢"小利而失大利影响"大局"了吗？经过盛宣怀如上一番开导，"该使深然此说，乃允一手了结"。梅辉立留下，"一手了结"的前提解决了，接下来就是买价问题了。买价当然要以英商在建筑该路所用款项为基础，于是又聘请了所谓"公正商人"徐润参加。盛于 11 月 22 日到英国驻沪领署看总账，账上"竟至三十七万（两）"之多。以盛宣怀为主的查账人员，将账上逐条注明

---

① 见《行述》，《愚斋》卷首。
② 李鸿章《妥筹上海铁路片》，光绪二年七月二十七日，《李书·奏稿》卷 27，页 62。

"应除""应查"字样，经"竭力辨驳"删去"应除"者，再经"逐条核实"，计规银 29.19 万两。英方人员说是实用去 30 万两，已赔血本，提出："如代办三十年，不特不索价值，情愿贴捐三十万，即代办十年亦可迁就。"这就是要继续经营该铁路。盛宣怀看出"其买断非所愿"，乃一方面针锋相对地说明不准代办、必须买断的理由，另一方面经"一宵夜""舌敝唇焦"议驳，盛想出了"折旧"的办法，即所谓"照英国公司向例递年标减"等理由进行折算，最终定为 28.5 万两买回①。

这件事办成功，既显示了盛宣怀办理外务的才能，亦见其"保我自主之权"的决心。尽管盛宣怀对此有"我以巨资买回不急之物"的无利之叹，但他说"今既绝其扩充持久之奢望，又复删其将及十万之浮账"②，实事求是地肯定了外交上的成功。

通过烟台的"滇案"，尤其是上海的吴淞铁路谈判的外交活动，李鸿章对盛宣怀的评价大大地提高了。他不仅给了盛氏"心地忠实，才识宏通，于中外交涉机宜能见其大"的赞扬，而且就盛经办轮船招商局、煤铁矿务等洋务企业经营活动，向清政府解释盛宣怀对于清王朝的重要性说，此人"经办各事，皆国家富强要政，心精力果，措置裕如"，从而对盛作了"加以历练，必能干济时艰"的预期③。李鸿章的看法是对的，盛宣怀所办各事确系"富强要政"，后来的历史事实证明，他也确系"干济时艰"的清王朝"不可少之人"④。当李鸿章于 1877 年做出这几句评语和"预期"时，盛宣怀也不过是一个初露头角的青年而已，从这一点说，李鸿章是有眼光的。

自此，当李鸿章在办对外交涉事务时，屡有盛宣怀随侍，并起着参谋的作用。例如当法国侵略越南和中国，李鸿章办理交涉，盛宣怀自始即"参预机宜，靡间昕夕"⑤。1884 年中法战争正在紧张进行之际，李鸿章于6 月奏派盛宣怀署理天津海关道。李鸿章在正式提请他盛署津海关道之前即为之制造舆论说："盛宣怀精明稳练，智虑周详，于交涉重大事件，洞

---

① 以上引文和事实经过均见《盛宣怀上李鸿章禀》，《实业函电稿》下册，第 467—468 页。
② 《盛宣怀上李鸿章禀》，《实业函电稿》下册，第 469 页。
③ 李鸿章《盛宣怀引见片》，光绪三年二月二十四日，《李书·奏稿》卷29，页9。
④ 慈禧太后语，见《行述》，《愚稿》卷首。
⑤ 见《行述》，《愚稿》卷首。

悉症结，是以经办数事，刚柔得中，不为挠屈，历著成效。"李鸿章强调，盛宣怀不仅熟谙对外交涉等洋务事宜，而且对于内政吏治民生也不陌生。这就是说，盛宣怀不同于一般只懂洋务而不习吏治，即洋务吏治"分为两途"者流，他是能将洋务吏治有机地联合起来，做到"施措咸宜，经权悉协"的。结论是：盛宣怀是"堪胜关道，兼备使才"的理想人选，李建议清廷"先试以通商繁剧之地"①。"堪胜关道"和"先试以通商繁剧之地"两语，就为正式推荐盛宣怀署天津海关道打下伏笔。舆论制造不足一个月，乘当时的天津海关道周馥"病体增剧，不能勉支"之机，以"现当洋务海防吃紧之际"必须遴员替代为借口，推荐"精明干练，讲求吏治，请悉洋情，才长心细"的盛宣怀"暂行署理"了②。

果不出李鸿章所料，盛宣怀不仅精于"洋务"，在"吏治"方面也很能干。天津"当北门锁钥之冲"，盛氏的关道又是受任于法人构衅之秋，真是所谓"羽檄交驰，征调频数"；加上他所经营的电线在战事中更显重要而频繁接架。事务之繁可以想见，然而盛宣怀有条不紊地"兼营并进，游刃有余……事无不举"③。虽"因法事上书开去署任"④，在职仅四个月，政绩却是显著的。

李鸿章对盛宣怀"开去署任"的关心，是非比寻常的。他一方面对盛宣怀表示同情"时以为屈"，另一方面"密许周道升任时尚可栽培"。也即周馥升迁，天津海关道一缺即委盛宣怀继任。盛宣怀随即感激涕零地表示："○○（宣怀）非木石，岂不知利钝悉出裁成……升沉早听甄陶"⑤。这时，两广总督张之洞请调盛宣怀，盛向李鸿章表示不愿前往，说："谁肯以丑恶无益之干求，商诸爱憎无常之大吏。"⑥ 以示对李鸿章矢无二心，一切听从安排。周馥何时升迁难以预卜，李鸿章于1886年秋先委盛宣怀任山东登莱青道以为过渡，等待时机委以天津海关道的正任。

李鸿章对盛宣怀除在洋务外交方面的培养之外，更重要是在洋务企业

① 上引文均见李鸿章《奏留盛宣怀片》，光绪十年四月十六日，《李书·奏稿》卷49，页45。
② 上图未刊，李鸿章《盛宣怀暂署津海关道片》，光绪十年五月，《李鸿章未刊奏稿》。
③ 见《行述》，《愚稿》卷首。
④ 盛档，《盛宣怀致李鸿章函》亲笔底稿，光绪十二年九月初一.．
⑤ 盛档，《盛宣怀致李鸿章函》亲笔底稿，光绪十年九月初一。
⑥ 盛档，《盛宣怀致李鸿章函》亲笔底稿，光绪十年九月初一。

的创建上对之加以栽培。在这一方面经营好了，盛就能比较自然地达到
"做高官"的目的。因为洋务工业企业的创办与发展才是"富强要政"中
的要政。关于李鸿章对盛宣怀在洋务工业经营上加以培植的问题，已在第
三章中叙述，这里再作简要强调。

　　李鸿章期望盛宣怀在洋务工业企业上办有成效，并能作为其他人办企
业者的楷模。因此，当盛宣怀第一次独当一面地办湖北煤铁矿时，李极为
关心，一开始即告以办厂方针："确有把握，始可设厂试办"，在规模上应
由小而大地"渐求扩充"①；当盛宣怀动摇时，及时告以"鄂厂矿务……成
败利钝动关大局，一涉颓沮，势必旁观窃笑，后来裹足"；当盛氏要求舍
鄂北图时，又告以如果鄂矿'规画难成，不得已改图北来，议其后者将谓
不克取效于南，亦必不能取效于北"，故盛必须站稳这块"立足之地"②。
李鸿章之所以看重鄂厂，原因是要把盛办矿厂作为典型推广，他甚至要使
老于办企业、具有丰富经验的唐廷枢所经营的开平煤矿也来"仿办"。他
告诉盛宣怀说：唐廷枢的开平煤矿"现尚未经筹办，欲俟阁下在鄂开采有
效，庶开平仿办亦易"；并关心地说："若湖北奏办数年，竟以毫无成效而
他徙，则多谋少成，适足以贻局外之口实也。"③

　　李鸿章对盛宣怀办鄂省煤铁厂矿的要求是如此，对其办好轮船招商局
的要求更是如此。在1872年招商局筹办时，李鸿章即寄希望于盛④，但后
来局权落于商总唐廷枢、徐润手中，盛宣怀不仅权未到手，且于1880年遭
到弹劾而离开了招商局。1884年盛氏卷土重来，并于次年被任命为督办之
后，李鸿章一方面为盛宣怀过去"得镑"而抱屈，函致盛说，"招商、电
报两局均系执事倡始，今电局有利无弊，举国皆知，而商局绵绵一线，不
绝如缕。足下往年且曾因此得镑"⑤；另一方面大力鼓其勇气说：

　　　　现当整旧重新抽帮换底之际，所冀振刷精神，破除情面，以廉静
　　寡欲为体，以综核名实为用，做成铁板模样，使来者确不可移，庶商

① 盛档，《李鸿章致盛宣怀函》，光绪元年十一月初五。
② 盛档，《李鸿章致盛宣怀函》，光绪三年七月初八。
③ 盛档，《李鸿章致盛宣怀函》，光绪三年八月初二。
④ 参见本书第一章第三节。
⑤ 盛档，《李鸿章致盛宣怀函》，光绪十二年十月二十七日。

务蒸蒸日上，执事既雪前耻，而鄙人维持斡旋之苦心亦可无负。至于寂寞身后之名，不知谁何之誉，一笑置之可耳！①

这段话，是要盛宣怀这位督办把招商局办成"铁板模样"的企业，达到"使来者确不可移"的无懈可击、无可訾议的典型程度。这样，盛宣怀可"雪前耻"，李鸿章的苦心"亦可无负"了。可见李、盛二氏的命运联系得多么紧密。

在经营洋务企业和做官的关系上，李鸿章对盛宣怀也有明确的指示。1886 年，当盛宣怀急于去北洋谋做高官，而不专志于招商局时，李开导他说："正当商务转捩关键，台从应暂留沪主持，以冀渐收实效。做官不如做好官，时至自为之，其权不在我也。"② 这是对盛宣怀示意：现在不必急于到北洋做高官，把洋务企业办有相当规模和坚实基础，"做成铁板模样"，不愁没有"好官"做。所谓"好官"，在级别起码达到道台一级之外，更重要的是这个"官"在政治经济方面要处于举足轻重的地位。所谓"时至自为之"，就是当"大事"办有成效，"高官"自然会到手的意思。实际上就是说，洋务企业办有成效，对社会和官场说得过去，李鸿章对上级也才好说话，推荐盛宣怀去做高官也才有物质基础。李鸿章是老于官场、颇知其中深浅的官僚。

李鸿章在对外交涉和筹办洋务工业企业两个方面对盛宣怀锻炼的同时，不断向清廷赞誉和推荐他，使当轴者们对盛宣怀有深刻的印象。仅仅在赈务方面，李就奏请加奖和议叙过多次，其中 1875 年、1879 年、1886 年三次尤为显著。李鸿章在这些奏片中，一则说盛宣怀捐银 2000 两，"请奏明给予从一品覃恩封典"③；二则说"直境久旱，河间等属赈务繁重，人力财力皆有未逮"，盛宣怀等"广劝捐助……保全民命甚多，其劳苦实非寻常差事可比"，请予奖叙④；三则说，山东济阳、惠民等处黄水为灾，"百姓荡析离居，情形极苦"，"经盛宣怀等就招商局与怡和、太古、麦边

---

① 盛档，《李鸿章致盛宣怀函》，光绪十二年十月二十七日。
② 盛档，《李鸿章致盛宣怀函》，光绪十二年十月二十七日。
③ 上图未刊，李鸿章《筹赈人员加封片》，光绪元年十一月，《李鸿章未奏稿》。
④ 上图未刊，李鸿章《请奖直赈人员折》，光绪五年二月，《李鸿章未刊奏稿》。

各洋行轮船公司议于搭客略增水脚，俾助赈款"①，贡献颇大。至于李鸿章对盛宣怀在办洋务企业方面的赞词就更多了。例如，对办招商局的功绩，李鸿章赞其说："两次收回旗昌各轮船码头②，并增置新船多只，历年与洋商颉颃，挽回中国权利，关系通商大局，该道力任艰巨，为人所不能为。"③ 在盛所经营的电线方面，李鸿章尤其赞誉有加，兹举其1885年一则奏片所说为例：他说："盛宣怀……会商各省地方官次第筹办（沿江沿海各省电线），事属创始，而规画精审，调度悉合机宜，用能妥速告成，远近无扰。复以经费有常，劝集华商巨款，将各省正线改归商办，俾公家久享其利，商人亦获什一之盈。实能裨益大局。"这是从创办、筹款和对国、民的利益方面说的。其对于外御侵权，内惠军政商务的作用，李鸿章亦加以肯定，说盛宣怀对英、丹等国设陆线以侵权的行为，多方"设法抵制，相机操纵。一面集资赶设沿海陆线，使彼狡谋废然中止，保我自主之权。"尤于国体商情，所关匪细，在商务方面起着通信息行情，有利于市场竞争之外，"京外军谋要政，瞬息可通，成效昭著"。结论是"该员才具优长，心精力果，能任重大事件，足以干济时艰"④。应该说，李鸿章对盛宣怀所经营的洋务企业的社会作用及其才干的评价，是基本正确的。

李鸿章对盛宣怀从办洋务工业企业和洋务外交这些当时最大的事业上进行培养，并多方提携，将之荐于清廷。盛宣怀也深体此意，不负所望。这就为盛"发迹"打下了初步的基础。但对盛宣怀来说，还有许多事业要做，譬如战胜对手，就是重要的一关。

二　战胜竞争对手之一——联马建忠倒唐廷枢

战胜竞争对手是资产阶级成功的必然过程。要经济上成功，须战胜经济的竞争对手；要政治地位上成功，须要战胜政敌。经济上竞胜主要靠价

---

① 上图未刊，李鸿章《筹赈山东赈务片》，光绪十二年，《李鸿章未刊奏稿》。
② 指1877年买旗昌船产和1885年购回中法战争中售与旗昌的船只。
③ 李鸿章《盛宣怀调津关折》，光绪十八年五月二十四日，《李书·奏稿》卷74，页30。
④ 上引文均见李鸿章《盛宣怀请奖片》，光绪十一年八月十五日，《李书·奏稿》卷54，页52。

值规律的运用；而政敌的竞胜，主要靠权术和权势。对盛宣怀来说，他能够战胜对手，靠的是政治、经济和权术、权势的综合运用，而其总目标则是为了办好他预期的"大事"。

盛宣怀一生与对手竞胜的事很多，这里着重叙述他于19世纪80年代中期到1896年大发迹前这段时间，为了一统对他极其重要的轮船招商局的基地大权，与唐廷枢、马建忠等人的角胜之事。

盛宣怀一向就想以轮船招商局为基地逐步扩展实力。这是因为该局与军用工业、军事以及官僚们联系密切，尤其是盈利稳操胜算可壮大经济实力的缘故。然而，招商局总办一开始即为唐廷枢所得，后为徐润所继承。盛所觊觎的督办之位谋而未成，被委任的会办一席，实际上是让他处于被人嫉妒且受人挟持的地位。但盛氏既想独操局权，除与掌权的徐润间的矛盾尖锐化以致必然火拼之外①，同朱其昂、朱其诏兄弟也不时发生矛盾，尽管这些矛盾不至于白热化。1884年在挤走徐润之后，盛与唐廷枢、张鸿禄间的矛盾尚未解决，而马建忠又是潜在的劲敌。但好在盛与马之间的矛盾在盛解决他与唐、徐、张之间的矛盾之前暂时不会突出，因而盛、马首先是联盟，在对付徐润之余进而对付唐、张。盛的对手首要是唐，将来才轮到马建忠。至于在会办中见解很多、能力很强，但身体虚弱多病的谢家福，则始终是被盛拉拢的对象。

唐廷枢的主要任务是直隶经营开平煤矿，但仍兼任招商局总办。因此，徐润下台后，盛必须挤掉唐廷枢。早在1877年，盛即与朱其诏联合排唐，并有"任其曳白而去"②的策划。1884年徐润离局，唐却仍是个威胁，且这个威胁有所表现。例如唐专派何泽田任镇江局总理，这就引起马建忠的警惕。马建忠名为会办，实际是替代了唐、徐的地位。因此，唐的总办名义若不去，对马也是威胁，于是盛、马两人很自然地合兵破唐了。由于盛宣怀常驻天津，驻商局办事者为马建忠，因此，唐对马的威胁最为直接，马对来自唐的威胁也最敏感。因而，马建忠主动地向盛提出挤唐出局的意见，并建议以追还欠款为借口。他函告盛宣怀说，"欲使三藏（指

---

①　盛、徐火拼参见本书第二章第三节、第五章第一节。
②　盛档，《朱其诏致盛宣怀函》，光绪五年五月初四，参见本书第二章第三节、第五章第一节。

唐廷枢——引者注，下同）离局，必如德君（指赫德——引者注）之法，面告所以"，否则一定马上追其"十三万欠款，彼方知有不得不去之势"①。马并申论说，"开平股票尚未确查。总之三藏不去，断难下手"② 查账。马建忠唯恐盛宣怀对此不甚积极，乃进一步用两件事相逼：（1）只有追唐廷枢的欠款，才能追其他人的欠款。他致书盛说："若三藏欠款不追，他处亦何能启齿?③，并加重语气说："三藏不知何日离申，其挂欠各款弟接手之时，拟禀请主人核办，未识从者之意何若? 严追三藏欠款，方可追他处欠项，情理如此。"④ （2）借拟任用唐凤墀逼盛去唐廷枢。唐凤墀（德熙）本系汉口招商分局总理，马建忠打算请其入总局，委以重任，但唐凤墀想到旗昌任职。马告盛云：唐凤墀在总理汉局期间，"中外商人皆器重之"；他一切账目皆清，"从无挂欠"，甚堪信任。招商局"如振刷之始，延用其人，必有以大服人心者。若其一入旗昌，则楚材晋用，甚为可惜"⑤。这个意思就是一定要把唐凤墀延入招商局任职。但要答应唐凤墀一个前提条件他才肯进局，这个前提条件就是唐廷枢必须离开招商局，马建忠告诉盛宣怀说："彼（指唐凤墀——引者注）谓如三藏不在局，必愿报效云。"⑥ 这些话的意思是：要"振刷"招商局，就必须用唐凤墀这样的人才，要用他，就必须去掉唐廷枢；反之，留唐廷枢就不能用唐凤墀，那对招商局的"振刷"是很不利的。两者必居其一，任盛宣怀去裁决吧。其实这正中盛宣怀之怀，他本来就想挤走唐廷枢的。在盛、马意见一致的条件下，盛通过李鸿章，于1885 年春夏间将唐廷枢调离了招商局，专营开平煤矿。唐廷枢离局之时，就是盛宣怀接任督办之日。盛和马的目的均达到了。

至于帮办张鸿禄，没有多少力量，且已革职，对盛宣怀来说，不是为对手。但张借盘记与商局捣乱，则是必须用剿抚兼施之法以去之的。中法战争中，漕粮由怡和、太古承运，战后马建忠欲收回且由局船运输，以增局利。但张鸿禄与承揽漕粮的盘记勾结阻挠。马建忠函

---

① 盛档，《马建忠致盛宣怀函》，光绪十年（六月）十二日。
② 盛档，《马建忠致盛宣怀函》，光绪十年（六月）十二日。
③ 盛档，《马建忠致盛宣怀函》，光绪十年（六月）十二日。
④ 盛档，《马建忠致盛宣怀函》，光绪十年五月二十三日。
⑤ 盛档，《马建忠致盛宣怀函》，光绪十年五月二十三日。
⑥ 盛档，《马建忠致盛宣怀函》，光绪十年五月二十三日。

告盛宣怀说：

> 今欲令怡、太废约，势不能行，如此逼粮道与盘废约，则盘与洋
> 行之约自废，而其要策在于断盘记与粮道之右臂，右臂者何？即张
> （鸿禄）也。张在盘记百般与我为难，漕务各色司事皆为贿卖，绥翁
> 已言之屡矣！且其人诡计多端，不要面皮，以至于无所不为。①

这段话很明显，要将漕粮收归局运，关键要打击张鸿禄这个"与我
为难"者。马提议，一方面"禀知北洋严追张欠三万余金，并札沪道追
诘"。但不能让唐廷枢与张接触，"再不可仍托三藏来沪自行与彼了结"，
因唐廷枢"原系与彼承揽盘记漕务之人，愈觉难以追还"。马建忠称集
中打击张鸿禄为"擒贼先擒王"之策。"擒王之策已在掌握之中"的盛
宣怀，是不会"舍此不为"，而一定会相机"禀明北洋先发雷霆"② 以
"打倒"之的。

三　战胜竞争对手之二——挤走马建忠

徐润垮掉了，唐廷枢调离了，不是为对手的张鸿禄乃至朱其诏等人并
不能有所作为；盛氏一贯拉拢对己无害的谢家福，使其当上了招商局会
办。这样，盛宣怀在招商局这块土地上似乎已经巩固地位，可以高枕无忧
了。然而事实绝非如此。名为会办实为总办的马建忠，才是他真正的对
手，才是继唐、徐而后可与之较量的劲敌。这一点，盛宣怀心中明白，这
也是压在心上一块沉石。在马建忠上任之初，他即向盛宣怀陈述自己的雄
心壮志，在表示"用人决不插入一私人"的一切为公的态度的同时，也表
达了一定要在招商局有所作为的意愿。他致书盛宣怀说：

> 弟自维才疏，本难肩此重任，惟于仕宦一途枘凿不容，迫而为

---

① 盛档，《马建忠致盛宣怀函》，光绪十一年二月初九，《乙酉来函存查》。
② 盛挡，《马建忠致盛宣怀函》，光绪十一年二月初九，《乙酉来函存查》。

商，藉为知己之报，果能假以二三年之久，局事或可起色，于大局于
商务未必无毫毛之补。此所以力任而不辞者也。①

"为知己之报"，是对盛宣怀说的，当然为盛所欢迎；但"力任而不
辞"以期"于大局"有所补，这对盛只能是可暂而不可久的。"暂"可使
招商局整顿发展有起色，"久"则将成为盛的威胁力量。故对盛宣怀来说，
"暂"是允许的，可接受的；"久"而成为威胁是必去之的。事情的发展果
然如此。

作为督办，盛宣怀不常驻局，常驻局中的会办而实为总办的马建忠，
实际上集商总与官总于一身，且一定程度兼领督办之权。这对盛来说是潜
在的矛盾危机。这个矛盾暂时可以掩盖，但遇到某些事机就会显露出来。
然而盛宣怀要挤掉马建忠，不像挤掉前几位那么容易，因为马建忠及其社
会关系等，并不是弱者，而恰恰是强者。

马建忠长期从事西学研究，1876 年留学法国，学成回国为李鸿章办洋
务外交，曾去印度、朝鲜办理外交，颇得李的信任。这时他利用驻局主持
局务之便，常与李鸿章直接接触，李也直接给马以指示，这是很自然的。
但盛宣怀疑李鸿章厚于马而薄于己。对于有些"檄文仍令马道会同"，疑
为"似已不放心敝处"；李鸿章有时多批给盛一些"酬劳"费，盛则疑为
"怜念我债台十级"，因为他认为自己"若论劳绩，不及眉叔与诸公远
矣"②。因此，盛宣怀着出于本能的嫉妒心对沈能虎说："眉叔宪眷，日
好一日，局务意在责成一人。弟亦将若赘瘤。"于是他说想离开招商局了，
直截了当地对沈能虎说："昨以三年期满禀辞，请另派督办矣。"③ 其实这
并非盛宣怀的真实思想，他决不会把自己看作招商局"赘瘤"，而将督办
一席轻易让人，他是要长期总揽一切的。为此，他正在策划对付马建忠，
兹举二例。

其一，就在盛宣怀任督办"三年期满禀辞"之际，他告诉与马建忠

① 盛档，《马建忠致盛宣怀函》，光绪十年（六月）十二日。
② 盛档，《盛宣怀致沈子梅函》，光绪十四年四月十三日。
③ 盛档，《盛宣怀致沈子梅函》，光绪十四年四月十三日。

"素不相和"① 的另一会办沈能虎，要他将局中商务随肘函告。例如，他说，"北栈目前仍系九扣，若如是，成何事体？祈再密细详查，得有实据，即行函示"；又说，"局中人如过犯，仍望随时密告"②。这实际上是在马建忠左右收罗亲信和布置密探，以便有效地掣马建忠之肘。

其二，盛宣怀不允许招商局会办严潆任织布局提调。1890 年，时任织布局总办的马建忠，请李鸿章委严潆为布局提调，盛宣怀果断地"禀求傅相收回布局提调之命"，改派严为布局"董事"虚衔。盛告诉严潆说"心血不可多用，爱惜精神，始终商局"，不要三心二意；对于布局，因挂"董事"虚衔，故"不妨代眉翁运筹帷幄之中，而不可居兼会办之名，不可任银钱之责"③。因仅挂虚衔"运筹帷幄之中"，可以了解布局内情。盛宣怀倒打一耙地说马建忠要调严潆任布局提调之职，是"以布局为重，商局为轻；争气为重，公事为轻"；而我却"断不敢不以商局公事为重"，一定留住严潆，不至于"人财两失"④。严潆闻之，向盛表示忠诚："祗聆之下，仰见宪台垂爱之深，无微不至。"⑤ 遵命照办了。这再一次证明，盛宣怀绝非视己为招商局的"赘瘤"，绝非真的请"另派督办"，而是要进一步加强控制招商局，以巩固其基地。"禀辞"不过是他挤走马建忠的目的未能也难以达到的气话而已！

盛宣怀要在巩固招商局这块基地的基础上向外扩展，而马建忠亦在积极发展自己的力量。马除任招商局会办、织布局总办外，还兼揽宁海金矿，并有进一步扩充之势。而他所依靠的后台与盛宣怀一样，也主要是李鸿章。马建忠这样势均力敌地向盛宣怀相逼而来，当然为盛氏所不容，他牢骚满腹地函告总署大臣张荫桓说：

> 眉叔兼综宁海金矿与机器织布，虽精力与人不同，然亦终恐心志稍纷矣。弟智不及眉叔之半，俟明年（局、怡、太）合同议定，稍有

---

① 盛档，《葛仕致盛宣怀函》，光绪十七年八月。

② 盛档，《盛宣怀致沈子梅函》，光绪十四年四月十三日。

③ 盛档，《盛宣怀致严潆函》，光绪十六年八月初九。

④ 盛档，《盛宣怀致严潆函》，光绪十六年八月初九。

⑤ 盛档，《严潆致盛宣怀函》，光绪十六年八月十九日。

转机，即当禀求傅相另委他人接办，以免陨越。①

"智不及眉叔之半"是假话，禀请"另委他人接办"，同1888年所说"三年期满禀辞"的意思一样，是个烟幕。这些都是对李鸿章发泄的埋怨之言，并非真情。他说马建忠包揽许多企业事业，使"心志稍纷"，即是说马手伸得太长，却是真情。这是盛宣怀警惕马建忠妨碍自己"办大事"的妒忌心的吐露。

盛宣怀对于马建忠的警惕是多方面的。局内、盛惧其侵权以致尾大不掉，这尤其表现在用人上。盛密告局中亲信沈能虎说，"俞、陆、毕三司事，眉叔商用其二，弟坚持未允。江船帮办虎臣、小舫、葵孙照尊议移置局中，眉叔商派分局帮办……不解何事得罪必欲去之，不得已移置汕局。此才闲散，殊属可惜。"② 这个事实说明，马建忠想要予其欣赏的人以职位，盛坚不允；盛宣怀欣赏的人欲"移置局中"，马亦不允，盛也无如之何。马建忠的分庭抗礼已很昭然。在这种情况下，盛宣怀当然是"必欲去之"的。"去"的机会和借口总是可以找到和等到的。终于，盛由于马在5万两旗昌存单上将"马建忠"台头三字改为"轮船招商局"的事而爆发。

这件事的简单经过是：马建忠曾将苏漕运脚漕平银5万两存于旗昌，存单上写明"收到马建忠"字样，但"当旗昌倒闭之日"③，马嘱招商局翻译葛仕（亦译为"海滋"）改写为"收到轮船招商局"字样。在这件事上，马建忠是错误的。公款存单用私人名字错于前，旗昌倒闭唯恐败露而偷改为局名错于后。这就给盛宣怀以可乘之隙。盛宣怀通过沈能虎上禀李鸿章，在揭发马指使葛仕私改的错误过程之余，说：

> 至马道以此款存放旗昌，曾朦禀中堂，诿为职道主意，其存单本写明马建忠字样，一经职道禀闻，无从诿卸，改写（轮船招商局）交阅，冀可欺瞒。殊不知洋人凡写紧要字据，有编月日挨次底本，以备

---

① 盛档，盛宣怀《致总署大臣张樵埜函》，光绪十六年十月十七日，《东海亲笔信稿》。
② 盛档，《盛宣怀致沈能虎函》，光绪十四年。
③ 盛档，《葛仕致盛宣怀函》，光绪十七年八月。

查对于存单原纸。描改无益。今果验明，徒增串诳之迹而已。①

除这件事外，沈在禀稿中还控告马"挂欠公账银一千三百六十余两"②之事，以重其过。李鸿章在盛宣怀及其串联的一些人的"严峻陈词"的多方敦促下，始"偶为所动，暂令眉叔离局清厘侵挪各款"③。角斗多年，马建忠于光绪十七年八月间离局，盛宣怀初步如愿以偿。

马建忠一离局，盛宣怀马上总结性地与人书云："招商局一败于徐，再败于马，○○（宣怀）厕其中始终持一颠扑不破之道。"④ 这个"颠扑不破之道"未点明是什么，我们也不来猜想，但说"招商局一败于徐，再败于马"，却不能认为是公正的评价。应该说，徐、马都是有功于招商局者，在盛宣怀创办和维持招商局时也是有贡献的。怎么可以说"败于徐、马"而归功于盛宣怀一人呢？盛宣怀这样讲显然是为彻底赶走和搞垮马建忠制造舆论。为了这，盛氏处心积虑地警惕着马建忠卷土重来并不许其另行设局以相抗衡。现分别叙述之。

（一）马建忠离开招商局后确有重返的意图和迹象。消息灵通的盛宣怀得到情报：一是"有洋人诣院坚留"⑤；二是"眉叔在津，丁禹翁、杨鹄翁均为力求回局"，而马建忠来函声明，他虽离局但"不奉明文撤差"⑥。意思是他仍是商局会办，随时可以回局。这是盛宣怀不能容忍的，于是他采取利用沈能虎抵制马建忠的策略。他知道在会办中，马、沈素不相得，用沈抵抗马的重返是合适的。盛要求沈能虎将局中所有力量团结于自己周围，一方面函告沈说，"眉叔屡言兄与诸君不能商筹公事"，而"眉叔驻局时亦不过能与数人和衷共济"⑦。这就是说，马建忠能团结的人很少，沈能虎改变"不能商筹公事"的毛病就行。另一方面，他指导沈处在此关键时刻应如何处理局事。首先是对所用之人应有明确的分工并了解他们间的关

---

① 盛档，《沈能虎禀李鸿章稿》，光绪十七年六月。
② 盛档，《沈能虎禀李鸿章稿》，光绪十七年六月。
③ 盛档，盛宣怀《复吴清帅》，光绪十七年九月二十一日，《东海亲笔信稿》。
④ 盛档，盛宣怀《复吴清帅》，光绪十七年九月二十一日，《东海亲笔信稿》。
⑤ 盛档，盛宣怀《复吴清帅》，光绪十七年九月二十一日，《东海亲笔信稿》。
⑥ 盛档，《盛宣怀致沈能虎函》，光绪十七年八月十九日。
⑦ 盛档，《盛宣怀致沈能虎函》，光绪十七年八月十九日。

系："银钱芝眉（严潆）专责，揽载凤墀（唐德熙）专责，交涉辉庭（陈猷）专责，修鲶、调度船主人等蔚霞专责……芝、凤、辉颇称相得，人心帖定，反见整齐，可慰之至。"这就是告诉沈能虎，严、唐、陈三人是可以而且应该争取和团结的。他具体指示说："阁下已在局五年，虽不问事，耳濡目染，必已深明窍要，尚乞处以镇静，扼要以图。琐屑之事暂搁一边，日行之事，与芝、凤、辉商办，不掣其肘；紧要之事，与敝处函电商办。"① 这就是要沈能虎对下"扼要以图"，团结严潆、唐德熙、陈猷三个关键人物，对上直接同盛宣怀联系。这就实际上使沈能虎代替了马建忠的位置和权力。然而，在马建忠出局后，沈能虎虽代其地位，但"尚未得接办字样"的公文，因而还不能算是名正言顺。盛宣怀意识到，这可能与那苏漕 5 万两的事有牵连有分责，于是指示沈不要着急，"宜镇定处事，宜认真看人，一秉至公，自有道理"② 。这就是说，只要沈按照盛宣怀的指示做去，"接办"马建忠之位的目的是可以和能够达到的。

（二）盛宣怀不仅要达到不许马建忠重返招商局的目的，而且也不允许马氏在外面另设一织布局以扩大阵地。马建忠在出局后，不仅保留重返招商局的权利，而且还要另设一个织布局。这时，盛宣怀正打算插手织布局事务并在布局设纱厂，因此，他着急了。他马上建议李鸿章不要许诺马建忠。他与人书云，"织布一局未妥，眉叔复请借银百万另办一局"；这是不能允许的，"譬诸两桌菜，一厨房办省乎？两厨房办省乎？师相幸纳刍言，暂缓另举"③ 。李鸿章为什么那么容易地"纳刍言"，使"暂缓另举"呢？这是由于李本来对马办织布局事即有看法，在此前四个月，他即对马的布局事作过"汝办事一味空阔，未能处处踏实"④ 的批评。故盛宣怀的"刍言"是容易被李鸿章采纳的。

（三）为了断马建忠重返招商局的路，盛宣怀采取了撤除马氏在局中亲信，以清除其基础的手段。马建忠刚一出局，盛即密示沈能虎："请阁下将各（分）局情形详示……请将各船买办孰是孰否，开单密示。"⑤ "密

---

① 盛档，《盛宣怀致沈子梅函》，光绪十七年八月十九日。
② 盛档，《盛宣怀致沈子梅函·再启》，光绪十七年八月十九日。
③ 盛档，盛宣怀《复吴清帅》，光绪十七年九月二十一日，《东海亲笔信稿》。
④ 李鸿章《复沪局马道》，光绪十七年五月二十九日西刻，《李书·电稿》卷13。
⑤ 盛档，《盛宣怀致沈子梅函》，光绪十七年八月十九日。

示"不到一个月盛即对与的亲信开刀了。尽管他表面上说："马眉翁离局以后，各船坐舱，鄙意在悉仍其旧，听其（各）自改悔。"① 但不到一个月即接二连三地撤人："海晏"坐舱王子平、"新盛"坐舱沈卓峰、"普济"买办周锡之，均被裁撤。他们或因轮船失事身不在船上而"致有落海人命"案；或因装载违禁品火药"未将客人指交，又不报局"；或因吞吃票价而成为"著名吃客之人"，均为"势不能不撤"者②。盛宣怀这样做，实际上是对马建忠之前所为的以牙还牙，因之前"眉翁前欲安置其亲戚"，撤去"江平"轮上盛的亲信施子香③。

　　然而，盛宣怀要消除马建忠在招商局的影响，仅仅上述三条措施还是不够，在经营效果方面超过马建忠才是可靠的。在这方面盛、马间又进行了一场较量。

　　马建忠出局时，正是招商局与怡和、太古竞争激烈、水脚大跌、收入锐减之时，盛宣怀是在商局经营不利条件下与马斗争的。马建忠看清了这一点。他一方面说，苏漕 5 万两应由沈能虎"理还"；另一方面说，商局"生意大不好，皆其出局之后"。这些话的意思是说，只有我马某主持，局事才能有起色；马为重返商局造舆论，并在回沪过烟台面告盛宣怀："此次回沪筹办了事，中堂答应一了即可回局。"这就搞得盛宣怀也"揣揣焉虑生意不好为彼藉口"④，可见马、盛间斗争的尖锐程度了。盛宣怀除"密嘱"各局"格外认真"招揽客货外，加紧与怡、太谈判，于1892 年春签订了齐价合同。这些都帮了盛宣怀的忙并增加了他与马建忠较量的资本，盛氏于是腰杆硬起来了，而告人云："马眉翁一路人总说招徕不及从前，搭客尤吃亏。此皆无稽之谈。"⑤ 这话并非空讲，而是有具体措施的。他拟将从光绪十八年正月起，"每船每月搭客做一表账"，经营情况与"前三年逐月逐船比较……以后坐舱功过亦可以此定断"⑥。这就是，超过以前为"功"，否则为"过"。盛宣怀是明智的。他提出上述主张，正是与怡、太

---

①　盛档，《盛宣怀致沈子梅函》，光绪十七年九月十六日。

②　盛档，《盛宣怀致沈子梅函》，光绪十七年九月十六日。

③　盛档，《盛宣怀致凤墀、芝眉、辉庭函》，光绪十八年正月十三日。

④　盛档，《盛宣怀致沈子梅、谢缓之函》，光绪十七年九月十六日。

⑤　盛档，《盛宣怀致严潆函》，光绪十八年四月二十八日。

⑥　盛档，《盛宣怀致严潆函》，光绪十八年四月二十八日。

齐价合同订好之后，怡、太尽管有反悔表示，但水脚还是逐步上升并大有超过以前之势，堵住马建忠的"借口"确有把握了。

盛、马较量的结果是，马建忠未能卷土重入招商局，成了一个失败者。但盛宣怀对于这位"穷寇"仍是耿耿于怀，直到1898年为了筑铁路的事，还在警惕马建忠。盛宣怀借着"识者"的话对张之洞说："与其摒弃（英德筑东路）而为我仇，尚不及联合一气可免纷争。"盛对这位"识者"的话极为赞赏，而发表意见说："管见一味坚拒，不徒无益，且必驱而归诸马建忠辈，岂仅卢汉加一大敌，中原从此无干净土矣。"[1]　这里说明，马建忠虽败于招商局，但在别的方面如筑铁路上想出奇兵以取胜，而盛宣怀则时时警惕，宁向外国资本家妥协，也不给好处于马建忠。仇怨深矣！其阶级本性本是如此，没有也不必要论他们的是非。

正当盛宣怀同马建忠拼死斗争之际，他紧紧拉住对己无害且有时还小骂大帮忙的谢家福。从下面他对谢的一段热情而又同情的话可以看出：

> 前闻尊恙又作，适莲珊在此，同深着急……天生大才，既厄之以遇，又厄之以病，皆彼苍之过也，世道之忧也，朋俦之咎也，鄙人之谬也。公制满矣，苏赈毕矣，今冬西线完工，荐升知府，可否即行出山？充公之量，建节何难，郁郁久居销磨岁月耶？如其不然，朱静山（原旁注："屡来辞矣"）近与盾叔不和，拟请综理仁济和公司，岁有三千金，事不甚繁，并可调和盛、马，不使十分决裂，实为维持中国商务之大端。[2]

从行文看，盛、谢关系非常密切友好。兹所以如此，除别的一些原因外，最主要是由于谢家福一贯反对马建忠以会办之职兼总办之事，认为他违反了"商总"的原则，是一个以官督官者。这恰恰与盛宣怀同调。但当马建忠离局之后，盛宣怀企图起用亲信沈能虎代马建忠之位时，谢家福却推荐盛宣怀的对头徐润出任总办，说是"非徐莫属"，并以去就相争，这

---

① 盛档，盛宣怀《上张香帅》，光绪二十四年十二月初九丑刻，《戊戌亲笔函稿》。
② 盛档，盛宣怀《致谢家福函》，光绪十六年九月十七日，《东海亲笔信稿》。

当然为盛宣怀所绝对不能容许了①。

四　总管华盛纺织总厂

　　盛宣怀上有李鸿章的提携，下把唐廷枢、徐润和与之分庭抗礼的马建忠这样的劲敌排挤掉，建立了以轮船招商局为基地的雄厚的经济实力，可以说已基本上奠定了发迹的基础。洋务企业的轮船、电报、煤铁矿务、纺织四大支柱，盛宣怀已基本控制了轮、电，且煤铁矿务也有部分在掌握之中然而，独有纺织业这一与人民生活最切近的工业企业，到19世纪90年代初他尚未到手。这对于大发迹的准备工作来说，不能认为完全就绪。

　　1884年阴历二月，正在筹建上海机器织布局的总办郑观应应粤防大臣彭玉麟之邀，前赴抗法前线效力时，禀请由盛宣怀接办局务。那时，正是郑观应因局中票证跌价引起亏欠之际，郑禀由盛接办是要盛为自己摆脱困境。盛宣怀借口轮、电事忙力难兼顾，乃禀交经元善处理，盛氏未曾接办。在这前后数年，织布局的筹建工作一直很不景气，盛宣怀虽常代表北洋与布局联系，但未尝任过实职，也未直接管理。1890年前后，马建忠任布局总办，盛更难插手。所以盛宣怀并非不想管纺织业，也不是没有兴趣，只是时机未成熟。哪有热心于办工业企业者，将同人民生活最切近的、赢利最有把握、也比较有生命力的纺织工业企业弃之不顾！事实上盛宣怀是密切注视其发展的。观于上节所述，从当1891年马建忠想借银百万两另设纺织局，盛宣怀随即出面阻挠一事中，我们可以看出盛氏独揽纺织的迫切了。那时，盛宣怀也确曾与朱鸿度一起创建纱厂作为布局分厂。他在等待机会全面控制纺织业。机会终于来了。1893年10月19日（光绪十九年九月初十），上海机器织布局失火，损失惨重，烬余折成款项，"仅敷抵还零星欠款"②。李鸿章在织布局遭到挫折时没有后退，而是认为中国纺织工业一定要做到"所纺之纱与洋纱同，所织之布与洋布同。庶几华棉有销路，华工有生机，华商亦沾余利"，因此，规复机器织布局"断难中

---

① 参见本书第五章第一节。
② 盛宣怀《规复机器织布局禀》，《新辑时务汇通》卷83。

止，亦难缓图"，必须立即着手恢复①。诚如《捷报》所说，加紧规复织布局，表明"很重视与洋货竞争"②。规复的方针和规复的目的确定了，接下来是派谁去规复最有把握的问题，公认非盛宣怀莫属。因为，李鸿章认为，他"于商务洋务，尚肯苦志研求"③；社会上也公认"他的身分、势力和财力都适宜于担当此任"④。的确，"身分"是天津海关道；"势力"有李鸿章为首的北洋权势这个强有力的后台；"财力"则在当时几于无双——既有招商局这样的生财企业在握，又有大批钱庄和官款的支持。因此，盛宣怀尽管受命于危难之际，还是有希望很快办成的。

有希望很快办成的另一重要因素，是那时获利的形势甚佳："棉纱已飞涨至六十五两外"，而"布利较纱利为尤厚"⑤，故盛宣怀办纺织厂的积极性很高。在布局失火前半年余，他即与朱鸿度筹建裕源纱厂，除他们私人认股之外，不足之数由盛宣怀"在招商轮船保险等局将申息银项拨款凑附足股"⑥。盛宣怀为了抓紧赢利机会，又与当时任织布局总办的杨宗濂面商在布局之内分设纱厂。盛宣怀的这种积极性非比寻常。在当时人们"因向年各公司股分之商，受创颇剧，均有戒心……皆怀疑畏缩观望不前"⑦之际，盛宣怀等却认为这是"塞漏卮而挽利权"的好机会，他们大声疾呼："诚哉，时不可失也！"⑧ 这种精神是可贵的。

一方面，盛宣怀的"身分、势力和财力"均适宜于负规复织布局之责，另一方面他又有如上所述的已在筹设新的纺织局的积极性。李鸿章选择盛宣怀当此难度较大的规复织布局之任是有见地的、正确的，对盛宣怀来说也是顺理成章的。于是，盛宣怀将津海关道事务交给了代理关道黄建筦，于 1893 年 12 月初旬前赴上海走马上任了。

盛宣怀于光绪十九年十月十九日接奉规复织布局的委札，奉札后他第一个遇到的就是结束前账的问题，布局官款 26.5 万余两、商股 55.4 万余

---

① 李鸿章《重整上海织布局片》，光绪十九年十月二十六日，《李书·奏稿》卷77。
② 见《中国近代工业史资料》第一辑下册，第1076页。
③ 李鸿章《重整上海织布局片》，光绪十九年十月二十六日，《李书·奏稿》卷77。
④ 见《中国近代工业史资料》第一辑下册，第1076页。
⑤ 盛档，《朱鸿度致盛宣怀函》，光绪十九年七月初五。
⑥ 盛档，《朱鸿度致盛宣怀函》，光绪十九年六月二十九日。
⑦ 盛档，《朱鸿度致盛宣怀函》，光绪十九年六月二十九日。
⑧ 盛档，《朱鸿度致盛宣怀函》，光绪十九年七月初五。

两、招商仁济和及其他公私股份约 20 万两，焚后无几之值，摊派给谁呢？盛宣怀一反一般官吏先顾官后顾商的惯例，他于接委札后的四天即明确表态说，"中国向来遇有盐典各业不测等事，皆应先偿官款"，这次如果也照老样做法，必使股商"向隅饮恨"，所以他主张"所欠官款，悉归以后局厂按每出纱一包捐银一两，陆续归缴"①。"至于非官款的损失（65 万余两），则将由灾余基地局房估价按成摊还。"② 盛宣怀从"总须体恤旧商，方足以招徕新商"的观点出发，打算"酌量提还股本，虽不能完璧，想以五六成为度"摊派③。盛宣怀这种从商利的想法和对企业前途的考虑是有远见的。经中西人等公估，织布局炫余至多仅值 10 余万两。盛宣怀以此"售与新商"接受，他"会禀傅相，尽此十余万两全给商家摊派。按旧股一千两先摊得二百两，填新股票，一律取利，其余旧股八百两，俟新商获利陆续抽捐归补"，并说"此不得已之办法也"④。盛宣怀这种先顾商利的方针，确是"不得已之办法"中的好办法，果然奏效，招徕不难，新厂筹建较快，成效显著。

盛宣怀在结束前账的同时，积极筹办新厂。首先确定筹款百万两。他敦促上海、宁波、苏州三地绅商认购股份 60 万两；"命令洋货公所所属各行，按其资力多寡，认购……新织布局的股票约百分之二十"⑤。不足之数，盛所掌握的招商局、电报局等企业随时可以挪补。这样，不到两个月，即光绪十九年年底，百万两资本已经就绪了。但认购者还是纷至沓来，以至于到了限止购股的程度。例如台湾巡抚邵友濂要求对新厂投资认股，盛宣怀不得不告以"公如欲附入，一二万尚可代留，多则无额"⑥。规复筹建新厂的工作第一步算是成功了。

资本有着落了，就可以具体地进行建厂的步骤了。盛宣怀为了照顾"商情远虑他日办好恐为官夺"的顾虑心情，提议改"局"为"厂"，以

---

① 盛宣怀《规复机器织布局禀》，光绪十九年十月二十三日，《新辑时事汇通》卷 83。
② 《捷报》，1893 年 12 月 22 日，《中国近代工业史资料》第一辑下册，第 1077 页。
③ 盛档，盛宣怀《致方勉甫、季士周、黄花农函》，光绪十九年十一月初四，《东海亲笔信稿》。
④ 盛档，盛宣怀《上皖抚沈秉成禀》，光绪二十年上元节，《东海亲笔信稿》。
⑤ 《捷报》，1893 年 12 月 1 日，见《中国近代工业史资料》第一辑下册，第 1076 页。
⑥ 盛档，盛宣怀《复台抚邵元冲书》，光绪二十年正月初九，《东海亲笔信稿》。邵元冲疑为"邵友濂"之误，待考。

示商资商办之意，名为"华盛纺织总厂"，另在上海、镇江、宁波等地设十个分厂，计划设纱机 32 万锭子、布机 4000 张。盛宣怀自为总管，严作霖管银钱，沈廷栋、褚成炜管工作，许春荣、杨廷杲、严潆管买卖棉花纱布，均称董事。股票都由盛宣怀签名。从这个班子看，基本上是轮、电两局的成员。因此，"华盛"可以说是由盛宣怀直接管辖的轮、电两局的派出机构。这就使盛能如身之使臂、臂之使指般自如地办纺织厂，达到了他久想操纺织工业权的预期目标。

纺织厂的规复速度是很快的。不到一年纺织厂便于 1894 年 9 月 16 日投产了。《捷报》于 1894 年 9 月 28 日有一段评语是很中肯的：

> 上海织布局已于去年十月十九日被焚，这次火灾并没有阻住中国工业的努力建设。规模更大、设备更好的织布局又建起来了，并于上星期一开工。星期三即十九日，大火之后整整十一个月，棉花已入厂，预计数日后即可出纱。旧局有布机五百台，纱锭二万五千枚；新局现有布机一千五百台，纱键七万枚。①

这段话，既体现了发展中国资本主义近代工业的历史趋势是任何阻力或困难都阻挡不住的真理；又衬托出盛宣怀的毅力、魄力和能力。他在规复建新厂之初，即很有信心地对人说："集股百万，第一年官利六厘，第二年起官利一分，余利先拨还正本。如镑价不落，三四年可拔本，则股票皆余利矣！"② 又说："尚幸洋纱洋布镑价奇贵，有涨无落，新局必操奇赢（赢）。失之东隅，不难收之桑榆。"③

盛宣怀这种"必操奇赢"的自信心，不是盲目的，而是有切实措施和精确计算的。

首先，规复织布局的目的是正确的。李鸿章说是为了"力保中国商民自有之利权"，抵制"洋商自运机器来华制造纱布"，以防止中国利权被

---

① 见《中国近代工业史资料》第一辑下册，第 1080 页。
② 盛档，盛宣怀《复台抚邵元冲（邵友濂）书》，光绪二十年正月初九，《东海亲笔信稿》。
③ 盛档，盛宣怀《上皖抚沈（秉成）禀》，光绪二十年上元节，《东海亲笔信稿》。

"一网打尽"的目的①。盛宣怀奉命拟订的《华商机器纺织公所章程》即体现了这一精神。他写道，"查纱布为民生日用之需，若洋商用机器纺织，系夺华民生计"，故必须严禁洋商进口这种机器；"华商自办以供民用，尚不致有碍民生"，故"机器纺织概归华商购机设厂，自行办理"是必需的。为了自保利权，中国自办纺织厂，"不准洋商附搭股分"；为了防止洋商借华商名进口纺织机器"以杜影射等弊"，必须查明"确系华商资本"所购置，才发给凭证"准其进口"②。为了杜绝洋商搭股和冒名顶替二弊，盛特制定处罚条例如有查出华商出名代洋商请领机器进口护照者"，除撤销护照外，"仍将假冒出名之华商议罚一万两，以充善举""查出华商出名代洋商附搭股份者"，亦议罚③。这个"公所章程"虽也有对华商起限止作用的条文，但主要是限止洋商的，这在那时洋商千方百计进口纺织机器以在华从事制造之际，是维护民族工业所必需的。

其次，由于规复布局强调保利权抵洋货，故华盛的规模大小是根据纺织品进口情况而制订的。盛宣怀估算：据光绪十八年各海关进口纱包约售银2100万两，于是定议华盛总厂和各分厂拟办32万锭子（后增为40万），每年约可出纱25万包，每包约价60两，可售得银1500万两，定为限额。这个数目达到进口纱的七成，多余三成空额怎么办？盛说印度、日本之纱势必进口侵销，"断不可留余地"。至于棉布的计算：光绪十九年棉布进口267万余匹，约售银667万两，"现议合中国官商各局厂拟办织布机器五千张，每年约可出布三百万匹，每匹约价二两五钱，可售得银七百五十万两，是为限制"④。上面纱和布的计划规模说明，华盛及其分厂的纱锭数、布机数及它们的生产量，是瞄准外国进口的商品数和值的，这是其民族性的表现。但是，第一，在抵制洋货入侵方面，仅仅以塞漏卮为准，这不符合以追求剩余价值为目的、尽可能扩大生产规模以攫取更多利润的资本主义规律；第二，尤其不可容忍的，是为外国商品进口留有余地。盛宣怀说："照目前粗布斜纹销路已属有多无少，况外洋粗布斜纹断不能不进口，

① 李鸿章《推广机器织布局折》，光绪二十年三月二十八日，《李书·奏稿》卷78页。
② 盛档，盛宣怀拟《华商机器纺织公所章程》，光绪十九年冬。
③ 盛档，盛宣怀拟《华商机器纺织公所章程》，光绪十九年冬。
④ 盛档，盛宣怀拟《华商机器纺织公所章程》，光绪十九年冬。

权衡时势，必须截止，不准再添。"① 这个规定是很成问题的。在纱锭数方面，它所产纱的量和值留"余地"三成的事，盛虽口头说"断不可留余地"，但并无"不留余地"的措施。而且从发展的角度看，外货进口是日益增加的，这种增加的发展趋势盛没有计算进去，是大漏洞和大"余地"。因此，盛宣怀在筹建华盛纺织厂时，既有抵洋的一面，又有妥协的一面。限制华商纱锭、布机数，明显的是阻碍了民族纺织工业的发展。当然，盛宣怀想到的并不止于上面讲的这些数字，他要另辟蹊径与外商竞争。他说，中国棉花所纺之纱自十号至二十号止，不能再细，因此，所织之布，只有粗布斜纹布，难织较高级的细布，故难与外商竞争。他认为必须能够自织细布，要能做到织细布，改进棉花的原料质量是个关键，他设想"购买洋花或自种长丝棉花"②，织成细布占领市场，以便更有力地与洋商竞争。故总的来说，盛宣怀在纺织业方面对外抵制的一面是主要的。

再次，为了有效地对洋商进行竞争，盛又作了一系列规定和措施。(1) 华盛总厂及其分厂，均"商本商办，屏除一切官气……所有以前禀批各案，今昔情形不同，未可为凭，以此次禀定章程为准，以归划一"。这里的以此次"章程为准"一语很重要，因为"此次章程"比之以前的章程在用人、管理等各个方面，均有改进。除上述"屏除一切官气"和在用人方面"不得徇情滥用"等已能说明一些问题外，从全文看，更体现他按资本主义经济规律办企业的原则，也就是一切措施服从于追逐利润的原则。(2) 为降低出售价格，盛宣怀在税厘方面禀定照光绪八年织布局的条例，这就是"在上海本地零星出售，应照中西通例免完税厘；由上海径运内地及分运通商他口转入内地，均在上海新关完一正税，概免内地沿途税厘"③。1895 年《马关条约》签订后，总署不同意盛所提的完一正税概免税厘的意见，而是执中地要华厂如洋货一样在海关一次完正半税的办法。盛宣怀坚持地说，完一正税概免税厘各税，是为了更有效地"敌洋制"，如果税与"洋制"一样缴纳，一方面要失信于商民，"使人寒心"；另一方面，"洋商长袖善舞，华商力薄，相形必绌，此后恐只有洋人添厂矣"。另

---

① 盛档，盛宣怀拟《华商机器纺织公所章程》，光绪十九年冬。
② 盛档，盛宣怀拟《华商机器纺织公所章程》，光绪十九年冬。
③ 盛档，盛宣怀拟《华商机器纺织公所章程》，光绪十九年冬。

外，华厂按原规定为了归还欠款每纱一包捐银一两，这正好与半税相当。既要捐一两，又纳半税，负担重了，成本高了，何以"敌洋制"？如完半税而停一两之捐，那 50 余万两商本何以归还？商本不还，又将失信于华商，那"华商将视奏案如弁髦，何以劝众！"①盛宣怀这个坚持只纳正税的意见，对民族工业的发展是有利的。

盛宣怀不仅对华盛产品的运销请求轻税，他还请求政府对华盛及其分厂所购用的纺纱织布机器设备进口免税。他禀告南北洋大臣说："查机器进口向有应免税项，如蒙俯察商情，三年之内凡有购运纺纱、织布机器进口者，免其纳税。如逾三年之限，即行照则征收。"这样的规定，可以促使华商抓紧这三年免税的时机迅速地购买机器。盛宣怀阐述其作用说："众商希图优免税银，藉轻成本，自必争先订购，不致日久因循。"②这样做，不仅对减轻成本起到作用，更主要的是促进了工厂建设的加快。这在中日战后外商争先恐后地在中国设厂以从事工艺制造的潮流中，对洋商起着抵制和竞胜作用。

据上所述，盛宣怀接办规复纺织厂的工作，成效是显著的。其原因除盛宣怀的身份、势力、财力和魄力等等之外，最根本的是在于他较好地按经济规律办事：一个是从商民利益考虑，以赚钱为原则，主张商办；二是瞄准外国资本主义侵略者进行竞争，以达到维护民族利益的目的。

由于较严格地按资本主义经济规律办企业，因此，在办洋务工业中，对于常与此规律发生矛盾的拿有高工资和有侵权行为的洋技术人员的问题，盛宣怀较好地解决了。他一如其过去办轮船、电报、矿务等企业所用洋人的准则一样，即聘任有真才实学者，用其技术，但不许侵权；发挥其经理的作用，但必须听中国行政的指挥。例如在聘用威林顿的合同中说，延用威林顿，"其应办之事，自安置机器并织布一切事务，均归经理"；在合同期内，"须竭力尽职，始终如一，不得稍事推倭。厂内寻常之事，威林顿应与洋总管丹科同本厂总办和衷妥商经理，遇有紧要事件，须由丹科、本厂总办请示督办批准后，方可照行"；"厂内各事，威林顿务须悉心

---

① 上引文均见《盛道来电》，光绪二十一年八月二十一日申刻到，《李书·电稿》卷 21，页 42。

② 盛档，盛宣怀《禀南北洋大臣底稿》，光绪二十年五月初二。

筹划。应织之布须看市面情形合宜销售，即行竭力教导工人照织，以期利益"①。这里不仅对威林顿有技术上的要求，且要求他把产品同市场需求密切联系起来，也即了解供求规律。盛的要求既严且高。为了保证合同不折不扣执行，他又规定"倘办事不肯认真，由督办察看实在情形，即可随时将此合同废销"②。这些，就保证了权操诸己，也保证了达到洋技术人员为中国民族工业服务的目的。

至此，洋务运动中的轮船、电报、矿务、纺织四大主要民用工业企业，均在盛宣怀直接控制或是相当程度的控制和经营下了，他基本完成了所"办大事"的坚实基础，为大发迹"作高官"奠定和创造了前提条件和雄厚的实力。

五 在反侵略战争中的积极表现

上述几节的叙述，主要是关于盛宣怀为"大发迹"扫除人事关系上的障碍和其对新型经济的巨大贡献。还有一个很重要的方面，就是他在反侵略战争中的积极表现。中国近代史，在一定意义上是战争史，尤其是列强侵略和中国人民反侵略的战争史。在盛宣怀入李鸿章幕后二十几年中，发生多次战争，最主要的是 1874 年甲戌日本侵略台湾的战争，1884 年甲申法国侵略越南和中国的战争，1894 年甲午日本侵略朝鲜和中国的战争。在清王朝洋务政治路线的两个方面：盛宣怀在发展资本主义工商业以致富的方面已初步做出了成绩；在另一个方面，即抵御外侮方面，盛氏的态度也是积极的，也即适应形势要求的。因而是符合中华民族的利益的。现将盛宣怀在上述三次反侵略战争中的表现，分别择要简述于下。

1874 年（同治十三年）春，日本政府以 1871 年琉球船民在台湾遇难为借口，发兵侵犯中国台湾，遭到高山族人民的抵抗。清政府任命福建船

---

① 盛档，《华盛纱厂、威林顿合同》，光绪二十二年三月二十六日。
② 盛档，《华盛纱厂、威林顿合同》，光绪二十二年三月二十六日。

政大臣沈葆桢赴台筹办抵御，盛宣怀则"奉伯相奏派前敌，往来照料"①。沈葆桢奏请派驻于徐州等处淮军6500人分三批赴台。本来就是淮军会办营务处和后路粮台的盛宣怀，又奉"派前敌往来照料"的具体任务。第一批淮军由唐定奎率领，盛宣怀调招商局轮船与闽船一起，载兵勇由瓜州经上海于七月初旬开赴台湾。接着第二批淮军亦在扬州等待登轮，盛氏往来于扬州、瓜州、上海间照料士兵登轮及火炮、粮秣等事，及时无误。这些均为职务内的事，算是完成了任务。

可贵在于，盛宣怀对事态的发展过程甚为关心。在第一批赴台淮军出发之后，他致书湘抚王文韶说，接沈葆桢函，"倭奴载妇女以及农具种籽而来，意在久踞"。又据驻日本使节说："该国添置兵船，拟广购军火，并在国中抽选洋枪队六万人，倘台湾接仗即拟突入腹地。"他要求内地官军人等早作准备，要求官于腹地湖南的抚台王文韶，动员"湘中宿将能不着暮气，联袂出山"以备不测。他在该函中特别谈到注重"民心"问题说："窃以为中国所恃者在民心，外国所恃者亦在民心，欲于此道探本穷源之论，惟于君德人才加意耳。"②

盛宣怀这封信中言语颇有可贵之处：（1）距今150年前就认识到了日本野心很大，有可能"突入腹地"的问题，因此日本侵台不能仅仅看作海疆的事，内地也要作防御的准备。（2）提出民心问题，认为要得民心，国家才能治好，才能富强起来，只有统治者实行合乎时宜的德政，培养大批适应富强新事业的新式人才才能达此自如。此外，盛氏还特别注意到日本对台湾"意在久踞"的问题。此后几十年的日本侵略中国的历史，表明一定程度已在盛宣怀洞见之中。

盛宣怀本拟奔赴闽台，因日本士兵在盛暑中病倒死亡甚众，而暂时息兵。因"台事定"，第三批赴台军未起程，盛宣怀却又为从闽台回来的淮军运输粮饷等事而忙碌着。

总的来看，盛宣怀在反对日本侵略中的表现是积极的，并在其预言中多少认识到日本侵略中国的野心：不仅要占台湾，而且将"突入"中国的

---

① 见《盛宣怀致杨宗瀚函》，同治十三年七月十七日，《清季外交因应函稿》（下简称《外交因应》）第11页。

② 上引文均见《盛宣怀上王文韶禀》，同治十三年七月十一日，《外交因应》第9、10页。

"腹地"。

现在着重谈甲申反侵略战争中盛宣怀的表现。上述 1874 年日本侵台前后乃至整个 20 世纪 70 年代，列强纷至沓来提出侵权要求，盛宣怀对此大多均发表意见，或参与其事。先谈他对时局的关心和见解，尤其是俄占伊犁事件。

1871 年俄占伊犁，清廷几经交涉，派崇厚为使臣赴俄，崇厚擅自与俄签订了损失很多权利的屈辱条约。朝野哗然，清王朝给崇厚定为斩立决"，因俄国干预，改为"监斩候"。清廷另派曾纪泽为使臣进行谈判。俄炫耀武力进行威慑。盛宣怀对此发表了较为系统的见解，于 1880 年作《伊犁事件》一文①。文中首先强调列强"论势不论理"。目前俄国兵船"游弋中国洋面者数十号"，且又派中等兵船五只驶入黑龙江，造成威胁的形势，以便多端要挟。盛说："势强者，每执非理之理，势弱者必守有理之理。如彼因我遣使而归我伊犁，理也。因归伊犁而要挟多端，是争以非理之理也……是以曾侯此行，议驳不如议缓"。所谓"议缓"即是"敝国专遣使臣归我伊犁，他事不在议列……"这就是说，涉及其他要挟一概不谈，非达到归还我伊犁的目的不可。盛宣怀认为谈判与军事实力的加强是紧密相连的，他建议调曾国荃督办东北吉林、黑龙江防务，调鲍超、宋庆等强将到东北前沿作军事上御敌的准备工作，这足以加强谈判桌上讲话的分量。这样，清廷既有充足的"理"，又有防御敌军的"势"，既定目的是可以达到的。这就是说，列强"论势不论理"，清廷则论"理"中加强"势"。那样，弱国也可以有外交！盛宣怀见解是高明的。

尤可贵者，盛宣怀把日本将乘机觊觎台湾与俄国的讹诈联系了起来。他说：

> 至台湾为南洋第一门户，日本窥伺已久，特虑我以全力搏之，则彼未必胜，倘俄衅一开，势必攻我所懈。督抚轮驻已成空议。鸡笼、打狗御守未及讲求，可否速请简放一督办台湾海防抚巡道之卿贰重臣，以专责成。此必兼吏事、兵事、饷事，并熟悉洋务，联络闽广，

---

① 此文上给谁的，我看至少是给李鸿章作参考的。

方能胜任……台湾兵询皆不难筹，得人为尤难耳。窃不敢谓如是可弭
大敌，惟于敌人注意下著之地，先布一二著，或冀避重就轻，不致一
无把握。事机甚急，过此则益难绸缪矣。①

这段话是针对日本妄图伺机侵占我国台湾一事而大费笔墨。这里有几
层意思：（1）日本窥伺已久，如"俄衅一开"势必乘机侵占。（2）必须
专设一位巡抚级的台防大臣，"以专责成"。1884年清廷委刘铭传领巡抚衔
任台湾防务大臣，与盛宣怀这一建议不无关系。（3）把台湾看作"敌人注
意下著之地"，是防务的重中之重，置于"先布一二着"的地位。这是正
确的。十余年后的1894年中日甲午战争，台湾果被日本占夺！

伊犁事件之后不久，即发生法国侵略越南和中国的战争，即甲申中法
战争。在这次战争中，盛宣怀并没有如在甲戌反对日本侵台战争中被"奏
派前敌，往来照料"的任务，但其对反法战争中的作用，却远过于前者。
盛宣怀在这前后十来年间，大办矿务、轮船、电报等现代工商企业以致富
强。在办现代企业等事的过程中，他扩大了眼界，对形势看法也更为深
刻。他在中法战争中做了很多事，这里主要讲修建电线电报和上法事条陈
于权要之事。

先谈电报。1880年津沽电线建成后，随即架设津沪电线，紧接着，沪
浙闽粤电线架设提上日程。正在修建这条电线时，中法关系紧张，战争即
将发生。为了军事上需要，电线架设加快施工，但资金短缺，盛乃移金州
矿股于电线电报，尽管此事经金州矿股东同意，盛还是遭到嫉妒者们的弹
劾。但盛宣怀置之不顾，加速直通中法战场前线——广东、台湾等处的电
线建设，对反抗法军起了积极的作用。盛宣怀对此借着权威人士之话说：
"惟电报一端，道员盛宣怀创不数年，通行天下。此次法人开衅，数省用
兵，朝廷指挥军事，万里户庭，机不或失，识者皆谓电线与有功焉。"② 李
鸿章等在《查复盛宣怀参案折》中说："苏浙闽粤电线之成，皆缘该道移
矿就电之力，于军务裨益尤大。"③ 这个评价是客观的、公正的。

---

① 上引文均见盛宣怀《伊犁事件》，《外交因应》第487—489页。
② 《实业函电稿》，第224页。
③ 《洋务运动》资料（六），第362页。

　　加紧架设电线使中国在中法战争与法军打了平手甚至稍胜一筹，已如上述。在战争进行期间，盛宣怀极为关心，他上书给当局权要如醇亲王奕譞，军机大臣翁同龢、阎敬铭、张之万等人达十篇以上①。这些上书内容很广，从中越历史关系、法越关系、法国发动战争的目的及其战略战术、中国应如何应对等，一直谈到签约中的界务、陆路通商等。这里不一一列举。这里只谈他对保台湾问题上的关心和方策。盛宣怀在保住台湾问题上，自1874年就曾大谈日本"窥伺台湾已久"，必欲得之，我中国应必欲守之事。在这次中法战争中，法军在越南战场上败北，派海军将领拔孤率军进攻台湾，清廷委淮军宿将刘铭传为领巡抚衔台湾防务大臣，几经较量，法军大败，拔孤战死。盛宣怀在法事上书中，特别关心战略要地台湾的安危。现摘引关于他对台湾得失的关键问题的意见于下：

　　　　基隆之战，若无省三（刘铭传）则台北已为占夺……现在惟当坚持战局，处处得人，总使琼州、台湾可保，则大局必可转圜。台湾一失，则虽十万陆师不能复，千万巨资不能赎也佫故始终以保台湾为转移大局关键。无如去冬议请督办专驻，今春而省三始去。②

　　盛宣怀的保台感情是殷切的。为了保住台湾，他曾呼吁支援刘铭传说，"刘省三军门孤军绝援，危在旦夕，若不设法止兵，全台沦陷，后悔何及！"③

　　综上所述，盛宣怀在甲申抗法战争中是非常积极的，不仅提建议颇多，特别注意保台，而且，在速架电线以利军用上起了很好的作用。

　　至于过了十年，盛宣怀在甲午中日战争中作用就更大了。这次，他不像在中法战争中没有具体职务，而是与袁世凯、周馥一起均被派有重要职责。"馥派营务处"、"凯派抚韩"，而盛宣怀则被委为"后路转运"④。战争中的"后路转运"，任务是很艰巨的，他完成得很好。他更重要的贡献

---

① 这十篇左右的法事上书见《外交因应》第51—62页。
② 盛宣怀《上翁同龢禀》，约光绪十年，《外交因应》第54页。
③ 盛宣怀《上善庆禀》，光绪十年九月初七，《外交因应》第60页。
④ 见《外交因应》第124页。

是由于他天津海关道的特殊岗位，又总揽轮船运输和全国电报大权，战争中上下左右、四面八方的电码均汇集于他盛宣怀手中转发各处，因而他常常像是一位高级指挥官。例如，他致电营口说："豫军刘统领：傅相已奏明，贵军即由营口起岸，星夜驰赴辽阳，至摩天岭驻守，并电宋宫保退守该处险要。望速开军。"① 盛宣怀在战争中集转运、各处电讯转发于一身，其忙碌情况与所处地位的重要，我曾写过一段话，兹节录于下：

> 　　1894 年是盛宣怀及今为止最为忙碌的一年，也是施涅其才干最为突出和涉及军事、政治、人事关系等广泛领域的一年。本年除按常例继续其轮船、电报工作之外，复适应战争需要调动船只最大限度地保证军队枪械粮饷的运输；在电线电报方面，也尽最大可能保证军用畅通……由于手中握有轮、电两大现代交通、电信企业，加上津海关道特殊位置，很自然地起了四面八方联络的枢纽作用，和处于相当中心的地位。似乎可以认为，如果说李鸿章的总督和北洋大臣衙门是甲午战争的统帅部的话，那么，盛宣怀的津海关道署则是总参谋部。
>
> 　　本年盛宣怀在外务活动方面也有值得一书的，就是与朝鲜陪臣徐相乔、李冕相等人笔谈中，反对日本侵略朝鲜，旗帜鲜明。他明确表示，平内乱和施政方针及措施，均为朝鲜内政，应该自主进行，日本绝对不能干预。这个立场是正确的。
>
> 　　值得大书一笔的，是盛宣怀涉足新的军事领域。从许多往来电函中可以看到，他不仅对战争全局有所了解，而且对某一具体战役、战术也能发表见解，军队在朝鲜战场上应进.、应退，进到何处，退到哪里，以及挖壕筑垒等，均有所涉及，俨然像一位权威的指挥官……似乎对军事学也有所领悟。②

　　据上所述，盛宣怀在甲午年反对日本侵略中表现也是积极的，这次实践表明他不仅是一位实业家，精通经济理论，而且也是外交家、军事学家。战争尽管打败了，但这不是盛宣怀的责任，是清王朝腐败所致，尤其

---

① 《盛宣怀档案资料》，《中日甲午战争》上册，第 227 页。
② 见《盛长编》上册，第 468—469 页。

是清廷不变专制为立宪民主制所致。

　　据本节所述，盛宣怀在 1896 年大发迹前，又增加了反对列强侵略的经历和从中学到新本领——军事、外务等，这为"大发迹"增添了颇为重要的资本。另外，盛氏在办新式教育培养新式人才方面，已有不少经验，但到 1895 年为止，主要还是注重实用的短期训练班性质的学堂。所以有关盛宣怀创办新式学堂的实践，本书放在较后加以论述。

第七章 大发迹开端的一八九六年[*]

一 官运亨通和取得中央级官衔

1896 年是盛宣怀大发迹开端的关键一年。很多要事基本上发生在这一年：督办汉阳铁厂、督办铁路公司、被授予太常寺少卿职位和专折奏事特权，还有办银行、办南北洋大学堂等。这些绝不是偶然的，而是经过长期酝酿和准备的结果。本书第六章已讲过，盛有李鸿章的提携，又将轮、电、矿、纺织四大洋务企业部门基本控制在手，以及战胜竞争对手，又有三次 1874 年、1884 年、1894 年反侵略战争中较好表现的资本并增加了才干等，这些都为大发迹准备条件。而大发迹前的官场实践，也是一个重要环节。

盛宣怀独当一面担任政府官职，始于 1879 年署天津河间兵备道，后来于 1884 年署任过天津海关道 4 个月。但此两职都是署理，且时间很短，未见什么明显的政绩和作为。实授正任官位并有所作为，始自 1886 年山东登莱青道兼烟台海关监督。

山东半岛是南北洋"中间站"，地位十分重要，对李鸿章来说，尤其是如此。李鸿章发祥于上海，发展于京、津；其经济实力植根于上海，政治势力的根基则主要在京、津；而南北洋的连接点则在山东。所以，登莱青道这一职官，多年来为李鸿章的淮系或亲信如龚易图、刘瑞芬等所独

---

[*] 这里所说的"1896 年"，是作为一个标志说的，有的事虽发生于 1896 年前后一二年，但动议于或成于这一年，亦作为 1896 年。

占。继之而任此"道"官的就是号称"为合肥相国左右臂"① 的盛宣怀。当然，盛宣怀之任职于烟台，就其个人与山东的关系来说，也有一定的历史渊源和必然性。盛宣怀于18世纪70年代后期到80年代初，经常带着矿师深入烟台附近各州县矿区；又多次赈济山东省的水旱灾荒，对山东有一些贡献并对那里的经济文化等情况有所了解，到那里一展其抱负是很自然的。盛宣怀于1886年秋接任登莱青道，到1892年夏秋间调任天津海关道的近6年间，在官场的实践中取得做官的经验，为升官奠定基础。他开始上任时，说道台本职工作做得不多，主要还是为轮、电两局的事务而繁忙着。他函告李鸿章说："○○（宣怀）莱青奉职，与百姓相安无事，藏绌避嚣，可称吏稳。终日手不停披，仍系轮电局事居多。"② 但其政绩还是较好的，兹举他主持下治理小清河和办山东内地轮船航运两件事，加以说明。

山东小清河，几乎年年成灾，盛宣怀在办义赈中，尤其体会到它的危害：山东不少地区的灾荒常常是因为该河之患。于是他登莱青道一上任，即筹划疏浚小清河道。经过仔细勘察和计算，于1889年开始，用"以工代赈"之法，动员民工开浚小清河。自历城县起到寿光县羊角沟入海处止，"殚三年之力，成河道四百里"，使历城以下九个县的积水，由河道流入海中，"使两岸田亩年受泛滥之灾者，悉变为膏腴"③。收成丰登，民受其益不浅。

关于盛宣怀在山东办内河小火轮航运事，本书第五章第五节"发展内河轮船航运"一目中已有较为详尽的叙述，这里主要从他任道官关心当地民生的角度简单谈一下。

在盛宣怀任招商局督办后不久，出任山东登莱青道之前的半年即1886年春，就提出办内地小火轮运输的建议。他认为内地办小轮航运可以避开

① 盛档，《王韬致盛宣怀函》，光绪十九年正月十九日。此信原文节录如下："闻今岁在津门拟开书局，其为怀柔图略欤？抑重于皇朝经世续编乎？此亦不朽之宏功，千秋之盛业也。韬不禁心焉往之……阁下为合肥相国左右臂，正资擘画。商局、电报、矿务次第整顿，皆有成效。则所以黼黻隆平佐理洋务者，亦在所当先。当先中外共仰遐迹咸钦者，阁下实首屈一指。若公起而为之，处处裕如。韬将拭目以俟。"

② 盛档，《盛宣怀上李鸿章禀》，光绪十二年九月初一。

③ 见《愚斋存稿》卷首孙宝琦《序》。

洋商干扰而"我自主之";把内河"一变而至火轮",看作是致富强的要政之一,他动员李鸿章"不惮为天下先""为民兴利"①。在这一思想指导下,当他出掌他所素知的物产丰盈但交通梗阻的山东登州道篆,很自然地想到加速办那里的小轮航运了。故下车伊始,他即上书李鸿章说:"查泰西各国律法,不通商各埠只许本国轮船行驶,日本亦然。惟我中国因噎废食,则江河之利有与外商公共而无独得者。其可惜也。"接着归到正题说:山东沿海 1300 余里有大小海口百余处,河深七八尺可行浅水轮船者约有十余处,如能办快船公司以利运输,则可使物产丰富的山东货物流通,人民富裕起来,对生产者和商民都是有利的。他举掖县草帽缏的产销为例说,该处产销草帽缏年三四万包,皆由陆路盘山驼运,每包运费京钱 4000 文,共合银七八万两;"间有民船海运,常虞倾覆,商民畏之"。如用小轮由内河运输,每包运费一两,只需三四万两,商民可减少一半负担,且由于轮运可免偷漏,国家税收还可增加②;另一方面轮运既快速又安全,诚如草帽缏商人杜荫溥、徐克敏等所说,"运道实属艰难,如能准用小轮船,由虎头崖太平湾驳运,则半日可到烟台,水脚又省又快",而且安全不虞倾覆,"实为商民之便"③。李鸿章很快批准实行,这对山东经济发展和利民利商起了颇为有益的作用;对于土货出口增多,也起到抵制洋商侵利的作用。

此外,盛宣怀除就近关心他于前些年在山东勘察的矿务外,还在青岛、烟台创办了缫丝厂。尤其值得一提的是,他在任道台期间即着手利用当地及附近地区的原料筹办葡萄酒厂。他于 1895 年回忆此事,函告北洋大臣王文韶说:"在东海关任内,查得烟台、天津、营口等处所产葡萄,可照西法酿酒,曾与广南槟榔屿领事三品衔候选知府张振勋筹商创造,并于上年(1894 年)延请酒师到烟台试造,尽合外洋畅销。"这个葡萄"酒厂名曰张裕公司,集华商资本"④办成,请专利 30 年,"凡奉天、直隶、东三省地方,无论华洋商民,不准再有他人仿造",并请免厘三年。

① 上引文见盛档,盛宣怀《内地设轮船公司议》,光绪十二年三月。
② 盛档,盛宣怀《上李鸿章禀》,光绪十二年十月十四日。
③ 盛档,盛宣怀等《禀北洋李鸿章》,光绪十三年十二月二十六日。
④ 盛档,盛宣怀《上北洋大臣王文韶禀》,光绪二十一年四月,《思惠斋函牍留稿》。

　　还有值得一书的，就是山东移民东北三省的事。盛宣怀做过许多慈善事业，尤其是在赈灾中，他深感到山东地窄民贫，萌发了将缺地贫民移居东三省以开垦空旷而肥沃的土地，对边疆地区兼有实边的作用。首先他将辖区内胶东的贫民就近移居奉天，紧接着通过当时在漠河开金矿的李金镛，了解那里旷地及其肥沃程度，和旗民与汉民的关系等，以便向黑河地区移民开垦和实边。他在登莱青道内移民于东北较多。李金镛称这事为"迁民德政"① 是恰如其分的评价。

　　盛宣怀在烟台六年间，尽管他自己说所办"系轮电局事居多"，但政绩还是比较显著的，对民间疾苦还是比较关心的。对其政绩，虽没有像沈毓桂所说的"泰岱六年民戴德，讴歌载道布春阳"② 那样的崇高评价，但确有可"讴歌"之处。因为如果不在官场上做出可"讴歌"的政绩，其或相反的声誉败坏，李鸿章要想荐升他也难以启齿。盛宣怀是深明此道的。

　　当然，盛宣怀的登莱青道篆执掌，不过是个过渡性差使而已。沈毓桂说东海"犹未得展其蕴蓄以大设施"③，是知之颇深之论；而李鸿章是不会将盛宣怀久置于登州的，他让盛宣怀稍事历练即欲位以要职。这个"道"一级的要职莫过于天津海关道了。李鸿章在推荐盛宣怀的奏稿中说明天津海关道的重要性说："津海关道系冲、繁、疲、难四字最要之缺，地方洋务关系巨要。"这样的位置，派盛宣怀担任是最合适的，因为盛"志在匡时，坚忍任事，才识敏赡，堪资大用"。李鸿章历数盛宣怀任事的才干说：1884 年曾署天津道，"措置裕如"；1886 年至 1892 年东海道篆，成效卓著；在办轮、电中，"历年与洋商颉颃，挽回中国权利，关系通商大厚"，结论是"该道力任艰巨，为人所不能为"④。应该说，李鸿章对盛宣怀的称誉不算过分。但其实津关道的重要性及盛宣怀任斯职的地位与作用，还不止李鸿章所说的那些。这一点，沈毓桂讲得很中肯。他写道：

---

　　① 《李金镛致盛宣怀函》，《实业朋僚函稿》中册，第 762 页。

　　② 盛档，沈毓桂《恭贺盛杏荪观察调任津海关权篆拙句六章》，1892 年 8 月 17 日《万国公报》复刊第 43 期。

　　③ 盛档，沈毓桂《恭祝盛杏荪观察调任津海关权篆拙句六章》，1892 年 8 月 17 日《万国公报》，复刊第 43 期。

　　④ 李鸿章《盛宣怀调津关折》，光绪十八年五月二十四日，《李书·奏稿》卷 74，页 30。

　　　　盖津海为畿辅屏障，北洋锁钥，需才既亟，理治维艰。今得观察
　　持节其地，上佐爵相调剂中外之情，运筹帷幄之地，无不得心应手，
　　因应裕如。真所谓非常之事，必待非常之人任之。①

　　"上佐爵相调剂中外之情，运筹帷幄之地"一语，意思就是说津关因
其地、其位、其作用，是清政府和李鸿章办内政和外交的参谋部。确实，
如果说盛宣怀的泰岱六载道篆，是帝国主义侵略相对缓和、海疆比较平静
的六年，那么，1892年到1896年四载天津海关关道篆期间，却是侵略战
火弥漫，地当沿海要冲的天津很不平静的四年。对盛宣怀来说，甲午战争
及其前后这战争与外交交涉频繁的四年，也是他得以展其政治才干的四
年。这主要表现在：

　　第一，为李鸿章提供军政情报。盛宣怀在甲午战争中，利用津海关道
和在握的电报等有利条件，及其与中外人士广泛交往的关系，为抗敌提供
了不少可靠的情报。比如，他的好友郑观应，就不断及时地向盛宣怀报告
各方面的军情②。盛宣怀将各方报来的情况，直接告诉实际上的统帅李鸿
章。例如，在牙山开战时，他禀告李鸿章说，"窃查倭人狡谲，各口有人
改装侦探，用洋文密码通电，大碍军情"，必须严禁③。

　　第二，对"密电"采取有效措施。在1894年7月25日牙山开战的第
三天，盛宣怀即通知各电局严禁密电。本来只禁日本，但他唯恐"专禁倭
电，仍可托名他国人传递"，于是提议"各局自六月二十五日（7月27
日）起，除中国一等和三、四等有印官报及驻洋各钦差一等报、督办总办
有印公报密码照发留底备查外，凡商报无论华洋文密码，均不准收"。即
使明码各电，也需仔细检查，"如有关军务者，立即退还"④。这种民族立
场是鲜明的。当然盛宣怀也有软弱性，当此命令实行不多天就难以贯彻

　　①　沈毓桂《恭贺盛杏荪观察调任津海关权篆拙句六章》序言，；l892年8月17日《万国公
报》复刊第43期。
　　②　参见拙著《郑观应传》修订本第六章，华东师范大学出版社1985年版。
　　③　《清季中日韩关系史料》，光绪二十年六月二十九日李鸿章致总署文，档案影印本第
3367页。
　　④　《清季中日韩关系史料》，光绪二十年六月二十九日李鸿章致总署文，档案影印本第
3367页。

时，他后退了，他在郑观应给他的信中"不准传递暗码"句旁亲笔注云："不准传递暗码虽属公例，在中国恐做不到。"① "在中国恐做不到"一语，表明他的态度是软弱的，鲜明地表现了盛宣怀的妥协性。

第三，献策御敌。当日军大股渡过鸭绿江侵犯到中国本土时，盛宣怀着急了。他看清了日军可能分两路进犯的危急形势：（1）犯大连旅顺。"如大连湾旅顺一失，不仅花费千万尽掷，且船坞被夺水师难再战"。（2）进犯沈阳。盛说，"自边门至山海关千余里无重兵，宋帅全军溃退，兵无战志"，敌军不难直取沈阳，"赴援无人，奉省一失，吉黑两省隔断"。到那时，盛宣怀描绘其危险的情景说："如旅顺陷，则渤海门户失；如沈阳陷，则山海关屏障撤。敌焰愈张，京都震动矣！"② 为此，盛宣怀上书李鸿章，提请急练陆海军的意见。首先是照西法练陆军。他指出，"湘淮将领多不服西法，虽亦购其枪炮、习其操阵，仅学皮毛，不求精奥"，这是战败的原因之一。因此他要求仿照日本编练军队之法，用德国军制，先练二军共 2.4 万人，另马队、炮队各 3000 人，共练新兵 3 万人。募德国小兵官 200 余人为统领，营哨官皆一汉人一西人，"相辅而行"；半年之内练成。请"李傅相先派武备学堂德国教习先练五百人为模式"，而后推广。枪和炮皆购买最新式的，且需一律，做到"额不缺，饷不扣，枪炮不杂，号令不歧"。他认为这种军队"为游击之师，近守远攻，当能所向皆克"③。陆军之外，赶速编练一支新海军。他将中日海军舰艇做一对比说，"日本水师得力，多而且快"，我则"船少驶缓"，BT 不能击其运船"，亦难以在海战交锋中获胜。建议购买智利快船和美国安勒泰邦快船，它们俱很先进，配以其他船艇，可自成一军，由华洋员会同统带，必能稳操胜算。盛宣怀认为，"以上海陆两军，倭事不了，固当速办，以制凶锋，倭事即了，亦当办成，以壮国势"④，而且还能起到"使敌人知我有

① 盛档，盛宣怀在《郑观应致盛宣怀函》中的旁注，光绪二十年七月初七。
② 盛宣怀《电禀总署、户部》，光绪二十年十月初一，《清季中日韩关系史料》影印本第3746—3747 页。
③ 上引文均见盛宣怀《电禀总署、户部》，光绪二十年十月初一，《清季中日韩关系史料》影印本第3747 页。
④ 以上引文均见盛宣怀《电禀总署、户部》，光绪二十年十月初一，《清季中日韩关系史料》影印本第3747—3749 页。

拼战之心，即讲解亦或稍易"的作用，故宜速办。这些见解和态度是正确的。

此外，盛宣怀对于用轮船招商局船只为战争运输服务持积极支持的态度；且他主张把招商局船"明卖暗托"于德商等以保局产，都是对抗敌军的有利的行为。

综上所述，盛宣怀在甲午抗日战争中的表现基本上是积极的、可取的。至此，盛宣怀又鲜明地增加一个形象，即抵御外侮的形象，为其"大发迹"增添了更为有利的条件。

本来，津海关道的地位是很重要的，但它是地方官，距离盛宣怀"做大官"的愿望还较远，但却为其大发迹奠定了较为坚实的基础。果然，到1896年，也即津海关道任满的那一年，他真的开始大发迹了，清王朝授予他中央一级的职衔。在被委为督办铁路总公司之后10天，即1896年10月30日（光绪二十二年九月二十四日），他被授为太常寺少卿；次年12月25日（光绪二十三年十二月初一），又被授为大理寺少卿。这些职称虽属荣誉衔，并无实权，但却表明盛进入中央一级了。而且，就在他被授予太常寺少卿的同时，清廷办给予了他专折奏事的特权，可以直接同皇帝对话了。

二　接办汉阳铁厂

如果说1896年是盛宣怀大发迹的起点的话，那么，这年5月间，他接办汉阳铁厂则是从"起点"跨出的第一步。钢铁工业是富强的基础，没有它，就谈不上发展机器工业；没有它，就没有近代的新式军火工业；没有它，就无法发展轮船、火车铁路等新式运输业。因此，钢铁工业虽在一定时期内经济效益不一定很高，但其社会价值却是很高的，故其是很重要的。因此，对盛宣怀说，他虽已掌握有轮、电、矿和纺织等重大企业，但没有钢铁工业在握，不能认为自己的经济基础已很坚实牢固。清政府将在19世纪90年代初建成投产的、号称东亚第一、兼采煤采铁和冶炼的汉阳钢铁联合企业，于1896年交给盛宣怀接办，一方面表明清政府对他的极大信任，另一方面也是为盛宣怀的大发迹创造更为优越的条件。

　　盛宣怀从19世纪70年代后期，即对钢铁工业的重要性有所认识，在洋务派中，他是勘探、购买铁矿山并创建铁厂和发展钢铁工业的第一人。尽管由于种种原因，他所经办的湖北煤铁矿务的开采与冶炼业未见成效而以失败结局①，但盛宣怀并未因此气馁，而是念念不忘煤铁矿务的开采与冶炼事业的。在张之洞准备创办汉阳铁厂之前一年（1888年），盛宣怀就做发展钢铁业的准备工作了。这个准备工作首先表现在人才的聘用上。他电告李鸿章说："现拟请一头等曾经办矿之矿师，遍勘五金及煤矿，择尤钻探，核估酌办。又拟请一副手驻学堂教习地质学、石质学、锻炼、测量、绘图等学。"②1890年张之洞在湖北筹建铁厂，时任登莱青道的盛宣怀曾函告驻英公使的薛福成，说他自己独树一帜地"想纠商本开办利国（驿）煤铁，该处好在煤铁相距只三十里"③，利国地理条件优于湖北，可以做到运费省成本轻。盛宣怀知道，办钢铁工业，短期内是无利可图的，但对国民经济发展来说，"钢铁非推广大举不能为功"④。因此，困难再多也要上，暂时虽费亦所不惜。所以当张之洞要求盛宣怀承办汉阳铁厂时，他勇敢地承担说："宣系创始得矿之人，颇愿为之区画。"⑤为什么"颇愿为之区画"？除认识到钢铁对国民经济的重要性等原因外，也出于他对发展民族钢铁工业的要求和维护民族权益的愿望。他所说的"若一推让，必归洋人"⑥所得，以致利权尽失，就是这种认识的反映。

　　盛宣怀办钢铁业的事业心是很强烈的，他不时以大冶之功未成为遗憾。例如，当1890年格致书院高才生钟天纬"奉调赴鄂躬与其事"，盛视为"继我未竟之志"而欣喜地说是"殆亦天假之缘"⑦。可见其对于湖北办钢铁业感情之深厚了。盛宣怀的这种"感情"或者说是"兴趣"，早就表现在对于张之洞筹办汉阳铁厂的关心上，只是由于与张之洞的见解和办

① 参见本书第三章。

② 《盛道来电》，光绪十四年八月二十二日酉刻到，《李书·电稿》卷10，页24。

③ 盛档，盛宣怀《复薛福成函》，光绪十七年正月十六日，《东海亲笔信稿》。

④ 盛档，盛宣怀《致鄂臬恽松云函》，光绪二十二年正月十九日，《思惠斋亲笔信稿》。

⑤ 盛宣怀《寄直督王夑帅》，光绪二十二年三月十五日，《愚稿》卷24，页19。

⑥ 盛宣怀《寄翁铗甫》，光绪二十二年四月初三，《愚稿》卷24，页28。

⑦ 盛宣怀对钟天纬论文的评语，光绪十六年闰二月初十，《格致书院课艺全编》卷5，页19。

厂方针不一致而未能合作。

1889 年当盛宣怀听说张之洞要办汉阳铁厂时，即电告张说："湖北煤铁，前请英矿师郭师敦勘得。如果开办，仍请原经手较易。"① 这个"原经手"，从行文看虽是郭师敦，但不言而喻当然应该首推盛宣怀。是年秋冬之交，张之洞赴鄂督任途中，在沪上约见了"勘矿首功"的盛宣怀，"连日晤谈，详加考究"②，得盛之指点殊多。张之洞答应盛宣怀，在汉阳铁厂建成投产后，生产钢铁每吨提银 2 钱，以弥补盛在办湖北煤矿开采时的损失。如以年产 6 万吨计，岁可 1.2 万两；如果年产在 5 万吨以下，"即以岁提万金为断"③。照理，办铁厂张、盛是可以很好地合作的，但由于盛宣怀拟订了一个办铁政的章程④，主张招集商股商办，与张之洞的宗旨相左。张之洞电告李鸿章说："盛道前在沪具一禀，所拟办法与鄙见不甚同。商股恐不可恃，且多胶葛。"⑤ 张之所以反对商办而坚持官办，是为了便于自己控制。"且多胶葛"一语，即是说商本商办必将干扰他对企业的控制权。而盛宣怀在当时是公认的招集商股经营洋务企业的权威人士，若商股商办，他至少将对铁厂有较多的干预和发言权。集商股商办企业较有生命力，是盛宣怀一贯思想，他认为张之洞既不听从己意，乃修函直接通到庆亲王奕劻那里。盛氏在信中写道："外洋煤铁矿皆系商办。商办者必处处打算，并使货美价廉，始可以不买他国之铁，以杜漏卮。"（引者注：此处涂掉"故各国煤铁矿皆系商办并无官办者"）⑥ 接着又从盈亏上说"大冶铁矿官办必致亏本，不仅（垫支的）二百万无着"⑦。从盈亏、杜漏卮等出发，又牵涉到厂址的选择问题，这个问题同官办还是商办也有一定的联系。张之洞主张将冶铁厂设于坐在总督衙门里就能看到烟囱的大别山下的

---

① 盛宣怀《致张之洞电》，光绪十五年十月初一，《中国近代工业史资料》第一辑下册，第752 页。

② 张之洞《致海署天津李中堂》，光绪十五年十一月二十九日，《张文襄公全集》（以下简称《张集》）卷 133，电牍 12。

③ 张之洞《致上海盛道台》，光绪十六年四月初八，《张集》电牍 15。此事因后来铁厂生产未逾万吨，故"岁提万金"是落空的。

④ 盛档，盛宣怀《筹拟铁矿情形禀》，光绪十五年十一月二十三日。这则禀文分责成、择地、筹本、储料四方面，而着重于商股商办，分别上给李鸿章张之洞。

⑤ 张之洞《致京李中堂》，光绪十六年二月二十六日，《张集》电牍 13。

⑥ 盛档，盛宣怀《致庆邸禀》，光绪十六年九月，《东海亲笔信稿》。

⑦ 盛档，盛宣怀《禀庆邸》，光绪十六年十月，《东海亲笔信稿》。

汉阳；盛宣怀则认为炼铁厂设于汉阳，与原料、燃料产地距离太远，他说这样做是"舍近图远运远本重"，必将加重产品的成本，"必不能敌洋料"①。盛宣怀认为张之洞这样做法，与官本官办有关，他说"如果及早改归商办，就大冶江边设炉开炼，以就煤铁"，必能做到"轻运费而敌洋产"②。他为了实现自己的主张，退一步折中建议：大别山下炼铁厂基如果不能改变，那就"以大别山为炮厂，以大冶为铁厂，则无论官办商办，均能百世不移"。他为改变张之洞的主张，甚至对奕劻说："可否求钧署托为西洋熟习矿务者之言以讽之，或尚及挽回。"他这种托为洋人之言的见解不一定可取，却表明他实现自己正确意见的决心。他很自负地说："将来综计运费成本孰糜孰省，当以刍献为不谬也！"③ 这种语言虽自负，但其意是应该肯定的。

关于盛宣怀与张之洞在办汉阳铁厂上的官办商办和厂址选择之争，向之论者多扬盛贬张。我认为，盛之商本商办主张优于张氏是毫无疑义的。在厂址问题上，在当时生产力水平很低的条件下，盛宣怀之见比之张之洞也要正确些，但对张之洞也不应说得一无是处，他也是有一定的道理的。原来，张之洞打算用当年盛宣怀曾经勘探过的长江上游当阳一带的煤，用下游大冶的铁砂。煤的分量远超过铁砂，上游煤顺流而下，下游数量较少的铁砂溯流而上，上下会合于汉阳所设的铁厂，当然还是可以的，不能认为是荒谬之举。盛宣怀"就大冶明家山开煤、黄石港设炉"④ 的"苦口力谏"较之张之洞要正确些，因为煤铁能在一处当然是好的。可是这只能是钢铁生产限于极小规模上才有可能，而事实上这是难以办到的。钢铁生产规模稍大一些更加难做到。后来铁厂的燃料来源主要靠萍乡的煤，运输能力薄弱而又长途逆流运至汉阳，固然更显得张之洞的错误，但也证明了盛宣怀企图煤铁聚于一处的想法不切实际。当然盛宣怀的设想比之张之洞还是要高明得多。

此外，盛宣怀对于张之洞的建厂步骤也有异议。盛认为办钢铁厂要先

---

① 盛档，盛宣怀《禀庆邸》，光绪十六年十一月十六日，《东海亲笔信稿》。
② 盛档，盛宣怀《禀庆邸》，光绪十六年十月，《东海亲笔信稿》。
③ 盛档，盛宣怀《禀庆邸》，光绪十六年十一月十六日，《东海亲笔信稿》。
④ 盛档，盛宣怀《禀庆邸》，光绪十六年十一月十六日，《东海亲笔信稿》。

煤后铁，他说："煤成不怕铁不能炼，此一定层次也。鄂省先办铁而至今未开煤矿，何异养牲口而不蓄草料乎？"① 盛宣怀本打算自己在江苏利国另建煤铁近便的利国铁厂，以与汉厂较量，"因沅帅江督曾国荃去世，恐岘帅（继任两江总督刘坤一）不愿办，故中止"②。与汉厂的对台戏没有唱成，这就更加促使他处心积虑地谋得汉厂而经营之了。

盛宣怀虽因与张之洞的意见不合而脱离汉厂的筹建工作，但还是时时关心它的进展情况的。除上述不时提出厂址迁移等建议外，汉厂"入手已不得法"、"将来价或贵于洋铁"③ 等情况，不断地有人为他通情报，并策划相机接办。例如1893年春，郑观应以招商局帮办身份巡查长江各分局，路过武汉时，从湖北藩司王之春处获悉，汉厂已用去银400万余两，随即函告盛宣怀说，张之洞"又奏扩拨七十万，仍恐不敷，势要招商承办"。郑观应建议盛"如欲接办"，"宜先寻有好煤矿，可炼焦炭，将化铁炉移于大冶铁矿山左右，可省运费，焦炭价廉方可获利"④。郑观应是盛宣怀的知己和得力帮手，从郑氏的"如欲接办"一语，可知他们要承办汉阳铁厂已有较为充分的酝酿。这种酝酿主要的一是接办，二是招集商股，三是设炉于原料燃料靠近的地方，等等。

果然，不出郑观应"势要招商承办"之所料，到1896年"心力交困"的张之洞再也无力继续办下去，只有交商承办之一法了。这个"商"当时有两种议论：一议招洋商承办，二议交盛宣怀招商股接办。盛宣怀坚决反对招洋商承办，极力争取自己接办。他说："铁政属洋商，力大流弊亦远；属华商，力小收效亦远。"表示愿意亲自赴鄂参与"通筹决策……熟商办法"⑤。当接到张之洞代言人恽莅耘"决意不招洋商矣，今已决计与吾兄商办"⑥ 的电报时，他立即表态说："如帅（指张之洞——引者注，下同）

---

① 盛档，盛宣怀《复薛福成函》，光绪十七年正月十六日，《东海亲笔信稿》。
② 盛档，盛宣怀《复薛福成函》，光绪十七年正月十六日，《东海亲笔信稿》。
③ 盛档，盛宣怀《致庆邸禀》，光绪十六年九月，《东海亲笔信稿》。
④ 郑观应《致招商局盛督办书》，光绪十九年二月，《盛世危言后编》卷10，《郑观应集》下册，第819页。
⑤ 盛宣怀《寄江宁恽莅耘观察》，光绪二十二年正月初六，《愚稿》卷88，补遗65，页16。
⑥ 《江宁恽莅翁来电》，光绪二十二年正月初九，见《愚稿》卷21电报1，页12。

意坚定，必当竭力为国家筹计远大，决不存丝毫私见。"① 接着，恽菘耘电请盛赴鄂，盛再次表示必尽力而为。他复电恽云："承公以驽劣尚堪任重，劝令就道，感帅与公挚意。无论如何为难，俟二月间傅相起节出洋后，即当来鄂禀商勘度，如有一知半解，必尽情倾吐。"并提出初步的关键性意见，说钢铁必须大办，炼炉必须推广，"而推广炼炉非另筹佳煤无可为力"，表示要"调开平矿师偕来细勘煤矿"②。盛宣怀抓住了整顿汉厂的要害。不久，张之洞即作出了交盛宣怀接办的决定。盛宣怀在叙述作这一决定的过程说："铁政不得法，徒糜费，几为洋人得。右铭（陈宝箴）、松云讽阻，乃属意宣，督饬华商接办，重整旗鼓。"③ 看来盛宣怀取得铁厂承办权，是经过不少周折的。

事实上，在当时国内，无论从经济实力或经营才干和社会关系等各方面看，铁厂的重任都是非盛宣怀莫属的。张之洞在派令盛宣怀任汉厂督办的"札委"中说，"盛道才猷宏达，综合精详，于中国商务工程制造各事宜，均极熟习，经理商局多年，著有成效。因该道从前曾有承办铁厂原议"④，当然只有"颇愿为之区画"的盛宣怀来接办是最为适宜了。

盛宣怀于接到札委后 10 天，即 1896 年 5 月 24 日（光绪二十二年四月十二日）接办汉厂。前面已经谈到，盛宣怀既已看出汉厂中的关键问题和不景气的原因，首要的是煤炭短缺，故在上任后即不断到江西、湖南等地寻觅煤矿，尽可能做到不购洋煤，以轻成本。他说，如果自己不能解决煤炭来源问题，"必致厂购洋焦，路购洋轨，大负初心"。如果大购洋焦，必致"亏累不堪"⑤，而"路购洋轨"，这就使铁厂的产品销路成为问题了。

盛宣怀对汉厂第二个关心的事就是市场销路。盛宣怀办任何工业企业，总是要考虑到市场销路，而这又把与洋商竞争角胜和争利置于首要地位。他说："中国不患弱而患贫，不患在下占在上之利，而患洋人占华人

---

① 盛宣怀《寄武昌恽菘耘观察祖翼》，光绪二十二年正月十一日，《愚稿》卷 88 补遗 65，页 21。恽祖翼，字菘耘，盛宣怀常写成松云、菘云、菘耘。为了保持原样，均不作划一的改动。

② 盛档，盛宣怀《复鄂臬恽松云函》，光绪二十二年正月十九日，《思惠斋亲笔信稿》。

③ 盛宣怀《寄翁锲甫》，光绪二十二年四月初三，《愚稿》卷 24，页 28。

④ 张之洞《札委盛道督办汉阳铁厂》，光绪二十二年四月初二，《张集》公牍 15，页 11—12。

⑤ 盛宣怀《寄张香帅》，光绪二十二年十月二十九日，《愚稿》卷 25，页 20。

之利。"① 铁厂的市场销路，主要是靠铁路钢轨归厂制造。他在接手前夕，即对张之洞说明钢轨必须归厂造的道理：铁厂"非支持不能推广，非推广不能持久。实一定不移之理。惟中国办事最易纷歧，万一铁路所用钢轨等件，仍欲取材于外洋，使华铁销路阻塞，商局何能挽回"。如果做不到轨归厂造的话，那时即当"准其停工发还华商资本，仍归官本"②。这实际是把"轨归厂造"作为他承办铁厂的先决条件。盛宣怀对此认识透彻，意志坚定。他多次向上司和社会呼吁，承造路轨与汉厂的成败攸关。他刚接办不几天，即上书直督王文韶说："宣怀接办铁厂……当以得煤为体，造轨为用。尤冀各制造局关怀自强之政，均购用自家之铁，此实赖大府严切嘱托，各局员或可共体时艰，以塞漏卮。"这就是说，对铁轨而外的各制造局所用钢铁，也希望王文韶利用他的地位与影响敦促向汉厂购买。当然，他更强调"轨路一气，造轨方可补救铁厂"，如果不这样做，势必"外人逼到极处仍入外人之手而不止"③！这种保护民族工业的思想感情，使盛宣怀必然要力请制止购买外洋钢轨。例如1896年法国请由镇南关造路至百色，有用法轨之说，盛急电张之洞阻止，说此轨鄂厂可"赶紧代造。发端之始，似未可外购法国铁轨，使各国效尤"④。盛宣怀唯恐王文韶、张之洞的势力不足以实现他的"轨归厂造"的愿望，故于他被授予"专折奏事"特权之后，随即上奏皇上，系统地陈述他的观点说："今天下大兴作，莫甚于铁路，路料莫巨于钢轨。湖北大冶县铁矿，臣宣怀谋之于先，汉阳铁厂臣之洞成之于后。皆斩以为今日造路计也。顾非轨不能成路，非铁不能制轨，非焦炭不能炼铁。"⑤ 这段话，一方面说明盛宣怀在汉厂的创始与经营中的重要地位，另一方面也说明铁厂与煤炭尤其是与路轨的关系。而路轨归厂造实际上又是与洋商争市场、塞漏卮的问题。盛宣怀确是抓着了关系铁厂成败的销路问题。

　　第三是人才。从原料、燃料到生产、流通、销售过程的每一个环节，均需人才。管理人才和技术人才俱需。盛宣怀从多年举办、经营近代洋务

① 盛档，盛宣怀《禀庆邸》再启，光绪十六年十一月十六日，《东海亲笔信稿》。
② 《附盛道禀复》，光绪二十二年四月初二，《张集》公牍15，页15。
③ 盛档，盛宣怀《上直督王文韶禀》，光绪二十二年六月，《思惠斋亲笔信稿》。
④ 盛宣怀《寄鄂督张香帅》，光绪二十二年五月二十六日，《愚稿》卷89，补遗66，页24。
⑤ 盛宣怀《湖北铁厂炼轨请购用开平焦炭片》，光绪二十二年九月，《愚稿》卷1，页42。

企业的实践中，深深体会到人才的重要。没有相应的各种人才，一切设想都会落空。在过去，汉阳铁厂的高级技术人才均系洋人。盛宣怀对洋人的能力比较清楚，既不认为洋人都能干，也不认为他们一无是处。例如，他在 1891 年即说过，在煤铁矿方面洋技术人员中，只有"开平所请之坚达，系怡和代请；大冶所请之郭师敦，系金登干代请。此二人有成效，余皆混充。"① 汉厂的洋技术人员，合格者固不乏其人，"混充"者亦不少。他说："总监工德培竟无本领，毫无筹画，与生铁炉洋人大相龃龉，请撤吕柏，总司生铁者请停生铁炉。"停生铁炉，是使全厂"坐食"的主张。"总监工不得其人，全厂为之受累"②。因此，盛宣怀认为，"此厂用洋人三十六名，不务实。可知其整顿之难，更难于当年之招商局"③。盛把人才问题看作是整顿汉厂中最难的问题，是有见地的。于是盛宣怀委派自己最得力的帮手、号称"招商局必不可少之人"的郑观应担任汉阳铁厂总办。郑观应既有思想理论又有经营实业的经验，具有"富强救国"热情，又在办企业的看法上与盛基本相同。尽管郑一再推辞，盛宣怀除劝驾之外，答应其"暂驻汉阳，仍须兼顾商局"④ 的要求，郑观应乃接总办职。郑对汉厂的整顿，与盛的见解是一致的，即抓紧觅焦炭、选人才、广销路三条。由于抓住了铁厂的要害问题，整顿是有成效的。然而郑观应"屡以疾辞"，盛宣怀曾考虑亲自驻鄂，函告恽荩耘说："记得招商局糜烂之时，弟亲驻上海一年，方有起色。铁事实非弟亲临调度难期改观。"⑤ 但这只不过是他的主观愿望而已。这时的盛宣怀非十年前可比，他已是要人和忙人了，驻鄂是办不到的。于是盛请王之春劝郑留，说："陶斋似不愿久于鄂，乞公劝留之。我辈知其不可为而为，无非愿以一身开风气之先，至于自己成败利钝皆不在意。"⑥ 这些话真实地反映了盛宣怀的个性和心情。

　　经过郑观应半年多的努力，汉厂初见成效。煤炭来源基本供应不断；至于销路，由于盛宣怀担任了铁路公司督办，郑观应又兼了粤汉铁路董

---

① 盛档，盛宣怀《复薛福成函》，光绪十七年正月二十六日，《东海亲笔信稿》。

② 盛档，盛宣怀《致鄂藩王爵棠函》，光绪二十二年六月十四日，《思惠斋亲笔信稿》。

③ 盛宣怀《寄王夑帅》，光绪二十二年四月初四，《愚稿》卷89，补遗66，页14。

④ 盛档，《郑观应致盛宣怀函》，光绪二十二年四月二十二日。

⑤ 盛档，盛宣怀《致鄂臬恽松云函》，光绪二十二年六月十三日，《思惠斋亲笔信稿》。

⑥ 盛档，盛宣怀《致鄂藩王爵棠函》，光绪二十二年六月二十四日，《思惠斋亲笔信稿》。

事，产销握于一手。最难者还是人才问题。于是，盛宣怀采取一方面自己培养人才，一方面对洋匠进行甄别淘汰的办法，根据当时需要提出选用洋匠十四名：

> 汉阳铁厂应用洋人单（此单由考甫链厂译出）①
> 总管汉阳铁厂工程一员，月薪一百镑至一百五十镑
> 化铁炉洋监工一员，月薪六十七镑至八十三镑
> 洋匠一名，月薪三十镑至三十四镑
> 化子兼食炭炉洋匠一名，月薪三十镑至三十四镑
> 炼钢洋监工一员，月薪六十七镑至八十三镑
> 百色麻炉洋匠二名，月薪各三十镑至三十四镑
> 马丁炉洋匠二名，月薪各三十镑至三十四镑
> 拉铁洋匠二名，月薪各三十镑至三十四镑
> 车机洋匠一名，月薪各四十镑
> 熟铁炉洋监工炼钢监工兼管
> 洋匠目一名，月薪四十八镑
> 洋匠一名，月薪三十镑至三十四镑

从上述用洋人单看，盛宣怀由 36 名减为 14 名，这 14 名均为必不可少者。他将此单交给郑观应，并指示说：经考核甄别，原来在厂的可用者尽可能留用，"其缺者向外洋聘补。为在厂者工程情形已熟，且外洋来往川资甚巨……再者，厂中只可用同国之人，彼此均见合意"②。可见其既考虑节省洋人工薪和洋人对工程熟悉情况，也考虑到洋人之间的协调关系，免致掣肘。这两者都是盛宣怀的一贯思想。

接办汉阳铁厂对盛宣怀来说，是很大的事，也是很难的事。他对此有清醒的估计，并作了利弊权衡和预测：

> 路、轨相辅而行，固属两益，惟借洋债而欲杜强宾夺主之谋，招

---

① 盛档，《盛宣怀致郑观应函》附件，光绪二十三年二月初四。
② 盛档，《盛宣怀致郑观应函》，光绪二十三年二月初四。

华股而欲祛李代桃僵之弊。阅四年工始竣，积十年利始见，逾三十年债始清。人第羡为阔大差使，而莫知其艰危境界也![1]

这些都是经验之谈。确有一定的"艰危境界"的情况，但他知难而进，诚如前面引用过他的话所说，"愿以一身开风气之先，至于自己成败利钝皆不在意"的精神，没有这点精神，是不敢作此尝试的。正因有这点精神，加上他特有的能量和社会的关系，盛总算克服了种种曲折坎坷并取得一定胜利。10余年后，即1907年，盛宣怀历数汉厂之社会效益说：

> 宣怀现办铁厂兼煤铁矿，本属一局，所用资本人工数，已有盈无绌；各省铁路制造枪炮所用钢铁，悉资于此，成效已昭彰在人耳目。[2]

这些话并非虚构。它表明了自盛氏接办汉阳铁厂以来，在短短的近10年间，既解决了张之洞为之"心力交困"的资金缺乏、人才不足和专赖洋匠问题；最伤脑筋的焦炭供应不足或不时"难以为继"，也基本做到自给，改变了依赖外洋的局面；至于市场销路，也在盛宣怀努力下开辟得较为广阔，各省造铁路所用钢轨和制造局所用钢铁材料，"悉资于此"了。这也就是汉阳铁厂真正完整了从原料、燃料、生产、市场等生产过程到流通过程的运作，基本上达到现代企业规格了。

三　洋务思想特征及其定型化

洋务思想是近代中国社会所特有的思想。它可以追溯到林则徐、魏源等先进政治家、思想家的"师夷长技以制夷"的思想。

"洋务"虽由"夷务"两字演化而来，但两者含义是不同的。"夷务"主要是指清王朝驾临邻邦和有关一切外国的政治、军事等关系上的事务；"洋务"，则是在外国资本主义侵略下，为维护清王朝统治学习和引进西方

---

① 盛档，盛宣怀《致鄂臬恽松云函》，光绪二十二年六月十三日，《思惠斋亲笔信稿》。
② 盛档，盛宣怀《再上庆邸禀》，光绪三十三年六月，《丁未亲笔函稿》。

先进的科学技术为中心的及与此有关联的一切活动和思想。故"洋务"是为了稳定清王朝统治，不仅"师夷长技以制夷"，而且要"师夷长技"以制人民。在"制人民"方面的政治上的反动性，学术界没有争议；但在"制夷"问题上，学界却有着肯定、否定和肯定与否定参半等不同说法。其实，不管是"制夷"还是"制人民"，在当时条件下"师夷长技"对社会发展总是积极的。在"制夷"上，不仅限于军事，而且在经济上对侵略者也是抵制的；为了更好地"师夷长技"，不仅引进先进的科学技术，还促进自己培养科学技术人才和新式的管理人才，做到科技"归诸中土"，做到有所创造和发展，等等。盛宣怀在办洋务的实践中，逐步使自己的洋务思想完整起来，形成自己的一套洋务商战思想体系。这个体系主要表现在：

一曰"力保华民生计起见，倘有可以收回利权者，无论何事，必须设法筹办，方于国计民生两有裨益"①。筹办轮船招商局和内河航运业是收回利权，筹办电报是收回利权，筹办煤铁矿务的开采和冶炼，以及办纺织、缫丝、酿酒等工厂，亦无不考虑到民族的利权。当然，这些收回利权的厂矿等筹办，是同他的资产阶级利益相结合的。

二曰尽最大可能阻止洋商在国土上"任便制造"。在甲午战前，清政府与外国资本主义列强签订的各种不平等条约中没有做过外国商人可以在中国从事工艺制造的规定。1895 年的《马关条约》有了外商在中国从事工艺制造的条文。盛宣怀担心从此利权尽失，乃向当轴提议："本非外洋需用出口之土货，又非中国已经仿照自造外洋进口之货，概不得在任便制造之列。"这当然是抵制洋商在华设厂之一法。但盛氏对此是有妥协性的，他说："若再虑其吹求，或声明凡有中国自用之货物，中国不准自己商民用机器制造致夺华民生计者，亦不准洋商制造。此议为保全华民生计起见，不尽关乎商务。"② 所谓不准"华民用机器制造"，是指锡箔、绸缎等"华民素赖手艺养活者"而言，这里一方面说明盛宣怀从当时实际情况出发，使用机器的有限性；另一方面说明盛氏的"不准洋商用机器制造"是

① 盛档，《上北洋大臣王文韶禀》，光绪二十一年四月，《思惠斋亲笔信稿》。
② 上引文均见盛宣怀《寄京总署李傅相、津王爕帅》，光绪二十一年十二月十二日，《愚稿》卷24，页5、6。

以华民使用机器与否为准，显然是妥协性的表现。

三曰"畅出土货抵敌洋货，杜绝漏卮"[1]。盛宣怀提出货物进出口中畅通或阻塞之评判理论说："当今官民交困，财用渐成漏卮，欲挽其弊，必得长于理财之大吏究心洋货土货进出口之数，或塞之，或畅之，不沾沾于损下益上之图，乃能藏富于商民，而国内日裕。"[2] 这个意思是说，货物进出口之"畅"或"塞"，应以是否能"藏富于商民"和"国内日裕"为准；不能用"损下益上"来富国，而应在与洋商争利中达到裕国的目的。这种为"富商民""裕国"而与洋商争斗的经济思想，盛在给格致书院学生单秉钧的论文的眉批中讲得更明确而淋漓尽致。他写道：

> 中国而论商务，无论条约章程，事事太阿倒持，即令洋人并无欺诈攘夺之心，然如五都之市，百肆林立，而我以一肆新厕其侧，必有一番倾轧争斗，苟非厚集其力，鲜不倾覆相继，势使然也。惟为国家大局计，明知其难，不得不竭力。[3]

这种"为国家大局计，明知其难，不得不竭力"与洋商争斗的思想，是非常可贵的。盛宣怀不仅口头上讲，而天天在实践着这一思想。

四曰减华货税厘以降低成本抵制洋商。华洋货物税收一律平等，是盛宣怀的一贯主张，并为此不断地呼吁。他认为，要达到抵制洋货、收回利权的目的，必须减轻华货的税厘，做到与洋货相等。他说："西人进口税重，欲税他国之货以塞漏卮也；出口税轻，欲畅销本国之货以益来源也。"中国政府不明此义，吃亏甚大。例如现今"丝茶出口若不减轻税厘，恐立见丛渊之弊"。国家为了眼前利益，似明知之而犹为之，是"损中以益外"[4] 也！因为"若厂货抽十，进口货抽五……洋商实则阳抑制造，而阴助进口，其术甚狡。去年（指1896年——引者注）华商缫丝厂二十余家，约赔数百万，纺织厂亦赔百万，再重征什一，华商本短力薄，必致歇业，

---

[1]　盛宣怀在单秉钧关于铁路论文上的眉批，《格致课艺全编》卷5，页24。
[2]　盛档，盛宣怀《致钱应溥函》，光绪十六年十月初二，《东海亲笔信稿》。
[3]　见《格致课艺全编》卷5，页24。
[4]　上引文见盛宣怀在钟天纬论述轮电文章上的眉批，《格致课艺全编》卷2，页7。

悉归洋商垄断，与兴利塞漏本意甚背"①。盛宣怀认为，外贸的总原则应该是："讲求商务，总以出口之货能抵入口之货为第一义。"② 要做到这点，首先必须要减轻华货之税。

五曰暂用洋匠，尽快培养自己的人才以替代洋人。盛宣怀认识到，要在市场上与洋商角胜，除上述那些条件外，就是急需培养自己的人才。只有当自己的人才替代了洋员，才能更快地减轻商品成本，创造性地发展技艺，从而较快地提高劳动生产率。他在长期办企业等实践中，逐步形成了用人观③。他对于洋技术人员的要求是严格的，这里列举他在 1890 年所拟招聘洋煤铁矿师的几个主要条件于下④：

　　一头等出色开煤铁矿师一人，须要矿务书暨头等考单，并要自己开过煤矿铁矿，有矿主给予实在凭据。

　　一须通晓地质学、化学、算学、机器等事，到华先须钻地核算煤层深浅广狭，每日出煤若干吨，足敷若干年开挖。所有安置机器开井开路之法，均须亲自布置，煤质铁质均须化验分数。并须谙炼改制煤炭，开挖铁石，以备炼铁之用。

　　一光绪元年税务司金登干代请之矿师郭师敦乃系兼谙开煤炼铁二事，如现在所请开矿者亦能兼谙炼铁更好，如只能开矿不能炼铁，想薪水可以稍轻（定为每月三百两——引者注），因将来仍须请炼铁之人也……

　　一合同以三年为期，如有不听调度，违犯法例之事以及连病至三个月不能办事，均可随时销去合同，停止薪水。

　　……

　　一矿师应从矿务督办、总办调度一切。

这份"节略"体现了盛宣怀的两种思想：一个是矿师必须具备知识和

---

① 盛宣怀《寄张香帅》，光绪二十三年正月十七日，《愚稿》卷 26，页 5。
② 光绪二十五年盛宣怀上总署文，《矿务档》（四），第 2321 页。
③ 参阅本书第十章第一节。
④ 盛档，盛宣怀《致张樵埜书》附件：《拟请开办煤铁矿师节略》亲笔底稿，光绪十六年十月，《东海亲笔底稿》。

经验才算合格；另一个是洋矿师只能运用其技能知识为中国矿业和冶炼业服务，不得侵权。不是多年办企业有丰富实践经验者，是提不出这些条件和规定的。

盛宣怀还有一个很可贵的思想，就是将聘用洋技术人员作为暂时不得已的措施，从长远说，他认为必须培养自己的人才。这从战略上说，固然是为了国家自力更生，从短期来说是为减少费用以增强竞争能力。盛宣怀以招商局为例禀告李鸿章说："局用之最巨者，莫如用洋人与用煤两宗。"他计算招商局用于洋人的薪水银每年不下 30 余万两，于是急于想自己培养人才，他说："窃思借助于彼族，不如求才于内地。"建议自开学堂，招收百名学生入学，"数年以后，学有成效，分派各船，由渐升调，徐图替去洋人，即使优给薪工，较洋人可省一半"①。这是他 1889 年的设想，但很长时间甚至终其生未能完全实现。这是半封建半殖民地的制度所决定的，不是盛宣怀一个人之责。

由上可见，到 19 世纪 90 年代，盛宣怀在洋务商战思想上，从生产过程到流通过程，已形成较为完整的思想体系。这个"体系"的中心特征就是要发展经济与洋商争斗，以致富强。因为如果经济上不能与洋商角胜，国家就不可能达到富强的目的。而要做到这点，洋务工业企业必须摆脱对外国的依赖，而这一关键又取决于人才，没有人才，再美好的设想和规划，均将一事无成。而洋务商战又与整个国家的自强大计有紧密联系，这个观点集中表现在盛宣怀于 1896 年所上的《条陈自强大计折》中。

四　《条陈自强大计》及与维新运动相对抗

盛宣怀大发迹起点的 1896 年，也就是他明显地与维新改革运动相对抗的开端。因此，这一年是他官阶上走上坡，而政治上却在走下坡的标志年。这一年是盛宣怀上坡与下坡两重性的分界，尽管他在发展经济方面有积极意义。当然，在 1896 年以后，他也有发展资本主义经济的进步性和政

---

① 盛档，盛宣怀《上李鸿章禀帖》，光绪十五年十一月。

治上坚持封建主义统治的矛盾，但那时以改革政治制度为主的进步的维新运动毕竟还没有提到实践的日程，盛宣怀的保守落后还没有对立面以促使其表露；另一方面，历史也还难以证明他一定在政治上不能跟上时代前进的步伐。随着《条陈自强大计折》中他所表现的洋务思想体系的完整化，并且他从这个体系出发与正在兴起的维新政治运动相对抗，其政治上的下坡就明朗化了。

盛宣怀取得"专折奏事"特权之后的第一个奏折，就是《条陈自强大计折》，这是他的洋务思想体系化和完整的标志。他表述说：

> 泰西诸邦，用举国之才智，以兴农商工艺之利，即藉举国之商力，以养水陆之兵，保农工之业。盖国非兵不强，必有精兵然后可以应征调，则宜练兵；兵非饷曷练，必兴商务然后可以扩利源，则宜理财；兵与财不得其人，虽日言练，日言理，而终无可用之兵、可恃之财，则宜育才。①

盛宣怀把练兵、理财和育才三者有机地联系起来论述，这还是第一次。它表明，盛宣怀多年来举办经营的资本主义近代工商业是同维护清封建统治紧密地连在一起的，一定意义上说，就是为巩固清王朝的统治。这正是洋务思想的根本特征。

在练兵方面，盛宣怀历数绿营和湘、淮军练军的弊端，指出"自甘废弛，军制愈纷，饷力愈绌，兵气愈弱"，提议"举绿营勇营悉去之"的淘汰法；另外"参酌西法，简练新兵三十万"，"选户籍可稽，未经犯罪，年在二十以上二十五以下，体质身干合格者录为常备兵，入营教练，期以三年退为预备兵，亦期三年退为后备兵，亦期三年退为民兵，期以五年除其兵籍"。他说常备、预备、后备相结合的兵役法，好处很多："兵皆土著，游惰不录，其利一；更递进退，室家可归，其利二；事至征召，人皆练习，其利三；事毕归农，不流为匪，其利四。"新练的军队应该是"各镇营制饷章，统归一律；各营枪炮器械，统归一式"。

----

① 见《愚稿》卷1，页3。

强兵必须以雄厚的财富为后盾，这才是真正的富强。盛宣怀说："理财有二义，开源节流尽之矣。"所谓开源，就是"广制造，兴矿政"，大力发展资本主义工商业。富的根本在此，强的基础亦在此。开源的同时，必须节流。节流之要，首在塞漏卮，即与洋商争利。他说："欲求足国，先无病民；欲收商利，在挽外溢。"要做到这点，必须免厘加税，即"径免天下中途厘金，加关税值百抽十"；"免厘则出口土货易于流通，加税则进口洋货或渐减少。取益防损，利在无形。所谓足国而不病民，且阴以挽外溢之利者此也"。这种"足国而不病民"的思想，实际就是他的"藏富于商民"思想的具体运用，而这只有发展资本主义近代工业，发展经济，才能办到。比之既不想甚至反对发展近代工商业经济，又要求国富者，盛不知高明几千百倍。因那必将竭泽而渔，非病民而何！

盛宣怀知道，发展近代工商业，陈需要人才而外，就是要有充足的资本，否则开源节流都将成为空话。资本主要不能靠借外债，而应在国内开发财源。这就必须赶紧仿办银行。银行有"聚举国之财为通商惠工之本"的枢纽作用，它不仅可以集腋成裘，变外债为国债，"不受重息之挟制，不吃镑价之亏折"，且能自行铸币，挤去洋钱，可成为与洋商争斗的重要手段。银行之利大矣！于是，盛宣怀把办银行提到了实践的日程。

强兵也好，理财也好，都必须有与之相适应的人才，否则均将一事无成。所以，盛宣怀把培养新式人才置于首要地位。这在上节已有叙述。他以西洋为例说，泰西由于学堂兴盛，故"立致富强"。于是建议中国各省除设一所武备学堂外，先设立综合性的学府一所，"教以天、算、舆地、格致、制造汽机、矿冶诸学"。毕业学生授以科第衔。为什么要这样做？是因现今还"不能尽改科举之制"的缘故。于是盛又建议旧的科举之外，"似宜专设一科，裁天下之广额，为新学之进阶，明定功令，使文武学堂卒业者皆有出身之正途"。盛宣怀的这些建议虽不新鲜，但他这种培养新式人才的思想，早在20余年前的1873年就很明确了[①]，而在这时在已被提到实践日程条件下再次提出，不是没有新的意义。他高兴地预期："齐仕进于科第，则闻风兴起，学校如林，人才自不可胜用。"

---

① 参见本书第一章第一节。

　　盛宣怀最后呼吁：中国必须赶紧办练兵、理财、育才这三件事，否则，"年复一年，外人耽耽视我，一无足恃，肆彼要求，得步进步。无兵则不能保守利权，无饷则不能充养兵力，二者互为掣肘，甚至洋债不能再借，边土不能自保，至其时，始悔七年之病，不蓄三年之艾，殆已晚矣"①！多么丰富的挽回利权和致国家于富强的感情。当然，这种感情是同盛氏"办大事"、"作高官"的利益紧密联系在一起的，这就必然导致他在政治上与时代潮流反方向发展。所以说，《条陈自强大计折》标志了盛宣怀洋务思想成熟，也标志了他与民主政治潮流相违背，故这既是其大发迹的开端，也是政治上走下坡路的明朗化。

　　《条陈自强大计折》充分表现了盛宣怀思想上的两面性。他把强兵置于发展近代工商业的基础之上，重点是与洋商争利，做到国富而不病民，实际就是"藏富于商民"；又把培养新式人才放在首要地位。这些观点在经济上的进步性是不容置疑的，但他没有触及中国不能达到富强的根本症结所在，那就是要变封建专制制度为民主政治制度的问题。他在甲午战争之前，即曾大谈变法，但他那时所谈的变法，只变户政、兵政、工政，其他吏治、礼政、刑政等都不更动。这些政权机构尚且均不变动，设议院、订宪法等就更谈不上了。1896年前后是什么政治形势？资产阶级维新变法通过康有为等"公车上书"，已从一种思潮变为政治运动，并逐步走向高潮，而盛宣怀还只能抛出像《条陈自强大计折》那样不涉及政治民主改革的说教，显然是与维新运动对立的。

　　盛宣怀在变专制为民主的政治态度和观点上，不仅不及维新派，也赶不上某些洋务派官僚。维新派是强烈要求马上设议院实行君主立宪式的民主制的；洋务派官僚们也已在甲午前后出现了这种倾向。曾任两广总督的张树声就曾表达过对西学仅"遗其体而求其用"②是绝对达不到国家富强目的的论述；曾任安徽巡抚的邓华熙表达过对学西学中的"不揣其本而末是求"③的批评；最早出任英国公使的郭嵩焘早在1879年3月即说过："西洋制法，亦自有本末，中国大本全失，西法从何举行，勉强行之，亦

---

① 以上未加注的引文，均见《条陈自强大计折》。
② 张树声遗折。
③ 见《郑观应集》上册，第226页。

徒劳耳!"① 张、邓、郭等人的话，都说明洋务派官僚亦有希望中国实行君主立宪制的倾向，这是他们在洋务活动实践中逐渐意识到的，这是可贵的意识和倾向。然而，盛宣怀虽是洋务活动实践的佼佼者，却没有表现出这种倾向，在这一点上可说他是保守派。这或许不是因为盛宣怀看不到这点②，而是由于他"作高官"的命运与清王朝封建统治联系在一起，故其不愿也不敢讲清廷所不愿听的话罢了。他于 1895 年重弹老调地禀告刚签订屈辱的《马关条约》后回国的李鸿章说："丧师失地之后，即为收复计，亦当为善后计矣。中国苟能发愤自强，除吏政、礼政、刑政暂不更动外，户政、兵政、工政必须变法。其转移之柄在皇上，而开诚布公集思广益之论，微我中堂谁能发之。"③ 他认为："殷忧启圣，国家转弱为强，中兴在此；而痛哭陈词，元臣反过为功，晚节亦在此。"④ 盛宣怀已落后于一些洋务大官僚了。

当维新政治运动推向高潮乃至百日维新之时，盛宣怀仍坚持原来的观点。在戊戌变法进行过程中，他提出了与康梁相对立的变法方案。他致友人书云：

> 朝廷锐意求治，第一在知人用人，否则虽百变其法，而一效难收，甚至求治太急，转为流弊。弟以为中国根本之学不必更动，止要兵政、商政两端采取各国之所长，厘定章程，实力举办，此即足食足兵之道，无他奇巧。⑤

这与他 1895 年《禀李鸿章》中的观点一致，所不同者，更明确了其"中国根本之学不必更动"，也就是封建统治秩序绝不变更的意思，显与康梁等戊戌维新派要求立宪的进步思潮和政治实践是背道而驰的。因为戊戌维新派同洋务派的根本分歧之点，就在于要"变更""根本之学"，即多少更动一点封建专制，使之变为君民共治的民主制。

---

① 《郭嵩焘日记》第 3 卷，第 444 页。
② 关于这个问题在后面将专论。
③ 盛档，盛宣怀《禀李鸿章》，光绪二十一年四月十一日，《思惠斋函赎留稿》。
④ 盛档，盛宣怀《禀李鸿章》，光绪二十一年四月十一日，《思惠斋函赎留稿》。
⑤ 盛档，盛宣怀《复陆伯葵阁学》，光绪二十四年六月二十三日，《戊戌亲笔函稿》。

　　那么，盛宣怀是不是同意顽固派而一味反对革新呢？也不是。当以慈禧太后为首的一批顽固守旧派发动政变扼杀了维新运动时，他着急了，说："训政以来，百事皆归旧辙，而环海疑议纷腾，以为更新不求实际，复旧又似太激。"① 他对复旧不满，因为这与他所提练兵、理财、育才三大端的主张相悖，而且"复旧"会引起各方面不满甚或反对，出现统治危机。于是盛氏借用洋人之力说：外人"以维新冀望中国者，不能无疑于深宫一意守旧，从此无振兴之日……久而久之，难免各国愈生玩视之心"②。唯恐清廷无动于衷，又带威胁地说："外人皆曰中国若是，恐难自强，不如各自为计，分谋占夺，并将以兵力胁制为干预内政之谋。"③ 处于这种危急形势，盛宣怀的心思就显出来了，就是按照他的《条陈自强大计折》中所讲的方案办理。他对王文韶说：

　　　　倘能将实在应办之事如用人、练兵、理财数大端，议定规模，参酌中西异同，分别年限，次第筹办。所谓谋定后动，办一件是一件，不操切，亦不因循。窃料诏告一下，天下各国莫不钦佩，而四海人心皆知所适从也。④

　　这就是说，像康梁那样的变法是不行的，政变后的复旧不变也不行，按照他所陈"自强大计"的方案来变是最好的。也即他在《上庆亲王》中所谓"执两用中"之法。他唯恐清王朝忌讳"变法"二字而不按他的方案变，于是又将"自强大计"方案，牵强附会为"圣经足食足兵之道"。他上书庆亲王："中原礼教腾于外邦，本不必变本加厉，群雄相逼而来，兵商两端，诚不可不学彼之长，去我之短。且于圣经足食足兵之道并不相背，不得谓变法也。"并大声疾呼："时局危迫"，"不可再事因循！"⑤

　　由此可见，盛宣怀变法，是主张变其所谓"变"，非"康梁变法之变"。盛氏实际要以他的所谓"变"，来抵制"康梁变法"即民主制度改

① 盛档，盛宣怀《上庆亲王》，光绪二十四年十月初五，《戊戌亲笔函稿》。
② 盛档，盛宣怀《上军机大臣王夔帅》，光绪二十四年九月初十，《戊戌亲笔函稿》。
③ 盛档，盛宣怀《上庆亲王》，光绪二十四年十月初五，《戊戌亲笔函稿》。
④ 盛档，盛宣怀《上军机大臣王夔帅》，光绪二十四年九月初十，《戊戌亲笔函稿》。
⑤ 盛档，盛宣怀《上庆亲王》，光绪二十四年十月初五，《戊戌亲笔函稿》。

革的"变"。盛氏的所谓"变",在洋务运动中早见实施了。因此,可以说只是把原有的、过时的"变"加以粉饰加工而已,故不可谓之新变。然而,盛宣怀在戊戌变法中所提变法方案谈不上有什么变,实际也未曾有变的行动,而两年后在义和团运动期间,盛宣怀却积极行动起来搞变法活动了。这是什么原因? 这将在第十一章叙述。

第八章　督办铁路总公司

一　新形势新对策与办铁路非盛莫属

如果说 1896 年是盛宣怀大发迹开端的标志的话，那么督办铁路公司则是这个"标志"的印记。因为盛宣怀取得太常寺少卿职衔和专折奏事特权，与督办铁路公司有密切关系。盛宣怀曾因为清廷不给予"专折奏事"权而不愿任铁路督办，也就是说，如要我督办铁路公司，就非给予我直接与皇帝对话之权不可，不然，事情就难办通。盛宣怀之所以敢于这样做和终于做到了这点，与当时清政府在新形势下采取新的对策有关。

甲午战争后世界资本主义已进入帝国主义阶段，通过《马关条约》中日本"在中国内地从事工艺制造"的规定，列强援"利益均沾"的特权，竞相对中国输出资本，开办工矿企业。它们对中国从以商品输出为主变为以资本输出为主，除一般的开设纺织、食品轻工业和修造船舶、发展航运等工厂企业之外，列强将投资重点放在铁路、矿务、银行等方面，以进行资源和利权的掠夺与开发。因为这些行业是控制国民经济命脉的要害部门，既是资本输出的需要，也是帝国主义全面控制殖民地经济的需要。然而，事物的发展虽不平衡但往往又是对称的。在中国方面，洋务运动虽因未能达到预期目的而宣告失败，但资本主义经济却是在进一步发展着。随着资本主义经济的发展，原料燃料需求量日益增加，开发速度加快和开发量加多，商品量及其运输量以极快的速度增加着；在钢铁工业提到发展日程之后，要达到与洋商竞胜和国家富强的目的，就必须把多年议论的关系到军务、商务发展的铁路建筑置于优先修建的地位。铁路的修建是同盛宣怀承办汉阳铁厂密切相连的，也就是铁厂产品的销路很大程度上要靠修造铁路以售出它的铁轨。张之洞原来办铁厂时，即有供应铁路钢轨的意思。如果没有铁路钢轨这个大销路，铁厂是难以发展的。张之洞在把汉阳铁厂建议交给盛宣怀接办时，即说过"铁政非归某（指盛宣怀——引者）办不可，而路、轨又必合举"① 的话，盛宣怀也作过"路与轨两局综于一手，路成厂亦成"② 的表示。可见，铁路不仅关系到军务和商务的发展，更直接关系到汉阳铁厂的成败。而铁厂和其他工业乃至商业的发展，要求金属、煤炭等矿业有与之相适应的发展。于是甲午战争后在修建铁路之外大力经营矿务，又是经济规律所必然出现的新的经济形势。清朝君臣们如张之洞、刘坤一等辈，在经营铁厂的同时，很自然地把办工业的重点置于铁路和矿务。一贯从事轮、电、矿业等重要洋务企业经营的盛宣怀，根据他的实践经验，更体会到非抓紧铁路和矿业的筹建不足以致富强的道理。而办这些大型的关系到国民经济命脉的钢铁、铁路、矿务等工业企业，没有在国民经济中起枢纽作用的银行，是难以想象的。于是，铁路、矿务、银行三者，成了甲午战争后清政府办近代企业的重点项目，也是盛宣怀的经营洋务企业上的大发展。

甲午战争后帝国主义对中国经济掠夺的主要对象是铁路、矿务，而清政府经营洋务企业的重点也转移到这一方面来，确实可以说是针锋相对。而承担重任者，在当时只有盛宣怀最为适当，也可说是"非盛莫属"。兹以张之洞于光绪二十二年三月二十六日致王文韶一则电报中的评语来说明。电报中说：

> 昨招盛道来鄂商办铁厂，连日与议卢汉路事，极为透彻。环顾四方，官不通商情；商不顾大局；或知洋务而不明中国政体；或易为洋人所欺；或任事锐而鲜阅历；或敢为欺谩但图包揽而不能践言，皆不足任此事。该道无此六病。若令随同我两人总理此局，承上注下，可联南北，可联中外，可联官商。③

---

① 见《愚斋》卷89，补遗66，页14。
② 盛宣怀《寄王夔帅》，光绪二十二年四月初二，《愚斋》卷89，补遗66，页12。
③ 《鄂督张香帅致直督王夔帅电》，光绪二十二年三月二十六日，《愚斋》卷89，补遗66，页8。

字里行间，张表达得很明确，汉阳铁厂"非归某办不可"，铁路的修建也只有盛宣怀能担此任。盛宣怀也毫不掩饰地与人书云："聪明才智之士，莫不避难就易，避险就夷，皆各思安坐而致尊荣，不肯历患难而希勋业，此尤人心风俗之忧，而为富强大局之弊也。"意思是说，别人都是些不愿艰苦历险的创业者，只有他才是不怕艰难险阻为富强而奋斗的人，于是接着讲了与张之洞相类似的话说："环顾四方，人才甚竭，而此路之人才尤竭。或知洋务而不明中国政体，或易为洋人所欺，或任事锐而鲜阅历，或敢为欺谩但图包揽而不能践言，皆不足任此事。"[①] 办卢汉路盛宣怀以非我莫任自负，与张之洞、王文韶两位权势人物的"非盛莫属"的看法是一致的。

实事求是地说，在当时，清政府举办像卢汉、粤汉等铁路干线的大事和新鲜事，没有张之洞所说的如盛宣怀那样"承上注下，可联南北，可联中外，可联官商"的神通的人，是绝对办不通和办不成功的。首先是巨额的资金就筹措不到，其次是上下掣肘，有关各省督抚制造的种种阻碍，等等。能克服这些困难者，除盛宣怀以外，实乏其选。张之洞在推荐盛宣怀督办卢汉铁路上奏清廷时说得更为肯定和坚定，他说：

> 中国向来风气，官不习商业，商不晓官法，即或勤于官，通于商者，又多不谙洋务。惟该员能兼三长，且招商、电报各局著有成效。今欲招商承办铁路，似惟有该员堪以胜任。[②]

张之洞对盛宣怀的认识比之李鸿章更进了一步。李鸿章只是说盛宣怀精悉"吏治、洋务"，而张之洞则说他兼"官法"、"商业"、"洋务"三者之长，这是对其更为确切和全面的评价。而"惟有该员堪以胜任"一语，其器重程度又远出李鸿章之上。这实际上讲出了清朝最高当权人物所要讲的话。

经过权势人物的多方酝酿和清王朝的认可，清政府于 1896 年 10 月 11

---

① 盛档，盛宣怀《致黄花农观察》，光绪二十二年七月，《丙申思惠斋亲笔信稿》。
② 张之洞《卢汉铁路商办难成另筹办法折》，光绪二十二年七月二十五日，《张集》卷44，页24。

日（光绪二十二年九月十四日），下达了"直隶津海关道盛宣怀着开缺，
以四品京堂候补督办铁路总公司事务"① 的上谕。王文韶随即给予盛鼓励，
赠以"竖起脊梁立定脚，拓开眼界放平心"② 的贺词。于是盛宣怀走马上
任了。从此，如果说盛宣怀在甲午战前以轮、电两企业为中心和基地向外
扩展进行经济政治活动的话，那么，在 1896 年为始点，他是以铁路为中
心，旁及铁厂、矿务乃至银行、学堂等企事业进行活动，并从而不断地晋
升官阶的。所以必须首先叙述盛宣怀关于铁路的筹建和经营，然后才能阐
述其经营矿务、银行，以至学堂的创办。

二　抓紧卢汉铁路

　　盛宣怀筹办铁路是以卢汉铁路为起始的。

　　清政府对于修筑铁路之事的议论酝酿，已经历了几十年。这主要是由
于外国资本主义侵略者妄图占筑路权引起的。列强在中国筑路的要求，基
本与在 19 世纪 60 年代侵占电线权、电报权同步。清王朝君臣们为了抵制
列强侵路权，曾于 1865 年、1866 年和 1868 年进行三次议论，前两次从国
防军事上考虑，认为让洋商在国土上筑铁路，便于他们长驱直入，等于
"尽东其亩"；第三次则是除在国防上考虑之外，涉及了经济利益，即所谓
"占我商民生计"③，"占内地之利……占夺贫民之利"④，也就是赣抚刘坤
一所说的铁路让洋人建筑，犹如一条吸血管那样吸吮着华民鲜血，那将是
"譬人一身，膏血既尽，则躯体随之"⑤ 了。于是，在这一次议论中已提出
自己造铁路以与洋商争利的问题，即由惧怕而产生了利用铁路这一利益以
为我用的思想萌芽。这以李鸿章为代表所说的"与其任洋人在内地开设铁
路、电线，又不若中国自行仿办，权自我操"⑥。这可说是一个进步。

---

① 见《愚斋存稿》卷 1，页 1。
② 《王夔帅来电》，光绪二十二年九月十五日，《愚稿》卷 90，补遗 67，页 17。
③ 署鄂督李瀚章语，同治朝《筹办夷务始末》卷 55，页 13。
④ 江督曾国藩语，同治朝《筹办夷务始末》卷 54，页 13。
⑤ 江督曾国藩语，同治朝《筹办夷务始末》卷 54，页 13。
⑥ 江督曾国藩语，同治朝《筹办夷务始末》卷 55，页 14。

　　清政府正式提出并较大规模讨论自己筑路之事是始于 1874 年"海防议起"中。但那时没有也不可能将这一事提到实践的日程上来。此后一年余，盛宣怀在参加吴淞铁路谈判中，已明确认识到"保我（铁路）自主之权"的重要性，并在此后不久即向李鸿章表示要"助我中堂办成铁、矿、银行……数事"，其间将铁路置于首位①。19 世纪 80 年代，一方面，由于资本主义经济的发展加速，进出口商品日益加多，流通中的运输量显著增加；另一方面，由于中法战争等帝国主义侵略战争和此起彼伏的农民起义、反教会斗争，军事上调遣的需要，清政府于 1889 年又开始提起修筑铁路并拟付诸实践。正在酝酿创办钢铁厂的张之洞说明上述两方面的需要说"窃以为今日铁路之用，尤以开通土货为急"；又说"今中国方汲汲讲求安攘之略，自不得不采彼长技以为自强之助"②。但因经费难筹和多方面的阻力等原因，修建铁路未能大举。1895 年《马关条约》签订后，清帝"下诏自强"，很自然地把修建铁路置于首位。张之洞响应说："方今时势日急，外患凭陵，日增月甚，富强之计，首以铁路为第一要图。"③ 于是清王朝君臣上下一致地将修筑铁路放到了实践的日程。

　　先造哪一条铁路最为适宜？众说不一。李鸿章为了沿海防务需要和巩固扩展他的北洋势力地盘，早就力主筑津通路，在那时注重沿海东路当然是必要的；两广总督张之洞于 1889 年 4 月 1 日则针锋相对地注重在腹省筑路。这时除顽固派反对筑所有铁路者外，多数人主张先造内地的长度适中的卢汉铁路。即按照张之洞在 1889 年所表达的"宜先择四达之衢，首建干路以为经营全局之计，以立循序渐远之基"的自卢沟桥经河南达湖北汉口之卢汉路。张之洞认为，这条路是"铁路之枢纽，干路之始基，而中国大利之所萃也"。④ 他列举了许多优点，除"无引敌之虑"外，"但有利便，并无纷扰，民受其益，人习其事，商睹其利"；而且"将来集资推广续造，不至为难"⑤。应该说，张之洞是从民族利益考虑的，主张是正确

---

　　① 参见本书第六章第一节、第一章第一节。
　　② 张之洞《请缓造津通铁路改建腹省干路折》，光绪十五年三月初三，《张集》卷 25，页 12。
　　③ 张之洞《铁厂煤矿招商承办截止用款片》，光绪二十一年八月二十八日，《张集》卷 39，页 19。
　　④ 张之洞《请缓造津通铁路改建腹省干路折》，光绪十五年三月初三，《张集》卷 25，页 13。
　　⑤ 同上书，页 17。

的，并不是如一般所误说的他是从其湖广总督的地位和汉阳铁厂之利出发。因为张之洞在提出筑卢汉路的时候，没有也不知道自己要担任湖广总督。可是，他请"缓造津通"则不一定是正确的。因为那条路尽管能助李鸿章扩展北洋势力，却也是国防的需要。

张之洞在1889年春的认识基础上，在1895年铁路修筑被置于实践日程时，进一步说明先修卢汉路的必要性，并提高到诸路"纲领"的地位。他上奏清廷说："中国应开铁路之利甚多，当以卢汉一路为先务，此路南北东西皆处适中，便于通行分布，实为诸路纲领。"① 接着又直接致电办洋务的执行机构总理衙门强调此义说："此路四通八达，必宜先办，其余支路由此而推，如此方有纲领有次第。"② 这种强调卢汉铁路的重要性的论点，实际上也是盛宣怀的观点，因为他这位铁路总公司督办，就是想以修造卢汉路为始点，逐步扩展到全国各路。这也就是他所说的抓紧"中权干路"，渐及其他支路。

卢汉这个"中权干路"，对清政府的铁路事业说，固然是所谓"诸路纲领"，对盛宣怀说其也可以认为是他大发迹的"纲领"，故非握之手中不可。盛向清政府表示，要我承办铁厂，路权必须同时到手。他说："宣本不敢担荷，但念华商无人领袖，若一推让，恐厂与路皆属洋商，贻后来患。反复思维，人生百岁耳，事机易失，既有把握，曷不放手为之。"③ 一是"事机"绝不放过，二是路与厂综于一手有"把握"成功，三是"放手"大干一场。为此，盛宣怀对于凡不利于握卢汉路于手中的一切因素，都是要尽力排除和无情反击的。这里所谓不利的"一切因素"，包括帝国主义的侵权、国内的竞争对手，乃至借洋债还是华洋合股等，均以能否把路权握于其手中为准。因此，盛宣怀首先向清政府争权，还在酝酿接办卢汉路事时，即向清政府作了"事权不专，尤恐贻误"的声明，在张之洞作了"我意已决"④ 的保证后，盛才逐渐答应下来。在接受铁路总公司督办的委札后，于1896年11月间，他即与王文韶、张之洞会商，借口"天下

① 张之洞《吁请修备储才折》，光绪二十一年闰五月二十七日，《张集》卷37，页25。
② 《香帅致总署电》，光绪二十一年六月初十，《愚稿》卷99，总补遗，页1。
③ 盛宣怀《寄王夔帅》，光绪二十二年四月初二，《愚稿》卷89，补遗66，页12—13。
④ 盛宣怀《寄王夔帅》，光绪二十二年三月二十七日，《愚稿》卷89，补遗66，页9。

华商以上海为会归"①，提议将总公司设于他经济势力雄厚的上海，另在天津、汉口设两个分局。王、张等总督均表赞同。于是铁路总公司在上海开张了，1897 年 1 月 6 日（光绪二十二年十二月初四）正式启用总公司关防。

盛宣怀在清政府那里取得了信任，"事权专一"的路权是不是就保证权归于己了呢？还不能。因为要做到真正"权归于己"，更重要的是要在修建和经营中做到"权自我操"。做到这点是很不容易的，来自四面八方影响他"操权"的力量是不小的。盛宣怀采取了主动进攻、四面出击的策略。

首先遇到的劲敌是帝国主义。盛宣怀为了"权操诸己"，把与帝国主义争权放在第一位。他根据多年办企业同外商打交道的经验，在上任铁路公司督办之前，即警惕洋商争权问题，说："洋商必欲尽占权利，一国要挟，各国争衡，未见其利，先受其害。"这个意思是说，帝国主义对路权危害最大。因此，他认为"朝廷宜鉴及此，路不可缓，宜筹直捷痛快办法"，做到"权自我操，利不外溢，循序而进，克期成功"②。他针对帝国主义的侵权的态度是明显的。在帝国主义列强中直接发生侵权矛盾的，是沙俄欲将其铁路向南延伸。其次是牵涉到"权自我操"与否的借洋债还是招洋股的问题。俄路南侵的威胁远未见诸事实，而借洋债与招洋股却是需立即实行的事，所以招洋股还是借洋债是摆在盛宣怀面前的现实。在借洋债或招洋股的争论中，盛宣怀是反对招洋股力争借洋债者。

在 1896 年春，盛宣怀到鄂与张之洞商谈铁厂商办兼及卢汉路事时，他们即提出"官款难拨而注意商办，洋股不准而注意华商"③的主张。华商是无此资本兴建这样大的工程的，于是他们的注意力转移到洋商头上。当时，清政府的倾向是以"洋商入股为主脑"④，李鸿章以"洋债不及洋股容易"⑤，均认为以招洋股为宜。盛宣怀从"权"字上考虑，坚持借洋债不招

①　盛宣怀《铁路总公司请领官款开办折》，光绪二十二年十月，《愚斋》卷1，页18。

②　盛宣怀《寄直督王夔帅》，光绪二十二年三月十五日，《愚稿》卷24，页19。

③　《鄂督张香帅致直督王夔帅电》，光绪二十二年三月二十六日，《愚稿》卷89，补遗66，页7。

④　见《愚稿》卷24，页27。

⑤　见《愚稿》卷25，页10。

洋股，而慷慨陈词说：

> 所议借洋债与招洋股，大不相同。若卢汉招洋股，鄂、豫、东、直腹地，原不至遽为所割，但此端一开，俄请筑路东三省，英请筑路滇、川、西藏，法请筑路两粤，毗连疆域，初则借路攘利，终必因路割地，后患无穷。是何异揠苗助长！若借款自造，债是洋债，路是华路，不要海关抵押，并不必作为国债，只须奏明卢汉铁路招商局准其借用洋款，以路作保，悉由商局承办。分年招股还本，路利还息，便妥。①

话虽不少，但其中心意思一句话可以概括，那就是借洋债筑路可以做到权归于己，招洋股权必为洋人所夺。这层意思，盛宣怀多次与人谈过，为张之洞等权势者所接受。张之洞变盛氏之意为己意地表示支持说："惟有暂借洋债造路，陆续招股分还洋债之一策，集事较易，流弊较少。盖洋债与洋股迥不相同：路归洋股，则路权倒持于彼，款归洋债，则路权仍属于我。"② 在当时主权不独立的情况下，铁路的洋股如占到相当大的比重，很容易被洋商操纵路权，喧宾夺主。盛宣怀对此提高警惕是可以理解的。借洋债虽亦有一些苛条，但相对于招洋股说，独立经营的可能性要大得多。盛氏虽从自己揽权出发，但其思想却是符合民族利益的。

另一件与"权操诸己"有联系的事，即1895年11月间，卢汉铁路议归商办时，有广东在籍道员许应锵、广东商人方培垚、候补知府刘鹗、监生吕庆麟等四人，"均称集有股分千万，先后具呈各愿承办，请派大员督理"③。盛宣怀听到这个信息持否定态度而反对说："岂有一无名望之人能招千万巨股？闻俱是洋人所为。"既是洋人在背后操纵所为，那路权不就全为洋人所有了吗？"不特人股而已④！"事后完全证实了盛宣怀的看法是正确的，"许、方、吕三人皆有洋东在其身后……刘则敢为欺谩但思包揽

---

① 盛宣怀《寄王夔帅》，光绪二十二年三月二十七日，《愚稿》卷24，页25。

② 张之洞《卢汉铁路商办难成另筹办法折》，光绪二十二年七月二十五日，《张集》卷44，页23。

③ 《王夔帅致张香帅电》，光绪二十二年三月十六日，《愚稿》卷89，补遗66，页5。

④ 盛宣怀《寄王夔帅》，光绪二十二年三月十七日，《愚稿》卷24，页21。

而已"，从而得到了王文韶的"盛道实济时之彦"的赞誉①。

还有一件与上述情迹相似的事，即盛宣怀为保卫卢汉路权而坚决反对容闳修筑津镇路。1895 年，容闳即有由天津经清江至镇江修筑一条干线之议，盛宣怀曾加力阻。1896 年盛宣怀任铁路总公司督办后，容闳亦将津镇路旧议提到日程。盛宣怀揭露其事说，容闳"在总署呈请办镇江至足铁路，有款千万，请验。先以百万报效，路成再报效百万"②。这段话很明显的是说，其一，容闳这个人何来千万巨资？其二，用"报效"取得筑路权，来路必不正。而后指出："若清江别开一路，则东南客货均为所夺，卢汉将来断不能集华股还洋债。卢汉一路必致停废无成。……至于报效巨款，其为洋股可知。"他斩钉截铁地对王文韶说："无论何路皆不可准。饵我小利，必受大害。"③ 这个意见得到张之洞、王文韶的支持。盛宣怀的见解有其正确性。在那时，商品流转量并不很多，多筑一条南北干线或夺卢汉之利；更严重的是津镇路的后台是洋人，津镇夺卢汉之利，实际就是洋商夺华商之利。盛宣怀义愤填膺地掼纱帽说："路改东道，即无西辙。……如准容呈，拟请汉端停工，卢保归京兆，铁厂还香帅，销差辞职，事无可为矣！"④

然而，尽管"非盛莫属"的盛宣怀掼纱帽，也无济于事，因为此津镇一路是有后台支持的。除宫廷中贪百万报效之外，李鸿章是该事的主要支持者。李鸿章本想控制全国铁路大权，盛宣怀虽长期是李的左右手，但督办铁路总公司所修建的第一条铁路是卢汉路，这条路毕竟为张之洞所直接掌握，故李鸿章可能就想借津镇路以敌卢汉路。果然，张之洞以探听到确切的信息告盛："顷接京友本日电，容路已探确，事在必行，南海主之（指张荫桓——引者注），合肥助之。"张之洞要盛宣怀"设法恳合肥转圜"⑤。盛宣怀没有去恳求李鸿章"转圜"，而是直接通到总理衙门，大谈西路之利和筑东路之弊。他说：

———————————

① 《王夔帅致张香帅电》，光绪二十二年三月二十八日，《愚稿》卷 24，页 26。
② 盛宣怀《寄王夔帅张香帅》，光绪二十三年十月二十九日，《愚稿》卷 29，页 4。
③ 盛宣怀《寄直督王夔帅》，光绪二十二年十月二十九日，《愚稿》卷 29，页 6。
④ 盛宣怀《寄京冯志先》，光绪二十三年十月二十八日，《愚稿》卷 29，页 5。
⑤ 张之洞《致上海盛京堂》，光绪二十四年正月十八日亥刻发，《张集》卷 154，页 26、27。

因时局变迁，原难拘执成议。惟卢汉干路内外几经筹度而后定。南连湘粤，西通川陕，东达长江。利，则聚天下之全力以保畿辅；不利，亦可联十余省之精锐以保中原。今若改营镇津，卢汉停办，恐以后各路事权均属外人，无一路可以自主。数十年归还中朝之说，尽属子虚，大局何堪设想！①

说来说去一句话，抓紧"中权干路"的卢汉路，排斥其他干扰，而其中心是要与洋人争权。而这，正是他得人心的要着。

有人说，盛宣怀是从他自己及其集团的利益出发考虑问题的，所谓"权自我操"是借国家民族的"权"的名义，达到个人操"权"的目的，不足取。不错，资产阶级唯利是图，盛宣怀为利而抓路权，不为此他就没有必要与外人争利争权了。故而那时的争权以操诸己，是与民族利益基本上一致的。可取！但有一点需要说清楚，盛宣怀为保卢汉之权而反对外人在背后操纵津镇路是正确的，但要说南北干路只能是卢汉一条，津镇不必要修筑，那就失之偏颇了。因为津镇路并不能抢夺卢汉的生意。其结果是，停办卢汉当然绝无可能，也绝不应该；反对虽使津镇路的修筑暂缓了几年，最终还是建造，从经济发展的需要来说，这条东路还是应该修建的。这件事还是李鸿章看得清楚些，他电告盛云："西国干路，恒数道并行，非必有碍卢汉，何至因此停办！"劝说盛宣怀"仍照旧筹办（卢汉）为要"②。

盛宣怀在不招洋股而借洋债的主张上是取得胜利的。但借哪一国的债也同"权操诸己"与否有密切的关系。他本想借用美款、用美匠的，但因美商"始请包办，全工事权独揽，继请折扣之外，另给办工酬劳及余利红股"。盛认为这种"取盈既奢，亦有辍构"的美款不能借用，而其他一些国家的借款也有不少苛刻条件。因此，盛宣怀主张"无论议借何国路债，必须先用华款，后用洋债"。因为先用华款自造，造成一段，用路作抵押，可以免去苛条，"庶可权自我操，不致贻后来无穷之患"③。清政府先拨

---

① 盛宣怀《寄总署、蘷帅、香帅》，光绪二十四年正月二十二日，《愚稿》卷30，页20。
② 《李鸿章致盛宣怀电》，光绪二十二年，见《实业函电稿》下册，第704页。
③ 上引文均见盛宣怀《密陈筹办卢汉路次序机宜折》，光绪二十三年三月，《愚稿》卷1，页23、24。

1000 万元官款给公司筑路。因为公司债借洋款不像借国债那样可用海关等税作抵，有了铁路作抵，可避免洋商在借款上要挟。这个主张是比较恰当的。

最后决定借用比利时的款。盛宣怀认为，比尽管有法国作后台，但它"国小而无大志，借用比款利多害少""舍英美而就比"[1]，比较容易做到"权操诸己"。这是不得已而为之的较好办法。

三　与帝国主义侵路权发生直接冲突及妥协性

上节所说盛宣怀因有警惕帝国主义侵夺路权的思想，在筑路的实践中，必然与帝国主义侵夺路权发生直接冲突。19 世纪下半期起，帝国主义在中国抢占路权之风盛行，盛宣怀描绘说，"吉黑北路已经许俄代造，滇桂南路，法亦来争代造"；卢汉、粤汉等干路，"英、德眈眈虎视，几若不得此不甘心者"[2]。在此情况下，盛宣怀采取紧紧抓住"中权干路"不放的方针。他认为："卢汉一路，乃中国全路之大纲，将来南抵粤海，北接吉林，中权扼要在此，生发根基亦在此。气势畅通，全局自振。"[3] 这个方针是正确的。因为帝国主义从四面八方纷至沓来抢占路权，不可能也无此力量到处交锋，抓紧"中权"这个主要矛盾方面，保住并经营好此路，而后向南北东西伸展，就有可能各个击破，逐步达到收回路权的目的。这不是"扼要在此""根基在此"吗？这不就能"气势畅通，全局自振"了吗？他力争建立好卢汉这个"中权干路"，不仅如上节所说这与清政府李鸿章的招洋股及他们支持的津镇路修建有矛盾，而且直接与帝国主义侵犯路权发生尖锐的冲突，其中同沙俄最为激烈。

沙俄自 1891 年开始筹建西伯利亚铁路以来，进展很快，它"假道吉黑"直达海参崴。此路筑成之后，沙俄必将扣关内向，要求代筑干路，当

---

①　盛宣怀《遵旨历陈南北铁路办理情形折》，光绪二十四年五月，《愚斋》卷 2，页 35。

②　盛宣怀《筹办卢汉铁路情形并呈比国借款草合同折》，光绪二十三年四月，《愚斋》卷 1，页 36。

③　盛宣怀《复陈借款保息并无流弊电奏》，光绪二十三年四月，《愚斋》卷 21，页 7。

然要涉及卢汉铁路。这就损害到盛宣怀的"根基"。"根基"受威胁，一切计划均将落空。于是，盛宣怀采取主动前进的姿态，他电告王文韶说："俄路将至，似应先将榆路造至吉林，待俄路衔接……并分支路至大连湾，以占水陆地势。归总公司自守权利，勿为俄人代造。"① 盛宣怀之所以警惕地防俄，除俄将直接威胁他"根基"之余，这必将进而影响到他的"自振"的"全局"。一直在中央机构处任官的陈炽，曾透露沙俄对盛宣怀的威胁说："俄人将取中旨，创银行，揽华路，禁各国借款。俄谋秘而急，根本可借，他何惜焉！并闻专走内间，与杏翁作对。蹶此兴彼。"② 银行、铁路都是盛宣怀的禁脔，都是他赖以大发迹的要害部门，岂可让沙俄达到"蹶此兴彼"的目的。盛宣怀为此进行调查，首先去询问李鸿章俄是否有此图，李加以否认③；盛宣怀自己尽管也说陈炽所言俄"欲包造中国全路，不准借别国款"为"不足据"④，但心情还是很紧张的，故很认真地对待此事。从此也可看出盛氏与沙俄占路权矛盾之深了。

1897 年冬，以德国占领胶澳、俄国占领旅大为始点，列强掀起瓜分中国的高潮。面对此形势，盛宣怀及时做出反应，他加快筑路的心情更为迫切。他根据军事经济需要，强调海路靠不住和陆上能自主的道理，称应赶快建通南北干道，说："时局日呕，刻不及待。群雄环伺，辄以交涉细故，兵轮互相驰骋海洋，通塞靡有定时，今海军既无力能兴，设有外变，隔若异域，必内地造有铁路，方可连络贯通。"这就是说沿海航路的命运已控制在列强手中，只有快建贯通南北的铁路，才能保证运输，应付外变。他还从利权上考虑说，"铁路早成一日，可保一日之利权，多拓百里，可收百里之功效"，故应速办，主张卢汉、粤汉南北同时兴工，"一气呵成"⑤。

以上表明盛宣怀在瓜分危机这一新情况前，与列强争铁路权利、抵御外侮的迫切感。待列强在瓜分高潮中以抢占铁路权利为重要目标时，他从自己直接控扼的卢汉、粤汉铁路权出发，描绘当时危险情景说，德国已

---

① 盛宣怀《寄王夔帅》，光绪二十三年三月十二日，《愚稿》卷 26，页 18。
② 《陈炽致张之洞电》，《愚稿》卷 26，页 22。
③ 见《愚稿》卷 26，页 23。
④ 盛宣怀《寄王夔帅》，光绪二十三年三月十九日，《愚稿》卷 91，补遗 68，页 21。
⑤ 上文均见盛宣怀《湘鄂粤三省绅商合请速办铁路折》，光绪二十三年十二月，《愚稿》卷 2，页 3、4。

"获承办山东铁路利益，局势顿变。俄国已造路于黑龙江、吉林，以为通奉天旅顺之计，法国已造路于广西，以为割滇之计"，英国虽至今还无所得，但从各方面证明，"其为觊觎粤汉铁路确凿无疑"。这对盛宣怀威胁就太大了，因为如英国造此路"直贯其中，将来俄路南引，英路北趋，虽有卢汉一路，气促权轻，间隔于中，无能展布，且将来甚至为英、俄之路所并。则咽喉外塞，腹心内溃，虽欲讲求练兵制械之法，理财足国之方，亦将无从着手，岂惟不能自强，恐从此中华不能自立！"多么危急！盛坚持粤汉必须自办，而且要"急办"①。这个建议，很快于光绪二十四年正月初五得到清王朝批准。就在这时，英国提出与清政府签订《展拓香港界址专条》，盛宣怀提议筑广州至九龙的铁路，以与粤汉路衔接。他与人书云："九龙铁路我若不造，英必自造，以达省垣，其患不徒在失利！"②广九路虽未提上实践日程，却表明盛宣怀的敏锐与远见。

粤路自办既达到目的，"英路北趋"的威胁解除了，而美、日两国暂时对他无大危害。因此，尽管俄、德、法、英、日、美等国均来要求筑路，盛宣怀采取了联络英、日、美三国来对付对他危害较大的俄、德、法的办法和策略。盛宣怀清醒地看到："创我国者俄也；助俄为虐者德、法也。"于是他"藉商务联英、日兼及美"，以抵制俄、德、法③。在当时力量薄弱条件下，处处路路抵御不可能，故盛采取联络这几个列强抵御或抵消另几个列强的办法，是无可非议的。

然而，盛宣怀在这个问题上表现出的妥协性也是不可否认的。例如，当英人以不得粤汉铁路修建权而抱怨时，他说"断不能使英独向隅"④，而打算把"自沪至宁，宁至豫悉归英"修造⑤。后来决定向怡和洋行议借款项修筑，说这是"意在联络英国"⑥。修筑卢汉路他本想借美款，后改比款，美国以得不到卢汉路贷款权而抱怨，盛说："卢汉比款已到，难改。

---

①　盛宣怀《议立粤汉铁路公司并密筹借款片》，光绪二十三年十二月，《愚斋》卷2，页9。
②　《盛宣怀上翁同龢禀》，光绪二十四年，《实业函电稿》下册，第477页。
③　盛宣怀《寄香帅》，光绪二十四年闰三月十六日，《愚稿》卷32，页2。
④　盛宣怀《寄李傅相》，光绪二十三年四月十一日，《愚稿》卷27，页4。
⑤　盛宣怀《寄香帅》，光绪二十四年闰三月十六日，《愚稿》卷32，页2。
⑥　盛宣怀《寄总署》，光绪二十四年闰三月初五，《愚稿》卷31，页27。

美若有余力，他路尚可兼办。"① 这个所谓"他路"没有限止，但他却说过"自粤至京，京至山陕悉归美"② 办的话，可见其所说的"兼办"的范围之广了。联络危害较小的列强以对付危害较大者的策略是允许的，必要的；给予被联络者一定的利益作暂时妥协也是允许的，必要的。但将如上所说的这些筑路权利全给予被联络者，而且事实证明并非互利，这不能认为是应该的，而是其妥协性的表现。

四　向南北东西伸展的可责思想

按照盛宣怀计划，妥协是暂时的，他是从抓紧"中权干路"入手，站稳脚跟以向南北东西延伸。关于这一点，前两节已有所涉及，这里系统地加以论述。

首先是从卢汉路南进。盛宣怀督办铁路的动议是由修筑卢汉铁路开端的，但在动议之始，盛即有南占粤汉的想法。当他接办汉阳铁厂不久正在酝酿督办卢汉但尚未接札委之际，即与得力帮手汉厂总办郑观应商谈过此事。郑除建议铁路必归一手经理，否则"铁厂事宜即退手"③ 的坚定态度外，在盛氏取得卢汉路督办权后三天，即敦促盛谋夺粤汉路之权，说"南路之利，胜于北路"，务必揽办，"毋致别人承揽"，以致"我得其瘠，彼得其肥"④。这些话当然也是盛宣怀所想的和所要讲的。当时占夺粤汉铁路的劲敌主要是英国。盛宣怀虽已取得督办粤汉铁路之权，但英国仍哓哓不休地向总署要索此路承筑权，盛宣怀乃采用由"总公司综其纲领"、湘、鄂、粤"三省绅商自行承办"之法以峻拒。他上奏清廷说："现在沿海沿边，无以自保，要在保我腹心，徐图补救。若使英人占造粤汉轨道，既扼我沿海咽喉，复贯我内地腹心，以后虽有智勇，无所复施。中国不能自立

---

① 盛宣怀《寄华盛顿伍钦差廷芳》，光绪二十四年七月初六，《愚稿》卷93，补遗70，页6。
② 盛宣怀《寄香帅》，光绪二十四年闰三月十六日，《愚稿》卷32，页2。
③ 盛档，《郑观应致盛宣怀函》，光绪二十二年九月十一日。
④ 盛档，《郑观应致盛宣怀函》，光绪二十二年九月十七日。

矣！事机万分危迫，用敢先行据实电陈。"① 粤汉路是腹心之地的干道，不能让帝国主义染指，这是常人皆知的道理，但把失此路权提高到"中国不能自立"的高度，并说"事机危迫"到"万分"的程度，则是盛宣怀等少数人的正确认识。这确实不是危言耸听。这是由于盛宣怀是首当其冲的当事人，故他认识到粤汉被夺会直接威胁卢汉权利和粤路督办的地位，是一种责任心和危机感促使他发出紧迫的呼吁的。

盛宣怀不是仅停留在保证粤汉路不被侵占这一点上，而主动地对瓜分危机中列强侵占路权的情况采取对策，及时地提出上、中之策。他说：

> 救分裂之弊宜合纵。故铁路莫妙于专设机关，由国家借各国巨款设总公司合办全国干路，上策也。救联缀之弊宜牵掣。故铁路对于借款营造之国，不与其占夺保护之地相连，以毒攻毒，中策也。②

在1898年春帝国主义瓜分中国高潮中，列强抢夺路权，确存在着"分裂"和"连缀"两种情况。盛宣怀的上述对策就是说，不管列强怎么"瓜分"或"分裂"中国铁路的权利，我用商办总公司名义自己筑全国干路，使之成为铁路整体，就能达到保路权的目的；另外，列强所占路权，或贷款营造，它们总是要同其所划分的势力范围连缀在一起，我则尽可能做到使其不与其势力范围连在一起。盛宣怀这个用心不为不善，但实际上是很难办到的。

盛宣怀及郑观应等人有一个共同设想，即用"总公司"一类机构的名义，将与帝国主义侵占路权的斗争置于商务交涉的范围。这样，政府既有斡旋余地，又可摆脱外交的麻烦。这当然对于保护权利可起到一定的作用，但在国家不独立的情况下，真正做到权操诸己地"救分裂之弊"，是不可能的。至于对付"联缀之弊"的所谓"中策"，更不现实，因为当时列强达到"联缀"之目的者，已不乏其国。例如，德国在其山东势力范围内已取得胶济、胶沂筑路权，并向津镇路延伸；沙俄在东北势力范围内已

---

① 盛宣怀《湘粤鄂三省绅商请承办粤汉干路电奏》，光绪二十三年十二月二十二日武汉发，《愚稿》卷21，页9—10。

② 盛宣怀《寄香帅》，光绪二十四年闰三月十一日，《愚稿》卷31，页32。

取得中东路修筑权，并向旅大乃至关内延伸，且有从蒙古进入华北中部之势。法国在云南、贵州乃至两广势力范围内的形势亦与德、俄相似。即使是盛宣怀所抓紧的"中权"，名为比款，实与俄、法有关，而俄国已将华北作为其势力范围，已曲折而隐蔽地"联缀"起来了。

　　盛宣怀敏锐地看出了这个问题。张之洞不仅看到，且提出对策，张对盛说，"英在苏沪长江利权太重，万不可再使英独办沪宁路"；使以俄、法为后台的比国借款不建卢汉而移建沪宁，而"使英办晋路开晋矿"。这样，既减少英在长江下游之势力，又可藉分已经侵入晋、陕的俄势①。这也就是所谓"联缀之法"。然而，盛宣怀认为"牵掣之法"是难以办到的。他说，"卢汉弃比，苏宁弃英，甚属不易。以俄、法、德皆已如其联缀之愿矣"；况且英使向总署要求"必欲承办自沪至宁铁路，署谓未便峻拒"，似已答应了，在这种情况下，"恐予晋、陕路非（英）所愿"②。既知"牵掣联缀之法"不能办到，但又提出这个所谓"中策"，这不是自相矛盾吗？

　　他们在酝酿对付帝国主义"联缀"与"分裂"阴谋的时候，中国发生了戊戌变法，紧接着义和团运动兴起，八国联军入侵，政局很不稳定。在这过程中，盛宣怀通过采用既反对戊戌维新但又不主张完全复旧的"执两用中"方法，以稳定清王朝统治；通过八国联军入侵和义和团运动中的"东南互保"等活动，使清王朝的统治转危为安。盛宣怀其人之官衔也迅速上升，被授予商约副大臣，甚至被慈禧太后称为清王朝"不可少之人"。然而，也就是在这时，盛宣怀在某些方面表现了软弱性。

　　进入 20 世纪，盛宣怀对于铁路建设的基本方针是，干路借款自造，支路尽可能华商接造，或虽为外人所造也作为中国的支路。他在 1902 年致外务部电说："查各国铁路皆由自主，中国穷于财力借助外人，自应先定干路若干条，由国家借款兴造，其余支路，仿照日本成法，准华商筹款接造，由短而长，由近及远。庶可有益无损。"③ 借哪国款？基本上他还是 1898 年的意见，那就是尽可能向不与势力范围相连的国家借，即某干路在英国的势力范围内，就向英国以外的国家借，拒绝英款。例如，粤汉路的

---

① 《香帅来电》，光绪二十二年闰三月初十，《愚稿》卷31。
② 盛宣怀《寄香帅》，光绪二十四年闰三月十一日，《愚稿》卷31，页32。
③ 盛宣怀《寄外务部》，光绪二十八年九月二十日，《愚稿》卷58，页28

借款和修筑，既避开英法，也避开俄法为其撑腰的比利时，而选择铁路技术最新、"距华最远，尚无利我土地之意"① 的美国，这样还可防止北势南侵。至于支路，他的意思是尽可能让华商自办。例如，当美商"争办萍乡支路"时，盛宣怀毫不客气地说它"甚无道理"②，不予同意；英国揽造泽道、郾浦等路时，亦以总公司名义交涉自造；当比利时请造湘阴过常德至辰州一路时，盛与张之洞等人均认为俄法主使比这样做，这不啻使俄"自中央而四达，中国全在俄国掌握之中"③ 等等。

然而，盛宣怀比之过去要虚弱得多。他对美办萍乡路之请，尽管说美"甚无道理"，但只是说它承办的粤汉资本尚且甚少，分散力量办他路，恐使粤汉路"不能一气呵成"④；对于英国泽道、郾浦两路之请，他虽表面拒绝，但也退一步说："不得已泽道准照正太福公司核定通融商办，郾浦路将来中国如愿兴造，先尽福公司商议。"⑤ 只是对比利时之请拒绝稍坚定些，这是因为作为比的后台的俄国对盛宣怀的威胁太大。保"中权干路"的卢汉路是盛宣怀始终一贯的方针，但到 20 世纪初叶这个方针对他之前欲达之目的的指导性大大地消弱了——他向帝国主义表明心迹，"卢汉只求自保利权以还洋债"而已，还说"此义质之公正人，当亦以为平允"。⑥ 这样的软弱而妥协的指导思想，怎么可能做到支路由华商自办的目的呢？事实上，很多支路已被帝国主义揽办了。例如，英国到 1903 年已承造津镇、沪宁、苏杭甬、广九、浦信、泽道等路，列强还正以迅猛之势扩展着。

为了所谓支路华办，还有另一种情况，即在不得已情况下，将洋人筑路作为中国支路看待。葡萄牙在澳门要索筑路权的情况就是一例。当葡索路权时，盛宣怀敏锐地看到葡萄牙"意在扩展澳界，图占香山"，照理应不答允所请，但他掩耳盗铃式地说："如必允所请，只可照九龙铁路办法，由葡借款筑造，作中国支路，至多澳界之内准其自设车站。"⑦ 既由葡筑

---

① 盛宣怀《遵f妥议粤汉铁路办法并抄呈美国借款合同折》，光绪二十八年五月，《愚稿》卷 7，页 17。

② 盛宣怀《寄京外务部》，光绪二十八年二月初二，《愚稿》卷 57，页 15。

③ 见《愚稿》卷 63，页 23。

④ 盛宣怀《寄京外务部》，光绪二十八年二月初二，《愚稿》卷 57，页 15。

⑤ 盛宣怀《寄外务部》，光绪二十九年五月二十三日《愚稿》卷 61，页 2。

⑥ 盛宣怀《寄外务部》，光绪二十九年五月二十三日，《愚稿》卷 61，页 2。

⑦ 盛宣怀《寄外务部》，光绪二十八年六月初四，《愚稿》卷 58，页 10。

造，仅仅"澳界内准其自设车站"就能保证其不扩展占香山吗？显然完全是空话。

干路借款自造，支路华商承造的主张，总的来说是与"权操诸己"的方针违背的。因为前者要接受牺牲权利的苛刻条件，后者很难办通。这个主张撇开支路不谈，干路借债自造的措施，导致了1911年铁路干线国有实为帝国主义所有，从而掀起了保路运动，成为辛亥革命的导火线，盛宣怀本人也成为清王朝的替罪羊。

盛宣怀独揽修筑铁路权，实际上与清中央政府集揽路权也是有矛盾的。1905年清政府在北京设立铁路总局，统一权限，裁撤上海铁路总公司，派唐绍仪督办。1906年3月，盛宣怀将铁路事移交给唐绍仪办理。盛宣怀从1896年10月成立铁路总公司到交卸给唐绍仪共十年之久，成绩还是显著的。他督办铁路，可说是受任于危难之际，克服许多困难才稍见成效。他在接办之初即说过如下一段话："在泰西为易办，中国则有三难：一无款，必资洋债；一无料，必购洋货；一无人，必募洋匠。"[1] 这是实情。到1906年，盛宣怀督办铁路的事权虽告一段落，但应该看到，他在表面上交卸了督办铁路权，事实上他的潜在力量是很大的，加上他很快担任管理轮、电、铁路的邮传部右侍郎，并于1911年晋升为邮传部尚书。因此，尽管他说什么"宣于铁厂以外，决不敢再问一事"[2]，但铁路的实际权力仍在他的掌握之中。

---

① 盛档，盛宣怀《致刘岘庄制军》，光绪二十三年正月初五，《亲笔函稿》。
② 盛宣怀《寄张中堂》，光绪三十三年七月十八日，《愚稿》卷72，页32。

第九章 扩大矿务经营和中国第一家银行的创办

一 重点经营矿务

　　如果说盛宣怀抓紧"中权干路"以大力经营铁路，在很大程度上是与洋人在甲午战争后争夺路权的话，那么，他在同一时间里大办矿务，就是为了与洋商争夺矿权。盛宣怀自湖北煤铁开采失败以后，还是念念不忘矿务经营，并不时地作开采煤炭和金属矿的试探，如利国煤铁、漠河金矿等，但均未曾集中心力去办。甲午战争以后，帝国主义对中国的经济侵略，主要集中于铁路和矿产两个方面，盛宣怀也以此两者为经营的重点。这不是巧合，而是清政府尤其是盛宣怀所经营的企业发展到一定程度的需要，也恰恰适应了抵制外国侵略的要求。关于铁路的经营，如上章所述，本章重点叙述他在矿务方面的经营和所起的作用。

　　铁路与铁厂相为表里，煤铁矿又是它们赖以发展的基础。铁厂钢铁产品的销路，主要靠修建铁路所需的钢轨；但铁厂没有焦煤和铁矿砂等燃料、原料源源不断地供应，是不能开工生产的。当时汉阳铁厂所需焦煤主要由英、日等国和开平煤矿供给，货源稀少，价格昂贵，致使所产钢轨成本高，价格昂于洋产，削弱了汉厂的竞争能力。为此，盛宣怀除大力在长江流域勘查煤矿以建厂开采之外，打算把开平矿务局并吞过来。他禀告直督王文韶说："煤矿为铁厂、铁路、轮船根本，合为一家，于公有益。"① 这表明，盛宣怀已初步有了以铁厂为中心，从原料燃料到生产销售，形成一个整体的构思。这个构思到 1908 年汉冶萍公司成立后基本上实现了。

---

① 盛宣怀《寄津王夔帅》，光绪二十三年正月初五，《愚稿》卷91，补遗68，页2。

盛宣怀在甲午战争后抓紧矿务经营，固然是发展铁厂的需要，也是他"办大事"的需要，而这正好符合反对外国侵略者侵占矿权的形势。盛宣怀认为，"中国财产莫大于矿"，因而他把办矿看作"转贫弱为富强实有关系"的一着①。所以他的办矿，不局限于煤铁，而是更广泛地扩及铜、铅、金、银各矿种，范围遍于全国。他虽以铁厂、铁路为中心，却在相当长一段时间里是以矿务为重点的。既以矿务为重点，又恰当外国侵占矿权之时，就很自然地同外国侵略者在矿权上发生直接的矛盾。侵略者抢占矿权的情况，李鸿章于 1897 年有如下的描绘："俄使昨称，闻观音山（金矿）拟令英人襄办不妥，须用俄人；法使坚请用法矿师在滇、粤开矿，各国纷争，署均未允。（美）摩（根）来京更滋扰疑镑。"② 其实盛宣怀早于李鸿章之前已见及此。他在 1895 年即说过，观音山的金矿"矿苗胜于漠河……家有窖藏，强邻觊觎，宜速抢挖"③。对于漠河金矿，后来又具体地说："此矿久必归俄，自以速办为是。"④《辛丑条约》后，形势更为不利，盛宣怀虑俄约将成，掠占漠矿，乃建议力争漠河、观音山和三姓等金矿"仍归华商自办"⑤。这表明盛宣怀与洋人争矿权的态度是一贯有之的。

盛宣怀对列强抢占中国矿产资源特别敏感，他及时地洞察了帝国主义的阴谋。例如，英国在山西甚至侵占了全省的开采权，他即指出："若照山西、四川一纸合同，即以全省六十年无限地利悉归外人，名曰华股，实皆洋股，且恐借开矿而渐及派兵保护，占利竟致占地，恐贻后悔。"⑥ 于是他从汉阳铁厂之利出发，与英国侵略者针锋相对地提出三条办法：一是只能给予某一矿，"就矿言矿"，绝不能给予全省矿权；二是矿与路不能兼营；三是不准把原材料制成成品。这是针对英国福公司所作所为而予以限制掣肘的主张。当时，福公司既取得山西的采矿权，又想筑泽道路以便运输，还想设立一座炼铁厂将铁矿石炼成铁。这就是说，英国福公司要"矿与路兼营"，并且要"把原材料制成成品"，以减轻运输困难，同盛宣怀的

---

① 盛宣怀《寄总署总局》，光绪二十四年二月十三日，《愚稿》卷34，页6。
② 《李傅相来电》，光绪二十三年正月二十七日，《愚稿》卷26，页7。
③ 盛宣怀《寄直督王夔帅》，光绪二十一年十一月十二日，《愚稿》卷24，页1。
④ 盛宣怀《寄津督王楚帅》，光绪二十四年三月初五，《愚稿》卷92，补遗69，页41。
⑤ 盛宣怀《寄京王中堂》，光绪二十八年二月二十日，《愚稿》卷57，页16。
⑥ 盛宣怀《寄总署总局》，光绪二十四年二月十三日，《愚稿》卷34，页6。

方案完全对立。

不仅如此，盛宣怀还对福公司得寸进尺的新的无理要求予以还击。福公司企图"矿由彼采，路由华造"，以便腾出资本全力开矿。盛宣怀一针见血地指出，"彼既欲因矿而及路，我即欲因路而及矿"。所谓"因路而及矿"的含意，就是路虽华造，但运矿石之车价，要"比他项客货酌加两倍"；中国应从英国开矿公司"得红股若干，分沾矿利"①；关于炼铁问题，盛认为应由中国在出矿石的地方和铁路附近自设熔铁厂，允许福公司将铁矿石交该厂炼成铁块，以便易于装运，不得由福公司自设熔铁厂。盛宣怀对由中国设铁厂的办法评价说："似此定议，只许彼攘开矿之利，我尚可自保制铁之权，内地设厂亦不致自此开端。"② 前面所说提高车价、分红股和"因路及矿"的三项办法，都有着抵制洋商侵权的意义，但由中国设铁厂为福公司制成铁块运出，与原来的"不准把原材料制成成品"原则相违背。总的来说，盛宣怀对原定的三项规定退步相让了，有着妥协性，但他想尽各种办法进行抵制以保护矿权却是事实。

盛宣怀为了使自己紧握矿权而进行了多方面的抵制。于1896年接任铁路总公司督办后，他即提出大规模引进机器设备和使用洋股以开采矿藏的建议。他认为，不这样做是"确难收效。然必须操纵在我，力杜侵占，方能有利无弊"③。当他听到"北方直、晋、豫全矿皆与俄、意、英定约，余利归外人七十五分，限期六十年"的消息时，愤慨而担忧地说"北方无尽利权均属人"，那么，"湘矿不久必属英、法"了！于是他提议将湘矿"归并（铁路）总公司"，借美款开采，以事抵制。1901年《辛丑条约》签订后，盛宣怀更加着急，他说："和约定后，势必群起争占，利权尽失。且恐因矿而占路，并因矿路而占地。所关甚巨。"④ 他明确指出这关系到中国的富强大业，他说："中国财产莫大于矿。目前虽不得不借资洋力，将来学堂人才辈出，不难自办，转贫弱为富强实有关系。"⑤ 这里所讲的"将来自办"，实际就是他将要扩大矿务经营范围的意思。为此，他尽可能在全

---

① 盛宣怀《寄外务部商部》，光绪二十九年九月初六，《愚斋》卷61，页26、27。
② 盛宣怀《寄外务部》，光绪三十年正月二十七日，《愚斋》卷63，页8。
③ 盛宣怀《寄北京李傅相》，光绪二十二年十一月二十六日，《愚斋》卷99，总补遗，页32。
④ 盛宣怀《预筹抵制各国干涉财政电奏》，光绪二十七年五月初六，《愚斋》卷22，页8。
⑤ 盛宣怀《寄总署总局》，光绪二十四年二月十三日，《愚斋》卷34，页6。

国范围内抢先购买矿山，在洋人攘矿高潮中抢占矿权。这个办法，是1896年郑观应在盛宣怀接办汉阳铁厂时向他提议的，郑函告盛说："今我国势将瓜裂，恐难挽为（回）。拟设立一公司附于商局，急遣矿师四出，将各处好矿凡属官山及价廉之民产尽行购定，并禀请地方官批示存案，免为外人所夺。"①盛宣怀接受了这一建议并且有所发展，他后来明确说当年要速购全国矿产的原因是："一则留为自办，彼不能夺；一则合办可作股本，庶不致空言无补。"②这就是说，如能矿权在握，不仅将来可随时自办，且可作为资本以吸收外资与洋人合办。这个设想不为不善。

自1896年春，郑观应提出购买全国矿产资源的建议之后，形势发展得很快。一方面河南、山西、四川等省的许多矿权为洋人所得；另一方面，盛宣怀揽办了卢汉、粤汉等干路的修筑权。洋人占矿权不仅影响到盛氏的"将来自办"矿务的计划，且直接有碍铁路的经营。于是对形势变化反应敏锐的郑观应，又建议盛宣怀，在各省"凡铁路经过百里之内有矿产者，应归铁路公司招股开采"，指出这固然是为了挽救矿权，且也是"救铁路之第一要义"③。郑观应敦促盛宣怀加速进行购买，"迟恐好省份又为捷足者先登，大权落于人手，铁路无以生色"④。这些建议都是符合盛宣怀愿望的。

还在甲午战争之前，盛宣怀即有过查遍全国矿产资源的想法，1896年他曾与美国人摩根在上海议立开矿公司未果。1899年在瓜分狂潮之余，盛宣怀正式上奏清廷说：

> 仿照通商银行速立矿务总公司，选举商董招集商股附搭官本，延聘著名地学化学之矿师二人，选派专员分赴三江两湖以及各省，凡未为洋人所得者，周历查勘，将各种矿地逐一勘明绘图贴说，分别等差，先行买归总公司执业。酌定地租数目，造册呈送，统辖总局存案。⑤

---

① 盛档，《郑观应致盛宣怀函》，光绪二十二年四月二十日。
② 盛宣怀《寄张筱帆中丞》，光绪三十一年五月初一，《愚稿》卷68，页15。
③ 盛档，《郑观应致盛宣怀函》，光绪二十五年X月二十五日。
④ 盛档，《郑观应致盛宣怀函》，光绪二十四年十二月初二。
⑤ 盛宣怀《谨拟商务事宜详细开具清单》，光绪二十五年，《愚稿》卷3，页64—65。

三江两湖的矿利为洋人所得者甚少，盛建议在这些省作为重点勘查以买归铁路总公司，时间虽迟了一些，但亡羊补牢，尤为未晚。可是这种建议的实施，阻力重重，未能果行。不久经过八国联军的入侵和《辛丑条约》的签订，盛宣怀所担心的"群起争占"矿产的局面果然更形严重，乃于 1902 年 10 月专题上奏，请设勘矿总公司说，目前列强群起争占矿利，而中国的财力和矿业人才缺乏，不允许大规模开办矿厂，"欲思一补救之法，断非空言大言所能济事，而必先量我权力财力所能办到，惟有将民间产矿之地，由公中筹款自购，力争先着而已"①。他提议筹华本百万两，在上海设立勘矿总公司，派矿师勘查全国各类矿产资源，以便购买。除设一总公司进行勘查外，还建议各省也"筹款分延矿师勘觅，以免外人再占"②。他认为，照他的设想去做，虽在"佳矿大半为外人所占"③ 之后，但还是比不设勘矿公司要好得多。盛宣怀曾这样表达他的这种心情道：

> 中国所有者，产矿之基地也；外国所有者，开矿之资本也。我能守我之地，不为他人所夺，将来以我矿地，或作资本，或采租息，皆当权自我操。总之，矿商之利，外人不妨共之；而地主之权，中国当自守之。亡羊补牢，尚未为晚；曲突徙薪，岂容再误！④

盛宣怀这一截占矿地的真挚而迫切的感情，其中心思想是先争地权。他说："地为我地，权须我操；权授他人，利自归彼。"⑤ 先把产矿的地权争到手，以后的事情就好办多了。这也确是事实，盛宣怀算是抓住了关键。

成立勘矿公司勘查全国矿藏，尽管已不是"先着"，但盛宣怀并不气馁，他的打算已不仅仅是原来设想的控制铁路和洋人未占的地方，而是要"见缝插针"，深入"敌后"。即使是"给予全省"矿权的山西省，当他听到那里"铁山并未买动"的信息，即拟"密派自雇矿师，先收产铁矿山"，

---

① 盛宣怀《请设勘矿总公司折》，光绪二十八年九月，《愚稿》卷 8，页 16。
② 盛档，盛宣怀《上振贝子书》，光绪二十九年闰五月二十九日，《癸卯亲笔函稿》。
③ 盛宣怀《寄京那琴轩侍郎》，光绪二十八年十月初八，《愚稿》卷 59，页 3。
④ 盛宣怀《请设勘矿公司折》，光绪二十八年九月，《愚稿》卷 8，页 17。
⑤ 盛宣怀《寄晋抚张小帆中丞》，光绪二十九年九月二十七日，《愚稿》卷 61，页 30。

他说这样做，"虽不能如大冶尽数收买，或不致悉为彼得，则仍可自炼自铁，而福公司铁砂不过带炼。倘能办到如此，铁利尚可挽回"①。事实确是如此。在清政府批准成立勘矿公司后，延聘了英国布鲁特为矿师，李御为副矿师，按原计划进行勘查占矿。兹举数例：（1）由于清政府鼓铸需铜甚急，而四川巫山、大宁两县有铜铅佳矿，因"恐稍迟必为洋人所得"，乃赶速派员带领自雇之矿师前往试挖，"如果佳旺，再当奏咨专集华股开办，以保利权，而杜觊觎"②。（2）当盛宣怀听说山东淄川、博山各矿，德国人"已用华人名买地不少"时，随即请山东巡抚周馥"密饬各属查明产矿之地登记"，以期达到"自购矿地保守主权"③ 的目的。（3）湖北郧阳地区兴安府洵阳县铜苗甚旺，盛宣怀认为"现今勘矿以铜为最要"，为了"免为外人攘夺"④，赶紧派人取样化验以备开采。其他如：1903 年盛利用公司名义与法国争湖北竹山铜矿，声明"敝处勘办在先"，法国在后，予法以驳复，并拒绝德国同往勘查的要求⑤；同年，与英国争江苏利国铁矿权，因当时英国企图从私人资本手中夺取此矿，并用峄县之煤炼铁。盛宣怀毫不犹豫地筹款"归勘矿公司承受，以保此矿"⑥。另外，广购唐山至林西矿地以与外人"争先"；抢先勘定平定州煤矿，等等，都表明勘矿总公司对与帝国主义争占矿产免为外人占起到了一定的作用。实际上这也就是盛宣怀在抵制洋商侵夺矿权上的作用。

以上所说的这些争矿的例子，基本上同盛宣怀的企业利益没有直接冲突。以下再举因洋商染指到他的采矿基地而与其企业利益发生直接冲突的例子，来说明盛宣怀是如何做出反应的。那就是所谓"以开为守"的方针，也就是自己赶紧开采，以拒洋人借口。这个方针的提出是以开平为前车之鉴的。八国联军入侵期间，英人以合办名义与张翼签订合办开平煤矿，致使洋股搀入开平煤矿，造成了该煤矿被洋商"喧宾夺主"所操纵的

---

① 盛宣怀《寄外务部》，光绪三十年二月十六日，《愚稿》卷 63，页 15。
② 盛宣怀《寄外务部路矿总局》，光绪二十八年四月二十七日，《愚稿》卷 57，页 28。
③ 盛宣怀《寄周玉帅》，光绪二十八年九月十七日，《愚稿》卷 58，页 25。
④ 盛宣怀《寄西安升吉甫中丞》，光绪二十九年二月十六日，《愚稿》卷 97，补遗 74，页 14。
⑤ 盛宣怀《寄武昌端制台》，光绪二十九年七月十五日、七月十九日、八月十九日等四函电，《愚稿》卷 61。
⑥ 盛宣怀《寄江宁魏制台、黄藩台》，光绪二十九年十一月二十八日，《愚稿》卷 62，页 20。

局面。随后，洋商且有觊觎盛宣怀所占据的湖北铁厂及其有关的煤铁矿之势。本来就以开平为前车的盛宣怀，警惕性很高并有针对性地说："洋商觊觎矿产，将欲一网打尽。湖北大冶铁矿，宣必拼命自保。""自保"的办法之一，就是"以开为守"。他认为只有"以开为守""方能抵制洋人"①。这就是用开采的办法达到保守矿权的目的，在被动的守势中有着主动前进的一面。

　　勘矿公司经过三年的工作，在保矿权上起到了一定的作用。盛宣怀于1906年春主动奏请撤销。请求撤销的原因，虽也有一些冠冕堂皇的理由，但主要还是与个人官阶上的得失有关。他在奏折中说，"臣奉准设立勘矿总公司后，即撤销商务大臣差使，势难以上海一隅之局，参与各省之事。况近年风气大开，各省多已次第设局开办，自应将总公司即行裁撤"，自己专办晋矿②。意思是说，盛有商务大臣的头衔时，尚可以临驾全国各省之上参与其事，没有此官名，仅仅是设于上海的勘矿总公司，是不能干预各省矿事的。摆脱勘矿公司来专办晋矿，既去掉拖累，又扩大了办矿地盘，对自己是很有利的。其实，盛宣怀在晋矿而外，别的地方也不放过，他尽可能扩展办矿的地盘。例如：1906年秋，他重新勘采停顿多年的江西德化县铁矿；1910年，日本人觊觎本溪湖铁矿时，他电请东三省总督锡良"饬巢守凤冈留意，勿为所攘"③；其他如德国要开采山东潍县之铁矿，他力争自办，英国欲开采河南之矿，建议利用"民气伸张"，"为长官后盾"，以力争"收回自办"④，等等。这说明盛宣怀揽矿权的手是伸得很长的，这个长手主要是指向帝国主义的，所以并非坏事，值得赞扬。

　　综上所述，盛宣怀在甲午战争后集中大力办矿务，同帝国主义占路、占矿乃至占地的矛盾是很深的。这种矛盾必然表现出他有着抵制侵略的民族性。但他就在同时间里，萌发了要形成以他自己为中心的经济垄断性的体系，这就规定他在与洋商争利的同时，一定会残酷地与民争利，这是一。另一方面，既要垄断，在半殖民地的条件下，在他与民争利的同时，

---

① 盛宣怀《寄岷帅》，光绪二十七年七月初四，《愚稿》卷56，页8。
② 盛宣怀《密陈裁撤勘矿公司拨款专办晋矿折》，光绪三十二年三月，《愚稿》卷12，页40。
③ 盛宣怀《寄锡清帅》，宣统二年九月三十日，《愚稿》卷76，页14。
④ 盛宣怀《寄开封吴仲帅》，宣统二年二月二十八日，《愚稿》卷75，页23。

反过去又必然要更大程度地适应帝国主义的要求。这是因为，在半殖民地半封建的社会里，要形成带有垄断性的经济体系，不可能只靠资本主义地竞争规律达到，而更多的要靠清王朝的政治权力和帝国主义的支持。这些就规定了盛宣怀对帝国主义的经济侵略有着抵制和妥协的两面性；同时也规定了盛宣怀有着在对外抵制的同时，更多更残酷地压榨人民的两面性。

早在 1898 年，有商人在萍乡地区别立采煤公司，"纷树敌帜，多开小窿"时，盛宣怀认为这是"坏我重费成本之局"，请当地政府"援照开平不准另立煤矿公司"① 之例，严予禁阻；1901 年湖南商人请在萍乡"开设宝源聚公司"，采买萍乡煤炭时，他请湘抚"电饬萍乡县严禁"②；1909 年有人在江夏马鞍山设立阜昌公司挖煤时，他电鄂督陈夔龙"机矿可危，乞檄县查案速封"，并气势汹汹地说："设抗不解散，拿案责惩。"③ 这些事例说明，盛宣怀为了自己所办企业的利益排除别人的分庭抗礼。他虽有着保护企业发展的一面，但排挤华商挖煤，却表明他依靠官力以凌商，其消极性是明显的。

如果说排挤中国商人以垄断矿权是消极的表现的话，那么，盛宣怀为保护自己之矿利而镇压人民革命和工人的反抗斗争，则更显出他政治上的反动性了。20 世纪初叶，中国正处在民主革命运动高潮、山雨欲来风满楼的时刻，各地人民起义此伏彼起，长江流域尤为革命活动中心地区之一。1906 年萍浏澧起义，起义人民夺踞萍境上栗市等处，威胁到盛宣怀所控制的萍乡矿厂。他忙电赣、湘、鄂等省督抚，称"匪起仓猝，尤恐地方痞棍合串，与路矿洋员为难，酿成巨案"④，请求派兵镇压起义军；同时对矿内"如有矿丁滋事者，即行严办不贷"⑤ "否则路矿不保，非数百万不能恢复"⑥。此后，在盛宣怀重点经营矿务的湘赣等地区，直到辛亥革命的 1911 年，民乱始终未曾停息过，盛宣怀向有关各省督抚请保护弹压之电，也就

---

① 盛宣怀《煤矿请禁另立公司片》，光绪二十四年三月，《愚稿》卷 2，页 16。

② 盛宣怀《寄湘抚俞虞轩中丞》，光绪二十七年三月二十九日，《愚稿》卷 55，页 4。

③ 盛宣怀《寄武昌陈制军夔龙》，宣统元年正月十四日，《愚稿》卷 100，补遗，页 15。

④ 盛宣怀《寄宁端午帅、鄂张宫保、湘岑尧帅，赣吴仲帅》，光绪三十二年十月二十二日，《愚稿》卷 69，页 31。

⑤ 盛宣怀《寄武昌张宫保》，光绪三十二年十月二十七日，《愚稿》卷 70，页 5。

⑥ 盛宣怀《寄宁端午帅、赣吴仲帅》，光绪三十二年十月二十三日，《愚稿》卷 70，页 1。

未曾断过!

二 银行"综于一手"

"今因铁厂不能不办铁路,又因铁路不能不办银行"。① 这是盛宣怀在揽办中国第一家银行时所阐释的关于银行对于铁厂、铁路的筹建和经营的关系及其重要性之语。铁厂和铁路都是关系国民经济命脉的头等重要企业,也是花费资本最多,但很难在短时间内获得经济效益和高额利润的企业。它们没有社会各方面的支持,尤其是没有像银行这样的金融机构的支持,是难以有成的。经验丰富的企业经营家郑观应对此有着充分的认识,他是以"银行之盛衰隐关国本"这样重要地位来看待的。他说办银行有"十便",而将"聚通国之财,收通国之利,呼应甚灵,不形支绌""国家有大兴作,如造铁路、设船厂,种种工程可以代筹"② 两者,置于"十便"首位。故郑观应在盛氏荣膺督办铁路公司之任时,即致书于盛云:"银行为百业总枢,借以维持铁厂、铁路大局,万不可迟。"郑观应唯恐盛宣怀办银行遇到困难有所动摇,又加重语气地说,银行不独"与铁路,铁厂相表里,亦属利数,迟为捷足先登,诚为可惜"③。其实,盛宣怀是深知握有银行的创办和经营权的利害关系的。早在郑观应致其书之前三个月,盛宣怀即把银行权与铁路权同时考虑。他对张之洞说:"铁路之利远而薄,银行之利近而厚。华商必欲银行、铁路并举,方有把握。如银行权属洋人,则路股必无成。闻赫德觊觎银行,此事稍纵即逝。应否预电总署颇有关系。"④ 这段话表明,盛除充分认识到银行必须与铁路同时并举外,更重要的是想与赫德争银行权。所以他又强调说:"华商无银行,商民之财无所依附,散而难聚……若是银行权属洋人,则铁路欲招华股更无办法。……

---

① 盛宣怀《寄王夔帅、张香帅》,光绪二十二年十月初八,《愚斋》卷25,页15。
② 见《郑观应集》上册,第679页。
③ 盛档,《郑观应致盛宣怀函》,光绪二十二年十月二十一日;又见《盛世危言后编》卷13:《致督办汉阳铁厂盛京卿论路政书》,文字有出入。
④ 盛宣怀《致鄂督张香帅》,光绪二十二年六月十六日,《愚稿》卷89,补遗66,页26。

铁路既以集华股归商办为主，银行似亦应一气呵成，交相附丽。"① 说来说去就是一句话，即银行与铁路均归华商办理，也就是均归他自己办理。此后当他膺铁路公司督办后果然点明白了，他说，"银行与铁路，互相维系，应归一手"②，"若归一手，互有裨助，且不如此亦必两难"③。铁路和银行均办不成，因为银行不归于我，铁路事也不干了。这种斩钉截铁之言，在盛氏口中还是不多见的。事实上，就在那时，他"已暗招数十富商大贾，得实在华股三百万两"④，办成银行颇有把握了。盛宣怀不是讲空话者，他上书权势人物表态，银行非归他办不可的同时，是采取了实际措施的。在那时，银行归盛宣怀办是有积极意义的：（1）银行、铁路综于一手，比之分给两人去办要有利得多，因为利用银行促进铁路等建设事业是要方便些的；（2）更为重要的是有抵制洋商揽中国银行权的作用。据盛宣怀说，他亲耳听赫德说，"拟招华商开设中英银行"。盛认为，"赫有海关在手，华商必为笼络"⑤，自己不赶紧抢先设行，无法与赫德较量，其祸害甚大。他愤慨地对李鸿章说：

> 银行尤为诸务枢纽。开关互市，岂有聚吾国商民之财付诸英、德、法各银行之手，而自己毫不为之料理，尚自诩足国足民，有是理乎！⑥

盛抵制赫德等洋人揽办中国的银行的感情是真挚的。那时也只有盛宣怀可以把华商闲散资本集聚起来，使之不依附于洋商，所以盛宣怀要把银行综于一手。故这不应为盛宣怀病，而应为之赞颂！

盛宣怀与洋商争握银行权的正确思想，绝非偶然的萌发，而是早见于1887 年 7 月他代李鸿章所拟的《致驻美公使张樵埜函》中。是年，美国米建威为在中国创办德律风之事来天津谈判，并议及办银行事。盛宣怀与马

---

① 盛宣怀《寄张香帅》，光绪二十二年六月二十日，《愚稿》卷89，补遗66，页28。
② 盛宣怀《寄王夔帅张香帅》，光绪二十二年十月初六，《愚稿》卷90，补遗67，页19。
③ 盛宣怀《寄王夔帅张香帅》，光绪二十二年十月初五，《愚稿》卷25，页12。
④ 盛档，《盛宣怀上李鸿章禀》，光绪二十二年十月二十五日倚装发。
⑤ 盛宣怀《寄王夔帅、张香帅》，光绪二十二年十月二十五日，《愚稿》卷25，页13。
⑥ 盛档，《盛宣怀上李鸿章禀》，光绪二十二年十月二十五日倚装发。

建忠一起作为李鸿章的代表同米建威谈判。其中关于银行事，米建威表示企图独办。盛宣怀坚持中美合办。他认为："该行归美商独办，仍无异汇丰、有利、法兰西、麦加利等行，于办理官事处处窒碍，其生意仍难驾乎各行之上。今议华美合办，既有华商在内，名正言顺。凡中国兴利大举，该行均可随时议办，实于两国商务大有裨益"①。短短一段话，却说明了盛具有以下几种思想：第一，对汇丰等在华外国银行很不满意，所以也反对美商在中国独办银行；第二，中国自己办银行，要做到"驾乎各行之上"，不能成为洋商各行的附属品；第三，自办银行是为了对中国的"兴利大举"有所裨益。这种思想，同他十年后的 1896 年具体办银行的实际表现是吻合的。只是限于 19 世纪 80 年代的中国的经济发展水平，对于银行还不是那么迫切需要，故未被提到实践的日程。

1895 年清政府甲午战争战败而签订了屈辱的《马关条约》。二万万两的赔款从何而出？以后的兵饷又从何而来？日本在战争中饷源充裕的原因系取之于民，其中有可借鉴之处否？等等，一连串的问题摆在清政府面前。清王朝少不得问计于这位企业经营家盛宣怀："偿款太巨，饬通盘筹画……如何有可兴之利，可裁之费，于国有益，于民无损。勿畏繁难，勿避嫌怨，勿拘成法，勿狃近功悉心拟议，禀复候核。"② 盛宣怀除提出裁绿营、旗兵的饷费外，在兴利方面，其议集中于速办银行上。他说：

> 至可兴之利甚多，取之民必假于商；欲取之于洋商，尤必假手于华商。故开关互市之天下，若仍不加意商务，未有不民穷财尽不战而弱者也。今言变法者多矣，然坐言易，起行难；立法易，收效难。姑就力所能行，效所能速者筹之，则铸银币、开银行两端，实为商务之权舆。亟宜首先创办。③

他把银行当作"权舆"看待，应首先创办，且"不必畏难避嫌"地去

---

① 盛档，盛宣怀代李鸿章拟《致驻美公使张樵埜函》，光绪十三年六月，此件系盛宣怀亲笔底稿，表达了盛的办银行的思想。

② 盛档，盛宣怀《上翁同龢禀》，光绪二十一年七月初六，《思惠斋函牍留稿》。

③ 盛档，盛宣怀《上翁同龢禀》，光绪二十一年七月初六，《思惠斋函牍留稿》。

做，并颇有信心地说："一年即可观成，一年即可见效。"① 对于银行资本问题，他认为只要"任用得人，一呼可集"②。这里所谓"任用得人"，已含有自任之意。至于以后筹饷之事，盛宣怀认为，应以日本为借鉴，日本因办有西方式的银行，"故兵饷万万皆借本国民债，无俟外求"；中国因无银行，"以官力借民债，虽数百万亦吃力"。于是建议吸取教训，"亟应仿照招商局速开招商银行，并可鼓铸银钱，通行钞票"。银行的形式应是"悉归商办而官护持之"③。他从筹饷出发，进一步考虑到官商之利，他说，筹饷"自当从大处落墨，使中国商民之利不再外流，既塞漏卮，商民自有生计。百姓足，君孰与不足"。他认为这样做，"二万万不难筹措。若仅为损下益上之谋！必致元气伤尽"，因此必须学习日本"平日厚待商民，深得古人藏富于民之遗意"。他慨乎言之："中国则反是而谋，将何从着手乎！"④ 他从筹饷办银行讲到要"藏富于民"，这种思想是可贵的，因为这个"民"即商民，也就是新兴的资本家，因而是体现了社会发展新方向的。

就在他向翁同龢提议为筹饷、偿款以开办银行的同时，他积极拟订了带有章程性质的《开银行意见》的条陈。"条陈"首先明确银行的形式应为"官助商办"；指明了解银行在国民经济中的地位与作用是："流通上下远近之财，振兴商务，为天下理财一大枢纽。故欲富民必自银行始。"这个条陈已比较明显地越出了筹饷、偿款的束缚和范畴，而着重于官商之利。下述两段话可以充分说明：

　　官铸银元可交收，勿虞阻滞；局印钞票，可以通用，勿虞荒废；京外拨解之款，可汇兑以健费；公中备用之款，可暂存以权子息；购买船械以银合磅（镑），收付洋债以磅（镑）合银，可随时考核，以杜暗亏。此益于官者也。

　　通商口岸及各省会，均有银行，行商坐贾，有余则存放，不足则

---

① 盛档，盛宣怀《上翁同龢禀》，光绪二十一年七月初六，《思惠斋函牍留稿》。
② 盛档，盛宣怀《上翁同龢禀》，光绪二十一年七月初六，《思惠斋函牍留稿》。
③ 盛档，盛宣怀《上翁同龢禀》，光绪二十一年四月十四日，《思惠斋函牍留稿》。
④ 盛档，盛宣怀《致汪春宇函》，光绪二十一年闰五月十三日，《思惠斋亲笔信稿》。

借贷；丝茶货物可以保险抵押，不受洋商克制；农工余蓄，可以铢积寸累，不致随手花销。现欲推广商务制造，有无通挪，长短存放，皆非银行不可。此益于商者也。①

以上说明，盛宣怀虽于 1895 年已积极行动起来创办银行，但那时还是从甲午战争后清政府的赔款与筹饷两个目的出发的。其所拟条陈虽已与一般商务相联，但还未与铁路、铁厂联系起来考虑，也即未与经济发展规律紧密联系起来。1895 年到 1896 的一年余间，盛宣怀的经济活动大有发展，铁厂、铁路的经营集于其一身，他在实践中通过观察、思考，思想认识也随之大有发展和提高，1896 年，他将自办银行的见解向清廷作了系统的表述。他说：

> 银行防于泰西，其大旨在流通一国之货财，以应上下之求给，立法既善于中国之票号钱庄，而国家任保护，权利无旁挠，故能维持不敝。各国通商以来，华人不知务此，英、法、德、俄、日本之银行，乃推行来华，攘我大利。近年中外士大夫灼见本末，亦多建开设银行之议。商务枢机所系，现又举办铁路，造端宏大，非急设中国银行无以通华商之气脉，杜洋商之挟持。②

这里表明：（1）盛宣怀认识到银行是"流通一国之货财，以应上下之求给"。从银行兴起的历史看，银行本来就是因商品流通中的矛盾而出现的产物，故他的认识是正确的。（2）认识到外国银行在中国"攘我大利"的严重情况，盛氏拿出数据说，仅汇丰一行"收我华民存款六千余万，载往印度"③，加上其他外国银行吸收的华资，就难以计数了。所以他在该篇中提出要达到"使华行多获一分之利，即从洋行收回一分之权"的目的。（3）认识到银行是"商务枢机所系"，它是当时办铁路等经济发展的迫切需要，一定要做到"通华商之气脉，杜洋商之挟持"。总括起来说，银行

---

① 盛档，盛宣怀《开银行意见》，光绪二十一年七月，《思惠斋函牍留稿》。
② 盛宣怀《请设银行片》，光绪二十二年九月，《愚稿》卷 1，页 14。
③ 盛宣怀《致陈右铭中丞书》，光绪二十三年五月二十四日，《盛宣怀未刊信稿》第 15 页。

就是抵制洋商侵略和经济发展所必需。他表示以创办银行自任。这种"自任"的勇气可嘉，但又说"宣怀断难自荐，只得处处推辞"①，这就没有必要了。他于是请直督王文韶、鄂督张之洞两位权要推荐他。活动的结果是盛于1896年11月12日（光绪二十二年十月初八）奉到了清王朝的"着即责成盛宣怀选择股商设立总董招集股本，合力兴办，以收利权"②的筹办银行的谕旨。

盛宣怀接奉筹办银行谕旨后，随即着手组织董事会，选择张振勋、叶成忠、严信厚、施则敬、严潆、朱佩珍、杨廷杲、陈猷等八人③为总董。盛宣怀对银行总董的选择是很高明的：叶、施、朱和严信厚等均为民族资本家，严潆、陈猷为轮船招商局会办，杨廷杲是电报局总办，张振勋则是华侨资本家中的巨擘。这八个人基本上是在各方面有经济实力的代表人物。他们任总董，筹集银行资本就不会遇到很大困难。例如，招商局严潆、陈猷即负责集股80万两，"凑入中国通商银行"④。又如，盛宣怀在表述张振勋在招股中的地位与作用说，张"为各埠华商领袖"，"派充银行、铁路总董"，于招股有益。为了招股，当盛听说总署要调动张的新加坡领事职时，急电总署说"如易生手，招股有碍"，请"暂缓更动"⑤。于此可见盛宣怀在选择总董上，可谓得人矣。

然而，就在这时，社会上对盛宣怀散布流言蜚语以相攻击者不乏其人，他们说盛氏揽轮、电、银行等权为谋私利。盛宣怀对李鸿章慷慨激昂地发了一大顿牢骚，他说：

> 宣半生心血仅办成招商、电报、纺织三事，现在皆属商本，约值千万。言者皆指为利权在手。不知此皆千百人之公利，非一人之私利也。必欲使人人自谋私利，而不为天下谋公利，方始甘心；又必使外

① 盛宣怀《寄王夔帅、张香帅》，光绪二十二年十月初六，《愚斋》卷25，页12。
② 见《愚斋》卷25，页15。
③ 盛档，《银行总董条例》附名单，录自《亲笔军务函稿》。其他散件均记录为八人。上海人民出版社于2000年出版的《中国通商银行》第66页、第95页增为十人，即多了杨文骏、刘学询。此十人名单为光绪二十三年六月。我看到的《亲笔军务函稿》是光绪二十六年。供研究参考。
④ 见《交通史·航政篇》第1册，第186页。
⑤ 盛宣怀《寄总署》，光绪二十三年年月初五，《愚斋》卷26，页1。

人夺吾公利而不为我有，方始缄口！似此糊涂世界，何以尚想做事？
不过要想就商务开拓渐及自强，做一个顶天立地之人，使各国知中原
尚有人物而已。未知我师今日尚肯为天下得人谋否？苟得一二人何难
雪耻！①

由于盛宣怀敢于兴办近代新式企事业，所以受到顽固派、嫉妒者及其
他各种动机不纯者的攻击和非难。在中国历史上，创新的改革者遭到非
议，似乎成了规律；因有突出成就而受到"枪打出头鸟"的灾殃，似乎也
是必然现象。在盛宣怀上述一段话中，除寄希望于李鸿章的"得人"以
"雪耻"是一个错误外，他反对外国侵占利权，厌恶那些自己不想干利民
利国的事而一味妒忌想"积极开拓"商务达到"自强"的人，他的品格是
非常可取的，其心情也是值得同情的。资产阶级唯利是图，这是事实，但
即使如其所说从"私利"出发，却达到发展经济和国家富强的目的，不是
也可嘉可许吗？比之那些"必使外人夺吾公利而不为我有，方始缄口"的
破坏者，盛称得上为国为民，品德高尚。

然而，盛宣怀并没有因此消极，他虽愤怒地发出"似此糊涂世界，何
以尚想做事"的怨言，而打算"挈全眷而返"，"奉亲耕读，从此不与人家
国事"等等，但并非消极，而想另辟蹊径。他说："索性弃官就商，再唱
一出大戏，亦不虚生斯世。姑听下回分解。"② 这些话似有矛盾，但仔细咀
嚼还是清楚的。"弃官就商"，就不大可能"唱一出大戏"，要唱大戏，就
必须做大官，故"下回分解"一词，实际上就是在升高官中唱大戏，盛仍
然是积极进取的态度。

办银行当然是"唱大戏"，但办成功必须排除许多阻力。首先是排除
帝国主义的干扰。除上面所说的赫德早想揽办银行权之外，俄国更是直接
的大敌。正肖盛宣怀受命组织筹建银行之际，也正是中俄道胜银行筹建的
时候，该行俄国董事四达向盛宣怀兴师问罪。下面是四达与盛的对话：

四达：闻华商将开银行，现两国有约合开一行，岂可令华商另

---

① 盛档，《盛宣怀上李鸿章禀》，光绪二十二年十月二十五日倚装发。
② 盛档，《盛宣怀上李鸿章禀》，光绪二十二年十月二十五日倚装发。

开？致碍合行生意！

盛：俄行附股，是我国交情美意，岂能禁止本国商人不开银行、不做生意乎？

四达：华商自做无碍洋商，但中俄银行本欲仰仗贵大臣帮助，今若此，恐贵大臣专顾华商，不顾两国合开之行矣！

盛：专行先顾是各国同情，合行如肯助我通用本国银元纸币，我亦必出力兼顾。

四达：彼此必当互为照应。①

从对话中，看出盛宣怀维护中国银行的立场是坚定的。他坚决拒绝俄人讹诈，说明中赚股于俄行是"交情"，绝不能"禁本国商人不开银行"。四达只能软下来请求中国在自开银行之余兼顾"合行"。盛氏毫不让步地要俄人"助我通用银行纸币"，作为我"兼顾""合行"的交换条件。四达只能用"彼此必当互为照应"为谈话的结束。盛宣怀却从这次谈话中得出了"洋商忌甚"的结论，从而提出"必须赶早开办"② 华行的意见。

除洋人阻碍之外，内部掣肘者亦不少。盛宣怀深有感触地说："强兵必从铁道入手，理财必从银行入手。办此二事，不料处处掣肘，更有难于昔年轮船、电报者。"他认为银行若使不避嫌怨，"收中饱而归诸公中……确于筹饷有益。但积弊太深，朝廷不为力，外间断办不动。"③ 办一家银行居然还要最高领导来直接发动，否则就"断办不动"，可见其官僚机构腐朽程度之深了！一般官吏掣肘犹好办，权势人物认识不一致就难办了，例如张之洞就"视银行为轻"，盛宣怀只能无可奈何地报之以"似非透论"④。

外有洋商争利，内有"忌者"掣肘和权威人士的不重视，但银行又非办不可。怎么办？盛宣怀的意志是坚定的。他说："惟有坚忍力持，得步进步，渐图成效。"⑤ 他同时清醒地意识到，要办中国第一家银行，仍必须

① 盛档，盛宣怀《致翁镀甫信》，光绪二十二年十月二十四日，愚斋《亲笔函稿》。
② 盛档，盛宣怀《致翁搜甫信》，光绪二十二年十月二十日，愚斋《亲笔函稿》。
③ 盛档，盛宣怀《致杨莘伯侍御函》，光绪二十三年二月初四，《丙申（丁酉）函稿》。
④ 盛宣怀《致陈右铭中丞》，光绪二十三年五月二十四日，在鄂倚装发，《盛宣怀未刊信稿》第15页。
⑤ 盛档，盛宣怀《致刘岘庄制军》，光绪二十三年正月十五日，愚斋《亲笔函稿》。

依靠朝廷的支持。怎样能取得朝廷的支持？他认为必须争取官本投诸银行才能办到。

为什么需有官本加入银行才能办到呢？

本来，关于是否领官本商董们是有不同意见的："商人之中沾染官气者，愿入官股；纯乎商者，仍虑官股贻后患。"对此不同意见，盛宣怀召开商董会议，指出"俄行已入官股五百万，而中国银行转无官款，不足取信，为外人笑。一经洋商谣言倾轧，必致众商裹足"，故非领官款不可。但这个官款不是作为股份，而是"援创办招商轮船之例，暂借官款二百万，作为生息存项，包缴年息五厘，不计盈亏"①；六年为限，"限满或分年提还，或仍接存"。这样做法，既照顾到"愿入官股"者的意愿，也消除了"官股贻后患"的疑虑。不仅如此，盛氏指出，"似此公中有利无害，而外人知有官款在内，足以取信，可与中俄争衡"②。一举而数得焉！此其一。其二，"中国银行难做外国汇票，必须依赖各省官场汇票为正宗"，故"商董谓，如无官股，必不足以号召各省汇票"③。第三，"铸银元行飞券，权利甚宏，统属之商，必有异议，与其得利后官夺之，不免失信于商民，诚不及官商合办之为愈矣！"④ 这样，官与商、目前与未来等关系均照顾到了。盛宣怀真不愧为经营企业和平衡关系的能手！

盛宣怀经过一段时间的筹备，并在筹备中克服了来自各方面的各种阻力，银行总行终于1897年5月27日（清光绪二十三年四月二十六日）在上海开行，定名为"中国通商银行"。它是第一家中国自己办的银行。在临近开行前，清政府又有动摇，盛随致电总署说："中外早已传扬，若届期不开，失信莫大乎是。商股必至全散，以后诸事万难招股，不仅银、铁两端也。"⑤ 这个见解是很有眼光的。

开银行后不到一年间，先后在天津、汉口、广州、汕头、烟台、镇江和北京等城市开设了分行。盛宣怀在一年经营银行的实践中，体会颇多，

---

① 盛档，盛宣怀《致翁搜甫信》，光绪二十三年十二月二十七日，愚斋《亲笔函稿》。
② 盛宣怀《寄张樵野侍郎》，光绪二十二年十二月十九日，《愚稿》卷25，页33。
③ 盛档，盛宣怀《致翁镂甫信》，光绪二十二年十二月初八，愚斋《亲笔函稿》。
④ 盛档，盛宣怀《致翁镂甫信》，光绪二十二年十二月初八，愚斋《亲笔函稿》。
⑤ 盛宣怀《寄总署》，先绪二十三年四月二十一日，《愚稿》卷27，页7。

他得意地说："银行试办一年，股分息八厘，存款息五厘，居然做到。"①又说："此后自王畿以迄各通商码头，泉府机括，血脉贯通，或不至尽为洋商所把持。……气脉流通，商民交便，利在无形；余利愈厚，归公愈多，利在有形。"可谓官商交利。于是得出结论说："欲富国，必兴商务；欲兴商务，首重银行。"② 这不是在办银行前的推理，而是办银行实践之后的体验，成员很可贵的认识。

中国通商银行经过几年的经营，在筹办铁路和其他企业事业的盈利上起了不少的作用，并做到官商两利。据1899年盛宣怀的统计，银行"每六个月结账一次，除开销外，发给股商利银四十万两，缴呈户部利银十万两，尚属平稳"。他与外国银行作比较说："询诸汇丰开办之初，尚无如此景象。"③ 到1901年，盛宣怀深有感慨地回顾这段办银行的历史而与人书云：

> 各国理财之政，莫不以银行为官商交通枢纽。甲午之后，弟即昌言及此。承旨设立通商银行，以资本无多，而各省官场罕解此义。将来中国倘欲使不足变为有余，若不肯从此入手，恐难取效。④

这段话既表示他的信念与信心，也表明他的认识的深刻性。

然而，正当盛宣怀的通商银行办有成效之际，挫折又临头。首先是袁世凯的觊觎。1901年袁继任李鸿章的直隶总督兼北洋大臣，他为了发展实力而到盛宣怀那里去开辟财源，企图将盛氏多年经营的轮船、电报乃至铁厂夺归己有。而三者又以轮、电二局盈利最多，于是先夺此二局。轮、电被夺，铁厂之挹注已断，所赖银行尚可补救。但北洋又在筹建国家银行。盛宣怀甚为着急，说所谓国家银行"包涵甚广，自必统中国财政出于一途。通商银行断站不住"。他处此境地，似乎有些消极。他说通商银行不打算办下去了，善后处理办法："该行商股二百五十万两作萍矿商股，部

---

① 《盛宣怀上翁同龢禀》，光绪二十四年春，《实业函电稿》下册，第478页。
② 盛宣怀《筹办中国通商银行次第开设情形折》，光绪二十四年四月，《愚稿》卷2，页30—32。
③ 见《愚稿》卷3，页66。
④ 盛档，盛宣怀《致陶方帅函》，光绪二十七年二月三十日，愚斋《亲笔函稿》。

款一百万两……拟请暂拨铁厂，按年发息，一如常例。厂矿得此交济互用，可纾目前之急"①；但"嗣以改铸国币，虽有国家银行，亦全赖商家银行上承下注，方能使新币推行无阻"②，故而停办之议未能实现。

但内部纠葛刚刚稳定，洋人又来觊觎。"法领事先来面商，请将通商银行归并法国银行合办。……法国去后，奥领事又来商归并奥国"。盛宣怀毫不含糊地告以"中国商务极大，近来各国到此添设银行不少，中国是主人，仅一通商银行，论面子亦断不能少"③，坚决拒绝了法、奥两国的妄图。

三　铸币思想与实践

铸币与办银行有联系，同属于金融范围，但又有自己的独立性。盛宣怀既有一套铸币思想，也早就有铸币的试验。

鸦片战争前后，外洋银元入侵，行用方便，占夺了块银纹银之权。先进的思想家、政治家们，即有试图改革币制的想法。林则徐在江苏巡抚任内曾铸银饼流通于市场；魏源对于铸币有理论性的论述。他一则曰"仿铸西洋之银钱，兼行古时之玉币、贝币"；再则曰"官铸银钱以利民用，仿番制以抑番饼"④。这里用铸银元及其辅币以利民用和抵制洋钱的思想是明显的。所谓"仿番制以抑番饼"，是"师夷长技以制夷"思想在经济上的运用。铸币是商品经济发展的必然产物。但由于清政府腐朽，不能及时反映经济发展的客观要求，直到1889年张之洞在广州才开始正式铸造银元，以与洋钱抗争。盛宣怀试造银元却早于张之洞。

盛宣怀在经营近代工商业的实践中，深感铸币的迫切需要，于1886年正任山东登莱青道时，即曾奉"醇邸命……回津筹议（用机器铸银币——引者注）办法"，并在烟台试铸。他报告山东巡抚张曜说："职道到烟以

---

① 盛宣怀《寄张宫保》，光绪二十八年十二月二十七日，《愚稿》卷59，页27。
② 盛宣怀《寄外务部》，光绪二十九年八月十四日，《愚稿》卷61，页20。
③ 盛宣怀《寄外务部》，光绪二十九年八月十四日，《愚稿》卷61，页20。
④ 魏源《军储篇三》，《圣武记》卷14。

来，募匠试铸，总以钱可适用，银不亏耗为主。"① 盛宣怀曾将试铸的银钱送李鸿章验看，李鸿章答："银洋钱花纹甚佳。此事造端宏大，非农部同心主持，不能开办。得人尤难。钢模应缓制。"② 铸币牵涉到国家币制，堪称"造端宏大"，不是一位中级官吏的道员所能承担的重任，只能作罢。但盛宣怀是较早地把铸币付诸实践者之一员，在这一方面他处于时代前列。

1895 年屈辱的《马关条约》签订后，在一片振兴自强声中，盛宣怀及时地提出铸币的意见。在这个意见中，有两点表现了盛鲜明的先进性。其一是民族性，他说："官铸银元，使其上下通用，中外通用，不特使元宝及杂色碎银俱可铸成银元，且可收罗洋银改铸华银，徐禁他国银币不准通用，实系塞漏卮之一端。"其二是币由官铸但须照商务办法，他说："中国铸银系国家圜法，成本无多，获利甚厚。自应归官局办理，未便作为公司。但当通融悉照商务办法，不可绳以官例，方免亏折成本。"③ 这种要在币制方面收回利权和按商务原则铸币以做到有利可赢的思想，都是正确的。这两个积极思想，在此后又有所发展。

1896 年 10 月，在盛宣怀有权直接奏事的第一个奏折《条陈自强大计折》中，他把办银行和自铸银币作为重要一目上呈。其中强调得最重的，首推货币自主抵制外币通用一项。他在奏稿中明确地说："臣愚以为国家圜法，自古及今，皆自为制度，随人趋步，各国所无。"④ 多么鲜明的金融自主的态度。为了更好地抵制以币，他摒弃了已铸的七钱二分重的银元。自鸦片战争以来，墨西哥等国的七钱二分银元在中国市场上通行已多，中国自 1889 年张之洞仿铸这种银元以后，各省仿铸亦不少。盛宣怀认为，中国所铸银元分量与进口洋钱相同，难以起到抵制的作用，而主张铸一两重的银元。他说，"本国只准通用本国银币，不准兼用他国银币，所以严守其自主之权利也"⑤，若效法墨元，难以自主，弊端甚多。他写道：

---

① 盛档，盛宣怀《致张朗帅》，光绪十二年十一月二十四日，愚稿《亲笔函稿》。
② 李鸿章《寄烟台盛道》，光绪十五年二月初六日申刻，《李书·电稿》卷11，页8。
③ 盛档，盛宣怀《铸银币意见》，光绪二十一年七月，《思惠斋函牍留稿》。
④ 见《愚稿》卷1，页7。
⑤ 盛宣怀《谨拟筹饷事宜》，光绪二十五年，《愚稿》卷3，页53。

中国圜法不自为政，自铸银币，与他国银币并行不悖，将来英、法、德、俄、美、日各币俱来，先由租地浸灌内地，无计禁阻，而自然大利为外人分夺。其弊一。京局与各省局同时并举，并铸元而不铸两，仍不能废两而为元，必致有时无银可铸。其弊二。部库搭收，仍当以分两为准，如解库一百元，只能作银七十三两，而十成足色变为九成，无可贴补。其弊三。搭放兵饷一百元，必须作银七十三两，如值市面鹰洋，跌价作七十两，则龙元亦止能作银七十两，即如京城目下龙元止能换银六钱八分。其弊四。①

上段话主要说明一个问题，即若中国铸造七钱二分重的银元，货币就难以做到自主。因为如此，外币将与华币混淆使用；府库用"两"，市场用"元"，实际上存在两种货币，不能画一；龙元随洋钱涨落而涨落，等等。盛宣怀说："圜法之乱，何以为国！"② 这个愤激之辞，是点到了半殖民地社会当时的要害的。

然而，盛宣怀虽认为铸一两重的银币较之七钱二分的银元无甚弊病而支持前者反对后者，但亦未把话讲绝。他说："管见亦非敢谓七钱二分者不足为常经，但能废两则亦可画一矣。"③ 话虽讲得灵活，但"废两"在当时是办不到的，因而用"元"就不能"画一"，故实际上还是不同意铸元。所以过两年之后他把原意说清楚了："窃不敢谓七钱二必不应铸，但恐中国不能废去几两几钱几分几厘；即能废两为元，亦与外国银元永远并行，作价任其高下，难以自主，难以画一，难以塞漏卮保利权，难以铸铜币行钞票。"这接连四个"难以"，说明了铸元废两是不能达到货币自主的目的的。为了证明自己论点的正确，他干脆拿出几十年"步趋"西人的危害说："凡变法不从源头做起，虽变无益。此二十年来学步西法无益之证明也。"④ 所谓"源头做起"，即清廷部库也必须以市面通行的货币为准，绝不能出现市面流通的货币为七钱二分的"元"，而部库收支却是用"两"

　① 盛宣怀《寄香帅》，光绪二十五年十一月十六日，《愚稿》卷34，页32、33。
　② 盛宣怀《寄香帅》，光绪二十五年十一月初九，《愚稿》卷34，页29。
　③ 盛宣怀《寄香帅》，光绪二十五年十一月十六日，《愚稿》卷34，页34。
　④ 盛宣怀《寄行在政务处》，光绪二十七年五月二十八日，《愚稿》卷55，页27。

的情况。这就是说部库如能亦废"两"为"元"的话，他也可不坚持非铸两不可。所以就在同一天，盛宣怀对于粤督陶模所说的"轻重似以七钱二为便"的意见，报以"极是"[①]的赞许。这就是说，如对外币起抵制作用和内部上下币制画一能做到，也可以同意铸七钱二分的"元"。故在张之洞、刘坤一等督抚会奏亦表示铸七钱二分的元为宜之后，盛宣怀于1904年也不得不作"银元铸七钱二，如能一律，亦无不可"[②]的表示。

从一般道理说，盛宣怀的币制"自主"和"画一"是对的，只要能坚持做到这两点，七钱二制或一两制均无不可。问题是，在当时情况下，"画一"做到了，"自主"难以做到。当然，坚持"自主"的主张，与是否能做到"自主"，是两码事。坚持"自主"还是可取的。故当他作"亦无不可"的表态时，美国会议银价大臣精琪来沪与盛氏会谈，盛立定了一条规则，那就是货币画一等问题，不允许"外人干预，以尊主权而免攘利"[③]。

1908年，清王朝在全国人民要求实行立宪民主制的呼声中，被迫将"预备立宪"提到日程，在币制上问计于盛宣怀。盛认为"立宪最重理财"，理财"先齐币制，以裕财政"。怎样就能"齐币制"呢？他说"非专用圜法不可；欲专用圜法，非确定十进位不可"。他总结过去改革币制的经验说，应如日本那样，将"银行与币局联络一气"，中国从前"所造龙元未足抵制墨银，继造铜元，转以加增民困，皆官自为之，与商民隔膜，则不归银行管理之病也"[④]。这实际还是他原来的按商务原则铸币的意见。这些币制与银行相联、币制十进位、画一币制等建议，都是很有见地的，对日益发展的资本主义商品经济，必将起到有益的促进作用；对于清政府的统治当然也是有利的。无怪孙宝琦（慕韩）称盛为"海内通达财政币制者，惟公首屈一指"[⑤]，亦无怪清廷于1910年8月授予他"帮办度支部币制事宜"的制币权。然而，清王朝在民主革命高潮中已危如累卵，整个专制制度已到了栋折榱崩的程度，币制改革无补于危局！

---

① 盛宣怀《寄刘岘帅、张香帅》，光绪二十七年五月二十八日，《愚稿》卷55，页26。
② 盛宣怀《寄江宁黄方伯建筊》，光绪三十年四月二十日，《愚稿》卷97，补遗74，页36。
③ 盛宣怀《寄外务部》，光绪三十年三月二十五日，《愚稿》卷64，页8。
④ 盛宣怀《请推广中国银行先齐币制折》，宣统元年闰二月，《愚稿》卷14，页31、32。
⑤ 《济南孙慕帅来电》，宣统二年二月初一，《愚稿》卷75，页19。

第十章　教育思想与人才培养

一　人才观

实践是认识的来源。盛宣怀的人才观，来源于他的洋务企业的经营活动。盛宣怀从 19 世纪 70 年代初到 90 年代中后期近经营洋务三十年，已实际全面地或部分地控制了轮船、电报、铁厂、铁路、矿务、纺织、银行等关系到国民经济命脉的大型企业。经元善形象地说盛宣怀是一个"一只手捞十六颗夜明珠"① 的贪馋者。这句堪称是对盛惟妙惟肖的刻画，在经元善的"辞典"里是贬义词，但从史学的科学眼光看，应该是褒词。因为这些工矿金融企业，都是中国历史上未曾有过的却是社会发展迫切需要的新鲜事业。这种"贪馋"至少与国家民族利益是一致的。对盛宣怀来说，他是披荆斩棘走前人未走过的路。他在开拓这条新路的过程中，深深地体会到新式人才的重要。没有与这些新事业相适应的新人才，将一事无成。攻研八股的学究，绝不可能去搞机器技术和企业管理。由于盛宣怀是在创办和经营这些工商企业的实践中认识到新式人才是一个关键问题的，所以他的"人才观"具有如下一些特点。

第一，当然是一个"新"字。新企业新事业，需要新的科学技术人才和新的管理人才。这在今天是一般的常识，但在那时，除有洋务实践经验之人外，却鲜为人们所意识到。八股时文是无用了，科举所取之士对此一窍不通。这一点，凡是有志于新的洋务事业及其身体力行者，如李鸿章、左宗棠和所有热心于洋务者，都是明白的。所以培养新式的科学技术和企

---

① 盛档，《经元善致郑观应等函》，光绪二十五年五月初三。

业管理人才，是伴随洋务运动开始的，在 19 世纪 60 年代就提出并付诸试行，非自盛宣怀始；但盛宣怀具体实行的培养人才的措施，远高明于他的前人。

早在盛宣怀创建和经营湖北煤铁开采的 19 世纪 70 年代中期，他就认识到"开矿不难在筹资本，而难在得洋师"①。因为当时中国自己的新式矿师一个还没有培养出来，所以他不是一般地说人才难得，而是说"洋师"难得。这里表明在盛宣怀心目中，是人才重于资本。所以他又说："矿务既属兴利之大端，而得人尤为办事之先务。"② 盛在矿务开采上是如此重视人才，办其他企业也是一样。例如他在筹办纺织业时，就致书驻外使节张荫桓："织局不难于集资，难于得人。"③ 盛宣怀虽然没有上过新式学堂，学过新的知识，但他在办洋务工业企业的实践中，已经认识到一个工程师应该具备的条件。例如新式矿师，应该具备数学、物理学、化学、地质学等知识。他说他原来聘请的马利师因"不谙地学、化学"，以至在湖北勘探矿藏中失误而一事无成，从而"决计辞退"④，而另聘了郭师敦。郭师敦对于上述那些知识都是具备的，又已有办矿的实践经验。新聘来的郭矿师，工作认真，成绩卓著，故盛对郭师敦的评价一直较高。盛这种对人才的态度，同他对自己的要求是一致的。他说他本人为了识才，虽然对于"地学、化学、格致门类，一名一物，绝无所知，然犹欲勉力考究其近似，冀不为人所蒙蔽。"⑤ 盛宣怀既有自知之明，更有识人之明，是一位随着客观事物发展而认识到人才必须更新的有识之士。

尤有进者，盛宣怀不仅认为中国人才要更新，洋技术人员也有不断求新的问题。还在 1873 年李鸿章派他到马尾船厂考察时，他就发现这点而对李鸿章说，"洋匠到中国已久，故近年新样不之知也。"⑥ 这就是说，洋匠不接触新发明也是要落后的。盛宣怀不愧为探新思想家。

第二，是立足于自己培养所需的人才。盛宣怀认为，各种新式人才必

---

① 盛档，盛宣怀《致○○○函》，光绪二年七月。
② 盛档，盛宣怀《上李鸿章禀》，光绪四年八月。
③ 见张荫桓《三洲日记》卷 3，页 7，光绪十三年正月初十。
④ 盛档，盛宣怀《致李鸿章函》，光绪二年十一月二十二日。
⑤ 盛档，盛宣怀《致李鸿章函》，光绪二年十一月二十二日。
⑥ 《盛宣怀上李鸿章禀》，同治十二年，《实业函电稿》上册，第 4 页。

须自己培养，聘用洋人只能是暂时的、短期的。其中迫切而又难度较大的专门人才、例如矿务人才，尤应注意早日培养。他说："矿事之成败利钝，实以洋师之得人不得人为定"。这种依赖洋匠的局面，绝不能长此下去不加改变；要变，只有加速培养自己的人才。而这要从两个方面着手去做：一是派员跟随洋矿师在勘矿等作业时实地学习，他建议"于同文馆及闽、沪各厂选择略谙算学聪颖子弟一二十人随同学习"；二是"请饬出洋学生酌分一二十人在外国专学开矿本领，二三年后即可先行回国"①。这样分两个途径进行培养，矿务人才辈出必将是很快的。之所以要这样加快培养，他说："实以开采为大利所在，未便使外人久与其事。"② 显然，培养矿务人才的迫切感，来源于维护民族利权自力更生的迫切感。

在那时，需才孔亟者，除矿务之外，要算是机器制造和轮船航运方面的人才了。其出发点同样是维护民族利权。在学造机器方面，盛宣怀早在不到 30 岁时即对李鸿章说："职道又面禀（福建船政大臣沈葆桢），如向西国厂购买康邦机器，较之自造价必减省倍许……买其机器两三副，邀其洋匠一二人，亲自送至闽厂，拆卸合拢，指授华徒，总以教导能自造为止，即以买价减省之项，酬其教导之功，不一二年，而华匠又学一种本事。"③ 盛宣怀虽对自造机器看得太简单些，但其精神甚堪嘉许。关于培养航运人才，盛宣怀后来回忆此事说："必俟华人能自驾驶者，（洋人）方能俯首听命。"④ 看来他是很厌恶洋技术人员以"傲我所无"（左宗棠语）而不肯听命于已的傲慢态度。所以他于 19 世纪 90 年代初说过，他自己对于培养驾驶等航运方面的技术人员，"久有此意，志在必行……志在设一商船学堂，更欲设一矿务学堂"⑤。这个愿望，随着他创办北洋大学堂和南洋公学等的过程，均逐步实现了。

盛宣怀在办教育上同他办实业一样，是很有毅力的，这是基于他的

① 盛档，盛宣怀致○○○《论矿事书》，光绪二年七月。
② 盛档，盛宣怀致○○○《论矿事书》，光绪二年七月。
③ 《盛宣怀上李鸿章禀》，同治十二年，《实业函电稿》上册，第 5 页。
④ 盛宣怀在钟天纬《轮船电报二事应如何剔弊方能持久论》上的批词，《格致课艺全编》卷 2，页 8。
⑤ 盛宣怀在钟天纬《轮船电报二事应如何剔弊方能持久论》上的批词，《格致课艺全编》卷 2，页 8。

"实业与人才相表里，非此不足以致富强"的认识出发的。他表达他的决心说："人笑我收效不能速，十年树人，视十年若远，若不树之，并无此十年矣！"① 这就是说，培养新式人才的学堂应抓紧办，一个人才育成，非一朝一夕所能撮就，时间虽长，早办就能达到目的。这个观点，盛早在讲这话 13 年前的 1877 年就说过了。他与人书云："树人如树树，惟恐迟暮。"② 盛宣怀是这样讲，也是这样做的。他除早就办电报学堂等短期实用型训练班式的学堂之外，后又创办了中国第一所正规的工科大学——北洋大学堂、第一所正规的始为文科后成工科大学的学校——南洋公学。

第三，横向比较和提携后进。一般人往往习惯于同过去作比，即所谓纵向比较。这种比较法当然也不是不必要，但这种比的方法很容易使人满足于现实，因社会总是向前进的，与过去比，今天一般总是要优良些的。因此，横向地同世界资本主义先进国家做比较更有意义、更有必要、更能促使人们奋发精神、积极进取。盛宣怀的态度使他的比较方法更多地采取了后者。他说，处于世界资本主义发展的今天，"如大列国，断无独居独处之日，亦断无不百年不败之和局"，因此，中国一切措施必须与资本主义列强作比较。在横向地与西方国家作人才上的比较后，他慷慨陈词："试问吾家将才如彼否？使才如彼否？理财之才如彼否？"这一连串问号，意思是"不如彼"。但盛宣怀不是自卑，不是消极的无所作为，而是积极行动起来加快步伐地赶上去。他主张在赶紧培养人才的同时，必须大力提携后进。他说："办事以得人为主，而人才半在赋畀，半在陶熔。"③ 所谓"陶熔"，即培养之意。他认为，不断培养，才能使人才不断地接力赛似地紧紧接上班，事业才能不停地发展。他精辟地表述这个观点说："非有后起之人，（事业）亦必旋得旋失。"他希望李鸿章等握有权势者，要"为天下得人才。弗轻后进而不诱掖，弗狃目前而不远求，弗存姑息而举非其人，弗避嫌疑而举之不先"。盛宣怀讲这些话的时候，还是个年仅 32 岁的青年，他的这种提携后进的想法，尤其是"弗避嫌疑而举之不先"一语中

---

① 盛宣怀在钟天纬《轮船电报二事应如何剔弊方能持久论》上的批词，《格致课艺全编》卷 2，页 8。
② 盛档，盛宣怀《致李鹤章函》，光绪三年正月。
③ 盛档，盛宣怀《致李鹤章函》，光绪三年正月。

所指后进的新型人才，也包括他自己在内。盛宣怀也确是个很有可塑性的办企业的新型人才，他的这种勇于进取的强烈愿望是很有价值的。这四个有"弗"字的话，反映了时代的要求。他结论性地说："搜罗今日之梓楠，培养他年之桢干，为一代得治人，胜于为百代立治法。"① 其选人才的迫切性可以想见。

第四，任人唯贤，任贤唯专。本书此前多处叙述到盛宣怀聘用洋人一以贤能为准的事，但同时他任用中国人也一以"有用之才"为准。以轮船招商局为例，在他任督办后所任用的郑观应、陈猷、沈能虎等，都是颇有才干的能人。盛宣怀为了使这些"能人"为己所用，从多方面予以支持，甚至为其解除困境。其中如郑观应总办的上海机器织布局，于1883年倒账风潮中亏欠巨款，盛宣怀设法为之解脱；1886年后郑困居澳门时，盛不时赐金，并就近为之安排如开平煤矿粤局总办之类的工作，使其可以得薪养亲。向以"士为知己者用"的郑氏，于1892年重入招商局任帮办后，外与怡和、太古签约争斗，内而按经商原则进行整顿，起了很好的作用。在1896年盛宣怀督办汉阳铁厂时，请郑观应兼任总办，郑亦做到鞠躬尽瘁。此后盛宣怀在办企业中每遇难题，总是想到郑氏。这是盛宣怀对人才的信任，和人才甘心为其所用的一例②。

兹再讲一个"任贤唯专"的例子。李维格本为汉阳铁厂译员，在铁厂中经过多年历练，才能出众，于是盛宣怀有意识地对李加以培植，使之逐渐成为懂技术的管理人才，并于1902年任为铁厂总办。徐世昌、端方请调李维格，盛均予以拒绝。1906年9月，袁世凯请调李维格一个月往福建船厂调查一件事，盛宣怀也未予同意。盛宣怀认为，某人既为贤才，就应任之专，任之久，使充分发挥其作用。他下面一段话颇有可取之处，录之于下：

> 李维格工程本领，系在汉厂历练而成……铁厂之成败利钝，悉以

---

① 上引文均见盛档，盛宣怀《致李鹤章函》，光绪三年正月。

② 关于盛宣怀与郑观应的关系，参阅拙著《郑观应传》（1985年修订本，华东师范大学出版社）第五章、第七章等有关章节。该书稍作修订收编于《岭南文库》（广东人民出版社1995年版），书名改为《郑观应》。

付之。用人之道，必当用其所长，尤当久于其任。若用之不专，或朝令暮改，皆不足尽其才。①

"任人唯贤，任贤唯专"的思想，在这段话中得到了充分的表现。盛宣怀认为"中国用人辄多调动"的做法，是很"难收效"的。这个观点，在一般情况下是对的。

基于以上观点，盛宣怀聘用人员是不论亲疏，而是唯贤才是任。他曾奏调他认为"博通今古，志气坚强"但毫不相识的青年梁启超，助筹铁路事宜；任用"闳深邃密，体用兼赅，淹贯古今各国源流，有匡时之略，而不囿于晚近"②的何嗣焜③，为助筹铁路事宜和总办南洋公学等职。他的"才"与"非才"的用人观，是非常分明的，对于"译才如严复、伍光建者"，热情地称之为"实罕其匹"④；对于众多被推荐来的人和"谋者纷纷"的现象，则冷漠地报之以"仍有乏才之叹"⑤。滥竽充数盛宣怀是不允许的。他对"人多"与"缺才"这个矛盾早就有所体会，并找出原因和解决办法。他于 1887 年致书驻德公使洪钧说："轮船、电报两局，纷纷荐引，无日无之；逮一试用，绝非所长。初虑人才拥挤，卒至有乏才之叹。无他，取才不问其所学耳。西人事事从学堂中磨炼而出，各归一辙不致纹杂。"⑥看来他很明确，新式专业人才需要新式学堂来培养。

盛宣怀人才观的可贵还在于他对华洋一视同仁。他不以华人与洋人分界，而是以贤与不贤分界。对洋人之非贤能者如马利师，他毫不客气地予以辞退，但对众多的有才能的洋技术人员，他则颇赞许地说："轮、电局所用洋人，颇有忠勤胜于华人者。"⑦用华人或洋人以贤才与否为准，洋人

---

① 盛宣怀《寄张宫保》，光绪三十二年八月二十日，《愚稿》卷 69，页 19。

② 上引文均见盛宣怀《奏调人员片》，光绪二十三年三月，《愚稿》卷 1，页 26。

③ 何嗣焜，字悔生，或作眉孙，江苏武进人。同治初年以诸生效力淮军，因功为李鸿章推荐做过训导等学官。何氏学养渊博，光绪年间历参直督张树声、豫抚倪文蔚幕。1887 年后告辞家居，封疆大吏交相罗致均辞不出。1896 年盛宣怀筹办南洋公学，以同里之故，亲诣庐敦请，任为公学总理（校长），举凡征地、造屋、聘教习、招生开班等具体工作，悉一手完成，堪称南洋公学奠基人之一。1901 年去世。

④ 盛宣怀《请专设东文学堂片》，光绪二十七年六月，《愚稿》卷 5，页 38。

⑤ 盛宣怀《寄张香帅》，光绪二十二年十一月二十二日，《愚稿》卷 99，总补遗，页 31。

⑥ 《盛宣怀致洪钧函》，光绪十三年七月初八，《实业函电稿》上册，第 63 页。

⑦ 盛宣怀《寄岑宫保》，光绪三十二年六月初一，《愚稿》卷 69，页 12。

与洋人间亦以此为准。例如，他对德国人锡乐巴，称其造铁路"工夫为最上等"，而回绝了其他洋师而专任锡乐巴①；对于"本领不高"的锡贝德，则毫不犹豫地指示有关人员"不宜复用"②。盛宣怀自负地说他"惟于用人之道，素尚讲求"③。根据他对人才问题上的一贯表现，这话确不是吹嘘，而是基本上反映了事实。

第五，以"中体西用"和"学以致用"为准则。据上所述，盛宣怀对新式科学技术人才的看法和标准，基本上是正确的，但其自始至终坚持"中学为体，西学为用"这个准则，则是有一定的局限性的，它影响和限制了优秀人才的培养和发掘。盛宣怀于 1896 年 10 月间，总结中国几十年育才成就不大的原因说："同文馆之培植不为不殷，随使之员阅历不为不广，然犹不免有乏才之叹者，何欤？毋亦孔孟义理之学未植其本，中外政法之故未通其大。"④"中外政法之故未通其大"，算是看到了问题的症结。不管他所说的"政法之故"的"故"，是议院立宪的根本制度，还是其他关于政治法律的具体条文，他能归结到政治上去，应该说是一个进步。然而他把乏才说成是由于"孔孟义理之学未植其本"，那就错了。这实际上是几十年的洋务运动的老调重弹。"中体西用"如果说在洋务运动前、中期曾起过积极的进步的作用的话，那么，甲午战争后民主维新运动兴起之时，他仍在强调"中学为体"，非但没有进步性，而且要起反动的作用了。因为时至 19 世纪 90 年代以后，随着资本主义发展，变"中体"的专制制度为"西体"的民主制度，已成为一种思潮。很多先进人物认识到，只有这样，只有实行君主立宪的民主制，或进而实行共和立宪的民主制，中国才可能达到富强的目的。然而盛宣怀还在大谈"孔孟义理之学未植其本"。他的这个观点，落后于时代远矣！当然，我们也知道，在清王朝统治下，要让权要认可盛要办的事，尤其是教育方面的事，不谈"中体"之类的话，是批不准的。

正因盛宣怀坚持"中体"，所以他所主张的"学以致用"，主要是以科

① 盛宣怀《寄端大臣》，宣统三年闰六月二十九日，《愚稿》卷79，页34。
② 盛宣怀《寄孙慕帅》，宣统三年五月初十，《愚稿》卷77，页29。
③ 盛宣怀《寄军机处、商部》，光绪二十九年九月初二，《愚稿》卷97，补遗74，页21。
④ 盛宣怀《请设学堂片》，光绪二十二年九月，《愚稿》卷1，页11。

技为内容的"西学为用"之"用"，不包括民主政治为内容的西学之"用"。所以他说："中土文明之化，开辟最先，历世愈远，尚文胜质，遗实采华。而西人学以致用为本，其学校之制，转与吾三代以前施教之法相暗合。今日礼失而求诸野，讲西学延西师，学堂之规模近似矣！"① 学西学中的科学技术以致用，相对于中国过去的钻故纸堆和八股式的无用之文来说，当然是一个巨大进步，但对政治制度封建秩序，他却坚持"中体"！我们称许盛宣怀善于"横向比较"，在这一点上他却不横向比较，反而纵向地向后看了。这是因为他的政治命运与清王朝紧密相连而无法克服。

二　创办北洋大学堂和南洋公学

本书前面有关章节中已经谈到，盛宣怀在办洋务事业的实践中，认识和切身体会到，没有与这些新的企事业相适应的新式人才，将一事无成。所以他在经营企业的过程中，往往创办附设于企业的带有学堂形式的训练班，如办电报局时，他在天津、上海等地办有电报学堂；督办汉阳铁厂时，也办有附于该厂的学堂。这些学学在学制、课程等方面都只注重实用，所放理论和基础知识不够系统，故都是属于非正规的训练班。盛宣怀是一位有心人，他对这些注重实用的短训班及时总结经验，以为办正规学堂作准备。例如，1880 年开始他在天津、上海等处办了电报学堂，到 1887年即写了《电报总局学堂汇纂章程》，分《学习》、《洋考》、《薪水》等目。该章程存于"盛档"，编入《盛宣怀年谱长编》上册 291—293 页，我在"按语"中说："该章程汇编，是 1880 年以来八年间办电报学堂的经验总结，一定程度上也是盛宣怀办实业学堂的教育思想的结晶。该章程将教育和实业的实践紧密结合，即对某个学员按知识水平、学习成绩进行严格分等分级，而这种等与级，又与薪资挂钩，且同品德联系起来。可以认为，这份章程是洋务运动以来创办新式教育最完整可行的教育规章。盛宣怀不失为中国第一代实业救国教育家。"在此基础上，到 19 世纪 90 年代

---

① 盛宣怀《筹集商捐开办南洋公学折》，光绪二十四年四月，《愚斋》卷 2，页 18。

初，盛氏明确提出办正规的商船学堂和矿务学堂等学校。1892年他任天津海关道之后开始逐渐实现其夙愿。

1895年秋，也即盛宣怀任天津海关道三年之后，得到直隶总督王文韶的支持批准，在他的权力和经济能力所许可的范围内，创办了北洋大学堂①，校址设于天津，即今之天津大学前身。

北洋大学堂分别设头等四班、二等四班。"每班三十名，递年工夫长进，升至头班头等"②。这里的"二等"，是大学预科性质，"头等"即是大学。学生除学习语言文字之外，主要学习理工方面的知识，如"天算、舆地、格致、制造、汽机、化矿诸学"③。以上是公共必修课。公共课之外，将头等30名，分为"律例、矿务、制造"④ 三个专科，以培养专门人才。1897年北洋铁路学堂合并于北洋大学堂，增加了铁路一科，派"王道修植兼管"⑤。从所学课程和所分专门学科的情况看，北洋大学堂是中国第一所大学，也是第一所工科大学。它早于京师大学堂两年多。以今天的标准看，北洋大学堂作为一个大学虽不能算是完备的，但在当时，它确是第一个系统教授科技理论知识和专门技术的大学堂。

盛宣怀在办北洋大学堂的过程中，订了两条规则：其一是不许躐等。他说，中国过去学西学的学生之所以成绩不显著的原因之一，就是"学无次序，浅尝辄止"，本大学堂的学员必须做到循序而进，"不容紊乱"，必须坚持完成学业计划，不许中途他骛。其二，学习专门科学技术，文字语言不过是工具。盛宣怀这一观点的形成，主要是接受了同文馆只学语言文字因而用途不广的教训，也是由于工业发展的需要从而提高了认识的缘故。基于以上这种认识，故当他的天津海关道继任者李少东请将60名学生分别改学法、德和日本三国文字时，盛直接加以阻止。他说李少东"殆误会此堂仅学文字，不知内有分类专门工夫"。他认为如照李少东所请去做，

---

① 原名中西学堂。但盛宣怀一直称此校为北洋大学堂，有时亦称北洋公学。实际上是按大学标准设计的，故应为大学堂。

② 盛宣怀《寄直督王费帅、津关道李少东观察岷琛》，光绪二十三年十二月十五日，《愚稿》卷29，页34。

③ 盛宣怀《请设学堂片》，光绪二十二年九月，《愚稿》卷1，页11。

④ 盛宣怀《寄直督王爕帅、津关道李少东观察岷琛》，光绪二十三年十二月十五日，《愚稿》卷29，页34。

⑤ 盛宣怀《寄津督王爕帅》，光绪二十三年五月十七日，《愚稿》卷91，补遗68，页32。

那将"为小失大，弊莫甚焉"！他指出，大学堂各专门学科的人才，"以后每年每类仅得数名，正恐不敷派用，时势需才如此其急，讵可一误再误！铁路学生同是英文，宣尚不肯假借，以损大学，况改习他国文字便须另聘他国教习。此堂隳废，即在目前，为天下笑"！① 这些话并非危言耸听。人才"躐等"与"他骛"，确实将对社会经济的发展带来严重损害。只有像盛宣怀这样有丰富经营企业经验的实践家，才能对培养人才的程序途径有这样高水平的认识。

由于北洋大学堂是中国第一所比较正规的工业大学，所以对教育的影响较大，它既是紧接其后创办的南洋公学的模范，也是各省仿办的"范本"，例如两江总督刘坤一就曾问津于盛氏说："闻公在津新设学堂，章程甚佳，即祈钞示全卷，以便将来仿办。"② 但由于 1896 年 10 月盛宣怀卸任天津海关道职，长驻上海，故其对北洋大学堂很少过问，而在办学上，将主要精力置于"如津学之制而损益之"③ 的南洋公学，即上海交通大学的前身。这里拟对其办南洋公学之事多做一些叙述。

1896 年春，盛宣怀禀明江督刘坤一设立南洋公学，具体办学工作则在 10 月前后进行。这正当盛宣怀卸任天津海关道职，接任铁路总公司督办，并被授予太常寺少卿衔和专折奏事特权的时候，也就是他大发迹的起点和大展宏图之际。在这种客观背景下，他积极行动筹款议建南洋公学，有着特殊的意义，即是将南洋公学作为培养大展宏图的干部的基地，故其特别重视。当然，盛宣怀是不会说此举是为了自己，而总是说为了清王朝统治的利益的。就在他上奏请办南洋公学的前几个月，他函告谢家福说："各省试办中西学堂，系为造就人才，大处着笔，方能开天下风气之先，挽中国积弱之政。"④ 为了挽"积弱之政"，必须办新式学堂，这话完全正确。但应该认为，挽清王朝"积弱之政"与盛宣怀个人大发迹的利益是一致的。

什么是"公学"？盛宣怀在此之前已有过解释。当谢家福在苏州创办

---

① 上引文均见盛宣怀《寄直王夔帅、津关道李少东观察岷琛》，光绪二十三年十二月十五日，《愚稿》卷 29，页 34。

② 《江督刘岷帅来电》，光绪二十二年正月初六，《愚稿》卷 24，页 11。

③ 盛宣怀《请设学堂片》，光绪二十二年九月，《愚稿》卷 1，页 11。

④ 盛档，盛宣怀《致五亩园学堂谢家福函》，光绪二十二年六月二十八日，《丙申函稿》。

五亩园技术学堂，打算"偏重桑梓，专意三县儒孤"的公学时，盛宣怀致函谢表示异议说："鄙见苏堂若果专收三县儒孤，只可名为义学。由本省筹捐办理，归入义举，未能名为公学，动用公款，致使各邻省效尤，以义学而请拨公款也……如系公学，可在轮、电捐款内禀拨……想长才必能会心另换面目。"① 当然，除"经费半由商民所捐半由官助者为公学"② 者外，与义学还有一个很大区别，那就是义学"未必能如公学造端之宏也"③。

对于南洋公学，盛宣怀也有具体解释。他上奏清廷说：

> 环球各国学校如林，大率形上形下道与艺兼。惟法兰西之国政学堂，专教出使、政治、理财、理藩四门，而四门之中皆可兼学商务。经世大端。博通兼综。学堂系士绅所设，然外部为其教习，国家于是取臣今设立南洋公学，窃取国政之义，以行达成之实。于此次钦定专科，实居内政、外交、理财三事。④

又说：

> 商捐经费，学资不出于一方，士籍不拘于一省……其学生卒业给凭，与国家大学堂学生身分无异。⑤

从上两段话看：（1）南洋公学不同于以工科为主的北洋大学堂，而是以文科为主兼及"理财"的学校。盛宣怀这里所讲的"理财"，是包括工商业的经营在内的。（2）南洋公学的经费来源于商捐，主要是盛氏所督办的轮、电两局捐助；学生来自全国各省，不是狭隘的地方性的；毕业后使用，也不拘于一省一地。可见，南洋公学创办伊始，即是全国性的、以培养政法干部为主的、由盛宣怀直接控制的正规学校。这同他在经济上、政治官阶上的大发迹、大展宏图是相适应的，也就是要培养他盛宣怀在发迹

---

① 盛档，盛宣怀《致五田园学堂谢家福函》，光绪二十二年六月二十八日，《丙申函稿》。
② 《南洋公学章程》，光绪二十四年四月，《愚稿》卷2，页23。
③ 盛档，盛宣怀《致五亩园学堂谢家福函》，光绪二十二年六月二十八日，《丙申函稿》。
④ 盛宣怀《筹集商捐开办南洋公学折》，光绪二十醉四月，《愚稿》卷2，页20。
⑤ 盛宣怀《南洋公学脾细娜折》，光绪二十八年九月，《雌》卷8，页32、33。

中所需的各类各级下属。这个宗旨和特点，盛在公学的章程中也表达得很清楚：

> 公学所教以通达中国经史大义厚植根柢为基础，以西学政治家日本法部文部为指归，略仿法国国政学堂之意。而工艺、机器、制造、矿冶诸学，则于公学内已通算、化、格致诸生中，各就质性相近者，令其各认专门，略通门径，即挑出归专门学堂肄习。其在公学始终卒业者，则以专学政治家之学为断。①

可见工艺制造等工科大学的任务不属于南洋公学，而是在学生所学数理化等基础课过程中，挑选出"质性相近者"，另"归专门学堂肄习"；其始终于公学者"以专学政治家之学为断"。可见他原来打算将南洋公学办成一所培养内政、外交等政治吏治官员为主的学校。

盛宣怀为了迅速培养政治僚属，在公学筹建之初，即建议先设达成馆，这是因为照预定的公学所学课程看，人才的收效皆在十年之后；而"诸生选自童幼，未有一命之秩，既不能变更科举，即学业有成，亦难骤膺显擢，予以重任"，但形势对于人才又是"相需方殷，缓不济急"②。怎么办？他想出并提出了先设达成馆的建议。"达成馆"可说是培养官员的速成班。他说："欲速副朝廷侧席之求，必先取资于成名之人，成材之彦。"③ 是"取成材之士，专学英法语言文字，专课法律、公法、政治、通商之学。期以三年，均有门径，已通大要"。盛宣怀认为，达成馆卒业者，可充公使随员，可到外交等政府机构中任事，他们经过一段时间锻炼，"资望既著，即出使大臣、总署大臣之选也"④。盛宣怀本来建议在北京、上海两处各设成馆一所，后以京师达成馆之设遥遥无期，上海乃先行设立，与公学"相辅而行"。但南洋公学没有按照原定计划先设达成馆，而于1897年3、4月间，"考选成材之士四十名，先设师范院"。公学总理何

---

① 盛宣怀《南洋公学章程》，光绪二十四年四月，《愚稿》卷2，页23。
② 盛宣怀《请设学堂片》，光绪二十二年九月。《愚稿》卷1，页11。
③ 盛宣怀《南洋公学附设译书院片》，光绪二十四年四月，《愚稿》卷2，页27。
④ 上引文均见盛宣怀《请设学堂片》，光绪二十二年九月《愚稿》卷1，页12。

嗣焜记其事说："师范生投考者至一百三十名之多，佳卷不少，录取足额外，复录备取十八名。（三月）初七开馆……暂定课程上午习算学，下午治舆地，夜习西文。"① 南洋公学师范班是中国近代史上第二所正规高等师范学校，后来南洋公学的教师多取才于此。

盛宣怀对于办南洋公学的积极性非比寻常。他不仅行动积极，而且慷慨解囊。他告诉清廷，徐家汇"学堂基地由臣捐购"②。这是很不容易的。公学的常年经费由他所经营的轮、电两局岁捐 10 万两，其他关于学堂房舍、仪器、图书等设施，乃至派遣学员出国留学等经费，均由盛一一筹措和储存，使公学顺利地发展。盛宣怀为南洋公学的开办和发展做出了巨大的贡献。

盛宣怀办学思想的可取，还在于他非常重视基础教育。这表现在他把师范和小学放在学堂的首要地位上。他上奏清廷说："臣惟道立，则善人多，故西国学堂必探源于师范；蒙养正则圣功始，故西国学程必植基于小学。"因此，他说："师范、小学，尤为学堂一事先务中之先务。"故他在1897 年首先招收师范生外，"复仿日本师范学校有附属小学校之法，别选年十岁内外至十七八岁止聪颖幼童一百二十名设一外院学堂"。外院学堂即是小学堂，由师范生分班教习。接着于 1898 年开二等学堂（亦称中院，即中学），待条件成熟再开设头等学堂（亦称上院，即大学）。这样，就逐步达到北洋大学堂的水平与规模。盛宣怀说："外院之幼童荐升于中、上两院，则入室升堂，途径愈形其直捷。"③ 北洋大学堂虽未设小学，但这与他办北洋大学堂的"循序而进"和"不躐等"的思想是一致的。因为小学是学业基础的基础，师范班学员是培育人才的人才，没有小学的基础和相应的师资，学校是办不好甚至是办不成的。后来南洋公学的外院、中院和上院的教师，除外籍教师如美人福开森和薛来西、勒芬尔、乐提摩等，"均能恪遵章程，分科讲习，生徒悦服，众论翕然"④ 等之外，大多由师范班学员任教习；而中院、上院的学生很多就是从外院逐步升上去的。盛宣

<hr />

① 《何嗣焜致盛宣怀函》，光绪二十三年三月二十九日，原稿影印件。据此件"三月初七开馆"一语，可见师范班开学应是 1897 年 4 月 8 日。

② 盛宣怀《筹集商捐开办南洋公学折》，光绪二十四年四月，《愚稿》卷 2，页 21。

③ 上引文均见盛宣怀《筹集商捐开办南洋公学折》，光绪二十四年四月，《愚稿》卷 2，页 19。

④ 盛宣怀《请奖南洋公学洋教习片》，光绪三十一年二月，《愚稿》，卷 11，页 6。

怀抓着了办学的关键。他的这一教育思想，在当时亦不多见。

除上述师范院、外院、中院、上院四部正规学制之外，盛于1899年开办了特班，即"变通原奏速成之意，专教中西政治、文学、法律、道德诸学，以储经济特科人才之用"①。这实际就是他原来设计的达成馆而变通办理的"特班"形式。

以上表明，南洋公学是我国最早兼师范、小学、中学、大学的完整教育体制的学校。促其成者为盛宣怀，中国近代教育史上应给予他一个席位。

三　在公学发展中的促进作用与成立
　　译书院的特殊意义

办师范院、外院、中院、上院和特班等五种层次的班级，照盛宣怀看来，是南洋公学原定的学堂的本分之事，此外所设译书院、东文学堂、商务学堂等称为"附属公学者"。本节谈这些"附属"的三种教育机构和盛氏在其中的作用。这也可以说是盛宣怀办学思想的新发展。

为什么南洋公学要成立译书院？所译之书为何又以政治之书为主？这是南洋公学培养人才的任务所规定的，同时与光绪二十四年维新运动高潮的形势有关。如果说1896年《条陈自强大计折》所说练兵、理财、育才这个纲领与康梁所领导的维新运动是对立的话，这次盛设译书院以译西方政治之书，则有着适应维新运动新形势的一面，政治上有求新的倾向。这将在以后谈到。他说，公学既要培养新型知识分子，就非学习西方新知识不可；要学习西方新知识，"顾非能读西国之籍，不能周知西国之为"。然而"西国语言文字，殊非一蹴可几"②，要求大家直接去读西国原版书是办不到的，而只能更多地读翻译的书。因此，就非聘请专门的翻译人才译书不可；因此，就必须成立翻译机构的译书院。鉴于南洋公学主要是培养政法、交涉等人才，故译书亦以西国政治法律等书为主。1898年春，盛宣怀

---

① 盛宣怀《南洋公学历年办理情形折》，光绪二十八年九月，《愚斋》卷8，页31。
② 盛宣怀《南洋公学附设译书院片》，光绪二十四年四月，《愚斋》卷2，页27。

奏请设立译书院即说明译新书和译政治方面的书的必要性。他说：

> 中国三十年来如京都同文馆、上海制造局等处所译西书，不过千百中之十一，大抵算、化、工艺诸学居多，而政治之书最少。且西学以新理新法为贵，旧时译述半为陈编。将使成名成材者皆得究极知新之学，不数年而大收其用，非如日本之汲汲于译书，其道无由矣！①

这就是说，公学译书院不仅一反过去主要译科学技术的西书，改为译政治方面的书，而且要译"新理新法"的书。上奏不一月，即得到清廷"着照所拟办理"的批示，于是盛随即成立了译书院，附属于公学。译书院聘张元济主持其事，广购日本和西国新出之书，延聘中外博通之士译之。1898 年夏秋间，先聘日本细田谦藏为翻译，后聘日本陆军大尉稻村新六为翻译兵书顾问。在中国人中，先后聘有郑孝柽、李维格、伍光建、陈诸藻和师范生黄国英，还有留学回国的雷奋、杨荫杭、杨廷栋等为译员。此外，还向院外翻译人员约稿，如严复就是公学译书院的知名投译稿者。他所译的《原富》这部名著，就是南洋公学译书院印刷的。到 1901 年 8 月，译成之书已排印者 13 种；译成而未印好者计有兵政八种、理财一种、商务二种、学校三种、税法一种②。上述已印好的 13 种书中，12 种为兵事之书。可见南洋公学译书院在其开办之初的两三年间所译之书，最多为军事书，其次是关于政法、理财、商务、学校等书。这同盛宣怀的强兵求富指导思想有关，这个指导思想早表现于 1896 年《条陈自强大计折》中；同时与当时八国联军入侵、义和团运动和各地人民起义等客观情况也有一定的关系。

1901 年后，清王朝被迫搞维新和立宪，南洋公学译书院的译书重点转向维新和立宪方面。盛宣怀适应形势地报告清廷，说明过去译政法书很少的原因和打算改变这种状况。他说："昔年官译诸书，只有同文馆所译《法国律例》，制造局所译《佐治刍言》数小种，余皆不及政治。盖不敢率尔操觚，其难其慎，良有故矣！现在举行新政……凡有关乎学校、科举、

① 盛宣怀《南洋公学附设译书院片》，光绪二十四年四月，《愚斋》卷 2，页 27。
② 见《愚斋》卷 5，页 35。

理财、练兵之政治法律诸书，均待取资，势不容以再缓。"① 政治法律方面的西书很多，当然要选中国现实政治最需要者。盛宣怀将西方的民主、君主、君民共主三种政治制度作了比较，认为"格致制造则取法于英、美，政治法律则取法于日、德"。于是聘请专人翻译日本政治、法律等书；至于德国书籍，因德文翻译难聘，而其对中国有用之书大多已译为日文，故德国政法之书"姑就东文之翻自德文者译之"。盛宣怀说他之所以这样做，是"得尺得寸，为旱年一溉之计"②。这种大力译君主立宪方面政法的书的举措是盛宣怀由坚持专制政体向君主立宪民主制转变的一个预兆。从他的大力经营资本主义经济的积极性和成效看，这种转变是合乎逻辑的。但正在这时，形势发生了不利于南洋公学的转变。袁世凯自1901年接替李鸿章的直隶总督、北洋大臣后，利用盛宣怀父亲盛康去世守制之机，抢占轮、电两局的控制权，并于1903年使南洋公学改隶北洋，造成译书院经费拮据而停办。张元济将停办的译书院与沈瑞芳主办的商务印书局合并，成立了商务印书馆。

南洋公学译书院从成立到停办，约四年时间，但其贡献却不小。翻译出版的书共13种40余部。仅《原富》一部即有22册。不少书风行一时，对政治思想和学术影响颇大，对中外文化交流和我国文教事业作出了贡献，对于民主思想的传播也起了一定的作用。这虽非盛宣怀一人之功，却同他的远见卓识从而促成译书院办成是分不开的。

译书院的译书对翻译学也起了先导的作用。通过一定时间译书的实践，盛宣怀对翻译工作定下四条纲要：一是"先章程而后议论"；二是"审流别而定宗旨"；三是"正文字以一耳目"；四是"选课本以便教育"③。第一、第二两项说的是要按照清王朝维新和立宪的要求，选择日、德君民共主之法的书籍以译之的问题，第四项主要是要按"中体西用"方针选择小学、中学乃至大学课本，以备各省新设学堂购用。这三项对我们要讲的翻译学无甚关系，不加赘述。关于第三条"正文字以一耳目"，盛宣怀说"译本要在同文"，才"便于读者"；然而"近来私译名字纷挐，

---

① 盛宣怀《南洋公学推广翻辑政书折》，光绪二十七年十二月，《愚斋》卷6，页15。
② 盛宣怀《南洋公学推广翻辑政书折》，光绪二十七年十二月，《愚斋》卷6，页16—17。
③ 盛宣怀《南洋公学推广翻辑政书折》，光绪二十七年十二月，《愚斋》卷6，页16—18。

官译为其所淆"，譬之"人有数名，读者方审音测字之不遑，何暇研究事理"；译文不统一的危害是很大的。他报告清帝说，"臣今所译科学书夥多，不敢不致慎于斯。除随文勘整外，其人、地、国名，品汇名物"，统一规格，列表"附诸卷后"；这样做，"以期诸学浅深纲要，开卷了然。专门者借以溯洄，涉猎者亦可预知门径"①。这就保证了译书的质量。盛宣怀于是建议清政府颁令统一译名说：

> 西国专门之学，必有专字，门类极繁。东人译西文，先有定名。中国译东西文尚无定名，则译字互异，阅者易滋迷误。亟宜将各国舆地、官职、度量权衡，及一名一物，撰拟名目类表，以求画一。嗣后官译私著，悉依定称。②

这是很有见地的议论。应该说盛宣怀对于译书是有贡献的。

为了培养翻译人才，盛又于1901年创办了东文学堂，"考选成学高才之士"40名，"专习东文讲授高等普通科学以备译才"③。张元济兼任主任，聘译书院翻译细田谦藏、稻村新六为教员。本拟两年为一期，但与译书院同是由于改隶北洋经费无着，只办了不到一年即停办。

被盛宣怀视为南洋公学附属单位的"商务学堂"，定于1903年开办。为了开办商务学堂，盛宣怀作了充分的思想和工作上的准备。早在1899年，他即意识到设立商务学堂的重要性。他说，中国"一则无商学也，再则无商律也。无商学则识见不能及远，无商律则办事无所依据"。因此向清廷建议，先于各省设华商公所，而后准华董们自己集资开设商务学堂，专教商家子弟，"以信义为体，以核算为用。讲求理财之道"。他认为，如能这样做，"数年后商务人才辈出，则税务司、银行、铁路、矿务，皆不患无管算之人矣"④。盛宣怀所设想的商务学堂，是以培养工商业方面的管理人才为目的的。这确是当时工商业进一步发展的迫切需要。值得注意的

---

① 盛宣怀《南洋公学推广翻辑政书折》，光绪二十七年十二月，《愚稿》卷6，页17—18。
② 盛宣怀《请专设东文学堂片》，光绪二十七年六月，《愚稿》卷5，页38。
③ 盛宣怀《南洋公学历年办理情形折》，光绪二十八年九月，《愚稿》卷8，页31。
④ 盛宣怀拟《商务事宜详细开具清单》，光绪二十五年，《愚稿》卷3，页62。

是，他这样做，还有抵制封建束缚和外国侵略的意向。他说，有了商律，又有商务学堂，就"不致受衙门胥吏之舞弄，即不致依附洋商流为丛爵渊鱼之弊"[①]。1901 年盛宣怀被授为办理商税事务大臣，即上奏清廷，请设商务学堂，他说："必须广商学以植其材，联商会以通其气，定专律以维商市，方能特开曹部以振起商战，足国足民。"[②] 而要做好这些，必须有相应的商务人才。另一方面，有了自己的商务人才，可以在与洋商打交道中不致吃亏。他根据切身的体会禀告清帝说："臣三十年来在通商口岸随同李鸿章办理洋务商务，仅稍知其事理所当然，而于泰西商学商律，何能识其窍要。"[③] 从中国工商业发展的需要，和"识其窍要"地与洋人角胜等多方面看，均非尽快设立商务学堂以培养商务人才不可。

盛宣怀在上奏清廷请设商务学堂之前，即已着手做以下一些准备工作：（1）札饬南洋公学掌管教务行政的提调刘树屏，将公学尚未开班的上院改为商务学堂。他在札中说："查商务学堂之设，实为当今切要之图。"而改设高等商务学堂的条件也已成熟，因"该学毕业各生，程度已高，致力尤易"。盛宣怀为了将商务学堂办成功，对未来毕业生作了"优与出路"的保证。他说，"商学卒业，不过二三年，本大臣即当分别擢用，优与出路，决不负各该生数年响学之苦心希望学生""勿遽以学业粗成，亟谋他就"[④]。（2）派遣公学监院福开森[⑤]赴美、英、比、法、德、奥、瑞七国考察商务学堂。盛宣怀在致福开森札中说："商务一门为富强之本……商务学堂各国皆极注意，而日本尤为美备。"他要求福开森"折衷比较，不厌求详"，并将各国商务学堂异同和办法，连同造屋图样等，于回来后一并具报[⑥]。（3）咨请出使大臣在外洋觅购商学商律诸书，以备学堂之用。可见盛宣怀对于开办商务学堂，既有思想认识上的准备，也有具体工作上的

---

① 盛宣怀拟《商务事宜详细开具清单》，光绪二十五年，《愚稿》卷 3，页 62。

② 盛宣怀《请设商务学堂片》，光绪二十七年十二月，《愚稿》卷 6，页 20。

③ 盛宣怀《请设商务学堂片》，光绪二十七年十二月，《愚稿》卷 6，页 20。

④ 上引文均见盛宣怀《拟改上院为商务学堂札》，光绪二十七年，《交通大学校史资料选编》第 1 卷，第 40 页。

⑤ 福开森，华名福茂生，出生于美国。1886 年 20 岁时毕业于美国波士顿大学后即来华传教。1888 年在南京设立汇文书院，自任监督。1897 年受盛宣怀聘为南洋公学外文教习，后升监院。兹后进行传教、新闻、扩展租界等多方面活动，在华达 60 年之久。1945 年死于美国。

⑥ 见《交通大学校史资料选编》第 1 卷，第 41 页。

措施。但因时任总理（校长）的劳乃宣建议缓办商务学堂，将拟改为商务学堂的学生派往外国留学，而暂时作罢。

1902 年 9 月，盛宣怀又重提设立商务学堂之事，并且明确冠以"高等"二字。这就是说不是一般的商务学堂，而是大学规格的商务学堂。他说："时局既以商务为亟，而商学尤以储才为先。现在各省设立高等学堂，考求政艺，不患无人，独商学专门未开风气。"① 建议将南洋公学上院作为高等商务学堂，得到了皇上"管学大臣议奏"的朱批。虽未立即果行，但终于 1904 年南洋公学改为高等商务学堂，不数月南洋公学改隶商部，并改办为南洋高等实业学堂。从此，南洋公学成为我国南方第一所工科大学，也是上海交通大学的前身。

盛宣怀积极抓紧办商务学堂并冠以"高等"二字还有一个原因，那就是巧妙地应对清廷一个谕旨。光绪二十七年八月初二上谕说："着各省所有书院，于省城改设大学堂，各府、厅、直隶州均设中学堂，各州县设小学堂。"南洋公学这个大学的所在地是上海，既不是省城，更非中权的北京，设在上海的南洋公学这所大学似与谕旨不符。诚如盛氏所说："谕旨未见明文，南洋公学亦无省府州县之名可居，比拟为难，等级未定。"但照新颁钦定章程上海为"通商大埠，虽非省会"所设如南洋公学，"亦可称为高等学堂"，② 称为南洋高等商务公学，尤为合适。

盛宣怀在办南洋公学和将公学转变为高等实业学校的过程中，起了主导的作用。始任提调继任总理的张美翊说："溯当经营伊始，风气未开，尺水寸土，皆劳擘画，筚路蓝缕，甫肇文明。"③ 这种对盛宣怀创办南洋公学的作用的评价，并非溢美之词，是实事求是的。商部说盛氏在倡办商务学堂中的作用是"宏规硕画，洞烛几先"④，也是恰如其分的评语。

应该看到，从 1896 年筹办南洋公学到 1905 年将其发展为工科实业大学的短短十年间，盛宣怀从购地建屋、筹经费、聘教师，到办学方针、课程设置，亲身参与了整个办学工作其成绩是显著的，培养了大批人才，对

---

　　① 盛宣怀《开办高等商务学堂片》，光绪二十九年八月，《愚斋》卷 9，页 7。
　　② 见《愚稿》卷 8，页 33。
　　③ 张美翊《呈报公学历年办理情形》，光绪三十一年十一月二十四日，《交通大学校史资料选编》第 1 卷，第 48 页。
　　④ 见《交通大学校史资料选编》第 1 卷，第 47 页。

近代教育的发展起了良好的作用，故不能因为他坚持落后的"中体西用"方针而否定其在办教育上的成绩。其实在清王朝统治下"中体"两字是非提不可的，否则办学之请就不能通过。

除此而外，盛宣怀还办了其他不少学堂。例如，1905 年因卢汉铁路"向用法文"，需要法文人才，创办了铁路法文速成学堂，"凡卢汉、正太、汴洛各路需用车务人员，皆可取材于此"①。值得大书的是盛宣怀极力主张办商船学堂。南洋公学于 1905 年改归商部办高等实业学堂后，除商科、工科外，复设立了高等船政专科。后又单独开办船政学堂。他说："我国地居大陆，不习海事，虽有轮船招商局，仅通域内，未涉重瀛，管驾各员，且皆借材异地。三年蓄艾，今为要图。"② 这个意思实际上他是要培养船政人才以掌握航海权。

为什么有了船政专科还要设立商船学校？这主要是由于专科人数太少，单开学堂可以扩充人数；人才层次也不一样的，船政专科为大学水平，商船学校为中等专业水平。办商船学校这件事，南洋高等实业学堂校长唐文治给予盛宣怀很大的支持和配合。首先于吴淞购地建屋，成立了吴淞商船学校，但仍归南洋大学堂管辖，实际是一所分校。商船学校还"腾出课堂添改邮科"。

吴淞商船学堂于 1911 年 7 月招生，报名投考者竟达 2000 余人。但"取额极隘"，乃由浙江旅沪学会移拨吴作镆捐商船公会银 2 万两，开办了宁波分校。盛宣怀亦拨款支援。

这里顺便谈一谈盛宣怀在文化事业上的热心。如他于 1910 年在上海创办图书馆即是一例。1908 年他东游日本，面告正在日本养病的张元济说："此来欲观览图书馆、博物院章程，以便在沪仿行。"③ 这得到张元济的嘉许。随即向日本文求堂大量购书，"随阅随购，统计新旧不下千余种"。这种大量购书，在当时是不多见的。问题还在于他买书不是为自己欣赏，而是要"备将来开办图书馆公诸同好"。因"与收藏家不同，故和汉新旧不

---

① 盛宣怀《请设铁路法文速成学堂片》，光绪三十一年八月，《愚斋存稿》卷 12，页 5。
② 盛宣怀《筹办商船学校大概情形折》，宣统三年三月，《愚斋存稿》卷 19，页 56。
③ 盛宣怀《东游日记》，页 13。

拘一格"①，终于成立了上海图书馆。即使他在辛亥革命中被作为替罪羊而遭革职逃亡日本时，亦念念不忘地为图书馆购书。他致书留在国内的赵凤昌②说，"闻南中旧家藏书迫于乱离，倾箧而出"，请赵凤昌"广为搜罗……专买未见之书"，"大约以四万元为度"③。

四　派遣留学生和对办学的坚持

"一齐人傅，不如置诸庄岳"。这是盛宣怀在培养人才上又一重要观点。在这一观点指导下，在他办南洋公学过程中，他不惜重资派遣了一批又一批学生出国深造。派留学生出国，其目的是很明确的，那就是在那些科学技术发达的先进国家中，"躬验目治，专门肄习，乃能窥西学之精，用其所长，补我之短"④。由于学生身处西国环境之中，故较易"窥西学之精"，学习质量定能优于国内，水平较高，因"其学科则注重工商实业"，"学成回华任以路、矿、铁厂、银行各要政，渐可不借材异地，授柄外人。目前虽糜费巨资，将来可收实用"⑤。可见派留学生出国，是为了让他们置身其间更好地把先进的科学技术学到手，借以达到"不借材异地"而权操诸己的目的，这一观点有着民族性和进步思想是显然的。盛对此事的认识和目的清楚，行动也是积极的。从 1898 年到 1906 年八年间，盛宣怀主持派遣到美、英、德、日、比五国的留学生，有章宗祥、王宠惠、雷奋等共

---

① 盛宣怀《东游日记》，页 37。

② 赵凤昌（1856—1938 年），字竹君，号惜阴。江苏武进人。无功名，捐得县丞。曾先后参粤督曾国荃、张之洞幕。1890 年随张赴鄂，在武昌电报局办理电务，派驻上海，与盛宣怀等沪上绅商过从甚密，尝为盛谋划东南互保等事。民国政府成立后，一度任汉冶萍公司董事长。

③ 盛档，盛宣怀《致赵凤昌函》，民国元年，《壬子年亲笔函稿》。此函原文节录于下："近日常赴公园各图书馆博览群籍，华洋今世无所不有。闻罗叔蕴、董绶金辈各携所藏而来，深有慨于吾华数十年名哲精英沦落于外人之手一去不返……公襟怀复远，若到此一览，当无不喟然长叹也。弟前因上海为各国聚处，可以持久不变，特建图书馆一所，以便士林。闻南中旧家藏书迫于乱离，倾箧而出，若能趁此时广为搜罗，未始不可为东南保全国粹。公谅有同心。兹先措上日金二万元，交妥便带上，到日即请查收，代为留意收买。俟奉复翰，再当续筹，大约以四万元为度，专买未见之书。"

④ 盛宣怀《资送学生出洋游学片》，光绪二十八年九月，《愚稿》卷 8，页 35。

⑤ 盛宣怀《南洋高等商务学堂移交商部接管折》，光绪三十一年二月，《愚稿》卷 11，页 2。

达 58 人①。这些留学生的经费"或由公学筹给经费，或由该学生自行筹集资斧"；学生大多为公学学生，亦有由盛宣怀"招致咨送赴英国肄业"者②。这些留学生回国以后，"或任京师大学堂教员，或充北洋译员，或办两广学务；此外各省府县学堂教员所在多有"③。事实上，回国留学生到外交和工矿企业工作者亦不少，可见盛办这件事的成效是显著的。而这与盛宣怀的严格要求有一定的关系。

盛宣怀不仅对公学学生学业严格要求，对留学生的要求亦不稍逊。除对其学业成绩标准有规定外，亦要求必须期满回国，不许躐等。例如，1903 年粤督岑春煊拟调留学国外的陈锦涛回国办理学务，盛宣怀以该生已进耶鲁大学学习，1904 年即可取得博士学位为由，拒绝岑春煊之请，并强调说："从前派出学生百余名，从未有一人毕业考得博士者。瓜不待熟而生摘，殊属可惜。"并电告岑云："敝学堂立法，必欲期满考得毕业文凭，所以杜学生躁进之心，免浅尝辄止之诮。不徒为虚糜经费也。"④ 1904 年冬，川督锡良请调留学生胡朝栋等回国派用，盛宣怀答以胡朝栋等生，必须赴欧洲历练一年，即到 1906 年才能回国听调，"若令早回，所造尚浅"⑤，是不适当的。此后，在南洋高等实业学堂校长唐文治的配合下，盛宣怀于 1911 年又利用邮传部尚书之便，派留学生出国学电机、矿务等专业，其培养人才的积极性并未稍减。诚如唐文治所说，盛公"造就实业人才不遗余力"⑥。

南洋公学成绩显著，引起了袁世凯的嫉妒。袁世凯为了攫夺财源和排挤异己，既夺盛宣怀手中的轮船招商局和电报局的利权，又想扼杀南洋公学。袁氏企图利用 1902 年冬公学发生的学潮而予以解散，这遭到盛宣怀的坚决抵制。

1902 年 11 月 5 日，公学爆发了学生反对顽固守旧派教习郭镇瀛欺压学生的斗争。校方非但不予抚慰，反而开除五班一名学生以示警。当全班

---

① 见《交通大学校史资料选编》，第 74—77 页。
② 盛宣怀《资送学生出洋游学片》，光绪二十八年九月，《愚斋》卷 8，页 35、36。
③ 盛宣怀《南洋高等商务学堂移交商部接管折》，光绪三十一年二月，《愚斋》卷 11，页 2。
④ 盛宣怀《寄粤督岑云帅》，光绪二十九年九月十一日，《愚斋》卷 61，页 27。
⑤ 盛宣怀《寄成都锡清帅》，光绪三十年十一月十四日，《愚斋》卷 67，页 2。
⑥ 《上海唐蔚之侍郎来电》，宣统三年五月十八日，《愚斋》卷 78，页 3。

学生抗议并举行退学告别演说时，总理汪凤藻却以"学生私自聚众演说，大干禁例"为由，宣布开除五班全体学生。这就引起全校学生公愤，罢课、集会以抗议，并作出了如不收回成命即全体退学的决定。自 11 月 16 日开始，学生纷纷离校者达 200 余人。后经劝告有一些人返校，但仍有 145 人未回，而转入蔡元培等人新办的爱国学社。这件事上，学生当然是正义的。盛宣怀应负多少责任，这里姑置勿论，但袁世凯却想趁机搞垮南洋公学。他电盛宣怀"趁此停办"，如不停办，他新近夺去或即将夺走的轮、电两局每年供给的 10 万两经费将不能供给；要是坚持办下去，"或请南洋另筹款"①。盛宣怀则毫不动摇地坚持办下去，说光绪二十八年"十月间，诸生与教习小有口舌，旋即安静开办已六年，中外观听所系，若遽废止，殊觉难堪"。至于经费问题，轮、电两局原拨常年经费 10 万两，"遵即停拨"②。要在困难情况下维持下去，盛宣怀从两方面做文章：一是"收束"，即将译书院、东文学堂、特班和师范院全裁，只留中院六班，以二百人为度；二是起用积存和劝募。公学历年有积存银数十万两，另外再向社会劝募。这样可以做到自给。津沪十五六名留英美的留学生经费怎么办呢？盛宣怀认为，译书等院、班可以裁掉，但留学生绝不能半途而废，他向袁世凯说明，将商局另捐之 2 万两和电局另捐之 2 万元，原充商务学堂、东文学堂的经费，改拨给留学生经费。袁世凯不得不表示同意。盛宣怀坚持办学校的精神是可嘉的。

然而，应该看到，盛宣怀虽有积极办教育的精神，却在政治上表现了不协调。在 1902 年 11 月间学生反欺压斗争中，教习蔡元培去见他时，盛以"别有要事辞不见"；事后又命令新任公学总理刘树屏领导制订《整顿学堂条陈十则》，以限制学生的人身自由，如"成群结党……宜防之于先"、"私信往来必绝"③ 等。尽管盛宣怀也认为"所议各节未必尽是"，但还是未有根本性的改动而加以施行。

1903 年后，民主革命运动逐步高涨，津沪等处如爱国学社等校学生掀起爱国民主风潮，南洋公学学生亦与其间。公学又遭到一些指责。盛宣怀

---

① 《袁宫保来电》，光绪二十八年十二月二十六日，《愚斋存稿》卷 59，页 26。
② 盛宣怀《寄袁宫保》，光绪二十九年正月初六，《愚斋存稿》卷 59，页 31。
③ 《交通大学校史资料选编》第 1 卷，第 112—113 页。

仍表示坚持办好学校，奏称，南洋公学"以激发忠爱，开通智慧，振兴实业为主义"，亦即表示公学对清王朝是绝对忠诚的。他解释说："教习稍染习气，学生稍轶范围者，立即辞退开除，从不瞻徇迁就。"① 并表彰总理张美翊，实际是自我表彰说："上海革命自由诸党纷纷煽惑，公学近在咫尺，该令尤能约束生徒，不为所诱。"② 可见他在政治上反对民主革命运动是毫不含糊的。

---

① 盛宣怀《陈明南洋公学士习端正片》，光绪二十九年八月，《愚稿》卷9，页9。
② 盛宣怀《请奖南洋公学教员片》，光绪三十一年二月，《愚稿》卷11，页4。

第十一章　在义和团运动和八国联军入侵中的表演

一　在多边的"力"的较量中寻求发展自己之道

甲午战争后的几年，可说是盛宣怀飞黄腾达的起点：除甲午战前已掌握了轮船、电报和纺织工业之外，他又攫得关系到国民经济命脉的铁厂、铁路、矿务、银行等大型企业的督办权，他创办了与这些企业相适应的培养人才的北洋大学堂和南洋公学；在政治地位上，他也由道一级的地方官，进入中央取得太常寺少卿等职衔和专折奏事的特权。然而，盛宣怀捞的所谓"夜明珠"愈多，官衔升得愈高，背的包袱也愈重。他为了保护这些日益增多的企业和高升的官位，并不断地扩大和发展它们，必然要更多更紧密地依赖帝国主义和清王朝的力量。在半殖民地时期的中国，任凭盛宣怀有兢棘业业身体力行的实干，有挹彼注兹买空卖空的神通，有权衡官商左右逢源的手法，但没有权力，是绝不可能"一只手捞十六颗夜明珠"并使之日益发展扩大和加强对它们的控制的。这种"权力"，固然必须依靠清王朝，更离不开帝国主义的支持①。因此，如果说盛宣怀在 1896 年以前，对外国资本主义经济侵略的抵制一面是主要的话，那么，在此后的岁月中，他在经济上的对外抵制虽仍然起着重要作用，但积极面日益减弱，消极面却逐渐增多。经过一段时间的消长，其在 1900 年义和团运动和八国联军入侵中的表现，成为由积极面为主转变为消极面为主的转折标志。这里所说的"表现"，就是盛宣怀对待义和团运动的反动态度和对待八国联军的适应态度的明显表露，及在此复杂环境中寻求发展自己的经济、政治

---

① 见夏东元著《晚清洋务运动研究》，四川人民出版社，第 232 页。

地位的出路，其具体表现比较集中于"东南互保"的活动中。

从这段历史看，各种势力之间的关系是非常复杂的，主要有以慈禧太后为首的清王朝与义和团的关系，八国联军与清王朝的关系，义和团与八国联军的关系，盛宣怀与清王朝及其同八国联军、义和团的关系，等等。清政府利用义和团抵御八国侵略联军；盛宣怀却联合东南一些督抚，主张"剿灭拳匪"，保护公使与侵略联军妥协，搞"东南互保"。这就是所谓剿拳、护使，不援京师的方针。这个"方针"，就是盛宣怀在动乱的、多边的"力"的较量中寻求保护和发展自己的经济、政治势力的方针，而其根本立足点又在于镇压义和团、适应帝国主义列强的需要。为了全面评价盛宣怀在"东南互保"中的表现，必须首先叙述他对待义和团与八国联军的态度。

盛宣怀同所有剥削阶级统治者一样，对人民的反抗总是站在敌对的立场上。故他对于直接损害到洋务企业事业的义和团尤为愤慨和敌视是必然的。义和团毁坏铁路、电线等新式的先进技术，这是事实。这件事应怎样看待呢？站在中国人民的正确立场上应该是分别对待：一是在战争中出于军事上的需要，毁坏可以起到不让敌人利用这些设施来镇压革命人民的作用，这就应该肯定；二是毁坏了这些铁路、电线之后，尽可能利用它们来为革命战争服务，并有着在将来建设更好的愿望和打算，这更应该歌颂。义和团有落后的一面，他们不会想到在破坏之后建设得比破坏前更好，也不会将破坏的东西拿来为自己的军事上所用，但却"起到不让敌人利用来镇压革命人民的作用"。盛宣怀从自己经营的洋务事业出发"恨拳入骨"，他还在所谓"破坏"之初就说："杨福同被戕后，拳匪二十九、初一（指光绪二十六年四月二十九日、五月初引者注）将琢州至卢沟桥丰台铁路车站机厂全行焚毁"①，"必须临以纪律严明之大军，方易解散了结。否则养痈成患，滋蔓难图。地方受害，何止铁路"②。他甚至说，"凡聚众持械，即准格杀，以免统将误会袖手失机"③；"津城内教堂三处被毁，聚众不散，

---

① 盛宣怀《寄刘岘帅》，光绪二十六年五月初三，《愚稿》卷35，页14。
② 盛宣怀《卢保铁路被毁情形电奏》，光绪二十六年五月初二，《愚稿》卷21，页16。
③ 盛宣怀《寄北京荣中堂》，光绪二十六年五月初九，《愚稿》卷35，页19。

病在不肯杀入。"① 盛宣怀保护其所经营的先进生产力——铁路、电线等设施的感情，当然无可厚非，但义和团的"破坏"是对反帝军事行动起到作用的，从这一方面看，盛氏的政治立场不仅是反动的，而且是在帮帝国主义列强的忙了。

盛宣怀清楚地表达了"剿拳"是为了避免列强"藉口生心""派兵自卫"的观点。他直接电奏皇上说："今匪罪已著，若再姑容，恐各省会匪愈炽，内外勾结，或有举动，更恐各国推广保护使馆之议，派兵分护商埠、教堂、铁路，何堪设想！……似宜趁各省土匪尚未联合，外人尚未启齿，即就现在有力，克期肃清畿辅，消外衅而遏效尤。"他要求总理衙门主动将"剿拳""护洋"的方针，"照会各国，俾知朝廷已经派兵剿除，并无姑息，致碍睦谊之意"②。盛宣怀唯恐清王朝不按己意办事，于是装出一副为清王朝统治利益着想的样子激动地对最高统治者说，如果不赶紧主动地这样做，那"外衅内乱相因而至"，清王朝危如累卵，将会出现不可收拾的情景。这种唯恐"剿拳"不力"致碍睦谊"的言行，鲜明地表现其用主动镇压义和团来迎合列强的要求以达到维护清朝统治的立场。这是盛宣怀"办大事""作高官"思想发展的必然结果。这是在此前的几十年还没有过的表现，而随着侵略军的深入和义和团打击侵略者的发展，盛宣怀这种"反动的立场"更其鲜明了。例如，当洋兵进入北京城，并将犯保定时，他怂恿尚未到任的直隶总督李鸿章命令布政使署直督廷雍严办"拳匪"。廷雍将"已办匪目数名"电告盛宣怀时，盛欣喜地"请王爷（指庆亲王奕劻——引者注）速告各国，止其赴保之兵"，并请"饬廷雍实力自行剿办，免贻口实"③。这种主动"剿办"以满足列强要求，也表现在对待"惩祸首"等问题上。

盛宣怀在对待利用义和团的"祸首"和劝止慈禧、光绪"西行"上，极力主张多多听从洋人的意见，并常常利用洋人的口气来影响清廷的行止。毓贤等人的"纵拳""用拳"、董福祥的攻使馆，其行为的是或非，这里暂且勿论，但盛宣怀对他们的处置意见，一以洋人之意志为标准就很成

---

① 盛宣怀《寄江、鄂两帅》，光绪二十六年五月十九日，《愚稿》卷35，页24。
② 盛宣怀《请降旨严饬剿匪以杜外患电奏》，光绪二十六年五月初九，《愚稿》卷21，页18。
③ 盛宣怀《寄北京庆京王》，光绪二十六年八月二十二日，《愚稿》卷41，页13。

问题了。他一则说："当严治毓贤之罪以谢天下，并以谢各国……（德）欲生擒毓贤。苟为先发制人之计，伸我国法，即以存我国体。"① 必须严办毓贤。再则说："董纵拳匪，杀洋官，攻使馆，焚掠官民，肇启兵端，而终未与敌一战……能出不意剪除之为上策。"② 盛宣怀认为，只有这种实施惩毓除董的所谓"先发制人之计"，才能使洋人无口实可借！

据上所述，可见盛宣怀在政治上的堕落的程度了！

二　"东南互保"的导演者

盛宣怀在义和团与侵略联军之间所采取的态度，已可明显地看出他必将从其轮船、电报、铁厂、铁路、银行等经济设施集中于长江流域的经济利益出发，保护和发展它们而与帝国主义列强搞交易，这个交易就是以盛为主所导演的"东南互保"。这也就是"在多边的'力'的较量中寻求发展自己之道"。

1900 年 6 月上旬，义和团在京师的势力加快发展，并进入了皇宫。盛宣怀即有下述认识："朝政皆为拳党把持，文告恐有非两宫所自出者，将来必如咸丰十一年故事乃能了事。"③ "文告恐有非两宫所自出"一语，显系其为不从朝命以便于自行其是制造依据。于是他利用列强麇集上海的有利条件，以及他同东南督抚李鸿章、刘坤一、张之洞等人的亲密关系，一方面与李、刘、张等进行酝酿，说"北事不久必坏，留东南三大帅以救社稷苍生，似非从权不可"④。他们一致的看法是："以一敌众，理屈词穷"，列强借口出兵保护公使和在华利益的形势，"全局瓦解，即在目前"，只有与列强互保东南大局才有出路。另一方面，盛宣怀拉了沪道余联沅出面，一起与列强驻沪各领事进行频繁的接触，磋商互保方案。"方案"初步议定，盛宣怀即于 6 月 25 日（光绪二十六年五月二十九日）电告李、刘、

① 盛宣怀《请严治毓贤罪状片》，光绪二十六年九月，《愚稿》卷 5，页 12、13。
② 盛宣怀《寄成都奎乐帅》，光绪二十六年九月十八日，《愚稿》卷 45，页 1。
③ 盛宣怀《寄粤李中堂、宁刘蚬帅、鄂张香帅》，光绪二十六年五月二十九日，《愚稿》卷 36，页 6。
④ 盛宣怀《寄李中堂、刘蚬帅、张香帅》，光绪二十六年五月二十八日，《愚稿》卷 36，页 5。

张三总督说：

> 今为疆臣计，如各省集义团御侮，必同归于尽。欲全东南以保宗社，东南诸大帅须以权宜应之，以定各国之心。仍不背二十四各督抚联络一气以保疆土之旨。①

清廷于光绪二十六年五月二十四日、二十五日先后下达了命令各省督抚"联络一气保疆土"和"招义民御侮"的谕旨。盛宣怀在这个"谕旨"下达后的第五天发出的上述电文，却是不符合"谕旨"精神的。这则电文的意思是说：（1）不能依照慈禧太后那样"招义民御侮"的做法；（2）东南各省督抚必须"以权宜应之"以安抚列强。前者和后者，都与慈禧太后当时的宗旨是对抗的。为了掩饰"抗旨"，特挑出"谕旨"中所说"各督抚联络一气以保疆土"一语，以实现其"权宜应之"的"东南互保"。盛宣怀虽不愧为刀笔吏之尤者，却是"全东南以保宗社"的清朝忠臣。

盛宣怀这一互保东南的发动，很快得到东南各督抚的响应。鄂督张之洞说，"敝处意见相同"，愿"列敝衔""敢恳杏翁帮同与议指授沪道，必更妥速"，并称"长江一带止有会匪，并无可恃义民"；江督刘坤一复电说，"欲保东南疆土，留为大局转机"，非照杏翁的方案办不可；苏抚鹿传霖说，"此时江海各处，惟有力任保护"，才能有所补救；李鸿章更直截了当地称二十五日各省招义民御侮之诏为"矫诏"，"粤断不奉"②。

盛宣怀在得到东南督抚赞同互保东南的复电的同时，沪道得到江、鄂督的电令，于6月26日（五月三十日）订定了《东南互保章程九款》③。《章程》的主要内容是：上海租界归各国公同保护，长江内地均归各省督抚保护，两不相扰，"以保全中外商民人命财产为主"；各督抚"出示禁止谣言，严拿匪徒"，等等。这个章程表明，盛宣怀与东南督抚联合起来以保疆土为名，"抗旨"是实。他们同清王朝敌对一方——列强搞互保，把

---

① 盛宣怀《寄粤李中堂、宁刘岘帅、鄂张香帅》，光绪二十六年五月二十九日，《愚斋》卷36，页6。

② 以上所引用的张、刘、鹿、李的电文，均见《愚斋》卷36，页7、8。

③ 江、鄂督电令和章程九款见《光绪朝东华录》中华书局版（四），第4522—4523页。

慈禧太后利用来抵御列强的一方——义和团作为"匪徒"而"严拿"。盛宣怀说，这与圣旨"不背"，实际上是要利用帝国主义列强和东南督抚的力量改变"上意"，使皇上摆脱"拳匪"。故在东南互保章程订立之后，盛宣怀联络更多的督抚、将军列名上奏，喋喋不休地说明"拳匪不足敌八国"，以达到"挽回圣聪"① 的目的。这种要把皇帝的"依拳御敌"变为"剿拳抚敌"，使皇上服从臣下的安排，在清王朝二百几十年的历史上是仅见的。最后的结果，却是"抗旨"无罪，盛反成为头等功臣。从封建专制制度的常理看，这在盛宣怀生涯中可说是戏剧性的惊险一幕；但从盛宣怀所处的地位的历史条件看，他却是稳操胜算的。

东南互保章程既定，盛宣怀就从两个方面进行工作。一个是扩大"互保"范围，另一个是保护"互保"局面，以达到所谓"保东南，挽全局"的目的。他首先告诉闽督许应骙说，粤督李鸿章、江督刘坤一、鄂督张之洞三帅均"已遵旨联络一气，力保东南"，洋人"亦允不兵相扰……闽、浙海疆同在东南，如钧处同此办法，即电商三帅联络，共保大局"②。许应骙以先知者自居复电："敝处早经会各领事，力任保护，与江、鄂办法不谋而合。"③ 盛宣怀以"互保"办法征询浙抚刘树棠的意见时，刘则主动地请"附弟衔，随同画押，互相保护"④。刘的藩司恽莜耘更明确表示："浙江必须在互相保护之内……此间已遍告洋人，安心居住，并严饬地方官各营保护。"⑤ 南方沿海和长江已商定互保了，盛宣怀又接着去做地处偏北的山东巡抚袁世凯的工作，他电告袁说："粤、闽、浙、长江各省已与各国商定互相保护，各领事询山东如何，或以各国牵制一国何如？但须先任保护各国商民，盍与岘、香二帅商之。"⑥ 袁世凯表示他已除在烟台"仿照南各省出示派兵保护口岸"外，对于内地洋人则"均派兵妥护送烟暂避；教堂仍饬属保护，并言明倘有猝不及防，照数认赔"⑦。袁世凯似很得意地认

---

① 盛宣怀《寄福州善星源将军》，光绪二十六年七月十七日，《愚稿》卷39，页3。

② 盛宣怀《寄闽督许筹帅》，光绪二十六年六月初四，《愚稿》卷36，页26。

③ 《闽督许筹帅来电》，光绪二十六年六月初六，《愚稿》卷36，页34。

④ 《刘景帅来电》，光绪二十六年六月初六，《愚稿》卷36，页35。

⑤ 《浙藩恽莜耘方伯来电》，光绪二十六年六月初六，《愚稿》卷36，页34。

⑥ 盛宣怀《寄东抚袁中丞》，光绪二十六年六月初八，《愚稿》卷37，页1。

⑦ 《袁慰帅来电》，光绪二十六年六月十一日，《愚稿》卷37，页4。

为他比东南互保各省做得更周妥些。沿海和长江中下游各省均已参加互保，盛宣怀于是又向西扩展，他询问川督奎俊说："川中教堂甚多，如允保护，令其归并。"① 奎俊给以请将"弟名附列为祷"的复电②。四川也入互保范围了。至此，已不仅是"东南互保"，而是东南、中南乃至西南均"互保"了。

盛宣怀一方面在为扩大互保进行活动，另一方面又为保证"互保"的局势不受干扰而忙碌着。因为他知道，任何干扰乃至如发生教案一类等区区小事，都会影响全局，破坏"互保"的局面，星星之火可使前功尽弃。什么事最使"互保"受到干扰？他认为人民起义或反教斗争是主要的。盛宣怀致电各省督抚要求在各自的辖区内，切实保护外国商民、教民等人的生命财产，防止人民起讧，以免洋人引为口实。他揣惴不安地说："若一处滋事，必致藉口进兵自办，所关匪浅。"③ 当时清政府正在酝酿向侵略联军宣战，盛乃进一步强调说，"恐宣战传布，匪徒藉以滋事，一处变乱，洋人必藉口进兵，互保之约立废"，务望督抚"严饬所属，专意防匪，解释误会，方可保全"④。因此，他一心一意地"求土匪不起，即起即灭，方免枝节"⑤。为此，他费尽心机地、及时地使用了各种手法。兹举数例。

那时，帝国主义屡有派兵进入"互保"区的企图，并寻找借口实行这种企图，盛宣怀则借"民心略示恫喝"⑥；浙江诸暨"土匪"滋扰，盛氏唯恐"洋舰必藉口攻浙"，而请浙江地方官"速派得力将领弹压"⑦；温州地方官"出示袒匪禁教，并赏拳匪头目顶戴"，使洋人惊骇，也使盛宣怀发慌，认为这"殊与保护关碍"，急请有关当局撤换该官"以缓兵舰前来"⑧；日本兵船游弋于厦门口外，当地官吏致书抗议，"请速向口外开

① 盛宣怀《寄江督刘岘帅、鄂督张香帅、川督奎乐帅》，光绪二十六年六月十八日，《愚稿》卷37，页15。

② 《川督奎乐帅来电》，光绪二十六年七月初一，《愚稿》卷38，页1。

③ 盛宣怀《寄江督刘岘帅、鄂督张香帅、苏抚鹿芝帅、皖抚王灼帅》，光绪二十六年六月初二，《愚稿》卷36，页19。

④ 盛宣怀《寄江、鄂刘张两帅》，光绪二十六年六月初六，《愚稿》，卷36，页31、32。

⑤ 盛宣怀《寄苏、浙、宁、皖、鄂、赣各督抚帅》，光绪二十六年七月十七日，《恩稿》卷39，页3。

⑥ 盛宣怀《寄粤、宁、苏、鄂、皖各帅》，光绪二十六年五月三十日，《愚稿》卷36，页11。

⑦ 盛宣怀《寄杭州刘中丞、恽方伯》光绪二十六年六月十七日，《愚稿》卷37，页13。

⑧ 盛宣怀《寄闽督许筠帅》等，光绪二十六年六月十八日、十九日，《愚稿》卷37，页15、17。

去"，盛氏又吓破了胆，"恐南方局面从此糜烂"，乃乞刘坤一、张之洞飞电厦门地方官"宜镇静，暂候调处，勿开衅端"①，并直接电告闽督"妥为保护厦门领事"②；向北京进犯的德国侵略军"南与袁军相近，将拟挑战以攻山东"，盛电告巡抚袁世凯"饬各军少避，勿轻战，以保大局"③ 等等。目的是一个，即保证"东南互保"的实现，其结果果然实现了。

对"东南互保"的看法，历来就不一致。盛宣怀作为一个导演者，当然是将此行动捧上了天。他说："天下事能如今年保护之局，何事不可为！"④ 又说："不措天下于强盛，誓死不休。只要有今年六、七、八、九月坚定之气，矢以数年，如不改观，惟宣是问。"⑤ 这就是说，"东南互保"不仅使目前的清朝政治局势转危为安，而且按此精神做下去，还可使中国强盛起来。盛宣怀而外的其他当事人也各有说法。袁世凯说，互保使"疆域无损，接济无缺，补救危局，维持国祚。是非得失，判然易见。倘各省同作孟浪，势必瓜分"；他批驳"各省合力必可制胜"的论者说，"甲午之役，各省不足抵一国"，这次庚子之役"以一服八"，是"自取覆亡"无疑也⑥。袁世凯在把"互保"的功劳提高到免于"瓜分"的高度的同时，批判了慈禧太后的"以一服八"的"孟浪"行为。然而，在当时即有"东南互保"是"为外人计"和"抗旨"的议论，积极参与策划互保并身体力行的刘坤一，则用"东南保护是为疆土计，非为外人计；是遵旨，不是违旨"的说法来"杜群言"⑦。看来对"东南互保"当时人即有不同评价。

至于对盛宣怀本人，颂词随处可见。初为浙藩继任浙抚的恽荪耘，始则曰："此等通天澈地手段，无人能为。公与新宁、南皮同不朽矣！"⑧ 继则曰："公之气魄识力，何止加人一等……伟略如公，环顾无两。"⑨ 其他

---

① 盛宣怀《寄江、鄂刘、张两帅》，光绪二十六年八月初四，《愚稿》卷40，页3。
② 盛宣怀《寄福州许筠帅、善将军》，光绪二十六年八月初四，《愚稿》卷40，页3。
③ 盛宣怀《寄济南袁中丞》，光绪二十六年闰八月十二日，《愚稿》卷42，页38。
④ 盛宣怀《寄江、鄂、东督抚》，光绪二十六年十一月十四日，《愚稿》卷48，页32。
⑤ 盛宣怀《寄江、鄂督帅山东抚帅》。光绪二十六年十一月二十四日，《愚稿》卷49，页21。
⑥ 《袁慰帅来电》，光绪二十六年十二月初四，《愚稿》卷50，页2。
⑦ 《刘岘帅来电》，光绪二十六年十一月二十五日，《愚稿》卷49，页23。
⑧ 《浙藩恽荪耘方伯来电》，光绪二十六年六月初四，《愚稿》卷36，页26。
⑨ 《恽中丞来电》，光绪二十六年十月二十一日，《愚稿》卷47，页14。

如说"东南互保"杏翁"实总其枢纽","国不遽覆，公之力也"① 等类似的颂言还有不少。盛宣怀自己后来回顾他导演的"东南互保"这段历史说："生平但知埋头做事，功不铺张，过不辨白，吃亏在此。即如保护东南，非我策画，难免生灵涂炭。"②

"东南互保"究竟应该怎样评价？对盛宣怀究应如何评价？两者有联系也有区别。

刘坤一的"为疆土计，非为外人计"的说法，有部分道理。但应更确切地说，这是与盛宣怀等人的利益紧密联系着的"疆土"计。因为长江中下游等东南地区，不仅是盛宣怀经济实力集中之地，也是张之洞等督抚经济政治的中心。这就是说，"疆土"与"东南互保"的策划实行者的利益是一致的。不仅如此，这些"疆土"，也是列强的经济实力比较集中的地区。因此"互保"虽无明显的"为外人计"的迹象，却也正符合帝国主义侵华的利益。这就表明，在当时条件下，盛宣怀的个人利益与帝国主义联系更多些，一致性也明显些。至于"遵旨"或"违旨"问题，实际上是把"违旨"说成"遵旨"而已。但清王朝于庚子十二月二十六日上谕，说五月二十四日以后一些谕旨，系"首祸诸人乘间矫擅"③，这就承认了盛宣怀等人是"遵旨"，并非"违旨"了。"抗旨"不用砍脑袋，反而得皇上的确认，这是清王朝历史上仅见的。

当然，我们今天对"东南互保"和盛宣怀的评论，不在于"违旨"或"遵旨"，也不在于主观上为谁"计"，而是应从中华民族的全局利益来看待。评论中国近代史上的人物、事件有一个标准，即不仅要看对帝国主义、封建主义和中华民族、人民大众的认识、态度与作用，而且还要看对中国资本主义的认识、态度与作用。社会历史是非常复杂的，许多事都是相互矛盾的。例如有的人反帝并不反封建，有的人站在民族的立场上但又与人民为敌，有的人对引进先进科学技术发展资本主义工商业起到积极的作用，但对帝国主义、封建主义又存在着错误的认识和态度，等等。慈禧太后利用义和团"以一敌八"与列强决一雌雄，是毫无

① 孙宝琦《愚斋存稿序》。
② 盛档，盛宣怀《致吕蛰盒函》，1912 年 7 月 11 日，《壬子亲笔函稿》。
③ 见《光绪朝东华录》（四），第 4520 页。

意义的盲目排外。但义和团打击帝国主义虽有盲目性却是正义的，不能与慈禧太后的盲目排外同日而语。义和团对阻止帝国主义瓜分中国起了作用，但对先进科学技术与资本主义经济的进步性缺乏认识，其毁坏铁路、电线并非全出于军事上的需要，且根本谈不上将来建设得比破坏了的更美好的问题，显然是落后的。"东南互保"使这些地区免遭生灵涂炭，保护了资本主义工商业免遭破坏，因此，对中国社会的进步是起到作用的，但同时，它也保护了帝国主义在这些地区的利益。关于这一点，盛宣怀并不隐晦。他为了联络英、美、日出面调停而电告刘坤一、张之洞时讲过一段心里话，他说：

> 自北方匪乱以来，长江各省商货停滞，市面敝坏，于今几及三月。不独中国商民吃亏，即各国商民亦受其害。现在北京失陷，人心震动，各处会匪多有藉保国为名乘机窃发。虽经两帅严行惩办，而和局一日不定，人心一日不宁，商务愈难振作。英在我中国通商五十余年，长江各埠始有此鼎盛局面，今若不出头联同美、日两国赶早调停，设或到处匪徒滋扰，不独各督抚疲于驰剿，而各处商埠搅坏如天津情形，恐非数十年不能规复。揆之英国亦属失算……英领事既称外部欲请两帅主议和局，似可将以上情形电该领事，力劝英外部主持，两有裨益。[①]

这段话，把盛宣怀与英、美等国的经济利益同命相连刻画得多么惟妙惟肖！张之洞也对盛说过"保护东南商务，诸君大有造于各洋"[②] 的话。因此，"东南互保"就是中国近代史上"两有裨益"的典型事例。应该承认，近现代社会国与国之间的外交活动，无论抗争与妥协、敌对与联合，以及联此抗彼或联彼抗此等等，无一不是从本国或本身利益考虑的。

---

① 盛宣怀《寄刘岘帅、张香帅》，光绪二十六年八月初三，《愚稿》卷39，页34、35。
② 《张香帅来电》，光绪二十六年十一月十七日，《愚稿》卷49，页3。

三　促进和议的枢纽作用与鼓吹维新变法

"东南互保"的和平局面，对全国范围来说只是局部的。为了把局部的"互保"发展为全局性的局面，必须促使清政府与八国侵略联军各国政府和谈并签订和约。这也就是所谓"保东南疆土，留为大局转机"。因此，以"保东南，挽全局"自任的盛宣怀，在极力促成"东南互保"的同时，又在力促和议之成。怎样就能促成和议并签订和约？盛宣怀又看准了问题的关键。那就是李鸿章主持清方的谈判、严惩"祸首"、"阻驾西巡"或虽"西巡"但不远行三者。加上盛氏掌握着电报这个通讯中枢神经，清政府下达给各省督抚的电令，各省督抚上给清政府的电奏，以及督抚大臣之间来往的电报，绝大多数要经过盛宣怀之手转致，信息灵通，一时无二。而有些抚臣"望随时教我"① 一类的话，也时有所闻，这些就规定了他在促进和议中很自然地起着枢纽的作用。

还在"东南互保"实行之前半个多月，盛宣怀即将消弭"内乱外衅"寄希望于时任两广总督的李鸿章，于是他先探询李鸿章的意见，李说："国事太乱，政出多门，鄙人何能为力！"② 但盛还是在为李鸿章由粤督调为直督进行活动。他先去征求张之洞的意见说："傅相督直二十五年，深得民心，若调回北洋，内乱外衅，或可渐弭。"③ 就在同一天，他又以渐弭内乱外衅"惟有调傅相回北"的更肯定的语气电告刘坤一，并希望刘、张两人以"封疆重臣"资格，向皇上"直抒忠悃"地推荐李氏回镇直隶，"冀救万一"④。张之洞对此"顾左右而言他"，刘坤一则明确给以"傅相还镇一节，似未便具奏"⑤ 的答复。"未便具奏"，似对害怕与时任直隶总督的亲贵裕禄发生矛盾有关。盛宣怀乃直接向握有实权的军机大臣荣禄试探，在讲明形势危急之余，告以"李鸿章督直二十五年，久得民心，威名

---

① 《东抚袁慰帅来电》，光绪二十六年五月十八日，《愚稿》卷35，页22。
② 《粤督李中堂来电》，光绪二十六年五月十三日，《愚稿》卷35，页21。
③ 盛宣怀《寄鄂督张香帅》，光绪二十六年五月十六日，《愚稿》卷94补遗71，页16。
④ 盛宣怀《寄刘规帅、张香帅》，光绪二十六年五月十六日，《愚稿》卷35，页22。
⑤ 《刘岘帅来电》，光绪二十六年五月十八日，《愚稿》卷35，页22。

素著，即调令督直，限十日到津，于平内乱及劝阻洋兵进京，必能做到"。① 处于惊慌之中的清统治者，对于"平内乱"和"阻洋兵进京"当然是很听得进的，这时"内乱"与"洋兵进京"的形势更加危迫，盛宣怀加紧和各有关督抚联系，于《东南互保章程》订立的前三天，盛与刘坤一、张之洞联合皖抚王之春、东抚袁世凯会衔电奏，避开"督直"之说，请"电诏李鸿章派为全权大臣"，速到京"与各使筹议，庶可挽救危局"②。清廷确已感到"危局"急需"挽救"，而这只有李鸿章才能胜任，乃于六月十二日（7月8日）任命李为直隶总督，以全权大臣资格与列强和谈。盛宣怀随即电告在广州的李鸿章说：

> 洋兵到京尚需一月，顷商各领事，如各使尚存，除德国外，似可先议停战之法，或送中堂进大沽，或送外使到上海，彼此可商。事机极迫，务请师速到上海再筹进止。愈迟愈难。此正不俟驾而行之时矣！③

这样，盛宣怀又在指挥李鸿章了。他不仅先疏通外国人，安排谈判地点，且告以谈判的先后次序。7月21日，李鸿章由粤抵沪。下一步是留沪还是即赴天津？盛宣怀与李"密谈"两天后做出了决定。盛宣怀将此决定电告刘坤一、张之洞说："吾梦未醒，彼忿未泄，势难停战。既无开议凭据，难入津门，恐只能遵旨陆行。"④ "陆行"很慢，且暂留沪上，显然在拖延时间。经过一段时间演变，"迅与议约"成为督抚们的呼声，盛宣怀安排李鸿章去天津。七月三十日（8月24日）李鸿章在议约"全权大臣"之上又被加了"便宜行事"特权。这样，盛宣怀请李鸿章出面议和的目的达到了。

怎样才能促使帝国主义列强坐下来谈判并速订和约？盛宣怀的主张当然不是他平时所讲的增强自己的力量，而是一味退让，除强调痛剿拳民、

---

① 盛宣怀《寄天津荣中堂》，光绪二十六年五月二十一日，《愚稿》卷35，页28。

② 盛宣怀等《请派李鸿章为全权大臣电奏》，光绪二十六年五月二十七日，《愚稿》卷21，页1920。

③ 盛宣怀《寄李中堂》，光绪二十六年六月十五日，《愚稿》卷37，页11。

④ 盛宣怀《寄江、鄂两督帅》，光绪二十六年六月二十六日，《愚稿》卷37，页29。

镇压人民起义之外，就是主张"惩祸首"和转变廷意"勿西幸"、"不远行"，以示和谈的诚意。

9月初旬，盛宣怀即联络江、鄂等督抚，拟公请出逃的慈禧、光绪帝驻太原，勿再西去西安；"请将误信邪匪致酿国难诸臣，分别处分以谢天下"。他认为只有"尽其在我者，方能与人启齿"①。所谓"尽其在我"，即是在"剿拳"、惩祸首、不远行三者，尽可能适应帝国主义的要求。张之洞对于其将涉及王公亲贵的祸首"处分以谢天下"的建议，给以"疆臣不敢言"②的答复；接着对"巡幸远近"也有不同意见，他说："彼族之动静喜怒，专在惩办之轻重，不在巡幸之远近也……欲免要挟万不能允之事，即专看惩办之轻重，庶可为悔过之实据，而后可与各国力争婉商也。"③盛宣怀坚持己见，他借着德、俄领事之言说："德、俄领事均称，既办祸首，即可回銮，了事较易，若仍远行，恐尚非真心议款，必启各国猜疑。"④随又将此意电告军机大臣王文韶和在天津等候和谈的李鸿章，并危言耸听地说，"幸陕"不仅会引起洋人猜疑，而且"恐逼成偏安之局"⑤，又说："各国均以幸陕为非真心议和……回銮当可安定中外人心。"⑥事实上，"巡幸"之远与近，并非问题的本质，但盛宣怀坚持"不远行"，却是为了便于帝国主义控制局势。盛对此并不隐瞒，他屡次说明这是德、俄等国的意见。

和议之能否速成，关键在于惩祸首。这一点督抚中的权要人物的意见是一致的，只是涉及具体人时，由于对各人利害关系不同有一些出入。于是由盛宣怀执笔为督抚们代拟奏稿直上清廷说："该王公大臣误用拳匪，或出一时愚忠，惟各国啧有烦言，势将忧及宗社，即应以身任咎。……且由我速办，尚存自主之权，去可复还，夺可复予。若迁延日久，时局日非，深恐将来要索日坚，转非该王公大臣之福。此外，各省有酿成拳祸杀

①　盛宣怀《寄江、鄂、东三帅》，光绪二十六年八月初五，《愚稿》卷40，页6。
②　《鄂督张香帅来电》，光绪二十六年八月初六，《愚稿》卷40，页13。
③　《鄂督张香帅来电》，光绪二十六年闰八月十三日，《愚稿》卷43，页1。
④　盛宣怀《寄江督刘岘帅、鄂督张香帅、东抚袁慰帅，光绪二十六年闰八月初八，《愚稿》卷42，页17。
⑤　盛宣怀《寄天津李中堂》，光绪二十六年闰八月初九，《愚稿》卷42，页26。
⑥　盛宣怀《寄侯马行在王中堂》，光绪二十六年闰八月十四日，《愚稿》卷43，页10。

戮无辜之员，应行重惩。"① 又是强调列强的"烦言"，这个"烦言"且将
"忧及宗社"。这对惊弓之鸟的清王朝当然会起到促其速办祸首的作用。应
不应"速办祸首"，对我们这里的论述无关紧要，但盛宣怀一味用洋人的
意见来恐吓清廷以达到自己的目的，这是自命为朝廷忠臣者所应有的态
度吗？

"祸首"的对象，主要集矢于最先利用义和团以抗洋的前山东巡抚毓
贤、围攻公使馆的董福祥，以及军机大臣刚毅等人头上。盛宣怀等人除将
此意电告王文韶、李鸿章外，还直接通到"西巡"的皇上那儿，说"如能
速定罪案，于降旨时追咎祸首中已故诸人，自可释疑平衅，停战撤兵。此
次各国幸有牵制，如能妥速成议，可保疆土无损失"②，而且如能速将祸首
"正其误国之罪，合告中外，使外人钦服圣明。开议时亦稍可得力"③。这
就是说，速惩肇事祸首，外可使洋人钦服，促和议速成，内可保疆土无损
失，这又是一个"两有裨益"。然而，诛毓贤容易办，诛董福祥则不是那
么简单的。因董兵权在握，且跟随"行在"左右，故盛说："如办得严，
了得快，惟千里草（"千里草"即"董"字——引者注）须格外防备。"
建议将董调赴山西，离开"行在"再采取行动。他坚定地认为，"若不办
此人，必不了事"④。于是盛宣怀乘董福祥"自请治罪"之机，及时向刘坤
一、张之洞、袁世凯提议将计就计"，并说："只要此人办妥，大事定矣！
正在紧要关键，万勿放松。"⑤ 不几天，清政府就给董福祥以"革职留任"
的处分。清王朝唯恐盛宣怀和督抚们嫌处分太轻不予谅解，故荣禄电告
云，其所以作如此处理，是"缘陕甘军民附之者众，势不得不暂为羁縻，
徐图安置"，希盛"洞澈"此意，并请盛善为说辞，帮助向有关人士解释。
盛宣怀果然照办，说办董太骤，将"激而生变，后患无穷"⑥。

这样，"惩祸首"亦算是办成功了。和议的障碍基本上清除了。剩下

　　① 盛宣怀代拟《密陈大计以救危亡折》，光绪二十六年闰八月二十六日，《愚斋》卷43，页
25、26。

　　② 盛宣怀《请先追惩祸首徐图补救电奏》，光绪二十六年九月初四，《愚斋》卷21，页26。

　　③ 盛宣怀《寄北京李中堂、西安王中堂》，光绪二十六年九月初五，《愚斋》卷44，页7。

　　④ 盛宣怀《寄西安王中堂》，光绪二十六年九月初九，《愚斋》卷44，页15。

　　⑤ 盛宣怀《寄江、鄂、东督抚帅》，光绪二十六年十月十一日，《愚斋》卷46，页30。

　　⑥ 盛宣怀《寄江、鄂督帅、山东抚帅》，光绪二十六年十一月十八日，《愚斋》卷49，页6。

的就是如何促进早日实现和议及促其速成了。盛宣怀又为此做了不少事，这里只谈他所做的两件事：一是政治上鼓吹维新；二是修复和架设电线。

前已经叙及，在戊戌变法中，盛宣怀提出与康梁对立的变法方案，坚决反对康梁在政治上实行立宪民主的变法。时隔两年，他在义和团运动和八国联军入侵中，却积极行动起来变法维新，这是为什么？早在 1900 年 7 月间，即《东南互保章程》签订不到一个月，盛宣怀即把变法维新作为"停战"之饵看待。他要求驻美公使伍廷芳向美政府进行试探，说："救使、剿匪能否停战，变法维新能否泄忿，兵不进京？"① 显然，以变法维新作为促使列强"停战"、"泄忿"、"兵不进京"的条件，可想而知，这个所谓"变法维新"，必是为列强所欢迎，符合它们的侵略利益。过了几个月，"剿匪"、"惩凶"均在办理，和议也已提到日程，盛宣怀乃进一步强调新政实施的必要性说：

> 此时似须一面痛切罪己，一面将力行新政纲领，涣汗大号先行实施，使天下晓然共知朝廷有实事而非官话。则派捐可，加赋亦可，若新政绝未实施，先言派捐，陈义虽高，民信恐少。官吏之弊断难扫除，海内骚然，诚不敢测。②

这段话的意思是，"变法"不仅迎合列强"泄忿"等要求，更直接的是要借"变法"以收人心，缓解国内矛盾，并为加派捐税制造借口。而"官吏之弊"一语，隐藏着必须更换人事，任用新人，为自己及其集团进入政界打下伏笔。关于这一点，其他重臣讲得明确些。刘坤一说："新政势在必行，第人才不易，仓猝间亦难骤得。"③ 袁世凯则说："担保赔款，似应由用人行新政入手。如蹈常袭故，决无办法。"④ 实际上是想通过"变法维新"达到控制更多更大的权力的目的。至于"变法"的步骤和做法，盛宣怀也有具体见解。在拟行变法之初，盛宣怀曾以"变法以何者宜先"

---

① 盛宣怀《寄美京伍秩庸星使》，光绪二十六年六月二十日，《愚稿》卷37，页30。
② 盛宣怀《寄江督、鄂督、东抚各帅》，光绪二十六年十一月十三日，《愚稿》卷48，页28。
③ 《刘岘帅来电》，光绪二十六年十一月且初九。《愚稿》卷48，页15。
④ 《袁慰帅来电》，光绪二十六年十一月初八。《愚稿》卷48，页15。

问他的老友维新思想家郑观应。郑答以"非顺民情，达民隐，开国会，设议院不可"①。但盛宣怀当然听不进设议院行立宪的话。正在这时，清王朝被迫于1901年1月29日（光绪二十六年十二月初十）发布实行新政的谕旨，此谕旨强调"不变者三纲五常"、"可变者令甲令乙"之类封建统治秩序的老调，但也承认过去所学西法，只是语文、文字、制度、机械等"西法之皮毛"，未学到其"本源"。上谕中同时指出，"法令不更，固疾不破，欲求振作，须议更张"。② 这比之洋务运动时期的"中体两用"多少有些突破。于是盛宣怀按照"圣意"提出一套办法，他致书刘坤一等督抚说，变法"总宜先举大纲，圣意符合再议节目。至于大纲或宜兴，或宜废，或介乎兴废之间而宜整顿，必须就中国现在时势而损益之。不能全变，亦不能急变也"。③ 所谓"兴""废"是指什么？另一函电中讲清楚了，他说，"新政纲领，似以定陪京，改官制，变科举为始。而屏邪佞，化畛域，宫中府中咸有一德，尤纲领中之纲领，本原中之本原"④，等等，实行不痛不痒的枝节改革。"变法"由谁来主持进行？盛宣怀当然不敢说由他自己主持，但实际上是由他盛氏在起主导作用。他在致刘坤一书中表达了这一点，他说："慰帅谓不厌雷同。臆见直以为能合五六人公折，方足以破主司之惑。特恐鄂帅仍欲立异耳！顷粤中方帅来函，颇似虚衷，可期合辙，蜀帅亦似可合。"⑤ "破主司之惑"靠几个有权威的督抚的力量，督抚的联络发动和意见的汇总者，是他盛宣怀。因此，1901年的所谓"变法"，盛氏又在起着导演的作用。

盛宣怀为了促进和议速成，积极架设电线，这也是重要的一件事。修复和架设电线与"变法维新"性质不同，但在促成和议与相当程度上适应侵略联军的要求的作用上，却有其相同点。义和团运动期间，铁路、电线破坏颇为严重，盛宣怀向清廷报告电线的破坏情况说："窃自拳匪事起，京师至保定电线首被拆毁，曾不逾时，京津一路继之，津德一路又继之，

① 郑观应《致盛京卿论变法宜设上下议院书》，光绪二十六年，《盛世危言后编》卷3；又见《郑观应集》上册，第322页，题为《答某当道设议院论》，文字有出入。

② 《光绪朝东华录》（四）中华版，第4601页。

③ 盛档，盛宣怀《致刘岘帅函》，光绪二十六年十二月二十八日，《庚子亲笔函稿》。

④ 盛宣怀《寄江督、鄂督、东抚各帅》，光绪二十六年十一月十三日，《愚斋》卷48，页28。

⑤ 盛档，盛宣怀《致刘岘帅函》，光绪二十六年十二月二十八日，《庚子亲笔函稿》。

山西、河南无洋兵无拳匪之地亦继之，驯至晋、豫、直隶、东三省境内荡然无一线之遗。"① 提出修复电线之建议，其理由虽说是"自夏徂秋，南北隔绝，中外阻塞，朝廷之指挥，封疆之机要，两不相及，贻误实多"②，但首先提上修复日程的，是洋兵麇集的京津地区。还在盛氏上奏清廷要求修复电线的前几天，他就与大东、大北公司签订京、津、沽造线合同，以恢复被毁之电线了，而且在签订此合同之前，他已命令电局参赞朱宝奎、提调周万鹏与大东、大北两公司商订由上海设一水线至大沽口左近，中间经过烟台上岸的合同。合同规定，由电局借公司资金 21 万镑，线由公司造办，"专由公司代管代办"，至付清借款之日为止；"如果关系之国家定欲将水线接通旅顺口、威海、胶州三处地方，电局当准公司承办，如电局亦愿接办此三条水线"③，价值另议等等苛条。显然，这条水线，虽也便于自己使用，但亦符合列强的需要，又是"两有裨益"。而津京陆线之设，亦有同样情形。盛宣怀在事前即电告李鸿章，拟将津京陆线交大北代办，"照水线例，电费仍归我收，约定仍归我管"④。但实际上，这条津京陆线的合同是苛刻的。由盛宣怀签名的电局与大东、大北公司所订津京陆线合同规定，"公司当仰承各该国家权力代电局向联军请准由大沽至北京重造陆线，并于天津、北京设立电局，均订明专归公司管理"；关于用人权更成问题，经理由公司派充，"所有局内一切事务并所用华人，均归该公司经理人统属调度，公司并可察核情形，随便添用洋人，冀臻上理。以上陆线，即由大沽水线公司通报"。合同尽管有电局"收管电报报费"权的规定，但一切日常费用要由电局付给⑤。从这个合同看，盛宣怀在此前的几十年与外国所订任何合同，还从没接受过这样苛刻的条件！

　　盛宣怀从惩祸首、变法、修复电线等几个方面，减少和议阻力并促其速成，是产生了效果的。

---

　　① 盛宣怀《请分别筹修北省拆毁电杆折》，光绪二十六年九月，《愚稿》卷 5，页 9。

　　② 盛宣怀《请分别筹修北省拆毁电杆折》，光绪二十六年九月，《愚稿》卷 5，页 9。

　　③ 盛档，《译大东、大北公司总办毕（德生）、史（温生）、蒲（拉德）复函》，光绪二十六年六月。

　　④ 盛宣怀《寄天津李中堂》，光绪二十六年闰八月初九，《愚稿》卷 42，页 25。

　　⑤ 盛档，《中国电报局、大东、北电线公司会订沽津北京陆线暂时办法合同》，光绪二十六年九月初四（1900 年 10 月 26 日）。此线于 1902 年 12 月 4 日收回。

四 筹措赔款之被属意者

以李鸿章为核心的议和代表与侵略联军各有关政府的议约事宜加紧进行，屈辱的 13 款和约大纲取得清王朝的初步同意，但其中最棘手之事莫过于 4.5 亿两的赔款了。对于这一点，中央与地方官僚均甚明白。盛宣怀讲得最为明确，他对皖抚王之春说："大纲十二款已奉谕允，详目以赔款担保为最难。税厘并征、圜法画一两事，公所心许。近日人皆知加税有益矣，尚未知圜法好处，可惜！"① 他不仅知其难，而且在为解决这个难题提供某些线索，即加税和圜法与赔款不无联系。以理财能臣名于时的盛宣怀，很自然地就筹措赔款事被清廷和督抚们所属意。请听一些权要的声音。张之洞说："诸事皆请李相、岘帅主持，杏翁筹画，鄙人于改约筹款均属浅陋粗疏。"② 袁世凯电盛说："大纲已允，可望就绪，担保赔款，惟有公任司农，香入枢府，弟等竭力奉行，或可取信于人。揣各国意恐须重用赫德。"③ 李鸿章倚盛更切，他电盛宣怀云："赔款恐须俟弟（指盛宣怀——引者注）来京再商。"④ 刘坤一则说："香帅经猷远大，洵足干济时艰。杏翁须主持农曹，兼入译署，方资展布。"刘拟将此意"合数省联请傅相入告"⑤。其他如皖抚王之春等人也有类似意见。督抚们对于筹措赔款的难题，推来推去，但有一条是一致的，即共同属意于盛宣怀，说盛宣怀应主持农曹这一财政长官。至于李鸿章的意见，则到了非盛宣怀无从着手的程度。清王朝在解决赔款问题上当然是唯盛宣怀是赖，这从接二连三地授予官衔可以得到一些说明。仅光绪二十六年十一月前半个月，就有：十一月初一行在内阁奉上谕，"盛宣怀着补授宗人府府丞"⑥；十一月十五日上谕"着允会办商务大臣"。盛宣怀表面似乎很谦逊，说："正思藏拙，恩

---

① 盛宣怀《寄皖抚王灼帅》，光绪二十六年十一月初六，《愚稿》卷48，页9。
② 《张香帅来电》，光绪二十六年十一月十七日，《愚稿》卷49，页4。
③ 《袁慰帅来电》，光绪二十六年十一月初七，《愚稿》卷48，页12。
④ 见盛宣怀《寄西安王中堂》，光绪二十六年十一月初九，《愚稿》卷48，页17。
⑤ 《刘岘帅来电》，光绪二十六年十一月初十，《愚稿》卷48，页21。
⑥ 盛宣怀《补授宗人府府丞谢恩折》，光绪二十六年十一月，《愚稿》卷5，页19。

攫一阶。又须看大局为进退之据。"① 这种说法，不符合他的一贯思想和作风。他实际上是进取之不遑，何来"藏拙"。他看准了1900年的中国局势以前进，并不需再要看什么大局"为进退之据"，故他在这时是更加勇于任事。当和约未最后订定而赔款数目已定下来之际，盛宣怀即及时献策。这"策"与赫德所拟办法相对立。他说："赫德前拟四五十年内每年须筹三千万，系指分期四五十年本利一并在内。如能不借银行之款，即与各国商定担保之法，分年归还，免出利息，数目不必商减，便宜实多。"② 为达此目的，盛氏特电告驻美公使伍廷芳，"托美廷为力，代向各国妥商，偿款格外减数宽期，如能办到，兵费直还各国家，免受银行挟制"③。这个主张得张之洞的赞许，说盛氏对于赔款一事，能够做到"不借款而以他事他物担保，既省息，又免扣，可省数万万。极为善策"④。然而，盛宣怀在那时的心理是反常的。他竟然说："和局大定，赔款四百五十兆。平心而论，并不为多。"⑤ 即使按他盛氏的计划"省息免扣"，他也不能这样说！这种观点在他答荣禄的电稿中表达得更为明显。

军机处操实权的荣禄屡次将战争善后事宜向盛宣怀问策。盛宣怀答以"非另起炉灶，提倡理财"不可，否则"必坐两病：一则各国自定办法，利权外操；一则进款尽还洋债，困不自支"。两者都不行，于是拟两策以献：

> 一则定数之后，分开应赔某国若干，即由国家分年缴还，某国以开矿等自然之利偿其应得之息，如其兵费原系借债而来不得不认息，但彼强国借款息甚轻，彼代借较我自借稍易。
>
> 一则专指关税抵还，照去春原议专指洋货加税，约可得其半，如连土货一概加税，数年后三千万似有把握，姑拟岁缴二千万为度。其余田赋、盐课、内地税、印花税、钞票农商应增各进款，以及裁改各

---

① 盛宣怀《寄袁慰帅》，光绪二十六年十一月初六，《愚稿》卷48，页9。
② 盛宣怀《寄江、鄂督帅、山东抚帅》，光绪二十六年十一月初七，《愚稿》卷48，页13。
③ 盛宣怀《寄行在军机大臣》，光绪二十六年十二月二十六日，《愚稿》卷51，页9。
④ 《张香帅寄庆邸、李相电》，光绪二十六年十一月十二日，《愚稿》卷48，页25。
⑤ 盛档，盛宣怀《致周郁山方伯函》，光绪二十七年三月二十八日，《辛丑亲笔函稿》。

出款，与彼无所轸辖者，皆当留为后图。①

　　这个两策，除"洋货加税"也即所谓税厘并征抵还之外，其他都是损害民族人民利益以奉外的意见。什么"以开矿等自然之利偿其应得之息"、"土货一概加税"等等，不过是竭泽而渔而已。这也就是盛宣怀为挽救清王朝所要实行的"变法维新"的实质。由此看来，盛氏从1900年"东南互保"之后到辛亥皇族内阁成立这段时间，清王朝加给他的桂冠最多，晋升最快，绝不是偶然的。

---

　　① 盛宣怀《寄荣中堂》，光绪二十七年正月初八，《愚斋稿》卷51，页29、30。

第十二章　"互保"原则的延伸

一　"互保"原则的历史溯源和对俄约的抵制

据前所述，所谓"互保"原则，即是以盛宣怀为代表的洋务官僚、督抚们等地方势力与帝国主义列强互相"保护"，以达到各自的利益不受损失的目的。应该说，义和团运动和八国联军入侵中的"东南互保"，对于中国的经济的稳定和发展，是起到有益的作用的。这个"互保"，帝国主义处于矛盾的主导方面，对于东南互保的主要导演者盛宣怀，在肯定其有益作用的同时，也要认清其适应帝国主义需要的一面。这种适应列强需要的行为不自"东南互保"始，而是有其历史渊源的，它是历史发展的必然结果。

盛宣怀早已运用过"互保"原则了。还在 1897 年 11 月间，德国占领青岛，"逐出防营"，盛宣怀对"东抚竟欲与战"①，颇不以为然，说"中国无兵无饷，何能守此要隘"，主张"以闽粤一岛易之"②。迨俄占旅大，盛宣怀主张借用英国的力量进行抵制，而以"添开大连、南宁两口"与英，作为交换条件，说这样"可制俄法"③。接着不久，他干脆提议要请各国"公同保护"了。他说："处今日而欲散其瓜分之局，惟有照土耳其请各国公同保护。"④ 这在当时是不可能实现的，中国人民也决不允许。但盛

---

① 盛宣怀《寄刘岘帅》，光绪二十三年十月二十三日，《愚稿》卷29，页2。
② 盛宣怀《寄总署楚帅、岘帅》，光绪二十三年十一月二十三日，《愚稿》卷29，页24。
③ 盛宣怀《寄夒帅、香帅》，光绪二十四年正月初三，《愚稿》卷30，页2。
④ 盛宣怀《寄王夒帅、张香帅、陈右帅》，光绪二十四年正月二十四日，《愚稿》卷30，页23。

宣怀后来却以其"多开口岸各国公同保护之说"未能实现为遗憾①!

"东南互保",可以说是盛宣怀的"公同保护"之说在 1900 年的新的客观形势下的运用。他在东南互保中取得了实践的经验,在此后的岁月里,他又进一步实践,进一步明确要以这个"互保"为原则处理内政与外交上的事务。他所谓"天下事能如今年保护之局,何不可为"②,和用东南互保"坚定之气,矢以数年,如不改观,惟宣是问"③ 两语,就是要将"互保"原则延伸后以用于此后处理国家事务。由于盛宣怀在实践中,是以维护"互保"原则和维护他本身利益为准则的,所以他在客观作用上仍具有抵制和妥协的两面性。总的来说,其妥协性是加深了,在他主持下签订的商约就是如此。但贯彻"互保"原则既同盛氏本身的利益相结合,所以当一向与之矛盾较多的沙俄逼清政府签订关于东三省专约时,盛能坚定地阻拒抵制。

在八国联军入侵期间,沙俄独自占领中国东北三省。它乘辛丑和约未定之时,逼清政府与之签订合约,要索多端——诸如干涉行政权、经济权和造支路权的条约。对此,列强有干预的表示,因为他们不会让俄国独占许多权益。一贯注意俄势南侵将损害到他的卢汉路权等利益的盛宣怀,特别敏锐地意识到"东南全局极易动摇,尤坏在俄兵东三省开仗"④ 以逼签东北专约这一不利因素。他为了阻签俄约,几乎每天电告跟随"西幸"的荣禄和议和全权大臣李鸿章。盛宣怀清醒地指出,列强对于俄国逼订条约虽有干涉意思,然而"各国未必肯结俄怨,但先相迫而后图效尤耳";俄约如果先行签订,那"各国乘其兵力,于公约外照样要索,一俄且不敢拒,况众俄乎"!他危机感地认为,到那时,因"拳祸"而"幸逃分裂"的中国,将因俄约先订"而终入其阱"地分裂矣⑤!这种情况的出现,是与他的"互保"原则相违背的。因此,盛宣怀力主拒签俄约,并为此展开了一系列的活动。

---

① 盛宣怀《寄杭州廖穀似中丞寿丰》,光绪二十四年二月十七日,《愚斋》卷 31,页 14、15。
② 盛宣怀《寄江、鄂、东督抚帅》,光绪二十六年十一月十四日,《愚稿》卷 48,页 32。
③ 盛宣怀《寄江、鄂督帅、山东抚帅》,光绪二十六年十一月二十四日,《愚稿》卷 49,页 21。
④ 盛档,盛宣怀《致浙藩恽葆耘函》,光绪二十六年立秋日,《庚子亲笔军务函稿》。
⑤ 盛宣怀《寄江、鄂督帅、山东抚帅》,光绪二十七年正月二十日,《愚稿》卷 52,页 2。

盛宣怀首先对李鸿章施加压力。作为议和全权大臣的李鸿章是主张签订俄约的，李有"便宜行事"特权，他如同意签订俄约，随时可以画押。所以盛宣怀抓紧李鸿章这个关键人物，电告并描绘签订俄约的危险情景说，"英领直告香帅，如允俄所索，法必效于南，德、日、美、英亦不得已照办于中西"[1]，权利的损失将不堪设想。他请李鸿章详察"允俄之后各国能否不致效尤"，如无把握，请李电商俄约谈判代表杨儒采取"急脉缓受"办法，"拒之以理"、"动之以情"地坚决拒签[2]，但李鸿章充耳不闻。而盛宣怀这时为"关系分裂全局"的俄约事，已到了"焦愁欲绝"[3]的程度，他再一次毫不含糊地电李表示反对说，如俄约签订，"列邦以恶名加于俄，中外复以庇俄之名加于中堂，后世论者谁复曲谅"！建议"借各国之力，步甲午收辽东之法"[4]来解决。接着又带上一点威胁味道地电李说，万一画押后另有波折，师亦无以塞责。宣于师决不退有后言，而有所见必直陈无隐。此所以答师恩也。"[5]不料遭到李鸿章的斥责，说为俄约事，议论纷纷，"执事乃扬其波而逐其流。都喜为隔壁谈。奉劝少安勿躁，静观世变"[6]。

盛宣怀是绝不会甘心"静观世变"的，他于是与江督刘坤一、鄂督张之洞会衔直接给驻俄公使、俄约谈判代表杨儒去电，说："俄约各国哗然，立待效尤。中国士大夫已多病公……如此约果定，各国另生枝节，中外集矢，窃为公危。请统筹全局，格外慎重！"[7]当杨儒生病，清廷拟就近派使兼摄杨的职责时，盛则认为这正是拖延时日的好机会，急电清廷阻止，说："逾期不画约，而俄不遽怒，天然可以暂缓者。杨使患病，彼藉可自释，不致恼羞变怒，赖有此耳。若就近派使兼摄，且夕可到，恐速其逼画，无可推倭。似缓一日好一日。"[8]这种乘杨儒患病以延缓画押，可做到一举数得的见解是正确的，也正是盛宣怀外交手段的高明处。

---

① 盛宣怀《寄李中堂》，光绪二十七年正月十三日，《愚稿》卷52，页2。
② 盛宣怀《寄李中堂》，光绪二十七年正月十三日，《愚稿》卷52，页2。
③ 盛宣怀《寄刘岘帅》，光绪二十七年正月十九日，《愚稿》卷52，页6。
④ 见《愚稿》卷52，页7。
⑤ 盛宣怀《寄李中堂》，光绪二十七年二月初四，《愚稿》卷53，页6。
⑥ 《李中堂来电》，光绪二十七年二月初四，《愚稿》卷53，页5。
⑦ 盛宣怀《寄俄京杨大臣》，光绪二十七年二月初三，《愚稿》卷53，页3、4。
⑧ 盛宣怀《寄行在荣中堂》，光绪二十七年二月十二日，《愚稿》卷53，页32。

然而，在盛宣怀正确地反对与沙俄先订专约的同时，在他代清政府所拟致沙俄的国书中，却又表现了错误的观点。这份国书在说明俄约中的一、四、五、七、十一等条款"皆为北京现议公约所不及"之后，说了下面一段话：

> 如俄约先订，联军未退，各国势必执定利益同沾，藉口勒索。在敝国历荷贵邦维护，何事不可通融，但因目前急急图报贵邦，而使各国从旁效尤，致各国所获意外之权利，与贵邦相埒，致失我通国永远之主权。谅非大皇帝之所愿，亦非大皇帝向来相待之本心……现在（签约）限期已迫，与其事后受制于各国，不若事前专恳于贵邦。①

这就是说，待与各国的公约签订以后，是可以考虑签订俄国的专约的。国书中尽管也提出一些修改意见，但他迎合沙俄需求的一面是掩盖不了的。这个态度，在盛宣怀与俄国领事来觉福的对话中亦可得到说明和佐证：

> 盛宣怀：各国不容我立满洲专约，势将决裂，贵国以占地归还，又北京先退兵，所索权利谊无不允；但联军未退，公约未定，势难违众先签。历来与俄利益皆出于人，不觉此次强索，实非机会……
>
> 来觉福：我想缓议为是，但俟联军退后，能否照画？
>
> 盛宣怀：总可和衷商订，以他人不能效尤为主。国书商改满洲兵数，既禁军火铁路外，又留俄兵，满兵何用？全境既允路矿利益，何事不可为？铁路通后，日、英何能挟制？长城铁路明列条款，中国必有人请止回銮以如英愿。何不缓俟后日。
>
> 来觉福：此透论。我即直电政府并格使。如格使能将此意达政府，并由中堂密电吴王，必可信从……②

盛宣怀这段话的观点，同他所代拟的"国书"中的观点是一致的。什

① 盛宣怀《寄西安军机处》，光绪二十七年正月二十九日，《愚斋》卷52，页22。
② 盛宣怀《寄李中堂》，光绪二十七年二月初四，《愚斋》卷53，页6。

么"所索权利谊无不允",只是"此次强索实非机会";俄国所提条件"总可和衷商订",不过是"以他人不能效尤"为前提而已。

二　商约谈判中的力争与妥协

盛宣怀对签订俄国专约之事,无论是抵制也好,还是迎合沙俄的需求也好,都与他所导演的"东南互保"、鼓吹"公同保护"的立场一样,是出于保护和扩大自己的经济权益。与这一立场相适应,他在《辛丑条约》后主持签订了一系列牺牲民族利益的商约。

还在"东南互保"进行中,由于赔款等问题需要这位生财有道的盛宣怀,清政府在问策于他之外,张之洞、刘坤一、袁世凯等权要人物,有荐盛入总署和司财政之议,不久后,于 1900 年 12 月初旬,即有授予他会办商务大臣之衔的上谕。商务大臣为议和全权大臣李鸿章,盛氏的这个"会办"大臣头衔,显系李氏所推荐。所谓"商务大臣",顾名思义,当然是办理有关商务事宜,但实际上这个职务,在当时主要不是办商务,而是在"商务"名义下办理与议和签约、筹措赔款等善后事宜密切相关的职务。既为"会办",当然应与李鸿章同驻北京,但正任在北京,他这位副职却驻节上海,自己刻了一颗"钦差会办商务大臣关防"之印,名正言顺地随办善后和约等事宜。那时,正是即将"回銮"之秋,照例盛宣怀亦应北上"迎銮",得此头衔且驻节上海,他很庆幸自己免去北行之苦。张之洞为此而祝贺说:"既建商节,又免北行。贺贺。"① 看来这些所谓"忠臣",对慈禧太后也不见得如他们所讲的那样感情深厚。而这,正是盛宣怀的高明处。

盛宣怀在受命商务大臣的会办时,他心中明白是要做和约赔款等事的,尽管他对皇上说,"所冀上衷周制,下鉴列邦,广商学以植其材,联商会以通其气,定专律以维商市,兴农工以浚商源"②;并表示要学习日本明治维新时那样,从"开商法会议所、设商法学校"等事下手,做到"内

① 《张香帅来电》,光绪二十六年十一月十六日,《愚稿》卷49,页1。
② 盛宣怀《充会办商务大臣谢恩折》,光绪二十六年十一月,《愚稿》卷5,页21。

商生机日盛，遂能战胜外商，权利不失"①。但他对督抚们的讲话，却没有那些官样文章，而点清他这个"会办"的当前主要任务。他电告袁世凯说：

> 会办商务，艰巨益悚。若假事权，宽时日，政府不掣肘，督抚不隔膜，自当勉为其难，徐图进步。目前总须先将第六、第十一款办妥，方有下手处。公其教我。②

此电文充分说明盛的会办商务大臣不是办商务。在复张之洞电中他也说："会办商务，倘免北行，固可藏拙，惟须第六款、第十一款能保主权方有下手处。"③ 这里所说的第六、第十一两款，即是正在谈判的和约中的二条。第六款是关于赔款四亿五千万两的事，第十一款是关于通商行船条约商改事宜和"有关通商各地事宜"。从上两则电报分析，清王朝派盛宣怀为会办商务大臣，其主要任务是赔款和商约谈判两件事。赔款与商约两事，必须涉及与通商、财政收入相联系的税务，所以盛宣怀在接受"会办"职后的第四天，即奉到李鸿章"奏调来京议加税"④ 的通报。可见会办商务大臣的工作同税务又是关联的。但盛正式被派为"商税大臣"是在1901 年10 月初旬⑤。盛宣怀这个"商税大臣"的职责，主要是"议办通商行船各条约及改定进口税则一切事宜"。清政府规定他"就近会商刘坤一、张之洞，妥为定议。税务司戴乐尔、贺璧理均着随同办理"⑥。事实上，盛宣怀在上海进行有关这些事务的工作已有半年多了。《辛丑条约》签订后，他要根据和约规定进行某些具体条约例如内河行船、商务等的谈判，商税大臣的职责范围还不足以包括这些内容，而商税却可以包括在"商约"范围之内。于是盛宣怀这位商税大臣，也就自然地扩大为商约谈

---

① 盛宣怀《请刊用木质关防片》，光绪二十六年十一月，《愚稿》卷5，页22。
② 盛宣怀《寄济南袁中丞》，光绪二十六年十一月十六日，《愚稿》卷49，页1。
③ 盛宣怀《寄张香帅》，光绪二十六年十一月十七日，《愚稿》卷49，页3。
④ 《李中堂来电》，光绪二十六年十一月十九日，《愚稿》卷49，页8。
⑤ 盛宣怀《奉派商税大臣谢恩电奏》，光绪二十七年八月二十日，《愚稿》卷22，页8。
⑥ 盛宣怀《寄京全权大臣外务部、宁督署、鄂督署》，光绪二十七年八月十九日，《愚稿》卷96，补遗73，页32。

判大臣了。1902 年初，清廷派未上任的工部尚书吕海寰为商约大臣，盛宣怀被任为商约副大臣。他们于光绪二十八年二月初一启用了"钦差办理商约事务大臣关防"。

签订商约的首席代表虽然是吕海寰，但直接具体进行谈判和策划者却主要是这位副大臣盛宣怀。盛宣怀实际上早已在做外务、财政大臣的工作了。还在受命会办商务大臣之初，他就着手做准备工作。他说，"闻各国已令议院、商会各抒所见，必择其有益各国者挟求更改"①，我亦应采取相应的办法来对付，那就是："各省先立商会，准官商各抒所见，权衡损益，能多讲究一分，可少吃亏一分……择电全权以备叙入议约说帖"②。在这种彼我各提条款前提下，"如彼此有益或益于彼无损于我，皆可允改；如一事益彼而损我，则我亦应求一益我之事相抵"③。听起来他似乎是持基本平等的方针，然而在"但"书后面却另有文章。他说，"恐势力既悬殊，识见亦不及"，"平等"不一定能办得到④。于是随即向清廷作了一个准备妥协的暗示说：

> 盖各国通商自有常法，修改条约，必期彼此有益。中国则旧约本已受亏，彼本不以各国通例待我，战败以后愈改愈狠，势所必然。倘能于和局大定之后，即行宣示整顿内政切实办法，使各国咸知我有发愤自强之望，力除积弊之心，则筹议修约时尚可容我置词，不致一味听人指挥，受人侵削。⑤

"旧约本已受亏，彼本不以各国通例待我"，这是事实；但要用"宣示整顿内政切实办法"来改变这种不平等状态，完全是空话。"整顿内政"的像样的"切实办法"是不可能拿出来的，即使拿出来也不可能改变彼此间的不平等。因此，盛氏的这种说法，只能是为他在谈判中妥协制造的借

---

① 盛宣怀《寄刘岘帅、张香帅》，光绪二十六年十一月二十一日，《愚稿》卷 49，页 12。
② 盛宣怀《预筹赔款办法电奏》，光绪二十六年十一月二十三日，《愚稿》卷 21，页 30。
③ 盛宣怀《寄刘岘帅、张香帅》，光绪二十六年十一月二十一日，《愚稿》卷 49，页 12。
④ 盛宣怀《寄刘岘帅、张香帅》，光绪二十六年十一月二十一日，《愚稿》卷 49，页 12。
⑤ 盛宣怀《筹备修改通商行船条约电奏》，光绪二十六年十一月二十八日，《愚稿》卷 21，页 28。

口。所以到他接受商约谈判大臣之衔时，就明确表示说："处兹时局，各国总以此次商约应予利益系和约第十一款所允许，我不能不如所请。彼众我寡，彼强我弱，欲操胜算，原无把握。"① 此话中，他斗争的精神状态似乎瘫痪了，但后来在谈判桌上，盛宣怀还是据理力争平等的。兹以与英国代表马凯的谈判为例。

《辛丑条约》的订约国有 11 个国家，首先进行商约谈判的是英国。盛宣怀于 1902 年 1 月与英使马凯会谈。英国提 24 款条约，第一次会谈提出三款，其中第一个议题是第六款："英国臣民应能在中国无论何处买地、租地、买房、租房，以便居住、贸易、制造，并安装机器，以备一切之用。英国臣民及其华洋代理人均可任便在各处侨民贸易，不受阻挠，所有赋税一概豁免。"马凯说这一款把侨居贸易的权利由临时性的变为永久性的，这对于中国有益。盛宣怀提出反对，他说那样办将使中国对于在内地的外国侨民无法管辖，而且只要治外法权存在一天，中国决不能答应。他说中国的法律不久即将修订，以与各国法律更相接近，将来外国人如能像日本一样受地方官吏管辖，即可准给这项权利。他说各省的当局一定会反对，而且机器代替人工劳动以后，接着就会发生骚乱。最后会上决定这一款留待将来再讨论。② 盛宣怀是理直气壮、针锋相对地力争的。此后经过与英方多次磋磨，问题集中在加税免厘上，也就是所谓税厘并征。关于税厘并征，盛宣怀早有此议。他于 1896 年《条陈自强大计折》中明确提出这个观点说，"欲求足国，先无病民；欲收商利，在挽外溢。加税之议事未就绪，闻西人以厘金为词，盖窥我国用之绌，必不能停收厘金也。应机决策，莫若径免天下中途厘金，加关税为值百抽十，令彼无所藉口。厘金既免，即仿行西国印税之法，办理得宜，计加收之关税，新收之印税，合之当倍于厘金"；而且，"免厘则出口土货易于流通，加税则进口洋货或渐减少。取益防损利在无形。所谓足国而不病民，且阴以挽外溢之利者此也"③。

---

① 盛宣怀《遵旨密筹加税免厘事宜折》，光绪二十八年五月，《愚稿》卷 7，页 7。
② 戴乐尔记录，引自王尔敏著《晚清商约外交》第 151 页。又参见《历史文献》第一辑，第 346 页：《中英商约会谈纪要》。
③ 盛宣怀《条陈自强大计折》，光绪二十二年九月，《愚稿》卷 1，页 6。

　　还在 1900 年春，盛宣怀与英使谈判过税厘并征之事。那时"所议专指洋货加税值百抽十五，土货厘金照旧，不过准将厘金收条抵完关税"。这就是既增洋税，又不废厘金，故对清政府财政收入很有利。所以盛说："此最上策。惜乎中止。"1902 年春，在清廷接受空前屈辱的《辛丑条约》之后，虽重谈税厘并征之事，客观情况却大不一样，谈判桌上两方的地位悬殊加大。盛说："今则时异势殊，若不尽撤厘金，断不允加税，此各国成见；若加税不足补厘金所失，断不允撤厘，此中国所当坚持。"① 这话从表面上看，盛宣怀又似乎在坚持平等互利，但谈判进行月余之后，他后退了，说："惟照条约洋商贩运洋货土货皆以半税抵厘，本不能再事重征。所虑加税之后，我仍照前设法改换名目，另征税厘。彼非至愚，又讵肯空加每年二千万之税。"② 他为列强寻找理由，也即为自己妥协留余地了。照清政府的意见，要加税至货值的 20%，才能抵免厘所失之数，这绝不可能为洋人所接受。照盛宣怀的计算，"即加至值百抽十五，仍恐不足抵免厘之数"③。然而后来的定议是：在值百抽五之外，"加一倍半之数以抵裁撤厘金"④，也即税厘并征只达到 12.5%。盛说："似此办理，匪独于我无损，实于我有益。"⑤ 盛宣怀也有一定的理由。他自 1896 年提出税厘并征后，有几次谈到过这个问题：当年规定值百抽五和海关一次加征 2.5% 厘金时，金贱银贵，约一金镑合银三两，中国吃亏很大，加上货物估价不实，故从来没有达到值百抽五之数。后来金贵银贱，一镑合银七两，现在决定赔款以银计算，而税厘并征又是与赔款关联的；加上货物概以银的时价计算，等等，故税厘并征为 12.5% 还是可以接受的。盛乃于 1902 年 9 月 5 日（光绪二十八年八月初四）画押。

　　税厘并征之外，最重要的要算是内河航行权的丧失了。此在条约中作原则规定之余，另立《续议内準行轮修改章程》十条。其中规定："英国

---

　　① 　上引文均见盛宣怀与吕海寰会衔《通筹免税加厘详慎情形电奏》，光绪二十八年四月十七日，《愚稿》卷 22，页 19、20。据我在"盛档"看到的原始材料，吕、盛会衔件多数是盛宣怀草拟的。

　　② 　盛、吕会衔《遵旨密筹加税免厘事宜折》，光绪二十八年五月，《愚稿》卷 7，页 6。

　　③ 　盛、吕会衔《遵旨密筹加税免厘事宜折》，光绪二十八年五月，《愚稿》卷 7，页 4。

　　④ 　《中英续议通商行船条约十六款》，光绪二十八年八月初四，《中外条约汇编》商务印书馆版，第 28 页。

　　⑤ 　盛、吕会衔《英约完竣会同画押电奏》，光绪二十八年八月初六，《愚稿》卷 23，页 18。

轮船东可向中国人民在河道两岸租栈房及码头，不逾二十五年租期"，期
满"亦可接租"；"靠船码头不得有阻，水道亦不碍船只通行"；如内河因
恐损伤堤岸和田亩必须禁止轮船行驶者，要"知会英国官员查明实有妨
碍，即行禁止英轮行驶该河，但华轮亦应一律禁止"①，等等。英国完全是
以殖民主义者的特权使用中国内河。盛宣怀也感到难以交代，不得不独自
上奏清廷作些解释说：

> 英约内河轮船一条，勉力将所允要端改入章程。因条约永远难
> 删，章程可随时更改。如时局日好，不难收回权利。然要在华商能自
> 办耳。空百无济，莫如实做。现已招集华商创设内河轮船招商局，先
> 购浅水轮船五号，在江、浙等处试办，已派同知朱鸿寿为总董。②

　　这个电奏有两层意思：一是解释。内河航行权虽丧失不少，但主要是
写进"章程"，不在条约内，据说"章程"是可以随时改动的。这是掩耳
盗铃，对贫弱的清政府来说"章程"也是难以"改动"的。二是说自己创
办内河轮船公司以与洋商竞争，据说这样可以收回一些权利。这是自欺欺
人，与洋商竞争虽可分享一些利益，但丧失主权的性质不能改变！
　　盛宣怀在 19 世纪 80 年代即创办内河轮船公司了③。他认为，外海航
权虽与洋人共之，内河轮运却可独占厚利。外国侵略者的小轮船侵入中国
内河，显与盛氏发生直接的利害冲突。我们在这里不妨回顾一下，盛宣怀
在 19 世纪七八十年代乃至 90 年代，凡与其发展资本主义工商业利益相冲
突者，不论是中国人还是外国人，他都是毫不含糊地起而与之争斗。但到
了 20 世纪初叶不同了，即使像内河航运这种他已经占有利益的领域，他非
但再也不谈独占，而且还在与已直接发生利益冲突的"章程"上签字了。
这是牺牲民族利益乃至本人的利益了。然而，盛宣怀还在说"综论全约，
利益彼此尚得其平"！但又不得不模棱地承认利益的损失，说道："战后立
约，彼既要求多端，万不能一无所允。然允，则于彼有益，于我即属有

---

① 见《中外条约汇编》第 31 页。
② 盛宣怀《招商创办内河轮船电奏》，光绪二十八年九月二十二日，《愚斋稿》卷 23，页 19。
③ 见本书第五章第五节。

损。此理之显而易见者。""损"既是肯定的,而他只能做到"但能补救一分,即可少受一分之亏损"①　而已。

有人说,签订商约,是在《辛丑条约》条款的前提下作具体规定,这是非盛宣怀之力所能挽回和改变的,而且,吕海寰是首席代表,盛宣怀是副手,且先后有江督刘坤一、鄂督张之洞、直督袁世凯等人参议其间,故盛宣怀不能全负其责。这些话有一定道理,但未揭示问题的实质。第一,盛宣怀虽是副手,但具体安排和谈判,大多为盛氏而非吕氏。第二,盛宣怀是清政府信得过、帝国主义列强所青睐的人。他们都属意于盛,这绝非偶然。这只能从盛宣怀的妥协性上得到解释。不错,没有盛宣怀其人,还一定会有此类的人出任其事,但历史学不能用假设来立论!

盛宣怀是把与英国所订商约作为模式看待的,紧接着美、日、葡等国前来谈判商约,盛宣怀仍以原来的指导思想和态度与之会议和签约。在与美国谈判时,他尽管认识到"美方极力见好,谓事事不侵我主权,而其取益防损,心计甚工,究未尝放松一步"②,但还是与同日本签约一样,"事事略为迁就,得以议成"③。这里所讲的"略为迁就",就是损害民族利益的同义语。但他还竟以"尚未于英、美两约之外别有受损之事"④　为满足!

与美、日两国的商约于1903年9月画押,与葡萄牙的商约于1904年12月画押。这三个商约虽与英约有某些不同,但加税免厘和内河航行特权是基本一致的。

三　在日俄战争中"公同保护"说的发展

盛宣怀的"公同保护"说在日俄战争中更有所发展。

1904年2月,日本与俄国为争夺朝鲜和中国东北三省的殖民权利,开始了一场肮脏的战争。这一战争的性质显然是帝国主义间的强盗战争,但

---

① 盛宣怀等《英国商约议竣画押折》,光绪二十八年九月,《愚稿》卷8,页5。
② 盛宣怀等《美国商约画押进呈约本折》,光绪二十九年九月,《愚稿》卷9,页20。
③ 盛宣怀等《日本商约画押进呈约本折》,光绪二十九年九月,《愚稿》卷9,页27。
④ 盛宣怀等《日本商约画押进呈约本折》,光绪二十九年九月,《愚稿》卷9,页27。

其陆上战场却主要在中国东北。已经成为帝国主义驯服工具的清政府，在英、美等帝国主义指使下，无耻地宣布所谓"局外中立"，并划辽河以东为日俄战争的战场。处于这种形势下的盛宣怀，想到的不是使主权不受侵犯，而是一方面防止人民乘机"作乱"，另一方面企图在牺牲主权中求生存。

还在日俄战争爆发的前几天，盛宣怀就提出防止人民趁日俄战争之机起义，从而引起各国干涉，以致影响到他一贯主张的"互保"原则。他说：

> 俄、日相逼甚紧，如有战事，虽守局外，内地势必震动。各省切须保护各国洋人财产生命，万不可碍及教堂，致使他国藉口，祸生不测。滇、桂须防法，山东须防德，长江、西藏须防英。应请饬下各督抚预筹防范，勿任土匪稍有蠢动。①

他脑中第一位的是"保护各国洋人财产生命"，内战人民去触犯洋人。不久日俄开仗，盛宣怀直接急电皇上，把上述观点讲得更为明确，他说："内地伏莽会匪，随在皆有，难保不藉端仇教生事。可否请明降谕旨，严饬各该督抚部勒防军，慎守疆域。凡有通商口岸以及各国人民教堂在内地财产，均须认真保护，毋得稍有疏忽，致干重咎。"与此同时，他请外务部将防内乱保洋人之意"照会各国，免致外人藉口调兵各埠，以安商旅而靖人心"②。完全是"东南互保"的一套办法重演。

在将防内乱、保洋人之意上奏清廷的同时，甚至在日俄开战之前，盛宣怀即将此意直接致电各有关督抚，要他们照办。例如湖广总督端方当即复电说："俄、日开战在即，尊意保护洋人，戢靖内匪，最为要着。敝处已密饬文武注意此事。"③

盛宣怀在日俄战争中，惧怕和防止人民起义之心，与他迎合帝国主义

---

① 盛宣怀《寄北京陆伯虁侍郎》，光绪二十九年十二月十二日，《愚稿》卷97，补遗74，页25。

② 盛、吕会衔《日俄开衅密陈中立办法大概电奏》，光绪二十九年十二月二十九日，《愚稿》卷23，页24。

③ 《湖北端午帅来电》，光绪二十九年十二月二十三日，《愚稿》卷97，补遗74，页25。

要求之心，是成正比例地加深着。首先，他反抗的精神状态很差。他在战争一开始曾正确地指出，日与俄不管是谁胜，都对中国不利，但他们都会表白"不占土地主权"，这种"口头语言，强国与弱国交际往往如此"。然而明明知其如此，由于我"此时兵力不足，自当一意承受"①。"兵力不足"与"一意承受"，表明盛宣怀在思想上已完全解除武装，这就使他绝不能在保护民族利权上有所作为，只能是听人宰割的羔羊。于是要求生存，只能是实行他的"公同保护"说了。为此，盛宣怀表达了对问题严重性的看法并为其进行一系列的活动。他先谈形势说："俄胜，必明目张胆以东三省为己有，且恐直逼长城；日胜，则彼糜饷流血所得之土地，岂能拱手还我！"② 盛宣怀的这种看法，未必是错的。但他在另两处谈话中，在对日、俄之间的选择上，有与上述语言类似但又有某些不同的倾向性。

其一，"日俄战事，固在局外，东三省事则不能不（在）局中。俄胜更难索还，日胜亦未必能拱手归赵。"③

其二，"日俄交战，关系全球大局，俄胜，白种愈骄，竟无办法；日胜，东方振兴，但恐玩视中国，派兵代守，甲午所索辽东之地及旅大海口，仍未必能还我。"④

上面两段话中所说日、俄无论谁胜都对中国不利，东三省都有丧失的可能，这与他以前所谈是一致的。但有两点不同，一是"东三省事不能不（在）局中"；二是倾向于日胜比俄胜要胜一筹。他把俄、日用"白种愈骄"与"东方振兴"对称起来，前者胜到了"竟无办法"的程度，后者胜是"派兵代守"，并用了"未必还我"这种富有弹性的词语，其亲日的思想感情是明显的。

盛宣怀在中国处于俄、日两强之间不能有所作为的精神状态下，以最有经验权威者的口吻说："将来战局结束，仍赖各国互相牵制，方能真正保全……即如日本所谓开作万国通商公共之地，亦宜由我开口，庶可容我自主。似未便悉听他人位置，后悔莫及。"⑤ 这也就是借列强互相牵制，我

---

①　盛档，盛宣怀《致张莛秋尚书》，光绪三十年正月二十七日，《甲辰亲笔函稿》。

②　盛宣怀《寄江宁魏午帅》，光绪三十年正月十八日，《愚稿》卷63，页3。

③　盛档，盛宣怀《复陆伯夔侍郎》，光绪三十年正月二十七日，《甲辰亲笔函稿》。

④　盛档，盛宣怀《致张埜秋尚书》，光绪三十年正月二十七日，《甲辰亲笔函稿》。

⑤　盛档，盛宣怀《致张埜秋尚书》，光绪三十年正月二十七日，《甲辰亲笔函稿》。

方主动地提出"开作万国通商公共之地",给予各国利益,以达到"公同保护"东三省的目的。这已经听人摆布了,还说"未便悉听他人位置"!

盛氏为了证实自己主张的正确,举八国联军入侵为例说:"庚子之役,藉非牵制,能如是便宜耶? 欲求牵制,须于胜负未分之际,预与各国谋所以处置东三省者。"① 为此,他建议"派重臣以考求新政为名,赴各国面递国书,以维均之势立说,东三省开通商埠利益均沾为宗旨,乘其胜负未分,先站地步。"② 这位"重臣","先从美国入手,再赴各国协谋"③。之所以要先与美国"协谋",因为他认为"美国政府今方以保全我国土地主权布告各国",我即借助于美国以影响各国,"中国允以东三省遍开商埠及厂栈路矿诸项利益以为酬劳"④。这也就是牺牲东三省利益于各国,以换取不被某一国所占有的安全。这就是盛宣怀"公同保护"说的实质。为了证明他对此问题观点的正确,盛特地回顾历史函告吏部尚书张百熙云:

> 犹忆甲午后吾受大创,俄以甘言馆(饴)我,当局深信不疑。○○(宣怀)极谏,合肥相国跌足曰:若如是,东三省旅大海口皆不为我有矣! 合肥诋责我多疑妄虑。言犹在耳。何独俄事足证,古今中外史事皆足证也。⑤

盛宣怀"极谏"些什么,虽没有讲,但从他当时的思想和逻辑上看,当然即是"维均之势立说",借各国之力牵制"公同保护"而已。盛通过这段话表示,他在甲午战后并不是如李鸿章所说的"多疑妄虑",在日俄战争中更不是"多疑妄虑"了,唯有照我盛某的建议实行才是正确的。

日俄战争进行到 1904 年 6 月间,日胜俄败之局已成,盛宣怀及时地上奏清廷,提出"十虑"和处理方针三条。这个所谓的"十虑",主要是说关于日俄议约中国不能干预,俄国在东三省权利将为日本所得,等等。他认为这种局面一旦出现,那将是"各国失维均之势,必将群起效尤"地向

---

① 盛档,盛宣怀《复陆伯葵侍郎》,光绪三十年正月二十七日,《甲辰亲笔函稿》。
② 盛宣怀《寄武昌端午帅》,光绪三十年正月十八日,《愚稿》卷63,页3。
③ 盛档,盛宣怀《复陆伯葵侍郎》,光绪三十年正月二十七日,《甲辰亲笔函稿》。
④ 盛宣怀《密陈大计折》,光绪三十年正月,《愚稿》卷10,页4。
⑤ 盛档,盛宣怀《致张埜秋尚书函》,光绪三十年正月二十七日,《甲辰亲笔函稿》。

中国要索利权，那将像 1897 年冬"德先占胶澳，英、俄、法各占威海、旅大、广州湾故事，各自为谋"一样，"吾何能抗"！这个"虑"并非多余，也可说不为不善。但盛宣怀所提的处理方针和办法三端就有问题了。

第一端是关于东三省铁路权利问题。他说，今后铁路归俄国专办，日必不从；归日专办，各国必不愿；若由中国借一国之债归一国代办，亦嫌偏重。对此，盛宣怀提出两种办法：一是"归中国借公债"；二是"归各国集公股"，而两者之中又倾向于后者。他认为，"不妨各国公管，专立公共公司，分售股票和借款小票，各国俱派董事，限定若干年归还中国，如年限未满，若干年后亦准给价收回自管，而俄国即可获路价以偿日本"。看！盛为外国侵略者想得多么周到。

第二端是关于东三省"俄国立限应还之地，即为两国争战之地"的问题。他认为战事毕后这些"争战之地"应还中国，这当然是对的。但他又说："该省通商，日、美皆认中国主权，将来应再增添多处为水陆通商处所，妥议公共章程，各国利益同沾。"① 这不是用许多口岸的开放，以使"各国利益同沾"来换回"争战之地"了吗！

第三端主要是关于原租予俄国的旅大，改租给日本。

以上三端表明，盛宣怀的"公同保护"说已具体化了。对这种"公同保护"具体化的含义，他有一段具体表述：

> 三省战地，吾之地也；三省铁路，吾其主也。凡属应有主权，岂能置之不问？但当度德量力，勿为太甚，大约拟定方针，与其权利让一国独占，必致妨碍自主，不若利益让各国公共，可以永保自主。②

"但"书前的一段是冠冕堂皇的饰词，"但"书后面才是本意。原来就是将中国无尽利权变"一国独占"为各国共占！既为"各国共占"，还谈什么"吾之地也"、"吾其主也"乎！

---

① 上引文均见盛宣怀《东事贴危密陈办法折》，光绪三十一年五月，《愚稿》卷11，页21—23。
② 盛宣怀《东事贴危密陈办法折》，光绪三十一年五月，《愚稿》卷11，页24。

四 对沙俄侵略者惨杀"周生有案"的处理

在这段时间里,盛宣怀对列强的妥协多于抵制,也表现在他对"周生有案"的处理上。所谓"周生有案",即是 1904 年 12 月 15 日(清光绪三十年十一月初九),在日俄战争中败逃到上海的俄国水兵一等火夫阿基夫在南京路外滩砍杀无辜华民周生有的案件。这个案件的最后处理结案是盛宣怀主持的。"周案"在中国近代史上虽非大事,但其社会影响却不小;盛宣怀处理此案之事,在他一生所办的许多事件中并不占很重要的位置,但其属于他处理的残杀华民涉及领事裁判权的事,却是仅见,因而带有一个方面的典型性。这个案件,与上海地方史,也同中俄外交史有关。兹先简述"周案"经过。

在日俄战争中,俄国海陆军均被打得大败。1904 年 8 月,俄国奥斯科巡洋舰和格罗苏福意鱼雷艇从旅顺口败逃至上海。这些被列宁称为"像一群野人一样"[1] 的俄国佬,在上海滩上却摆出一副殖民主义者姿态,肆无忌惮地行凶作恶。按当时清政府《局外中立条规》规定:交战国军舰军队"如有败逃入中国境内,应收其军器,听中国官员约束,不得擅自行动"[2]。上海地方政府与俄国驻沪总领事阔雷明又制定具体的约束章程四条,其中规定:"该舰艇停靠浦东东清码头"、"员弁水手每日准在码头左近道胜银行空地体操,并在浦滩散步,毋得到别处闲游,即偶至租界地方,亦应限定人数、时刻,另派妥当之人巡察"[3]。但沙俄的这"一群野人",根本不把这些约束放在眼里,而是到处乱窜,任意妄为。

12 月 15 日下午,奥斯科舰的一等伙夫阿基夫和另一水兵在外滩坐黄包车不付车钱,车夫索要车钱,阿基夫抢夺在旁木匠的斧头行凶,车夫躲避,毫不相干的过路的宁波人周生有却被阿基夫砍死了。惨案发生后,巡捕将凶犯逮捕,照理应将该犯交给中国当局,但却交给俄国领事署,领事

---

① 《覆灭》,《列宁全集》(中文版)第 8 卷,第 451 页。
② 《日俄战争中国严守局外中立条规》,《清季外交史料》卷 181,页 22。
③ 见《清季外交史料》卷 186,页 9。

署又转送交给奥斯科号军舰，说要按"军律"处理。这显然是强盗逻辑。在上海的俄国舰艇，有国旗不能升，有军火不能用，官员水手有故国而不能归，军舰和军人的资格也没有了，何谈实行"军律"！诚如当时有的报刊所说，俄舰"逃至中立港内，受人拘留，则上海……非俄国施行军律之地"①。这事激起了中国人民极大的义愤，强烈要求凶犯"由华官审问"②。阔雷明被迫将阿基夫等两犯解至俄国领事署。俄人妄图运用领事裁判权进行审理。众所周知，逃来的一般俄国官兵尚需"听中国官员约束"，受中国保护，犯了罪的故对其中官兵，俄领事是无权行使帝国主义的领事裁判特权的。

1905 年 1 月 13 日上午 10 时，由沙俄侵略者一手策划的所谓"特别公堂"的审讯丑剧在俄国领事署开场。这个"特别公堂"的承审官是由奥斯科号舰上军官所组成，首席承审官即该舰舰长泰奢。以这些受中国保护的没有自由权利的人，去审判同样受中国保护没有自由权利而杀死监护他们的中国人的罪犯，天下哪有这样的荒唐道理！

这些承审官们，通过策划伪证等手法，将阿基夫"故杀"伪造为"无心"和"碰伤"的案件，也即"误杀"的案情③。他们根据这个"案情"，按俄律监禁罚做苦工八年，俄人还嫌太长，又按海军律"减为四年"④。接着，当时也是受中国监护没有自由权利的俄国海军少将雷得仁斯丁批准了这个非法的判决书，这就算是"合法"了。这引起了上海人民，尤其是宁波籍的工匠、工商业者集会抗议，清地方当局也不得不承认说上海各界人民"激于公愤，势甚汹汹，欲得俄犯而甘心"⑤。

轰动一时的"周生有案"简单情况就是如此。盛宣怀对此案的态度及其处理则使用了两面手法。

清政府处理"周生有案"的负责人，原来是被资产阶级革命派称为"中国之川喜多大尉"⑥ 的上海道袁树勋。后来又为什么加上盛宣怀为处理

---

① 《俄兵砍毙华人案》，《东方杂志》第二卷第二期。
② 《甬人奋起》，《申报》1904 年 12 月 21 日，引自上海通志馆期刊第二年第二期。
③ 盛档，《俄官审勘俄兵伤毙周生有一案勘语》，《周案卷宗》。
④ 盛档，《俄官判定凶犯案判决书》，又见《俄官审定俄兵详细判词》，《周案卷宗》。
⑤ 袁树勋《致外务部电》，见上海通志馆期刊第二年第二期。
⑥ "川喜多"被日本人士骂为卖国奴，见《民报》第 24 号。

"周案"的首席代表? 这要简叙袁树勋的所作所为。因为了解袁树勋对"周案"处理的方针,实际也是对盛宣怀处理此案的认识。

袁树勋在"周案"发生之初,就确定了内以"服人心",外以同俄国"敦友谊"的方针①。他表面上照会俄驻沪领事阔雷明"希即饬提凶犯送道审讯",暗地里却提出"照约会审"的主张,即按照 1858 年《中俄天津条约》所规定的"会同办理"。袁认为,中国人民要照中立公法"索犯自办",俄国人坚持"自审"、中国派员"观审",两者完全对立。他于是提出设立"公审特别公堂",由中俄官员会审的主张②。这显然是承认沙俄对"周案"有权行使领事裁判特权,因而是出卖民族主权的主张。领事既有裁判权当然要按俄律定罪。袁树勋要尽两面手法,一方面他告诉要求"索犯自办"的在沪宁波籍人民说:"鄙人办理此案,惟力是视,断不敢置大局于不顾,率意放松。尚祈诸公传谕宁帮,静候商办,切勿轻举妄动,或散谣言,致为外人藉口。"③ 意思是说,我袁某是顾大局的,尽力"索犯自办",如果办不到,非不为也,"力"不能也;你们宁波人假若"轻举妄动",引起事端,那就是不顾大局了。另一面他向阔雷明求情,请求俄答应其"照约会审"的要求,并要俄领事为他"设身以处"地着想,"以特别之罪,反不及寻常之案得在公堂会审",是不能平民愤的④。那我这个道台官怎么当得下去呢? 于是他借用激愤的民情对阔雷明说,现在上海人民"一呼百应,早有汹汹暴动之势……众怒未平,祸机所伏,刻刻堪虞"! 人民愈激愤,租界不得安宁,俄国人的生命财产将更没有保障。所以我提议"会审",表面上"为宁波人计,实为贵国兵舰之在沪者计,亦所以为租界之治安计。明达如贵总领事,必有以辨之矣"!⑤ 阔雷明对袁树勋的"秋波"并不领情,"苦衷"也不怜惜,而擅自作出独自审判、中国派员观审的决定。袁树勋只能作"本道愈迁就,贵总领事愈固执"⑥ 的哀叹。

---

① 盛档,袁树勋《致俄领事阔雷明照会》,光绪三十年十一月二十六日,《周案卷宗》。

② 盛档,袁树勋《致北京外务部、江督周馥电》,《周案卷宗》;又参见《外部致胡惟德周案拟设特别公堂会审希商俄廷电》,《清季外交史料》卷186,页8。

③ 袁树勋《复宁波绅董函》,上海通志馆期刊第二年第二期。

④ 袁树勋《致俄领事阔雷明函》,光绪三十年十二月初四,上海通志馆期刊第二年第二期。

⑤ 袁树勋《致俄领事阔雷明函》,光绪三十年十二月初四,上海通志馆期刊第二年第二期。

⑥ 袁树勋《致俄领事阔雷明函》,光绪三十年十二月初六,上海通志馆期刊第二年第二期。

当 1 月 15 日，即沙俄独自宣读所谓"判决书"的次日，四明公所前聚集数千人显有"暴动之势"的时候，袁树勋吓得不敢露面，他再也混不下去了。于是清政府就在这一天电派盛宣怀"督同袁道办理周案"，盛成为处理"周生有案"的首席代表。盛宣怀是在上海人民抗议沙俄侵犯主权而短兵相接的情况下出场的，显然，他成了沙俄赖以解决"周案"所需要的人，也是清政府赖以平息众怒安稳下台的理想人物。清外务部对此毫不隐讳，在任命盛的电文中说，"贵大臣熟谙交涉，兼悉商情"，对人民"剀切开导，速为妥筹。……顷已面商雷使（指俄国驻华公使雷萨尔——引者注），允电俄领与尊处商办"①。清政府相信盛宣怀能够"速为妥筹"，也就是外务部大臣那桐所说的"执事卓识毅力，必能安定人心，设法结束"②；俄使也"允"与"商办"。中、俄双方都信得过他盛宣怀。

盛宣怀果不负所望。他抱定了"总以息事宁人，不生枝节为主"的宗旨。为了做到这点，他采取了比袁树勋"高明"一些的两面手法。首先他承认俄人已定之案，也即完全承认败逃来沪受中国监护的俄国海军不应有的领事裁判权。他为俄国人讲话了，一则说："办案全凭条约、律例两端。条约无可争，只可争律例……若果是误杀，虽争会审亦何益。"③ 他既"承认俄人已定之案"，也即承认"误杀"，这就否定了袁树勋曾力争过的"会同办理"。再则强调说，"论者以俄船归我保护，已失主权，案犯应归华办，此确离开条约之论。我无治外权，能做得到"吗④？这就又否定了"索犯自办"的合法性。"会审"、"自办"均被否定了，剩下来俄领"独自专办"当然就是"合法"的了。

单为俄人找理由非但不会"平息众怒"，且将更加激怒人民，这一点盛宣怀是知道得很清楚的，他当然要指望俄国人有一些新的例如抚恤费之类的许诺。在这种思想的指导下，盛宣怀于 1905 年 1 月 17 日（光绪三十年十二月十二日）与阔雷明开始谈判。

---

① 《外务部来电》，光绪三十年十二月初十，《愚稿》卷 67，页 9。
② 《外部那琴轩尚书来电》，光绪三十年十二月二十一日，《愚稿》卷 67，页 19。
③ 盛宣怀《寄周玉帅》，光绪三十年十二月十六日，《愚稿》卷 67，页 14。
④ 盛宣怀《寄外务部》，光绪三十年十二月二十日，《愚稿》卷 67，页 17。

阔：此案按条约、律例，应归俄自断结，无可复议。

盛：条约、律例所难办者，断不能勉强。但雷使既允领事与我面商，必当有商允之事，以安人心。

看，盛宣怀的"条约、律例所难办者，断不能勉强"一语，就是同意俄国"独自审判"是合法的；后面的"必当有商允之事，以安人心"一语，就是恳求俄国人恩赐一些新东西，以便于他平息人心，并使自己下得了台。阔雷明同意盛宣怀提出条件。

盛：监禁应自押到俄国之日起算，在沪监禁无论久暂，不在限内。

阔：已有照复允准。

盛：应酬给抚恤银两，可听苦主自做善举。

阔：只能给家属，数目请示雷使即定。①

盛宣怀恳求俄国人"恩赐"以"安人心"的法宝，原来就是抚恤费和杀人凶犯的四年监禁。这监禁这是凶犯从解到俄国那一天算起。凶犯监禁是否从解到俄国之日起算，这只有天晓得！即使照此执行，也远非国家主权范围的事。抚恤呢？更与实质性的主权问题无关。沙俄侵略者就凭这一点点新的允诺，换得了中华民族的主权，维护了沙俄在中国的帝国主义特权；盛宣怀凭这两条，在拱送国家和民族主权之余，去向上海人民群众"传谕息事"了！对上级则作了"周生有案不过如斯"②的汇报。

如前文所说，"周生有案"一开始，就出现三种原则和立场。一是凶犯交中国自办，这是上海人民所要求的，这是符合"中立条规"规定的，是合法的；二是俄人独自审判中国派员"观审"，这是俄国人所坚持的，是违反"中立条规"的；三是袁树勋的组成"会审特别公堂"中俄"会同办理"，虽是企图缓和矛盾的办法，但这也是违反"中立条规"的规定

---

① 参见盛宣怀《致外务部周案与俄领会订办法电》，光绪三十年十二月二十八日，《清季外交史料》卷186，页20、21；又见《愚稿》卷67，页24。

② 盛宣怀《寄江宁周玉帅》，光绪三十年十二月二十四日，《愚稿》卷67，页22。

的，是不合法的。盛宣怀既已承认了俄人"独自审判"合法这个前提，对人民是无法自圆其说进行解释的。于是他在"故杀"、"误杀"上做文章。据说按俄律故杀应监禁八年，误杀为四年，盛宣怀与阔雷明谈判时已在争四年监禁是否从解到俄国之日起算，这就在实际上同意了"误杀"罪。于是他只能含糊地对绅商们说我国现在讲求新学，正图自强，上海为通商首埠，一举一动，万国观瞻，自当处处以文明自待，方不致受人欺侮也。"①这就是说"周案"不管怎么处理，人民群众均必须忍受，举动一定要"文明"，不能闹事。盛宣怀就是用这样的办法来"息事"的。

但是，上海人民和全国人民一起，长期以来进行的反帝反封建斗争，是为了维护民族尊严和国家主权的。当上海的群众听到什么抚恤费等沙俄新的"允诺"时，拒绝接受这几个臭钱，他们宣布不争回主权而接受抚恤费是莫大的耻辱。而盛宣怀一方面哀叹"恤款……非甬人所愿"；另一方面却请外务部复俄使"改禁……今难照允，只得商请优给抚恤"，数目是"如能做到五六千两便可了案"。他说甬人既不要恤款，那就将此款以"苦主捐办学堂"的名义，在宁波办一"生有工学堂"。这样做的目的何在？他毫不掩饰地说："藉以平人心而已。"② 这不是在牺牲主权前提下玩弄花招以"平人心"的伎俩吗！

---

① 盛档，盛宣怀《致筱妨、仲礼等宁波绅董函》，光绪三十年十一月下旬。

② 上引文均见盛宣怀《寄外务部》，光绪三十一年三月二十六日，《愚斋》卷68，页10。

第十三章　与袁世凯之间的统一和争斗

一　盛与袁世凯同李鸿章的交叉关系

"生平知己，文忠而后莫如我公。"① 这是盛宣怀在其父盛康于光绪二十八年九月二十三日死后的第二天电告袁世凯所说的一句话。意思是要袁氏"密电政府"，他必须循例"守制"，应免去本兼各职，请"遴派贤员迅速接办"其所主持的商约、铁路等重要职务。盛宣怀在其父死后报丧电文中讲到如此"知己"并请代求免职者，只此一电。例如，同为李鸿章幕下的周馥，在电告中也不过是说："宣怀生平知己无多，公是故交，曷敢不告。"② 为什么盛宣怀称袁世凯是"文忠而后"的生平最知己者？这固然要从袁、盛关系中，也必须从盛、袁两人同李鸿章的关系中找到原因。

袁世凯和盛宣怀同为李鸿章所赏识和重用。袁世凯在军事、政治上继承了李鸿章的衣钵，盛宣怀则主要是李鸿章经济设施方面的属意人③。因此，要了解盛、袁间的关系，得先叙述盛、袁同李鸿章的关系。盛宣怀与李鸿章的亲密的关系远早于袁世凯。关于盛与李之间关系，本书第六章已作了比较系统的叙述。这里主要讲袁世凯与李鸿章的关系，在叙述袁与李关系过程中，再补充一些盛与李的关系史。

袁世凯，河南项城人，是镇压太平天国的刽子手袁甲三之侄孙，地方大豪绅袁保中之子。袁世凯凭着袁氏家族与洋务官僚的关系，于1881年投奔淮系军阀吴长庆门下。1882年朝鲜发生"壬午兵变"，清政府派吴长庆

---

① 盛宣怀《寄袁宫保》，光绪二十八年九月二十四日，《愚斋》卷58，页30。
② 盛宣怀《寄济南周中丞》，光绪二十八年九月二十四日，《愚斋》卷58，页31。
③ 见拙作《论盛宣怀》，《晚清洋务运动研究》第229页。

军赴朝，袁世凯随往。袁世凯在"壬午兵变"和1884年的"甲申政变"中崭露头角，为清王朝建立了功勋。李鸿章乃推荐袁氏为"总理营务处会办朝鲜防务"。李在奏片中说："同知袁世凯廉明果毅，晓畅机宜，久办庆军营务，兼带朝鲜练军，该国君臣均深敬佩，堪以委令总理营务处会办朝鲜防务，可期得力。"① 这是袁世凯与李鸿章的关系之始。1885年李鸿章又以袁世凯护送朝鲜大院君李是应回朝和所谓"保护东土之"② 等事，推荐袁接替驻朝商务委员陈树棠的职务。但并非简单的代替，而是在"商务"二字之前冠以"交涉"字样，权大于陈。为什么要加"交涉"二字以重其权力，李鸿章有如下说明。他说："陈树棠赴朝之时，尚属商务初开，今则口岸渐增，贸易日盛，各国公使麇集汉城……似宜优其事权，作为驻扎朝鲜总理交涉通商事宜，略示预闻外交之意。""优其事权"是形势的需要，但不派别人而派袁世凯，则是由于袁氏有着"胆略兼优，能知大体……当能措置裕如"③ 的能力。袁世凯俨如驻朝公使了。诚如李鸿章所说，以一个"官秩较卑"者，得到"超擢衔阶"，实"出自逾格慈施"④。李鸿章对袁世凯的赏识非比寻常，当朝鲜的另一派人"疑世凯阴助星应"，请清廷调回袁氏时，李鸿章力保而告总署说："若轻信谣啄，而使任事者抱不白之冤，以后稍知自好顾全国体者，孰敢蹈此危机哉！"⑤

李鸿章之所以推荐袁世凯代陈树棠并加"交涉"二字于其衔"以重其权"，与盛宣怀给奕𫍯的一则建议有着一定关系。盛对奕𫍯说：朝鲜内部复杂，不少人"暗党日俄""而现在任商务大员太觉老实，不明窍要……似宜赶紧遴派熟悉朝鲜情形、久历洋务之大员以代陈树棠。"⑥ 此人很明显是指袁世凯。除此之外盛在李鸿章面前讲袁世凯能干之言就更多了。

然而，甲午战争使李与袁的关系发生微妙的变化。袁因在朝鲜临阵脱

---

① 李鸿章《议分庆军驻朝片》，《李书·奏稿》卷49，页34。

② 李鸿章《与朝鲜驻津陪臣金明圭问答节略》附件，光绪十五年十月二十六日，《李书·译署函稿》卷19，页55。

③ 上引文均见李鸿章《派员接办朝鲜事务折》，光绪十一年九月二十一日，《李书·奏稿》卷55，页7。

④ 上引文均见李鸿章《派员接办朝鲜事务折》，光绪十一年九月二十一日，《李书·奏稿》卷55，页7。

⑤ 李鸿章《论撤换袁世凯》，光绪十五年十一月二十九日，《李书·译署函稿》卷19，页50。

⑥ 《实业函电稿》上册，第223页。

逃而遭谴责，李鸿章因对战争失败负有责任和签署了屈辱的《马关条约》而失势。袁世凯为避过风头并另谋发展而别找门庭，表面上他尽管与李鸿章仍维持着原来的关系。而这时的盛宣怀对于李鸿章也与袁世凯一样，尽管仍旧以"傅相"、"恩师"相称，暗中也在极力另寻靠山。李鸿章离开了位同宰相的直隶总督职任，而由王文韶继任。盛宣怀与袁世凯都很自然地投靠王文韶。但谁都明白，王文韶在北洋并不是李鸿章那样的有实力的人物，他这个直隶总督相当程度上是个空架子，王文韶的幕后支持者是慈禧所亲信的、实力很强的荣禄。因此，盛、袁靠王是名，靠荣禄是实。可见，盛宣怀与袁世凯曾经都是李鸿章所提携，他们两人也科普引李鸿章为靠山；1895 年后又都改换门庭，找到了名为王文韶实为荣禄的靠山，但都仍然保持同李鸿章原有的关系。

当然，盛、袁两人在与李鸿章关系之深和时间之长上，盛宣怀远远超过袁世凯。历史就是那样凑巧，李鸿章失势之时，正是盛宣怀大发迹的开始。

开始大发迹的盛宣怀，却对失势的李鸿章的訾议远较袁世凯强烈。就在盛宣怀被张之洞、王文韶酝酿推荐督办铁路公司，并即将被授予太常寺少卿和专折奏事特权的时候，他回忆起李鸿章对自己有"亏待"的事，接二连三地向挚友加以发泄，其中之一较为典型，他与人书云：

> 弟事合肥三十年，从不争牌子，合肥亦抑之使不得进。同患难而不能效指臂之力，可长太息也。湘乡（指曾国蕃引者注）、益阳（指胡林翼引者注）功业盖天下，首在荐贤。今后洋务之难，不尤难于发捻军务耶？南皮任洋务知人用人，可不比湘乡、益阳耶？湘乡用人，惟恐不能尽其用，绝无所以限制之心；合肥用人，惟恐功为人居。此得人失人之不同也。①

在这里，盛宣怀把李鸿章贬得很低。首先把李鸿章与曾国藩、胡林翼比，一则说李是对人才"抑之使不得进"，"惟恐功为人居"；一则是"首

---

① 盛档，盛宣怀《致恽皋台》，光绪二十二年七月初三，《丙申恩惠斋亲笔函稿》。

在荐贤""绝无所以限制之心"。贬褒非常分明。其次把李鸿章与张之洞作比较。盛宣怀曾向李鸿章发泄过对张之洞的不满，说"谁肯以丑恶无益之干求，商诸爱憎无常之大吏"，而不肯舍李就张①，现在却说张庄"南皮任洋务知人用人"方面可同曾、胡媲美；而李鸿章却是"同患难而不能效指臂之力"的人。尽管盛宣怀在讲上述一段话的同时，对王文韶说："合肥用人太宽，津榆可为前鉴；南皮好自用，铁政可为前鉴。"② 他对李、张均有微词，但在知人任人这一点上，还是抑扬晓然的。盛宣怀从1896年秋这次对李鸿章发泄怨言之后，他们间的矛盾就不断发生。例如，在铁路借洋债或是招洋股的问题上，盛对李的倾向于招洋股的主张不予赞同③；1901年在李鸿章打算同意签订俄国专约时，盛竟然敢于带威胁性地说李氏"庇俄"和出现"波折"不能"塞责"等词直陈顶撞④。当然，由于盛与李根本利益的一致，虽有矛盾，并不影响他们间的亲密关系。例如，1900年1月，上海电报局总办经元善与寓沪维新志士联合电请慈禧太后撤销"废帝立储"之命，触怒了慈禧，慈禧下令捕拿经元善。这很自然牵连到电报局督办盛宣怀。盛宣怀电请时任两广总督的李鸿章设法捉拿逃往澳门的经元善归案，李尽力照办，以期使盛氏摆脱牵连⑤；同年李鸿章调任直隶总督，盛氏是主要倡议者和促成者，李鸿章过沪与盛密谈两天，并告盛以"和局定，我必死"⑥ 那样的灵魂深处的话。所以，盛宣怀在一般场合乃至李氏死后，也表示了与其亲密的姿态，例如盛说："阻止俄约，文忠师亦偏责宣一人，亲之至也。"⑦ 因为"亲之至"，故"责之严"，等等。盛宣怀这些表示也不完全是表面文章。

至于袁世凯，在甲午战争后，对于李鸿章没有像盛宣怀那样的埋怨表示。这是由于袁氏虽被李鸿章所特别器重和超擢，但他们间的关系，并不像盛与李那样亲密，更没有如盛宣怀随侍左右达数十年之久，因此，没有

① 参见本书第六章第一节。
② 盛档，盛宣怀《上王文韶禀》，光绪二十二年七月初四，《丙申思惠斋亲笔函稿》。
③ 参见本书第八章第二节。
④ 参见本书第十二章第一节。
⑤ 参见拙著《郑观应传》第八章第三节。
⑥ 盛宣怀《寄行在王中堂》，光绪二十七年九月二十七日，《愚稿》卷56，页28。
⑦ 盛宣怀《寄北京张宫保》，光绪二十九年八月二十四日，《愚稿》卷61，页23。

什么短兵相接的矛盾。

二　与袁世凯的关系

在盛、袁同李鸿章关系比较清楚之后，就可以看出盛宣怀与袁世凯间所谓的"知己"关系。盛、袁间的这种关系，主要起始于甲午战争后，从根本上说，是由于他们在很多现实问题的看法上一致而逐步成为"知己"的。兹举几例：

第一，清政府甲午战败后，朝野上下出现了一片改革军制、筹饷练兵为急务的呼声。诚如时人所说："一时内外交章，争献练兵之策。"[1] 盛、袁都是在这一潮流中的佼佼者。本书第七章第四节《条陈自强大计折》一目中，对盛宣怀关于练兵的建议已作过较为详细的论述。袁世凯在盛氏这个建议前一年多，也即 1895 年就向当时"会同办理""督办军务处"的李鸿藻上书谈练兵之事了。他在该"上书"中所说的与盛宣怀所说的练兵、理财、育才的观点基本一致。袁说："此次兵务，非患兵少，而患在不精；非患兵弱，而患在无术。其尤足虑者，在军制冗杂，事权分歧，纪律废弛。……为今计，宜力惩前非，汰冗兵，节糜费，退庸将，以肃军政。"在军队整编中，应"延西人分配各营，按中西营制律令参酌改革"；在经费方面，要"开源节流"，"骄、饱、疲、懦诸军即须遣散"，"拟留各军认真检点，分别减汰"，以节饷费；在人才上，主张"广设学堂，精选生徒，延西人著名习武备者为之师，严加督课"，这样，军事人才庶可得到更新和加强[2]。练兵、筹饷、育才都讲到了。不久，袁世凯参照湘淮军制和德国兵制，拟订了《新建陆军营制饷章》等文件，很快于 1895 年 12 月取得在天津小站编练陆军的重要职务。盛宣怀对于袁世凯编练新建陆军非常重视，认为袁氏所办之事，即是他盛某想要办的事，因而热情地致袁世凯书云：

---

[1]　刘锦藻《清朝续文献通考》兵志二，第 9509 页。
[2]　见刘凤翰《新建陆军》页 42。

宇宙大势，强兵为先。昔之所谓有用之练勇，今皆为无用，外人直视中国无兵矣！此次召对，蒙询兵事，宣以功亭（聂士成——引者注）与公两军奏对。但言兵数太少，宜将各省绿练全裁，画分十镇，练三十万人，军制一律，器械一律。奉旨交议。非常之原，黎民惧焉！值群医聚讼之会，大补大泻之剂，恐不能进也。宣自分终老卷阿，乃蒙内擢任用，铁路银行，事属艰巨，无米之炊，未知如何着手。①

盛宣怀在上面的信函中所表达的，不仅在裁绿营、建新军、军制军器一律等观点上与袁世凯相同，而且他还在皇上召对时推举了袁的新建陆军，并说"兵数太少"②，应该增加。这些都是袁世凯所愿听的，袁当然要引盛为"知己"了。这样，他们两人就相互引为"知己"了。

第二，盛、袁对戊戌变法的观点与态度也是一致的。康有为、梁启超领导的戊戌变法运动，是以开民智，兴民权，实行君主立宪的民主制为主要目标。盛宣怀虽也口讲变法，但他所提的变法纲领与康梁是对立的③，即只变工商之法，不事政治上的改革。这与张之洞所讲的"旧学为体，新学为用"的观点是一致的。袁世凯也鼓吹维新变法，但他所讲的变法与盛宣怀相同，如说："变法尤在得人，必须有真正明达时务老成持重如张之洞者，赞襄主持，方可仰答圣意。"④ 推崇张之洞一语，道破了他的变法含意。至于在对维新派的态度上，盛、袁都是持对立态度的。所不同者，盛宣怀公开表示不合作，袁则混进维新派而又背叛了维新派。

第三，在义和团运动和八国联军入侵期间，他们对基本问题的认识和主张有一致性。盛、袁在对剿拳、惩凶、护使、不援京师这个大前提上的观点完全相同，就不多谈了。这里再举一个具体例子，即关于对签订俄国专约的见解。盛宣怀就俄约事问策于上任不久的山东巡抚袁世凯："公有

---

① 盛档，盛宣怀《致袁世凯函》，光绪二十五年十月十二日。

② 盛档，盛宣怀《奏对自记》："上问：督抚中亦有几个好的，总不能个个好。你看北洋练的军可靠得住？奏对：臣看袁世凯、聂士成两军均照德国操法，大家说好，可惜人太少。"光绪二十五年九月初二。

③ 参见本书第七章第四节。

④ 袁世凯《戊戌日记》，《戊戌变法》资料（一），第553页。

善策否?"① 袁很同意盛的意见,认为先订俄约,各国效尤,"协而谋我",其祸不可胜言②;德属意于山东,未必与俄为难,联美、英、日以事牵制的办法是可行的。在此情况下袁主张坚决拒签俄约,说:"我如坚拒,俄技自穷。纵使决裂,我失不过三省,而完善尚多。各国既曾劝阻,必不致相率效尤。倘竟押允,各国执词分割,我将无可拒答;纵或不致效尤,而长城之铁路需兵,密迩都城,断难久安。熟筹利害,断不可允。"③ 他请盛宣怀力劝议和全权大臣李鸿章制止杨儒画押。袁世凯认为要达到"拒签"目的,除借有关各国进行牵制之外,就是打消全权大臣之成见。而这两项工作,袁认为只有盛宣怀来做。所以袁世凯一则说:"请杏兄先密商日、英、德各总领,切托电其政府速复,我以切实办法,据以入告,尤可动听,兼可助胆。"④ 二则说:"现宜急化全权成见,请杏公速设法。杨使病,须缓画。"⑤ 前者要借洋人之力以"动听"、"助胆"的买办式味道与盛宣怀相同;后者"化全权成见"和借杨儒之病以"缓画"与盛的想法又是一致,而且盛氏已经在如此办理了。

第四,在八国联军入侵期间他们用"变法"来迎合各国之意也是一致的。为什么要变法? 盛宣怀说是"使天下晓然共知朝廷有实事而非官话"⑥;袁世凯则讲得更为明确,他说:"变法中有必须急办者,不妨先行数事,不必专候回銮。务使中外士庶咸知朝廷决不顽固,决不仇洋,必可有益和局。"⑦ 原来盛、袁二氏所讲的变法都是要向列强表示"不顽固"、"不仇洋"的心迹。"变"些什么也是他俩也是同调,盛宣怀是把"定陪京,改官制,变科举"和"屏邪侯,化畛域"作为新政纲领看待;袁世凯则说:"新政千头万绪,不暇详拟,大要必由用人入手。现在由破格中求通才,将来由学业中求真才。取士之途,必须改学校之法,必须加繁密之

---

① 盛宣怀《寄东抚袁慰帅》,光绪二十六年十一月初六,《愚稿》卷95补遗72,页33。

② 《袁中丞来电》,光绪二十六年十二月十二日,《愚稿》卷50,页10。

③ 《袁慰帅来电》。光绪二十七年二月初三,《愚稿》卷53,页1、2。

④ 《袁慰帅来电》,光绪二十七年二月初九,《愚稿》卷52,页26。

⑤ 《袁慰帅来电》,光绪二十七年二月初九,《愚稿》卷53,页22。

⑥ 盛宣怀《寄江督、鄂督、东抚各帅》,光绪二十六年十二月十二日,《愚稿》卷48,页28。关于盛宣怀在义和团运动中的变法主张参见本书第十一章第三节。

⑦ 《袁慰帅来电》,光绪二十七年三月初八,《愚稿》卷54,页27。

文，必须删欺私之见，必须除冗散之职，无益之费必须认真裁汰。"① 根本不谈变法要害的民主政治问题，这又是一致的。

至于商务方面的观点，袁世凯与盛氏也无出入，袁致盛书云：

> 即如商务一宗，迭议讲求，毫无实效，病由官尊商卑，以商为鱼肉，以商为奴隶。照此兴商，何啻缘木求鱼。愚见整饬商务，必须官商一体，扫除官习，提倡保护，官力任之，始可日有起色。杏兄昨承新命（指会办商务大臣——引者注），附贡一得，未知有当尊意否？②

当然会"当尊意"的，因为这些意见是盛宣怀一贯高唱的调子。

由于盛宣怀与袁世凯在许多问题上的看法基本一致，各自后台靠山又大体相同，他们当然互相推许，互相援引，以便于攫取更大的权力。在这方面，盛宣怀采取了主动的姿态。还在"东南互保"中间，盛宣怀即示意袁将来继任李鸿章之位说："合肥老矣，旋乾转坤，中外推公。"③ 袁氏随即推崇盛说："惟有公任司农，香入枢府，弟等极力奉行，或可取信于人。"④ 袁氏把盛宣怀与张之洞并列为"救时"要人，而把自己只置于"极力奉行"的配角地位，这对盛氏当然是一个殊荣；而盛宣怀把袁世凯视为"旋乾转坤"者，放到了首相的位置了。从后来许多事实看，袁氏推许盛宣怀是虚晃一枪，盛宣怀援引袁氏则是确有相当"诚意"的。事实上盛宣怀对于袁世凯的晋升，是起到一臂之援的作用的。或许这是因为盛宣怀认为李鸿章死后袁氏继任对己更为有利的缘故吧，随着李鸿章于1901年11月7日（光绪二十七年九月二十七日）死去，"中外推公"的许诺提上了日程。

还在李鸿章死信传出之前，盛宣怀即电告袁世凯说："傅相昨日两点钟不能言，神气恍惚，病势甚危，北门锁钥，微公莫属。"⑤ 另一方面，他向清廷推荐说："傅相在沪告宣曰：'和局定，我必死。'竟若前知，痛哉！

---

① 《袁中丞来电》，光绪二十六年十一月十六日，《愚稿》卷49，页2。
② 《袁中丞来电》，光绪二十六年十一月十六日，《愚稿》卷49，页2。
③ 盛宣怀《寄东抚袁慰帅》，光绪二十六年六月十八日，《愚稿》卷37，页17。
④ 《袁慰帅来电》，光绪二十六年十一月初七，《愚稿》卷48，页12。
⑤ 盛宣怀《寄袁慰帅》，光绪二十七年九月二十七日，《愚稿》卷56，页27。

惟俄约未定，天津未还，直督一席，慰庭颇孚众望。"① 袁世凯是坚决抵制签订俄约的；被联军占领未归还的天津是直督驻地，只有借袁世凯的声望和力量，才能达到既拒签俄约，又索还天津的目的。而这两件事是平衡各国关系与实现和平的具体标志之一，况且"现在商约亦吃重……西人最势利，商务大臣既出缺，若再另简，势必难办。外而轻视，内而掣肘，皆可虑也"②。袁世凯接任李鸿章的商务大臣之位是能克服这些困难的，真是"直督一席""微公莫属"了。盛宣怀把袁世凯在当时的作用与李鸿章完全等同看待了。

然而，袁世凯还是要讲讲条件。他不立即表示接受，而是以"断难当此"电复。这绝不是能力"断难当此"重任，而是另有附加条件。他复电盛说，我一离开山东巡抚任，"齐鲁必乱，又如奉天。奉、齐均失，直何能支。无益大局且有大损，断断非计。请公熟思，万勿再议"③。这就是说，奉天已在俄国手中，离开东抚任后山东也如奉天那样被德国独占，那么介乎奉、东之间的直隶就危险了。意思是说，如果要我去督直的话，山东必仍然在我掌握之中。盛宣怀领悟此意，又从两个方面做工作。一方面，对袁氏进一步推崇并作保证说：

> 遗大投艰，望孚中外。安帅（指张人骏，字安圃，接任山东巡抚——引者注）继任，仍可归公调度。知人则哲，朝政大有转机，不仅为畿疆庆也。④

这就满足了袁世凯任直督后仍有管辖山东之权的要求。过两天，盛宣怀又以东省必须归直督管辖的理由向清廷权要人物荣禄慷慨陈词说：

> 慰帅谓：东、奉若为他人有，直亦难存。诚哉此言！慰帅去后，德必生心，地方稍有蠢动，德兵必藉口代剿。张安帅熟悉东事，谅能

---

① 盛宣怀《寄行在王中堂》，光绪二十七年九月二十七日，《愚斋》卷56，页28。
② 盛宣怀《寄行在王中堂》，光绪二十七年九月二十七日，《愚斋》卷56，页28。
③ 《袁中丞来电》，光绪二十七年九月二十七日，《愚斋》卷56，页28。
④ 盛宣怀《寄袁慰帅》，光绪二十七年九月二十八日，《愚斋》卷56，页28。

萧规曹随。惟该省须留劲旅，安内服外，必有坚定宗旨，威信足以孚外人，方能化大为小，化有为无。可否吁恳天恩俯念山东一省关系南北枢纽，特降谕旨，暂归直省兼辖。①

从上面盛宣怀致袁世凯、荣禄两则电报的内容和先后日期看，盛氏对于袁氏不放弃山东统治权的要求，是先许愿，而且许得那样肯定，而后才请示清廷答应将山东划归直督管辖调度的。如此紧密地关系到清中央统治权的大事，盛宣怀竟敢如此大胆地先斩后奏，若没有绝对把握，是不敢这样冒昧行事的。于此可见盛宣怀在清王朝中地位之重要的程度，真可谓非比寻常这段话表现了盛宣怀一定认为袁世凯任直督对自己只会有利而无损。然而，后来的事实证明，盛宣怀的预料错了，其预期的目的未能如愿以偿。

三 与袁世凯在轮、电两局上的争夺战

客观事实的发展之所以不完全如盛宣怀的预料，从根本上说，是由于他与袁世凯各有自己的一套打算和目的。盛与袁同出身于淮系集团，他们的一致之处更多一些。虽为了达到各自的目的，他们有时相互利用和援引，有时可以站在一起共同对付与己不利的因素，寻求和创造有利的因素和条件，但也不排斥他们各自的打算和目的在一定条件下会发生直接冲突。此前比较系统地叙述了盛宣怀从通过办洋务企业增强自己的经济实力以达到做高官的愿望；至于袁世凯则是企图通过控制军事力量，以逐步达到任大官揽大权的目的。谁有利于目的的达到，他们就一定会争取这种力量的支持；谁不利于或是阻止其目的之实现者，他们就必然与之争斗。在盛宣怀看来，袁世凯继李鸿章为直隶总督兼署北洋大臣、商务大臣，是能使自己较好地达到目的的理想人物。袁世凯当然会看清楚。在 1901 年李鸿章死去的时机，盛宣怀出面推荐他来继任直督，是很有力量的，而这个职

---

① 盛宣怀《寄行在荣中堂》，光绪二十七年十月初一，《愚稿》卷56，页29。

位，无疑是他进一步发展军事、政治力量以便揽更大的权力的关键一着。
显然，盛宣怀把袁世凯推向权力高峰的直督地位，是想利用他的军政实力
的支持。他万没有料到，袁世凯为了发展自己的实力而谋取财源，却看中
了他所经营和控制的洋务企业，尤其是盈利稳操胜算的轮船招商局和电报
局。因此，盛与袁配合最好的时候，也就是他们间酝酿着矛盾危机的时
候。果然，袁世凯接任直督不到一年，即向盛宣怀及其长期经营的轮、电
两局发起攻势，迫使盛宣怀与之展开为争轮、电两局的斗争，盛宣怀棋输
一局。但必须认清，盛宣怀与袁世凯在轮、电两局上的争夺战，是有积极
与进步的意义的。

　　1902 年 10 月 24 日（光绪二十八年九月二十三日），盛宣怀父亲盛康
病逝，盛宣怀照例应开去本兼各差，以便安心"守制"。清廷除仍然着他
保留铁路的督办一职外，其他各差均准予开缺或改为署任。清政府趁盛宣
怀开缺守制之机，拟即派张翼（字燕谋）督办轮、电两局，以便"归入户
部筹饷"之用。盛宣怀当然坚决反对。他很自然地想争取袁世凯的支援，
乃随即将此信息电告时在开封的袁氏说："轮、电发端于北洋，宣怀系文
忠所委，并非钦派……二十余年不过坚忍办事而已。至于利息盈亏，皆股
商受之。局外不知，辄以独揽利权为诟病。时局如此，亦愿藉此卸肩。"
张燕谋何许人也？他是出卖开平煤矿与英国的罪魁，怎么可以"钦派"这
种人来督办轮、电呢？"公督办商务，此为中国已成之局，公既意在维持，
愿勿令其再蹈开平覆辙。伏乞主持公论"，并请袁到上海面商对策①。

　　正想插足甚至是吞吃轮、电两局的袁世凯，当然不会同意政府"钦
派"张翼来督办轮、电并"归入户部筹饷"，但也不会如盛宣怀所希望的
那样来"主持公论"，而对"发端于北洋"一语却很听得入耳。因为轮、
电既是北洋"发端"，那么现在它们仍归"发端"者北洋，是名正言顺的
事。袁于是随即复电盛说："留侯（指张燕谋——引者注）接局，鄙人断
不谓然……当电京阻止。"② 接着袁氏又直接电告主持招商局局务的沈能
虎，表达了"商局创自北洋，拟奏请仍由北洋维持"③ 的意向。袁世凯赶

　　① 盛宣怀《寄开封袁宫保》，光绪二十八年十月十三日，《愚稿》卷59，页4、5。
　　② 《开封袁宫保来电》，光绪二十八年十月十七日，《愚稿》卷59，页6。
　　③ 见盛宣怀《寄王中堂》，光绪二十八年十一月初六，《愚稿》卷59，页8。

紧于 11 月下旬由河南来到上海，与盛宣怀面谈关于轮、电两局归北洋管辖的问题。在这里，盛又棋输一着。盛和袁本来是共同对付张翼的"归入户部筹饷"的企图的，盛宣怀的意思是想在他"守制"期间，"仍如从前北洋不过会委总办，毫不掣肘"①，所以直截了当地面答袁说："船宜商办，电宜官办。"② 这句话，虽同 1896 年，盛曾向李鸿章说过的"电线官督而毋庸商办，轮船、纺织商办而毋庸官督，从此或可脱身事外"③ 的意思是一样的，但"从此或可脱身事外"是一句气话，不一定是真情。果然，盛宣怀表面上对袁氏声明"某本不愿利权久操，为世指目"④，似乎恬淡寡欲，与袁的分歧不大，实际上正是他们间的尖锐矛盾爆发之际。当袁世凯在上海面谈后回京津不久，盛氏即电告友人云：

> 项城过沪，力劝解去利柄，到京即有收回电线、整顿招商之举本应去差，但以后华商恐更寒心。官办电线尤不利军务。⑤

又致函陆宝忠说：

> 一身毁誉利钝早付度外，但似此情形断难办事。日本商务大旺。中国只两公司，而十手十目，必欲毁之而后快。轮船归北洋主持，尚无大碍，电线改官办，本愿如此，但商人成本一百数十万，若不付给现款，恐股票即为外人所得。此目前之一弊也……有事之秋，官线必被外人占据……（商线）仍可通电，毫无阻滞，机密绝无迟漏；改归官办，非有强兵力不能自守，则他人通消息而我不能通。此军务时一大弊也。⑥

上面两段话表达了：一是经营较好的轮、电两公司，包括袁氏在内的

---

① 见盛宣怀《寄王中堂》，光绪二十八年十一月初六，《愚稿》卷 59，页 8。
② 盛档，盛宣怀《致袁世凯函》，光绪二十Ⅴ年十二月二十九日，《壬寅亲笔函稿》。
③ 盛档，盛宣怀《禀李傅相》，光绪二十二年九月二十五日，《思惠斋亲笔函稿》。
④ 见《行述》，《愚稿》卷首。
⑤ 盛宣怀《寄长沙俞中丞》，光绪二十八年十二月初七，《愚稿》卷 59，页 19。
⑥ 盛档，盛宣怀《致陆伯葵侍郎函》，光绪二十八年十一月十三日，《壬寅亲笔函稿》。

一些人"必欲毁之而后快";二是"官办电线尤不利军务";三是如果一定要将电线收归官办,必须付现款。说来说去一个意思,那就是招商局督办不应"去差",电报局不宜归官办。可见,盛宣怀所说的"船宜商办"是真情,但不同意"易督办";至于"电宜官办",完全是不得已的假话。

然而,袁世凯宗旨已定,不管盛宣怀有什么理由,他却是要将轮、电夺归己有的。他对盛表现出似乎很关心的样子说,轮、电"化商为官,公免受累受镑"①;又说:"此行察看内情,公受病惟在船、电,人注意亦在此,谋者尚不止留侯……以公才资,久当开府,困于庶事,实在可惜。果能趁此摆脱清楚,亦同志之幸也。请公留意!"② 盛宣怀对于"以公才资,久当开府"去做高官,当然是听得进的,但说自己握有轮、电是"困于庶事","趁此摆脱清楚","化商为官"等等,则是反对的。于是盛宣怀拿出两个法宝来对付袁世凯。

第一个法宝是轮、电与汉阳铁厂互相"挹注"。盛宣怀向有关人士造舆论说,轮、电是"肥壤",铁厂是"瘠土"。铁厂的股商,"皆轮、电公司之商人也……厂矿与路工互为济用,而轮、电商本又与厂矿相为钩连"③。夺走"肥壤",留下的"瘠土"是不能持久维持的。盛宣怀以前对汉阳铁厂之"所以敢于承办者,因有轮、电两局可挹注耳"。如果"轮、电两局接济之路已绝",要把铁厂继续办下去,只有借洋款一条路了。但这与当年接办铁厂时不让洋人执政的初愿是相违背的。1896年张之洞所以把铁厂"交敝处承办,亦因不愿外人执政故耳"。现在照袁世凯的规定,铁厂借洋债不能用轮船招商局的财产作押,只能以铁厂的财产作押。借洋债"仅以厂矿作押,不准由外人执权,断办不到"④,这不是有背"初意"了吗?因此,要么袁世凯将铁厂也拿过去,要么轮、电局仍归盛宣怀督办。

然而,盛宣怀心里明白,轮、电归北洋管辖势在必行。轮局商办只换一个督办,盛虽有异议,但也无可奈何;问题集中到电报官办还是商办?

---

① 《袁宫保来电》,光绪二十年十一月十八日,《愚稿》卷59,页10。
② 《袁宫保来电》,光绪二十八年十一月十八日,《愚稿》卷59,页11。
③ 盛档,盛宣怀《致陈瑶圃函》,光绪二十八年十一月十六日,《壬寅亲笔函稿》。
④ 盛档,盛宣怀《致赵竹君函》,光绪二十八年十二月初五,《壬寅亲笔函稿》。

电报归官，盛宣怀虽已"首肯"，但如上文所说，他心里是不愿意的，他暗地里直接通到荣禄那里，说"电报改归官办，久有此议"，但迟迟未能实行，是因为商办电报于国于民都有利，特别是当外人入侵之时，"官局必为他人占夺"，商线却可以照常营业，"如庚子年（八国联军入侵时）尚能设法通电"，就是例证。其他如英、俄等国侵权设线，均曾以"商力坚拒"，维持了主权。至于"轮船公司，纯是揽载与洋商争利，各国确无官办者，似应仍听商办"；商办轮局应"隶入商部"，不能归北洋管辖①。盛将这种意见上陈荣禄，分明是要拆袁世凯的台。因为电报仍归商办，轮局商办且归商部管辖，袁世凯的算盘就落空了。盛宣怀在陈述上面的意见之后，为了争取最高统治者的支持，使用了全心全意为清王朝着想决不为己谋的姿态，对荣禄说：

> （宣怀）草木余生，极应知难而退。惟数载以来，受朝廷特达之知，蒙中堂期许之厚，只有当一日差尽一日心而已！②

盛宣怀求救于荣禄这一招，当然是厉害的，但袁世凯在荣禄那里也不是无所作为。这一点盛氏是知道的。于是，又拿出第二个法宝，那就是电局收归官办，一定要付现款，以慰商情。

盛宣怀为了达到电报仍归商办的目的，他以商民代表和商民利益卫护者自居，致函左都御史陆伯葵说："从前下走办理轮、电，股分皆我招，日与华商周旋，名为商人之督办，实为公司之首董。气脉息息相通。"所谓"公司之首董"，他解释为非"官督办"，而是"商督办"③。既为商督办，就不能不为商民讲话。他论证官办就是攘夺商利的道理说："众商二十余年之股业，先十余年息甚微，后十余年余利均作造本，亦未将公积悉数分派。"④ 现在情况不同了，利高息厚，既用不着"均作造本"，公积又多，"官场视为利之所在"，必欲得之，这不是攘商民之利而何！如果袁世

---

① 盛档，盛宣怀《上荣禄禀》，光绪二十八年十一月十六日，《壬寅亲笔函稿》。
② 盛档，盛宣怀《上荣禄禀》，光绪二十八年十一月十六日，《壬寅亲笔函稿》。
③ 盛档，盛宣怀《致陆伯葵侍郎函》，光绪二十八年十二月二十九日，《壬寅亲笔函稿》。
④ 盛档，盛宣怀《致陈瑶圃函》，光绪二十八年十一月十六日，《壬寅亲笔函稿》。

凯若一定要收电报归北洋官办，那必须"厚给商人"，即按股票市价另给
利息给予补偿。电报局股票据光绪二十八年三月所估之价，21省电线值银
250万两，100元面值股票市价达一百五六十元，"中外买者纷纷"，尚有
上涨趋势。盛宣怀将总账面交袁世凯，要他按自己计算的数目付款，"以
免阻塞商务"[1]。盛氏并进一步呼吁：商界听说电线收归官办都很着急，
"内有一百五六十元七八十元买得者，更比老商着急"。要收买不按股票市
价另加利息付给现款，是绝对不行的。他又警告说，现在"洋商觊觎，颇
想从中攘夺"[2]，如果不按股票市价另加利息付给现款，恐股票为外人所
得，电权将要落入外人之手了，谁司其咎！

　　盛宣怀强调按股票市价加利息付给现款，打中了袁世凯的要害。袁世
凯心有余而力不足，他没有这些现金，便针对盛宣怀所提条件大打折扣：
一是"筹款难足，愿令民附股一半"，二是另一半股价"尚须核减"。这就
暴露了袁世凯要利用商本实行官办的企图，但还用什么"徐图转圜"之类
的话进行敷衍。盛宣怀看清了袁的虚弱，告人云："所谓'徐图转圜,者，
闻尚不肯独担失商情之恶名。"[3] 于是不失时机地抓住袁世凯的弱点进行舌
战式的攻击。盛宣怀致书袁世凯，先用讽刺的口吻说袁氏请将电报归官办
的奏折为"中外钦佩"的"煌煌大文"，而后历数了电利之丰以反对"附
股一半"的勾当，说：

　　　　承电示估计尚须核减。鄙见若就陆线二百四十万悉数买回，计线
　　路三万五千里，通扯双线即有六万数千里，遍天下杆枝，均已造齐，
　　并有津沪海线，恰克图出洋线，报费年胜一年，以后无大工程，且不
　　须给商利，约计数年即可归还二百四十万两之款。国家坐收现成之
　　利，而商人得归票值之本，似系两全之法，毫无葛藤……嗣闻尊处筹
　　款难足，愿令附股一半。当即将钧电摘要行知总董，谕慰股商……闻
　　签名不及四分之一，其中愿领回票价者居多，其说曰，官办之后，一

<hr>

[1]　盛档，盛宣怀《致陈瑶圃函》，光绪二十八年十月十六日，《壬寅亲笔函稿》。
[2]　盛档，盛宣怀《致陈瑶圃函》，光绪二十八年十一月十六日，《壬寅亲笔函稿》。
[3]　盛档，盛宣怀《致郑观察苏堪函》，光绪二十八年十二月，《壬寅亲笔函稿》。

虑多提报效，一虑不能如商办时股票可随时押卖当作现银用也。①

这段话讲得虽不少，实际只有一个意思，即你袁世恺欲夺我多年经营有显著成效的企业，以"坐收现成之利"，然而如意算盘难以实现，一无现款而令商民"附股一半"，赞成的股商"不及四分之一"，显然行不通。在此，盛宣怀又进一步直接揭穿袁世凯在玩手腕：一是你电告张之洞，说收买电线之"款已筹齐，定归官收"；二是你告诉沈能虎说，招商局"只要易一督办而已"②，时而这样，时而那样，翻云覆雨，叫人捉摸不定。

不仅如此，盛认为袁世凯在铁厂上又在耍新花招。本来袁世凯只要轮、电不要铁厂的，但后来又出了新招，盛宣怀揭其事与人书云："今之议者，皆云铁厂亦宜交慰帅一手办理；读慰帅来电亦愿自任。"③盛宣怀本来用铁厂这块"瘠土"要同轮、电"肥壤"一起交由袁世凯承办，以事威胁，但当得到袁世凯对铁厂"亦愿自任"的来电时，却又不愿意了。盛宣怀乃借着中外谣言警告袁世凯说："皆谓我公以石压卵，将来不仅撤此两局已也。"④即要袁不要再对铁厂作什么觊觎了，"以石压卵"的名声是不好听的。

盛宣怀与袁世凯争夺轮、电两局的结果是，盛的轮船招商局督办被袁的亲信杨士琦所夺；袁的"电报归官"的企图和目的，虽一时没有得逞，他却于1903年1月15日被任为电政大臣，派原直隶布政使吴重熹为驻沪会办大臣，接收了电局。这样，轮、电两局均被袁世凯控制了。此后的问题，是盛宣怀如何把轮局夺回来；电局虽早晚要归官办，但官办时又如何使己大权在握，成为他控制下经济体系的一个组成部分。

四 明失而实得和失而复得

所谓"明失而实得"，就是电报局收归官办而权仍握于盛氏手中；所

---

① 盛档，盛宣怀《致袁世凯函》，光绪二十八年十二月二十九日，《壬寅亲笔函稿》。
② 盛档，盛宣怀《致袁世凯函》，光绪二十八年十二月二十九日，《壬寅亲笔函稿》。
③ 盛档，盛宣怀《致赵凤昌函》，光绪二十八年十二月初五，《壬寅亲笔函稿》。
④ 盛档，盛宣怀《致袁世凯函》，光绪二十八年十二月二十九日，《壬寅亲笔函稿》。

谓"失而复得"，就是盛宣怀被夺走的轮船招商局又被他夺了回来。

首先叙述电报局"明失而实得"的经过情形。上节已经讲到北洋议收电报官办，盛宣怀与袁世凯进行舌战之时，清廷曾有"筹拨官项发还商股"之旨，后因无此经费而打算将一部分股票买回，但要克扣股价，以致"商情哗然"①。于是有光绪二十八年十二月的"该局收归官办之后，其原有商股不愿领回者，均准照旧合股"②之上谕。照这个"上谕"做，那就是"变为商本而官办矣"。盛宣怀认为，这一来，就将"一听局之挥霍，商股不得与闻"③。1906 年清政府新设邮传部，电线归其管辖。盛宣怀乃向邮传部施加压力，说与其"商本而官办"，不如干脆官本官办，要求"仍遵前旨，发还商本"，这对政府说是有好处的：所还不过 300 余万两，却可每年免发商息 30.8 万两，国家可以"渐收拓广之大利，并可免官占商产之恶名"④。几经周折，未能决定办法。

1908 年初，邮传部打算把北洋控制的轮、电两局收归国有。邮传部于 1908 年 3 月 14 日（光绪三十四年二月十二日）政务处会议上决定着手买电股，规定每股给价：上海 170 元，港省 175 元。这一决定，遭到股商们的反对，其中粤商领袖郑观应等人反对尤为强烈。一是要求仍归商办，他们"联名公禀邮传部，准其遵照商律注册，永归商办，以维商业"⑤；二是如果要收归官办，股价连息每股不能少于 200 元，而电告这位新授邮传部右侍郎盛宣怀说："电股买价不顾将来利益，商情震骇……乞宫保维持咨部查照泰西办法，大局幸甚！"⑥ 可是这位分管电线的邮传部右侍郎盛宣怀，为了电报归官更便于自己控制，却改变了原来的主张，他随即复电说：

电报归官，根于二十八年。今因推广边线，势难中止。部文规定给价连息一百七十元。初六，沪商先来筹议大概，仍候二十日股东大

---

① 盛档，盛宣怀《设电线沿革》亲笔按语，光绪三十二年。

② 《光绪朝东华录》（五），第 164 页。

③ 盛档，盛宣怀《设电线沿革》亲笔按语，光绪三十二年。

④ 盛档，盛宣怀《设电线沿革》亲笔按语，光绪三十二年。

⑤ 上图未刊，郑观应等拟《致香港及上海电报同股诸公函》，光绪三十四年。

⑥ 《广东商会郑陶翁等来电》，光绪三十四年五月初八，《盛宣怀未刊信稿》第 112 页。

会议再行决定。弟系首创之人，国计商情，自当兼顾。承示查照泰西办法，容再酌核代请部示。①

一个是"电报归官……势难中止"，商办是不可能了；另一个是"国计商情，自当兼顾"，每股 200 元收买是否能办到尚不能预决。

股价究竟多少为合理？盛宣怀是算了细账的：按当时账册，电报局存资本银 370 余万两，计合银元 530 万元，按股份 220 万元科派，每股应为 240 元；或按票价每年派利息 20 元，以常年 7 厘计算，需作票价 290 元。290 元与 170 元之间的距离太远了。盛宣怀借着别人的口吻而折中说："其有和平之论，则谓照上年票价每股二百元，万不可再减。"对盛宣怀这位执有 900 股的大股东来说，股价当然多多益善。但他说自己有难处："若为商股请益，必有嫌疑；如竟照一七奏定，迹近抑勒，实于朝廷兴商之美意稍有窒碍。"② 从多方面考虑，盛宣怀倾向于按每股 200 元收赎。于是他一方面给予股商们"定拟给价二百元"③ 的暗示，即希望他们按此数进行要求；另一方面，盛宣怀又将了袁世凯一军，说："电政归官，根于项城（光绪）二十八年原议，此次似非项城开口，终不能加至二百元。"④ 以此来实现他的每股 200 元收买电股的目的。

清政府与股商的矛盾很大，争论月余，决定增加 10 元即每股照 180 元收赎。盛宣怀当然不会同意，乃给他的顶头上司邮传部尚书陈璧电云："政府执定加十元为优待，华商执定票值连息不应短少，非特不认优待，直谓情同抑勒。似此两面受挤，何敢再赞一词！"⑤ 对盛宣怀这个大股东来说，如按 200 元一股收赎，他可多得很大一笔收入。收入既丰，归官后电报又直接在自己控制之下，当然是"利""权"两全。然而，他是身居高官的股商，需要带头按政府规定数目缴股票，这在他是不甘心的，于是向陈璧作最后的坚持，说："弟系电报创办人……所介于嫌疑者，只为自己

---

① 《广东商会郑陶翁诸君去电》，光绪三十四年五月初八，《盛宣怀未刊信稿》第 112 页。
② 上引文均见盛宣怀《致周郁山》，光绪三十四年五月十九日，《盛宣怀未刊信稿》第 114 页。
③ 盛档，《郑观应致盛宣怀函》，光绪三十四年六月十七日。按：盛宣怀发此暗示电是六月初三。
④ 盛宣怀《致周郁山》，光绪三十四年五月十九日，《盛宣怀未刊信稿》第 114 页。
⑤ 盛宣怀《寄陈尚书》，光绪三十四年六月十四日，《愚稿》卷 74，页 3。

执有九百股。先缴，则商垢；请加，则官疑。"① 真是"两面受挤"。然而，盛宣怀是善于权衡利弊的，当两者不可得兼时，他会毫不犹豫地舍股价而迎合政府的要求。他表示，实在定不下来，则"传集大小股商破釜沉舟以决之"②，按政府规定办理。果然，盛宣怀按政府规定齐集股票"先缴"了。股价虽低了些，他却进一步取得了清王朝的信任，故他对电报的控制权不是削弱而是加强了。也即所谓"名失而实得"。

盛宣怀对于轮船招商局和这个盈利优厚于电报、自己苦心经营几十年的企业，是不会甘心被袁世凯夺走而弃之不顾的，他时刻在伺机夺回。这个"机"果然被他"伺"到了。1908 年 11 月，光绪帝和慈禧太后先后死去，靠逢迎慈禧发迹的袁世凯被撵回老家"养疴"。"久为项城屏逐"③ 的盛宣怀，终于看到了攘夺自己利薮的袁世凯被清廷所"屏逐"，于是随即开始进行收回招商局的活动。

实际上，盛宣怀早就进行收回招商局的舆论制造了。袁世凯在控制招商局后，为了发展自己的力量尤其是军事实力，把招商局作为重要财源，竭尽搜括之能事，经营极端腐败。诚如郑观应所说"官气日重，亏耗日巨"④。盛宣怀则说"北洋专为剥削"⑤，不事经营。这些确是事实。从机构说，北洋大臣札委"会办五人，坐办二人，提调二人，稽查二人，正董事三人，副董事三人，漕务商董二人，帮办一人，其挂名文案领干薪者颇多"⑥。至于"亏耗"，以 1908 年为例，名义余利 2.03 万两，但于自保船险项下拨出 30 万两开支，故实际亏本二十几万两之多⑦。盛宣怀早在 1906 年，即将北洋接收后商局之不景气同自己督办时商局之繁荣作了对照，说

---

①　盛宣怀《寄陈尚书》，光绪三十四年六月二十六日，《愚稿》卷 74，页 6。

②　盛宣怀《寄陈尚书》，光绪三十四年六月二十六日，《愚稿》卷 74，页 6。

③　盛档，《寄吕尚书函》，宣统二年二月十九日，《庚戌亲笔函稿》。这段话原文节录于下："弟久为项城屏逐。项城退后，当轴诸老仍不通片纸只字。虽到京绝无干进之心，难保无猜疑谣啄。现已默定方针，非奉旨不入朝，如有所陈，尽可具折，我公设身处地，谅以为然。"

④　郑观应《致商务大臣盛官保论轮、电两局书》，《盛世危言后编》卷 10，见《郑观应集》下册，第 869 页。

⑤　盛宣怀《致郑陶斋函》，宣统元年闰二月初六，《盛宣怀未刊信稿》第 160 页。

⑥　郑观应《复上海招商局股东庄君得之拟集股东会议注册准归商办书》，《盛世危言后编》卷 10，见《郑观应集》下册，第 874 页。

⑦　郑观应《致广州、香港、澳门招商局股东挂号诸公书》，《盛世危言后编》卷 10，见《郑观应集》下册，第 876 页。

我 1885 年接办招商局时，"所收者实在只有华商资本二百万两"，1902 年北洋从我手中接办时，"所交者实值资本二千万余两，已不止十倍"；北洋有这样好的基础，"交替已逾四载，自应大有进步，但调查情形，不特一无推广，长江、天津祥商轮船增添不少，而招商局轮船仍未多加，各口岸码头栈房并无一处增添，反将上海浦东码头、天津塘沽码头、南京下关码头卖出"①。其经营腐败，于此可见。可见其丁忧后，袁世凯将轮船招商局夺归北洋官督，"派总理会办多员，渐失商办本意"②。盛宣怀等人对北洋的揭发是符合事实的。于是乘 1909 年 1 月袁世凯被罢黜之机，盛宣怀积极进行夺回招商局的工作，其方针就是完全商办。

但是，袁世凯虽去，其亲信仍布满朝廷。1909 年 2 月 9 日，袁世凯手下重要骨干徐世昌被授为邮传部尚书。而"港多徐党"，港商又占了招商局相当大的股份；盛宣怀担心徐世昌利用这股力量来达到攫取招商局的目的，以致招商局最终被政府夺去。因此，要达到商办并仍归自己控制，必须抵制"徐党"。盛宣怀是善于抓关键的。他认为郑观应是广东股商的领袖，在港粤商人中享有很高的威望，观点且与自己相同，是抵制"徐党"的理想人物，乃于 1909 年 3 月 27 日（宣统元年闰二月初六）致书寓居澳门的郑观应说："现在沪上股商准拟呈请注册改归商办，但恐粤商又有误会……港多徐党，或愿放弃商权……吾兄为商务耆旧，既尚有心扶持大局，应请择同志同股（盛原注：与其同股而非同志，不及同志而非同股者。因股分之有无，甚活动也。）愿列名公呈者，多则十余人，少则五六人，克日密寄敝处，以便凑集四五十人，即可办理。到京谒见商部，须有体面熟悉商务大员（盛原注：辅佐者已有人）前往。弟意请公三月间来沪，以便偕弟北上，机不可失。"③ 这就是：（1）港粤股商那里的工作要郑去做，以抵消"徐党"的影响；（2）争取和组织商办的人员和力量；（3）速来上海做商办注册等事宜。

郑观应接到盛宣怀信后，立即串联"同志同股愿列名公呈"的人，密寄盛宣怀，并如期于 1909 年 5 月上旬（三月中旬）到沪。盛宣怀授意郑

---

① 盛档，盛宣怀亲笔底稿《轮船招商局节略》，光绪三十二年。
② 盛档，盛宣怀《致陆中堂函》，宣统二年。
③ 盛宣怀《致郑陶斋函》，宣统元年闰二月初六，《盛宣怀未刊信稿》，页 160—161 页。

的一个首要任务就是大力组织招商局的商办事宜，而这个关键就是召开股东大会选举董事，且在选举中又必使盛氏集团操必胜之权。

郑观应到上海不几天，即写五条"献议"。他根据这"献议"，进行招商局商办的紧张活动。首先设立招商局股东挂号处，以挂号处名义刊登广告，请股东携股票或息折来挂号处登记，声明"挂号逾胶分之半即开股东大会"，以便按照商律组织商办。挂号处实际上是起了了解情况、争取同志的作用。郑在"献议五条"中明确指出，"挂号处应照广东办法，举定股东数人"作代表，"非同志兼有嫌疑者不取"。他认为，股东中的这种同志在江、浙、皖、粤、闽等省都是有的，预期的目的是能够达到的。不出所料，挂号处的工作取得了成功。不到两个月，上海一处股商持验票折陆续挂号者达 2.4 万余股。到宣统元年五月底止，"已得股分全额十成之六"，超过郑观应预期的"全数之半"① 的目标。于是"公议六月三十日（1909 年 8 月 15 日）在上海静安寺路特开股东大会，选举董事，组织商办隶部章程"，并作"注册立案"等事②。

招商局股东大会如期召开，会上选出盛宣怀、郑观应、施绍曾、谭国忠、严义彬、唐国泰、张允言、杨学沂、何声灏等九人为第一任董事。盛宣怀任董事会主席，施绍曾为副主席，顾润章、严廷桢为查账员。这九名董事和查账员基本上都是盛氏集团成员。这标志着盛宣怀在与袁世凯对招商局的争夺战中取得了胜利。随即以郑观应为主拟定招商局组织商办章程46 条。这样，轮船招商局乃成了商办之局了。盛宣怀将被袁世凯夺去的轮船招商局又夺了回来，"失而复得"了。这种"失而复得"，从社会经济发展看当然是好事。

---

① 盛档，《郑观应致盛宣怀函》，宣统元年四月初八。
② 盛档，《严义彬、郑观应致邮传部、农工商部电》，宣统元年六月二十九日。

第十四章　总理汉冶萍煤铁厂矿公司和用"官力"联缀起来的经济体系

一　总理汉冶萍煤铁厂矿公司

在袁世凯将盛宣怀控制的轮船招商局、电报局两座财神庙夺归北洋所有和控制的过程中，盛宣怀对于他所经营的另一大型企业汉阳铁厂的去留，存在两种说法：一是说轮、电与铁厂互为抵注，盈利丰厚的轮、电被夺，铁厂难以维持下去，由袁氏干脆将铁厂也拿去算了；二是说轮、电虽失，但铁厂是不能丢的，从而警告袁世凯不要对铁厂再作觊觎。两者似有矛盾，实际是一个意思，即铁厂绝不放手。因为前者是用铁厂威胁袁世凯以保轮、电，而后者是待袁世凯表示也要将铁厂收归北洋时，在轮、电保不住的情况下，盛于是全力保铁厂了。所以当轮、电保不住而势必被夺时，盛的这种心情就表露无遗了。盛宣怀在致吏部尚书张百熙函中说：

> 埜秋尚书世大人钧右：……铁厂接济已断。事关国计，若一摆脱，难保不为开平之续。只得坚忍支持，再费数十年心血，俟有成效，其利益必在轮、电两公司之上。后之来者，亦不难坐享其成也。①

这段话的意思主要是两条：一个是铁厂之利将来"必在轮、电之上"；另一个是铁厂有关国计，若一放手"难保不为开平之续"地为列强所攘夺。因此，轮、电虽被夺去，为了"国计"，为未来大利，虽抵注暂时已断，他也要坚韧不拔地克服困难将铁厂办下去，并且尽力经营好。这种心

---

① 盛档，盛宣怀《致张大冢宰》，光绪二十九年三月六日，《癸卯亲笔函稿》。

情，应该看作基本上是真实的，其精神也是可贵的。

可是，要经营好汉阳铁厂，非有大批资金不可，轮、电接济既断，只有借款一条路了。盛宣怀还在 1902 年 11 月与袁世凯面谈轮、电两局改归北洋管辖时，即说到"非筹借千万巨款，加增机炉，扩充制炼，断难自立"① 的话，兹后又多次说过类似的语言。例如，他致书赵凤昌说："轮、电两局接济之路已绝，实非另借巨款不办。"② 实际上，盛宣怀于 1899 年 3 月已为汉厂萍矿向德国礼和洋行借款 400 万马克（约合规银 110 余万两），这是以招商局房产作担保的。这种用别的企业财产作担保的办法，可以避免债权人对汉厂的影响或控制。然而，1903 年的情况不同了，袁世凯因轮船招商局已归己有，故指令盛宣怀，铁厂今后债款，"只能以矿厂作押"，轮局已非盛氏所能支配，不准再用招商局作押。盛宣怀则表示担心："仅以矿厂作押，不准由外人执政断办不到。"③ 这种表示有两种作用：一是汉厂必须发展，借款是肯定的，"外人执政"将不能避免，为未来发生此事打一伏笔；二是"外人执政"主要由于只能用汉厂作押，而这是袁世凯造成的，我不能负其责。应该说，盛宣怀用心是好的，斗争策略是高明的，也是正义的。

袁世凯夺轮、电两局这一逼迫行为，成了盛宣怀下决心扩大经营汉阳铁厂及其有关企业的动力，并成了加强竞争能力并发展而将之合并为一大公司——汉冶萍煤铁厂矿公司的动机之一；但同时也为汉冶萍公司被洋人"执政"埋伏了危机。

汉冶萍煤铁厂矿公司的成立是有一个过程的。首先是萍乡煤厂矿厂的建设和开采。本书第七章第二节和第九章第一节均曾论述到，汉阳铁厂发展的关键在于焦煤缺乏。盛宣怀于 1897 年新春禀告王文韶，即有将煤铁厂矿"合为一家"的构思。那时虽主要是针对汉厂缺煤，欲将开平煤矿厂收归汉厂而说的，却表明他的这一设想有着战略意义和一定的必要性。因此，当开平煤矿无合并的可能时，盛宣怀乃于 1898 年起开始大力经营萍乡

① 盛档，盛宣怀《致陈瑶圃函》，光绪二十八年十一月十六日，《壬寅亲笔函稿》。
② 盛档，盛宣怀《致赵竹君函》，光绪二十八年十二月初五，《壬寅亲笔函稿》。
③ 盛档，盛宣怀《致赵竹君函》，光绪二十八年十二月初五，《壬寅亲笔函稿》。

煤矿，除招股 110 万两"购机设厂，采煤炼焦，以应汉厂之用"① 外，加上上述向德国礼和洋行借款 400 万马克，初步解决了资金问题。1901 年因需设铁路运煤，又添招 200 万两，其中江西绅商附搭 50 万两，招商局搭股 100 万两，净商股 140 万两。有了这些资本，萍乡煤矿的建设与开采的进度还是比较理想的。"迨甲辰年（1904 年）萍矿告成，醴路已通，焦煤不虞匮乏，而后可扩充钢铁"。盛宣怀在讲述从觅煤以至办成萍矿的艰苦历程说：

> 接办伊始，两炉甫成，而无煤可用，一面忍痛购运开平焦，一面试挖萍乡煤。盖闻长江之水含硫质，产煤皆不合炼铁用，越洞庭而得萍铁（煤），始愿乃偿。初用土法，终之以机炉；初用小舟，终之以铁道。不知几费经营，克底于成。②

这是符合实际情况的叙述。那时萍矿的"克底于成"，从资本来源看，除 400 万马克德款外，均为华资；110 万两的德国借款占萍矿资本比例很小，且此款系用招商局房栈作押，故德国势力并未因贷款关系而对矿业有多少渗透，因而也就谈不上达到"外人执政"的程度。

焦煤既能源源供应，盛宣怀乃进一步解决铁厂钢铁生产的质量和数量问题。

原来汉阳铁厂所制的钢轨质量不符合标准。作为路轨原材料的钢，含磷太多，易于脆裂，且这一问题久久不能解决。盛宣怀在汉厂总办李维格的建议下，于 1902 年秋，派李维格偕同在厂工作的英国工程师彭脱、德国矿师赖伦，赴欧进行实地考验新法。盛宣怀上奏清廷说："制造必须取法于人，耳闻不如目见。"派"心精力果，体用兼赅，本来谙熟方言，近复留心工学"的李维格赴欧美各国，"游历各厂，究其工作精奥之大端。彼何以良，我何以楛；彼何以精，我何以粗。他山之石，借以攻错"③。这种

---

①　商部尚书载振奏，光绪三十一年四月十二日，《中国近代工业史资料》第二辑上册，第 495 页。

②　盛宣怀《汉冶萍煤铁矿厂有限公司注册商办第一届说略》，见《中国近代工业史资料》第二辑上册，第 492 页。

③　盛宣怀《铁厂派员出洋片》，光绪二十八年九月，《愚斋存稿》卷 8，页 21、22。

派工矿学内行出国考验，除一般的究其"精奥之大端"、"借石攻错"之外，有目标地解决那些难以解决的问题的方针是正确的。其结果确实解决了多年未解决的难题，也就是钢质含磷太多的问题。钢质为什么含磷太多？因"张之洞原定机炉，系用酸法，不能去磷，而冶矿含磷太多，适与相反"。这一盲目性的错误，"糜去十余年之光阴，耗尽千余万之成本"，这次赴欧考验，"方若夜行得烛"，一目了然①。像这种派技术代表团出国访问的措施是值得的，而过去十余年付的"学费"则太昂贵了。在这一点上，盛宣怀比张之洞要高一筹。

李维格从欧洲考察回国后，即向盛宣怀建议，购置新机，改造新炉，始能挽回颓局。盛宣怀对这一建议颇为称许，并指示照办。乃将原来的贝色麻酸法废弃，悉改为马丁碱法之炉，以去磷质。这样，就使"十余年未解之难题，一朝涣然冰释"②。李维格记其事说：

> 在洋考察，既有把握，于是绘图帖说，广招英、美、德专门名厂投标，并与同行之萍乡总矿师赖伦，及新雇之工师等，一再讨论，剔破疑团，然后分别订定。归国后激励同人，勇往从事，胼手胝足，四年苦功，于去冬（1907 年）十月告成出钢。③

从酝酿购机器设炉到出钢，实际用了五年时间，在这过程中，盛克服了许多阻力和困难，始底于成。在当时技术非常落后的条件下，不能不说他是很有毅力的。这就为炼铁，"事非素习，无以得其窍要，计穷力竭，欲罢不能"④ 的盛宣怀，解决了阻碍前进的拦路虎。盛宣怀在新炼出钢的不几天，即"来鄂验视新钢"，为"居然媲美欧洲"而自豪，为"东西人来阅者，皆称中国亦能做到如此"而高兴。他又到萍乡"入窿坐电气车行四里许，自取大块煤而出"，为"荒山十里，炉厂比栉"而唱赞歌。他将煤与钢联系起来说："藉非得萍佳焦，安有冶佳钢。"⑤ 这种欣喜的心情是

---

① 叶景葵《记汉冶萍》，见《中国近代工业史资料》第二辑上册，第 470 页。
② 李维格《记汉冶萍》，光绪三十四年七月，《中国近代工业史资料》第二辑上册，第 476 页。
③ 李维格《记汉冶萍》，光绪三十四年七月，《中国近代工业史资料》第二辑上册，第 476 页。
④ 李维格《记汉冶萍》，光绪三十四年七月，《中国近代工业史资料》第二辑上册，第 475 页。
⑤ 盛档，盛宣怀《致翰林院侍读学士》，光绪三十三年十月十四日，《丁未亲笔函稿》。

完全可以理解的。

盛宣怀在欣喜之余，预期汉冶萍煤铁企业的前景说：

> 明年以往，大利将见，商股争投如水趋壑，二千万元已操左券。十年苦功，一身肩任之，实业公诸天下，垂之百世，焜曜五洲，而吾不名一钱，不得国家一字之褒，俟得替人可以接手，即当寻桃源入山惟恐不深矣！[1]

"十年苦功"确反映了事实，"功成身退"地"寻桃源入山惟恐不深"，则是不符合盛宣怀的特性的。

炼钢的质量问题得到解决，钢轨和其他钢铁制品乃至于市场销路一连串问题，都将随之迎刃而解。这无疑应记下李维格一大功，但归根结底还应该说这是与盛宣怀的识人才、恰当地使用人才分不开的。

李维格（字一琴），精通英、法语言，工学知识渊博，办事认真，远近知名。任汉阳铁厂总办后，于1903年到1905年间，先后有商部和周馥等单位和个人三次请调或借用李氏，盛宣怀均予以拒绝。盛氏在李维格任总办时起，即声明"所有借款、购机、添设大冶炉座""责成一手经理"，并向清王朝说明，"成败利钝，悉以付之"。他声明"用人之道，必当用其所长，尤当久于其任，若用之不专，或朝令暮改，皆不足尽其才"[2]。盛宣怀对于李维格可说是既"用之专"，亦"久于其任"，故能成绩斐然。

汉阳铁厂最棘手的燃料焦炭问题能够得到解决以做到焦炭源源供应，多年没有解决的钢铁及其制品的质量问题也解决了，这时，"值各省兴筑铁路，经邮传部通行各省，一律购用"[3]汉厂钢轨和其他有关部件，这样销路也不成问题了。为了降低成本、加强竞争能力，盛宣怀又在税厘上请求继续减免。他在1901年续免税厘展限五年之后，又于1906年请再展限十年。由于免税特权受到种种非议，他非常愤慨地致书商部云：汉厂"几

---

① 盛档，盛宣怀《致翰林院侍读学士》，光绪三十三年十月十四日，《丁未亲笔函稿》。
② 盛宣怀《请准李维格暂缓调部电奏》，光绪二十九年九月初二，《愚稿》卷23，页23。
③ 盛宣怀《汉冶萍煤铁厂矿现筹合并扩充办法折》，光绪三十四年二月，《愚稿》卷14，页14。

经挫折，近甫转机，若自运中国口岸，先为税厘所困，出运他国口岸，又
为彼国进口重税所困，势必各省尽销洋铁而后已，势必汉厂商力告竭即日
倾覆而后已！如中国何？如大局何"？① 续免税厘的请求亦获得批准。所有
上述有利因素汇合，使汉阳铁厂大有起色。盛宣怀认为，汉厂不仅站稳了
脚跟，且有大发展的可能，它已具备了煤铁厂矿联合起来的条件和了稳操
胜算的条件，他不仅可以实现十年前煤铁"合为一家"的夙愿，而且也可
以成立"汉冶萍煤铁厂矿公司"了。

　　盛宣怀将成立汉冶萍公司之事，首先于 1907 年春夏之交商诸张之洞，
说："现因铁厂煤矿相依为命，若仍前分作两公司，难免畛域。"② 经过近
一年的酝酿和准备，盛宣怀于 1908 年春很有信心地上奏清廷说：

　　　　臣去秋由汉而萍，验收汉阳新钢厂，履勘萍乡大煤槽，风声所
　　播，商情踊跃，沪汉等处华商拟议加集巨股大举合办。先是臣已函商
　　前督臣张之洞，力筹保守之策，拟将汉冶萍煤铁合成一大公司。新旧
　　股分招足银元二千万元，一面拨还华洋债款，一面扩充炼铁……以商
　　办已见实效，自应循照成案，以期保全中国厂矿，挽回中国权利。③

　　可见，盛宣怀成立汉冶萍公司的目的，除了便于管理、保证煤铁关系
协调得更好之外，还要还掉华洋债款，扩充炼铁，增强竞争能力，"以期
保全中国厂矿，挽回中国权利"。其用心是好的。疏上，奉旨"责成盛宣
怀加招华股，认真办理，以广成效"④。于是汉冶萍公司乃正式成立。督办
改为总理，盛宣怀任第一任总理，原汉阳铁厂总办建厂有功"为商情所推
重"的李维格为协理⑤。随即缴销了"督办湖北铁厂事务关防"，另铸铜质
并启用"总理汉冶萍煤铁厂矿公司事务关防"。

　　① 盛档，盛宣怀《致商部税务大臣》，光绪三十二年八月初二，《丙午亲笔函稿》。
　　② 盛宣怀《寄张宫保》，光绪三十三年四月初三，《愚稿》卷72，页19。
　　③ 盛宣怀《汉冶萍煤铁厂矿现筹合并扩充办法折》，光绪三十四年二月，《愚稿》卷14，
页15。
　　④ 盛宣怀《汉冶萍煤铁厂矿有限公司注册商办第一届说略》，见《中国近代工业史资料》
第二辑上册，第493页。
　　⑤ 盛宣怀《请派李维格充汉冶萍公司协理片》，光绪三十四年二月，《愚稿》卷14，页20。

应该说，汉冶萍公司的成立，是煤铁生产新技术的运用和铁厂规模扩大的必然产物，也是继续发展扩充钢铁事业的需要，对钢铁生产的发展是有利的，因再也不会像前十年那样为缺煤发愁了，它保证了原料燃料的供应，无虞匮乏。事实也确是如此。从公司成立前到辛亥革命前夕的年产情况来看：汉厂生铁从原来年产二三万吨左右，上升为 10 万吨以上，钢由万吨左右上升为 6 万吨左右；大冶矿石从十几万吨上升为 40 万吨左右；萍煤由 200 万吨左右上升为 600 万吨左右，焦炭也相应地增加。由于钢铁及其制品的质量提高，1909 年，铁路、桥梁、轨件等订单甚多，且"有应接不暇之势"①。这种市场需求的增加，又促使铁矿和煤矿的开采进一步提高和扩大。

然而，汉冶萍公司生产的发展和表面的繁荣，并不意味其盈利的相应提高，也不意味着"保全中国厂矿，挽回中国权利"的目的相应地达到，而恰恰是潜伏着失败的危机。这个"危机"，主要来自日本帝国主义通过贷款逐步对汉冶萍进行控制，而这种逐步"对汉冶萍的控制"，又同盛宣怀的妥协性有所加深有一定的关系。

二　在酝酿汉冶萍公司成立中对外妥协性 大于抵制性的发展

日本帝国主义对汉冶萍煤铁厂矿公司的控制，是用贷款方式逐渐达到其目的的。盛宣怀因担心借洋债而被"外人执政"，故在借债中一直进行反控制，但终于未能逃脱被日本人相当程度"执政"的命运。这事必须从日本八幡制铁所需用中国大冶矿山的铁矿石原料谈起。

汉冶萍煤铁厂矿与日本的关系，始于 1899 年与"日本通易煤铁"一事。日本驻上海总领事小田切之助"闻盛宣怀担心中国铁矿缺乏煤焦"，便通过伊藤博文访华时晤张之洞，告张以日本焦炭易中国铁矿石之意，得到张的赞同，随后即做出"以日本煤焦，交换大冶铁矿之矿石"的决定②。

---

① 海关税务司对汉阳铁厂的报告，见《中国近代工业史资料》第二辑上册，第482页。
② 上引文均见《旧中国汉冶萍公司与日本关系史料选辑》（下简《史料选辑》）第3—4页。

怎样"交换"法？中日双方有着不同意见。日本想"租山自挖"，日本制铁所所长和田以之征询盛宣怀。"盛同意出售大冶某些区域全部矿石"，但"拒绝该矿石由日本人单独开采"①。盛宣怀将此意电告张之洞说，和田"请第一办法系租山由其自开，已力阻不允；第二办法，只售铁石，按吨定价，或换焦煤，当可无弊"②。就事论事，盛宣怀的态度是正确的。随后盛宣怀与和田签订了《煤铁互售合同》③。合同规定：每年售给日本铁矿 5 万吨，15 年为满期；中国向日本购买所需要的煤炭和焦炭，每年"至少以三四万吨为度"。从表面看这是两国对等的，但合同第六款中"日本制铁所拣派委员二三名常驻石灰窑铁山两处，以便购买矿石等一切事宜"的规定，为日本蓄谋向铁矿山渗透提供了便利条件。这与盛宣怀在谈判中，"同意聘请（由他？）日本工程师担任开采工作……同意日本派员驻在该地，同中国人一道，对该地进行管理"④ 的指导思想有关，而这是符合日本侵略者的需要的。

另外，张之洞对合同某些方面提出异议。他电告盛宣怀说，"以有余之铁，随时酌易急需之炭，未始非计"，但有两条顾虑：一是"试办之事，为期未免过久，设或佳铁不多，岂不于自用有碍"，建议缩短为三年或五年；二是"限定每年卖铁石吨数，价值亦嫌太廉（按合同未明文规定价格，只说按值论价，实际上是每吨不超过 3 元，另加从矿区运至长江口运费 2 元——引者注），操纵似欠自如"⑤。盛宣怀则坚持己见答复张之洞说：

> 此时日本若援俄、德、英、意成案，索办一矿，自开自运，何难之有？今拒其租山自挖之请，而欧亚矿厂通易有无，诚为彼此利益，况已炼之钢铁可售。我正苦乏焦炭，先售以未炼之铁石，并易其可炼铁石之焦，计亦良得。至冶铁数百年无尽之藏，岁售五万吨，十五年计之，不过七十五万吨，为数甚少。近又勘买九江铁矿，防人觊觎，

① 《史料选辑》第 5 页。

② 盛宣怀《寄鄂督张香帅》，光绪二十五年二月十五日，《愚稿》卷 93，补遗 70，页 24。

③ 此合同全文见《史料选辑》第 9—11 页，签署日期为光绪二十五年二月二十七日。

④ 日驻汉口领事濑川浅之进《致外务大臣青木电》，1898 年 12 月 7 日，见《史料选辑》第 5 页。

⑤ 《香帅来电》，光绪二十五年六月十二日，《愚稿》卷 34，页 21、22。

似不患其缺铁也。①

国际贸易中，在平等互利原则下，实行有无相济，并非坏事，但盛宣怀除有其正确的一面外，是有着错误的指导观点的。他把"拒其租山自挖之请"，看作"已是幸事而年售给 5 万吨矿石和定为 15 年"，似乎是说这不算一回事，应该"慷慨"一点！在这种"慷慨"思想指导下，他必将会做出牺牲民族利益的事来。就在这时，日本又提出两项无理要求：

一是日本轮船直放大冶。盛宣怀始则坚拒，说："中国既无豁免出口之例案，该处又非通商岸埠，装矿日轮，势难报关直放。"应照合同由华船运至上海再由日轮转载日本②。但随后几经磋磨，于 1900 年 4 月间，盛宣怀与赫德为首的海关当局，核定了一项"日本商轮赴大冶县装载铁石办法"，答应了日本轮"直放"大冶的要求。

二是日本在《煤铁互售合同》之外，要求再订年售二三万吨二等矿石为期 5 年的续售合同。盛宣怀认为"应以先听取张之洞意见为宜"，这当然是对的，但日本总领事小田切"认为同张之洞进行交涉不利"，乃利用八国联军入侵的形势，"终于说服盛氏"。盛宣怀竟"凭自己个人意见"③，于 1900 年 8 月签订了续议条款。这时盛的妥协，显然与他为了实现"东南互保"的局面免生枝节的思想有关。

上述两事表明，盛宣怀对于列强侵占权利，从抵制到妥协的态度转变常常是比较容易的。这种"慷慨"而轻易妥协的态度，在钢铁企业经费缺乏需向日本借款的情况下，必将更快地发展着。

汉阳铁厂自 1896 年盛宣怀接手商办之后，筹款一直是大问题。接办时所筹的 200 万两，很快用罄。1899 年向德国礼和洋行借款 400 万马克，对矿厂的建设起了一定的作用，但德国的经济势力相应地初步渗入厂矿。就在这时，日本在与盛宣怀签订《煤铁互售合同》和《续订条款》时，就想到如何使大冶矿控制在自己的权力之下。而要做到这点，只有利用贷款发挥日本资本的作用。曾任清政府实业顾问并于 1900 年改任大冶技师、管理

---

① 盛宣怀《寄香帅》，光绪二十五年六月十五日，《愚稿》卷 34，页 22。

② 《盛宣怀复小田切函》，光绪二十五年五月二十三日，见《史料选辑》第 20 页。

③ 上引文均见《史料选辑》第 25 页。

员的西泽公雄供认不讳地说，自任大冶矿师后，"余尽力经营，务使此矿
归于日本权力之下；而欲达此目的，舍投充分之资本不为功"①。小田切还
在 1898 年即建议日本政府大量投资于汉冶时指出，"现在我国如能援其资
金，则除营业上一般利益外"，另外还有四利，在这"四利"中，以"有
在中国扶植我国势力之利"和"有东方制铁事业由我国一手掌握之利"，
最为重要。因此，小田切要求日本政府一定要投资，"如资本家自己不愿
投资，则希望帝国政府予以相当援助，使其提供资金，以不失大好机
会"②。这也就是日本用商人的名义进行民间贷款的方式，达到由日本政府
掌握大冶铁矿的目的。

　　日本为了实现自己的预定目标，大力做两个方面的工作：一个是排挤
德国在汉厂和大冶的势力；另一个是拉拢和引诱盛宣怀并使之听凭摆布。
而排挤德国又与引诱盛氏有相当联系。

　　铁厂技师原来多为比利时人，后因向德国借款而改用德国人，日本人
看出张之洞"不满意德国工程师之专横跋扈"。1900 年西泽公雄进驻大冶
后，首先要求与德国享有平等权利。当时只有德国可以自由发电报，西泽
与大冶电报局多方交涉，"终于使之成为日本直通电报局。更在大冶设置
日本邮政局，亦获成功"③。日本取得了在大冶进行阴谋活动的重要工具，
也是对德国初"战"告捷的一个表现。其次，1900 年夏秋间日本第一次用
轮船开赴大冶装载矿石时，遭到德国的抗议，德"甚至派战舰为示威举
动"，西泽公雄不予理睬，终于"无所窒误"地排除了德国的威吓。这可
说是二"战"告捷。第三次也是很关键的一次，就是取代德国的贷款权。
盛宣怀在原有的所借德款之外，又试图向德国借款 500 万两，"以矿为
质"，但为"西泽之热忱所感动"④，终于借了日款。西泽公雄记其事说：
"余闻此消息（指拟借德款事——引者），立即报告本国政府，并说明借款
之举，吾日本能着先鞭，是为上策。我政府遂与中国政府开议，卒由同意

---

　　①　西泽公雄《大冶铁矿历史谈》，《史料选辑》第 41 页。
　　②　上引文日驻上海代总领事《小田切复外务次官都筑密函》，1898 年 12 月 18 日，见《史料
选辑》第 29 页。
　　③　《大冶沿革史拔萃》，《史料选辑》第 38—40 页。此文无作者名，据传为西泽公雄所著，
待考。
　　④　《大冶沿革史拔萃》，《史料选辑》第 40 页。

订定日本借款三百万元与中国，以矿抵押，三十年为期，此大冶铁矿由德而入日手之历史也。"① 这也就是 1904 年 1 月 15 日签订的向日本借的 300 万元借款。其结果，"多数德国工程师及排日之中国当局被革职交卸"②。

日本排除德国在汉厂的势力似乎是轻而易举的，但影响和掌握盛宣怀则并非易事。日本侵略者明白，盛宣怀与所有资产阶级分子一样，为了自己利益必与损害其利益者争斗，同样也会为保护自己利益而妥协。为使盛氏不发现日本利用贷款控制铁厂和大冶铁矿之心，日本在与盛宣怀为矿石买卖谈判之初的 1899 年，即明确地把买卖矿石同借款严格地区分开来，认为只有这样才能有效地"劝诱盛氏"，使之不在这方面有所顾虑。小田切报告外务省说：

> 不论我方内部关系如何，表面上，购买矿石系当作我国政府之事业进行交涉者；而提供资金则系当作我国有力商人贷款之民间活动事件进行交涉者。因盛氏为人，猜疑很深，当初若说明由我国政府贷款，则必怀疑我国政府有何计谋，不易表示同意。③

盛宣怀对帝国主义侵略者"猜疑很深"，这确是事实。因此，日本为了掩饰自己不可告人的"计谋"，处心积虑地麻痹盛氏，使之不加"怀疑"而"表示同意"。1899 年借款 200 万两的谈判，虽因汉厂扩充计划未定等原因而暂时搁置，但日本通过贷款使大冶归于自己掌握的方针在继续酝酿和相机实行着。这个时机终于在 1902 年冬袁世凯夺轮、电两局使铁厂挹注已绝、盛拟在大冶设炼铁分厂需要资本等情况下到来了，中断三年的借款事重新提上谈判日程。在谈判中，盛宣怀与日本代表展开控制与反控制的较量，但盛终究未能摆脱日本的控制。兹先叙述汉冶萍公司成立前的借款谈判情况。

一从 1903 年 12 月 14 日的大仓组 20 万两借款，到 1907 年 12 月 13 日汉口正金银行借款 200 万元止，共为五笔借款，约近 700 万元。这里以

---

① 西泽公雄《大冶铁矿历史谈》，《史料选辑》第 41 页。
② 见《史料选辑》第 40 页。
③ 小田切《复外务部次官都筑密函》，1899 年 3 月 1 日，《史料选辑》第 32 页。

1904 年 1 月 15 日盛宣怀与小田切签订的兴业银行 300 万元借款合同为例加以说明。

就在轮、电被袁世凯夺占的 1903 年初前后,盛宣怀向日方提出借款 200 万元至 300 万元的希望。小田切提出三项条件,其间主要是"铁矿不得出让或抵押与其他外国"和"借款由铁矿石价偿还"两项①。日本外务省给小田切的指示就更加露骨。该指示说。

> 我国对大冶铁矿方针,在于使其与我制铁所关系更加巩固,并成为永久性者;同时又须防止该铁矿落入其他外国人之手,此乃确保我制铁所将来发展之必要条件。因此,借款期限亦当以尽可能长期为得策故三十年期限则必须予以坚持……因此,希望明确约定:铁矿之外,其附属铁道、建筑物及机器等一切物件必须作为借款抵押,并在上述期限内,不得将上述抵押品出让或抵押与他国政府或私人。同时还须要求对方允诺雇用我国技师。②

这件机密函件主要讲三点:一是通过贷款使大冶矿成为日本制铁所的原料供给地;二是为确保长期取得铁矿的供应,必须使大冶矿在日本权力统治之下,因此,除矿之外必须将矿区的铁道、机器等附属品作抵押;三是必须雇日本矿师以由日本人直接控制矿山。这三点,成了借款谈判中盛宣怀与日方讨价还价争执的焦点。其他关于每吨矿石价格、利息高低和每年供应矿石吨数多一点少一点等问题,都成为次要的了。

小田切意识到,上述主要三点中最重要者还是大冶铁矿及其附属物、机器等一切物件作为抵押,和在借款偿清前不得出卖或让与他国政府或私人这一条。估计盛氏对此难以同意。当 1903 年 3 月间小田切将所开条款提交盛宣怀时,盛答称:"本件不能仅由自己决断,须去北京与外务部商谈后再行协商。"其间"以矿山全部作为抵押,稍感困惑"。因为矿山全部抵押掉,再须借款时就没有矿山作押了。小田切说:

---

① 小田切《复外务大臣小村电》,1903 年 2 月 6 日,《史料选辑》第 44 页。

② 日外务大臣小村《致驻上海总领事小田切机密函》,《史料选辑》第 44、45 页。

　　如万一不能以矿山全部作抵押，则可仅提供我国认为满意的某一部分；或者开始提供全部，嗣后随着借款偿还逐渐予以退押亦可。①

　　这是在引诱盛宣怀上钩。关于矿山作押事，盛宣怀则要求日方对张之洞保密，因恐张掣肘。这时，日方发现盛氏有向德、比等国洽谈借款的可能。因此，日本对于盛宣怀采取监视、引诱、不使其过于窘迫的方针，有时甚至"予盛以相当助力"。

　　监视的目的，主要是防止盛宣怀向其他国借款。如上面所说的，这次初谈未成而盛去北足时，小田切则希望日驻足公使内田康哉注意盛宣怀的行动。他致书日本外务省说，"根据盛氏习性，如遇类似本件情况，常是向多方面进行交涉，而从中选择对自己提出最有利条件之对方订立合同。所以目前应特别注意。此际，甚望我国驻京公使监视盛之行动，并见机同盛氏和外务部进行交涉"，并随时注意盛氏的行踪②。

　　至于"引诱"，日本在条款的表面上作某些妥协让步，实际上丝毫不让。例如，日方要大冶每年供应矿石由 8 万吨增至 15 万吨，盛宣怀坚决不同意时，小田切让步了。他告诉外务大臣小村说："今天即令不能成功，但吨数问题，可望将来于实际情况中得到解决。"为什么？因为"凭藉驻大冶之我国委员以及将来雇用我国工程师之手腕……增运二三万吨是容易的"③。这就是说，只要坚持把日方人员打进大冶，掌握了权力，增运矿石乃至其他很多要求，都是可以达到的。其次是饵之以利。当盛宣怀坚持一定要私人银行作为贷方时，日方马上意识到，向政府借款，易于招致盛氏反对，且在取得所谓"手续费"上很不方便，因此认为"有必要对盛氏诱之以利"④。

　　不使盛宣怀太窘迫，日方也给予助力，主要是对付张之洞的异议和张给盛的压力。在矿石吨数、矿山抵押等问题上，张之洞往往掣肘。因此，当张、盛之间意见悬殊时，不能迫盛太甚；迫之太甚，"不但使盛感到窘

---

① 　见《史料选辑》第 48 页。
② 　小田切《复外务大臣小村机密函》），1903 年 3 月 27 日，《史料选辑》第 48 页。
③ 　小田切《致外务大臣小村机密函》，1903 年 10 月 2 日，《史料选辑》第 70 页。
④ 　小田切《致外务大臣小村机密函》，1903 年 6 月 17 日，《史料选辑》第 53 页。

迫，且有挑起张之洞提出异议之虞"①。不仅如此，合同签订在盛宣怀处容易办通，张之洞处则难办，而"正式合同之成立与否，一视张之洞意见如何为断"，因此，必须"接受盛之嘱托，予以相当助力"②。

日方对盛宣怀所使用的手腕和计谋是非常狡猾的。任凭盛宣怀有几十年与外国打交道、签合同的经验和老谋深算的本领，却还是步步后退，堕入日方所设置的陷阱。日本不仅利用盛宣怀迫切需款来进行要挟并使之就范，而且通过盛氏去说服张之洞。盛宣怀对张说明必须借此300万元说：

> 此机一失，汉厂机炉旧而且少，不能足用，颠覆即在目前。官本无可拨，商股无可加，洋债无可抵，数年以来，焦头烂额，日夜思维，始得此无中生有一线之生机，实属转败为胜百年之要策。铁政关系制造，各国视为强弱关键，中土仅此一矿一厂，若为大局计，似未便听其蹉跌也。③

盛把这次借款看作铁厂"一线生机"和"转败为胜百年之要策"，张之洞也未便做过多的干预了。

经过一年左右的洽谈，于1904年1月15日，盛宣怀与小田切之助签订了《大冶购运矿石预借矿价正合同》。合同共十款，兹录其中达到日方预想的主要目标的三条：

> 一、督办湖北汉阳铁厂之大冶矿局订借日本兴业银行日本金钱三百万元，以三十年为期，年息六厘……
>
> 二、以大冶之得道湾矿山、大冶矿局现有及将来接展之运矿铁路及矿山吊车并车辆房屋、修理机器厂为该借款担保之项。此项担保，在该期限内，不得或让或卖或租与他国之官商。即欲另作第二次借款之担保，应先尽日本。
>
> 三、聘用日本矿师，在取矿之山，归督办大 E 节制，俟督办大臣

① 小田切《致外务大臣小村机密函》，1903年10月5日，《史料选辑》第78页。
② 小田切《致驻华公使内田函》，1903年11月10日，《史料选辑》第84页。
③ 盛宣怀《寄京外务部张宫保、鄂端午帅》，光绪二十九年十一月初六，《愚斋》卷62，页7。

聘用国之总矿师时，该日本矿师应遵从督办大臣之命令，归总矿师
调度。①

　　除上述三条最主要者之外，其他如一等矿石每吨日钱 3 元，二等矿每
特 2.2 元；头等矿每年至少运日 7 万吨，至多不过 10 万吨，"以敷全款之
息及带还本项"；为了 30 年期满本息全还清，不使尾欠，"制铁所应允竭
力多运，以便在合同期限内，本利全数清讫"，等等，均是对日本非常有
利、对中国不利的条款。外务大臣小村要求小田切达到的 30 年期限、矿山
及其附属物件和聘用日本技师三个主要目的均达到了，日本首战告捷。此
后以此为模式的借款，所附条件愈加苛刻。1906 年盛向三井洋行的 100 万
元借款，以汉厂动产及所产钢铁和栈存煤焦作抵押；1907 年向正金银行的
200 万元借款，以萍矿所有生利之财产物件作抵。这样，大冶而后，汉厂
与萍矿也在相当程度上被日本通过贷款渗入它的势力了。

　　当然，在这 100 万元和 200 万元两笔借款上，盛宣怀对于日本过分苛
刻条件的抵制是很强烈的。在三井 100 万元借款之谈判时，盛对日本所提
条款中，除对"以铁政局所属之地址房屋机器及一切物件作为抵押"，并
以萍矿财产作副押进行抵制外，尤其对于须聘用日人二员"在铁政局及萍
乡煤矿，以供咨问之用"，铁厂、萍矿"一切事宜改变，若扩大并聘用工
程师"，须询问上述两日员，"俟其允诺，然后举办"等要求，他认为这简
直是"政治借款"，未与接受②。日方也未过分纠缠。正金的 200 万元借款
谈判也有类似情况。但这不过是日本暂时的策略，以便使盛宣怀不因借日
款而被群起指责，以达到长期利用而已。

　　由上所述，到 1907 年汉、冶、萍三企业，均已被日本势力所侵入。因
此，从表面看，汉冶萍煤铁厂矿公司的组成，是经营扩大和发展的必然产
物，又为进一步发展钢铁业创造了更为广阔的前景；但其骨子里却与日本
势力的侵入有着千丝万缕的联系，它的酝酿和成立的过程，一定程度上为
日本侵略制造了有利条件。这种"有利条件"的"制造"，虽同袁世凯对
盛氏的逼迫有关，同小田切之助联合外务省小村、驻华公使内田康哉等人

①　见《史料选辑》第 113 页。
②　见《史料选辑》第 139、140 页。

对盛宣怀进行"围剿"式进攻使之难以招架有关，但却更是与盛宣怀的妥协性加深以至大于其抵制性有着一定的联系的。几十年来与对手较量所向披靡"打胜仗"的盛宣怀，这次在诡计多端的日本侵略者手下败北了！

三　公司成立后进一步对日本的依赖

据上节所述，可见盛宣怀在酝酿成立汉冶萍公司过程中，是怎样一步步地陷入日本侵略者圈套的。这是不是他对帝国主义毫无认识而不自觉地陷进去的呢？事实并非如此。这里不妨回顾一下他几十年来的所作所为和认识。他在办企业及与外国打交道中的作为，本书前半部许多篇幅都已叙述，他与侵略者的抵制与争斗是较为有力的。这里引用他对外国侵略者的认识比较典型的有代表性的一段论述。1886 年盛宣怀为办烟台缲丝局失败"权落他人之手"而禀告李鸿章说：

> 职道历看洋人牟利如有把握，断不肯分让华人。且洋人会计精密，而为自谋则自利，为我谋则我损，其始甘言铦（饴）我，其继狠心吞我，其终破面诳我。恒宁生、士米德皆挟此恶术尝试，幸不终堕其术中。盎斯（英人，烟台缲丝局司事——引者注）其无耻之尤者也。①

应该说，盛宣怀对洋商"会计精密"和"饴我""吞我""诳我"三部曲的认识是很深刻的，因而他对洋商的警惕性一直是比较高的。所以在 19 世纪后期的 30 年间，他对侵略者的"恶术"，总的来说未曾"堕其术中"。但时至 20 世纪初叶，在扩大铁厂经营并酝酿组织汉冶萍煤铁厂矿公司时，盛在向日本借款中却渐渐地"堕其术中"了。即使到汉冶萍公司成立前半年，盛宣怀还在说："将来东人必有大志于我国，今欲保全我铁矿，惟有切实声明：我厂我矿，全系商力团结而成，隐杜觊觎，方能永保权

---

① 盛档，盛宣怀《禀李鸿章》，光绪十二年九月十九日。

利。"① 这说明盛氏对日本侵占我国煤铁的"大志"是有比较充分的认识的。但在汉冶萍公司成立后，他却更深地"堕其术中"！这与盛宣怀官阶晋升，野心愈大，借款愈多有关；而在日本方面，日方也因贷款加多，与汉冶萍公司关系愈密，因而控制愈严。

先谈汉冶萍公司成立前几个月的资本占有情况。据盛宣怀截至 1907 年 9 月底止的统计，"铁厂已用商本银一千二十万余两，煤矿轮驳已用商本银七百四十余万两，其中老商股票由二百万两加股共成五百万元，合银三百五十余万两，商息填给股票银七十九万五千两，公债票银五十万两，预支矿价、铁价、轨价约合银三百余万两，其余外债商欠，将及一千万两，抵押居多，息重期促，转辗换票，时有尾大不掉之虞。"② 到这时，日本贷款不足 500 万两，所占资本比重并不算多。在"并不算多"的情况下，日本势力即有相当程度的渗入。在公司成立后借款规模愈来愈大时，那真的如盛宣怀所担心的"洋人执政"了，真的如他在 30 年前所说"狠心吞我"了！

从 1908 年春公司成立后，盛不仅借洋债数目大，而且为日本所独占。到辛亥革命前夕，借日债情况见下表③：

借款日期	债权人	借款数额	抵押和担保	利率
1908 年 6 月 13 日	横滨正金银行	150 万日元	汉冶萍公司原有矿山及其他财产和九江大城门铁矿山作抵押	七厘半
1908 年 11 月 14 日	横滨正金银行	50 万日元	同上	七厘半
1909 年 3 月 21 日	汉口正金银行	洋例银 50 万两	公司汉口地契自一至六号共二十六张作抵，盛宣怀本人作保	八厘
1910 年 9 月 10 日	横滨正金银行	100 万日元	与本表第一项同	七厘

① 盛档，盛宣怀《致外务部吕尚书》，光绪三十三年七月二十日，《丁未亲笔函稿》。
② 盛宣怀《汉冶萍煤铁厂矿现筹合并扩充办法折》，光绪三十四年二月，《愚稿》卷 14，页 14。
③ 据《史料选辑》第 1114—1116 页改制。

续表

借款日期	债权人	借款数额	抵押和担保	利率
1910 年 11 月 17 日	横滨正金银行	612730 日元	与本表第一项同	七厘
1910 年 11 月 17 日	横滨正金银行	614395 日元	与本表第一项同	七厘
1910 年 12 月 28 日	三井物产会社	100 万日元	向六合公司转借集成纱厂契据	
1911 年 3 月 31 日	横滨正金银行	600 万日元	合同未提抵押担保	六厘

上表说明在汉冶萍公司成立后短短三年间，汉厂向日本借款达 1200 万日元左右，为前五年的两倍以上，其势力侵入可以想见。日本是用什么办法达到目的的？盛宣怀又是怎样进一步"堕其术中"的？

日本的方针是以共同抵制西洋为名，排挤别国插入，紧紧抓住盛宣怀并将之加以保护。

汉冶萍公司成立不久，盛宣怀以汉阳铁厂应与日本制铁所"藉资互证"和萍乡煤矿对日本煤矿"有所效法"，及赴日就医为名，于 1908 年 9 月 2 日（光绪三十四年八月初七）东游日本，从事煤矿等企业的考察。日本乘机拉拢。制铁所长官中村雄次郎对盛宣怀说：

> 东亚惟汉厂与制铁所并峙，近来名誉远播，欧美至为震惧，煤铁报章至论之为黄祸西渐，极力筹抵御之策，美、德各厂已经联合，而国家又任保护①。

这就把汉厂与制铁所的命运连在一起，而将欧美作为其命运的威胁者了。过数日，盛宣怀语中村云：

> 前面谈东亚惟制铁所与汉厂并峙，近来名誉远播，美、德各厂已联合力筹抵御，我两厂亦宜实力联络，何妨先就目前做一小交易，以免徒托空言。②

---

① 盛宣怀《东游日记》页 17。
② 盛宣怀《东游日记》页 40。

言毕，遂与中村"相约数事：一买钢筒一万吨，二售生铁一万吨，三售萍焦一万吨"①。中村的目的达到了，一是中日两厂"实力联合"，二是售给生铁等件。盛宣怀实际上是想象 1904 年 300 万元借款用铁矿石偿还那样，继续借款用生铁等物偿还。而"实力联合"以御欧美更是中村所愿听的，因为日本就怕欧美插进日本与盛宣怀之间的交易。盛宣怀唯恐中村一人的力量不够，乃又向日本新任驻华公使伊集院说：

> 中日同种同文兄弟之国，讲求亲睦之道须在实际，不可徒托空言。即以商务而论，铁为日本所至急，而出数甚少，汉厂不惜大冶矿石公道售济，此其一端。总之，有无相通，患难与共，相依如唇齿，相顾如辅车，方不愧兄弟二字。②

盛所言的"亲睦""须在实际，不可徒托空言"，正是日本的需要。而且，它需要的"实际"不仅仅是"矿石公道售济"，而是要你汉厂的整个矿山，还要生铁乃至汉冶萍全公司均在它的掌握之中。这位公使先生当然要报以"深以为然"的表示。

日本在摸清盛宣怀的观点的情况下，在实际贷款工作中首先挤掉欧美。1908 年公司协理李维格"有联美之意"。汉冶萍公司盛宣怀、李维格与美国经营木材兼营航业的大来公司代表劳勃·大来，于 1910 年春订立了销售生铁合同和《购买大冶铁矿石之附属合同》。日驻上海总领事有吉明随即走访盛氏，盛宣怀告以确有其事。西泽公雄闻知立即兴师问罪，他向盛宣怀和大冶矿务总局总办王锡缓声明："作为我国担保矿山之狮子山铁矿，决不能出卖给外国人。"③ 不仅不能卖给外国人，而且还认为该山应成为日本"专用"，连对铁政局之供应亦宜"中止"④。西泽用这个猖狂的"建议"对盛宣怀施加压力的同时，还提出必须警惕欧美势力的侵入。他报告制铁所长官说："今见美国之入侵，知列强对扬子江野心之大，我国

---

① 盛宣怀《东游日记》页 40。
② 盛宣怀《东游日记》页 18、19。
③ 西泽公雄《致制铁所长官中村函》，1910 年 4 月 14 日，《史料选辑》第 160、161 页。
④ 西泽公雄《致制铁所长官中村函》，1910 年 4 月 17 日，《史料选辑》第 163 页。

人之警觉，更亟需提高。"① 日本把大冶矿山视为己有了。跋扈一至于此！

日本不允许别国插入的另一事例发生于 1911 年春。盛宣怀乘与英、法、德、美四国关于粤汉、川汉铁路借款谈判取得进展之机，有着拟"由日本和上述四国各募债五百万元之想法"。日方表示反对，说汉冶萍公司与日本"长期亲密无间"之关系，不能"与素无关系之各国放在同等地位"。盛宣怀只能"决定五国分担之议作罢"，大冶铁矿和汉阳铁厂与日本的关系依然不变。但盛宣怀表示，打算另外募集 200 万镑公司债，仅以萍乡煤矿作担保。日方"称赞"盛宣怀将日本与英、法、德、美四国各借 500 万元之议作罢，是"非常适合机宜之处置"，但对以萍矿作担保另外募集 200 万镑公司债，则加以反对。日方说："债务则同为公司债务，因而就不仅在公司和外国之间产生一种关系，而且从债务金额来说，亦不能说日本比其他外国大得多。因此，日本与公司历来之特别关系，不能不因此而略为减色。"② 日方预计此事不可能成功，故对盛宣怀未作过多纠缠，后来事实上此事确也未实现，但日本独占汉冶萍的野心却昭然若揭。

日本侵略者对于盛宣怀有时不仅不逼之过甚，而且还往往加以保护。只有保护不使之垮台，日方才能更有效地利用他。在这件借公司债事上，日本即有此意。因为以汉冶萍公司"全部财产作担保，仅在日本募集公司债一事，恐有危及盛宣怀地位之虞，决无成功之望"，故而"任其以萍乡煤矿作担保"③。又例如，当 1911 年春夏之交，盛宣怀向日本正金银行进行 1200 万元借款，也正是他因川汉、粤汉铁路借款事受到责难攻击之时，而盛氏又因汉冶萍公司董事会有两三名董事非其心腹，不敢将此 1200 万元借款事提交董事会进行讨论和表决。小田切知之甚为透辟，说盛氏在这种困难处境下，"不少地方是应予以同情的。综合全部情况看，此际不使其威望受很大损害，以期利用他；对他不严格追究，灵活使用他"④。多么赤裸裸的狠毒之心！这时的盛宣怀已在很大程度上被日本牵着鼻子走了。

想当年，盛宣怀在办轮船、电报、铁路、矿务等企业与外商打交道的

---

① 西泽公雄《致制铁所长官中村函》，1910 年 4 月 14 日，《史料选辑》第 161 页。
② 以上引文见《史料选辑》第 189、191 页。
③ 正金银行驻北京董事小田切《致总行电》，1911 年 4 月 8 日，《史料选辑》第 193 页。
④ 小田切《致正金银行总经理高桥函》，1911 年 8 月 6 日，《史科选辑》第 213 页。

过程中，是比较主动灵活地同侵略者的侵权行为作斗争的。但现在却在日本侵略者面前有点像驯顺的羔羊，这是什么原因呢？他明知用铁厂、冶矿、萍矿作押要招致"洋人执政"，却不得不走这条道。这固然与袁世凯的不能用招商局作抵押的逼迫、日本蓄谋侵权等原因有关，但更主要的原因是，随着盛氏官阶的晋升，其商的成分减少，资金不靠商股而靠外债，并如日本人所说的从借外债中谋取所谓"手续费；尤其是到了汉冶萍公司成立后的几年，他要想从公司资金中将自己的资本收回，用外债抵补，故对日本的妥协更为严重了。这一点，日本人看得很清楚，多年与盛宣怀接近交往的小田切，更摸透了这点，他说：

> 盛宣怀因已将其全部私产投入汉冶萍公司，当然会感到极大苦痛。所以他很想由哪里举（借）一笔债收回其资金，以预防在万一时发生汉冶萍公司与自己资产之间的纠纷……因此，他才按预定计划以萍乡煤矿作担保……此种场合，对我国来说，正是可乘之机。①

日本果然乘机全面控制了汉冶萍公司。有人在辛亥革命时形象地描绘日本在汉冶萍公司的势力说，汉冶萍"名系中国，实为日人也"日人在大冶驻兵、筑路，藉保矿产为名，們为己有"②。昔日以"幸不终堕其术中"自诩的盛宣怀，于今恰恰"堕其术中"而不能自已。

据上所述，汉冶萍公司的成立，固然是经济发展的产物，但从它被日本控制的事实看，它的表面繁荣，却在相当程度上意味着日本帝国主义钢铁工业的繁荣。

四　用"官力"联缀起来带垄断性的经济体系

1910 年，盛宣怀毫不隐讳他要做高官的原因说："目下留此一官，内

---

① 小田切《致正金总行代理总经理山川勇木函》，1911 年 2 月 15 日，《史料选辑》第 190 页。
② 《武汉督办汉冶萍谈》，《时报》1912 年 12 月 22 日，《中国近代工业史资料》第二辑上册，第 502 页。

可以条陈时事，外可以维护实业。"① 用官的力量来维护实业，这是他几十年经营近代工商业的经验之谈。确是这样，没有这个"官"，要办那么多大企业，在当时的中国绝无可能。问题在于盛宣怀做的是半殖民地的清王朝的官，尤其是他的官阶的扶摇直上，是在 1900 年后清政府"量中华之物力，结与国之欢心"，成为帝国主义列强驯服工具之际。他先后担任会办商务大臣、商税大臣、商约大臣、工部左侍郎等握有外交、内政实权的大官，到 1908 年 3 月，在他组成汉冶萍公司的时候，也正是他被任命为握有更大的管理实业大权的邮传部右侍郎的时候。在清王朝行将栋折榱崩的宣统二年、三年时，他竟当上了邮传部尚书，紧接着成为"皇族内阁"阁员、邮传部大臣了。这些表明，盛宣怀既是清帝的宠臣，又为帝国主义列强所青睐。用这样的"官力"联缀起来的经济体系，无可置疑带有垄断的性质。

汉冶萍公司是盛宣怀的这个经济体系中重要组成部分，其他还有轮船招商局、电报局、铁路、矿务、纺织、银行等有关国民经济命脉的大型企业。盛宣怀利用邮传部尚书、邮传部大臣等官的权力把它们有机地联缀起来，形成了初具规模的带官僚垄断性的经济体系。它们并非如康采恩、托拉斯那样的资本主义从自由竞争发展为的垄断，而是用官的权力促成的。

盛宣怀的电报、轮船两局曾"明失而实得"和"失而复得"；在矿务方面，盛虽于 1906 年主动请求撤销勘矿总公司，但那是为了丢掉仅在上海一隅的不能指挥全国的勘矿机构，用资本的力量更方便地伸向全国各有利可图的煤铁和其他金属等矿区②；他所督办的铁路总公司虽亦于 1905 年秋请求裁撤，1906 年 3 月归并于唐绍仪督办的设于北京的铁路总局③，但到 1908 年 3 月他任邮传部右侍郎后将铁路统统握于自己手中了，1911 年任邮传部尚书时管辖的权力更大了。至于在国民经济中起枢纽作用的银行方面，中国通商银行一直由盛督办是不用说了，1910 年 8 月当他被清王朝任命为"帮办度支部币制事宜"后，金融铸币等也有权干预了④。显然，到

---

① 盛档，盛宣怀《寄孙中丞函》，宣统二年二月二十九日，《庚戌亲笔函稿》。
② 参见本书第九章第一节。
③ 参见本书第八章第四节。
④ 参见本书第九章第二、第三节。

1910 年和 1911 年时，对盛宣怀来说，他的官阶已晋升到最高点，因而他在经济上的统治权上也到了最大最广的时候，也就是以盛宣怀为首的中国官僚垄断经济体系初步形成的时候。这是以官僚的力量把有关重要企业联缀起来的松懈而畸形的联合，一旦官力解除，这种带垄断性的经济体系就会解体的。

这种带垄断性的经济体系，是经过几十年酝酿和发展而来的，盛宣怀对它们时刻在注视和关心，即使在借故"脱卸"职责的时候，也是要到处伸手干预的。这里姑举铁路一例以说明之。

1906 年 3 月，盛宣怀交卸了督办铁路总公司职务，照理应该不必多管了，但就在交卸后不多时，他对粤汉路反对郑观应这位总办的风潮不时关注着。当 1907 年 2 月郑观应函告盛宣怀"股银无亏"，要求"速退"时，盛氏希望这位在粤汉铁路的代理人郑观应继续总办下去。盛函告郑恳切地说：

> 阁下办理粤路，任劳任怨，竭尽义务。乃谣啄纷乘，风潮迭起，人言可畏，良用喟然。读另折报告一则：任事之公忠，操守之廉洁，度量之谦冲，孝思之纯笃，光明磊落，真可告天下而无愧。来示谓已看破世情，拟即遁迹潜修。鄙意窃以为未然。阁下槃槃大才，中西兼贯，正当抒发意气，效用国家，乃忽涉于虚无、寂灭之思想，试问崆峒访道，几见有白日升举者耶？愿阁下勉展壮猷，益宏远略，实所祷幸！①

在这段非常热情而又坚定的话中，盛对于他的粤路代理人郑观应，赞其才干，鼓其勇气，不仅一般地要他干下去，而且要"益宏远略"地大干。过了几天，盛宣怀的左右亲信谭干臣致书郑观应劝留说，"兹悉台驾以查账事讫，首尾清楚，遽萌退意。然成大事者必胸怀大志，勿因小愆而生悔心"，以致"置大局于不顾"；在这种情况下如辞退不管，那么，"若此公司不振，岂非人皆抱怨公之有始无终也！万望阁下俯念时艰，力扶危

---

① 盛档，盛宣怀《致郑观应函》，光绪三十三年二月初二。

局"，粤路总办还是继续当下去为好①。这些话显然是代表盛宣怀的意思。

这个事实表明，盛宣怀对一向督办经营的企业，不管后来在形式上是直接经理，或是如铁路总公司、勘矿公司裁撤或表面上"交权"，实际上是一回事，即仍是在干预和控制，以便于一旦他的官权大到了地步，就名正言顺地在自己管辖之下，将其直接统于一手。果然，到辛亥革命那一年，盛达到了目的了，官僚垄断的经济体系至少在形式上初具规模地形成了。铁路干线国有就是这个官僚垄断经济体系形成的标志。然而，就在这时，盛宣怀同帝国主义的依附关系更为密切；当他所依附的清王朝被人民革命的洪流所淹没，盛宣怀成了攻击对象，他便从权力的高峰跌了下来。官权不存在，用官力联缀起来松懈的垄断性的经济体系也就随之解体了。

---

① 上图未刊，《谭干臣致郑观应函》，光绪三十三年二月十二日。

第十五章 反对辛亥革命与走完 "U" 字形路程

一 成了辛亥革命的打击对象和资政院的主攻目标

众所周知，盛宣怀成为辛亥革命打击对象的导火线，是所谓铁路干线国有。清政府于 1911 年 5 月 9 日（宣统三年四月初七）宣布铁路干线国有，派端方为接收川汉、粤汉铁路督办大臣；而川汉、粤汉路又与同年 5 月 22 日（四月二十日）由这位新组成的"皇族内阁"邮传部大臣盛宣怀签署订立的《英法德美川汉、粤汉铁路借款合同》密切有关。关于铁路干线国有与向四国借款的关系，盛宣怀在一件未发出的信件中讲得非常清楚：

> 查四国借款合同不能销灭，所以提议铁路国有。如铁路不为国有，则借款合同万不能签字，是铁路国有之举，其原动力实在于借款之关系。①

铁路国有的"原动力"何以"在于借款之关系"？这里必须略谈原委。

1906 年清政府被迫将川汉、粤汉铁路准集股商办，并各自成立了商办铁路公司。收归国有，就引起全国人民特别是川、粤和两湖人民的反对，从而掀起了保路风潮，导致辛亥革命的爆发，盛宣怀成了首当其冲的打击对象。

---

① 盛档，《邮传部修正川汉、粤汉借款合同暨干路国有办法理由》，1911 年 10 月。

盛宣怀一向是铁路商办的主张者。他在这方面言论很多，这里只举其1898 年禀奕劻一函为例。他说：

> 查铁路一事……盖一归商务，可由中国造路公司与外国借款公司订立合同，准驳之权仍归政府，可消除许多后患。此前年递呈说帖请设总公司之所由来也。在各国视总公司为仇敌，愿归交涉不愿归商务，其意存叵测，人所共见。中国欲保自主之权，惟有将各国请造铁路先发总公司核议，自可执各国路章与彼理论，其有益于中国权利者，不妨借款议造；若专为有益于彼国占地之势力而转碍于中国权利者，即可由总公司合商民之力拒之。惟中国官商多有暗中结连彼族，希图渔利，反使大局受无穷之害，此时事之尤为可虑也。①

这段话的中心意思是保权御外。铁路归商办，外国请造铁路可以不归外交的"交涉"范围，而归商办铁路公司来"核议"。公司对"彼族"要求准与不准，一概以有利于我与否为准，达到"保自主之权"的目的。应该说，这个观点是有着民族性的。时隔 12 年后，盛宣怀却坚决主张国有了，并说"实系变困民而为裕民之策"②。这是什么原因？对盛宣怀个人来说，同出于对企业的垄断权。当年的铁路总公司，盛宣怀是督办，他强调商办，权归公司，即权归盛氏；而今铁路在邮传部直接管辖之下，该部大臣是盛宣怀，权仍归盛氏。但性质和作用却不一样，前者为对内保权对外抵制，后者则同四国借款联系在一起，显系出卖路权。《川汉、粤汉铁路借款合同》规定，聘英、德人为总工程师，"工程造竣后，在借款未还清以前，大清政府仍派欧洲人或美洲人作为各该铁路总工程司"；在铁路所用材料方面，除钢轨由汉阳铁厂制造、不足之数向四国购买外，其余一切材料"应先尽由英、法、德、美公平购买"，"全路造竣后于此借款未还清以前，铁路总局若为此两路内购买外洋材料"，亦应先尽上述四国③。上述这些和其他有关规定说明，四国银行团享有川汉、粤汉路修筑权、投资权

---

① 盛档，盛宣怀《上庆亲王》，光绪二十四年十月初五，《戊戌亲笔函稿》。
② 盛宣怀《寄武昌瑞莘帅》，宣统三年四月十八日，《愚稿》卷77，页8。
③ 见《中外条约汇编》第586—589 页。

乃至实际上的管辖权。这种"摈斥民款"、"纯借外债"① 以收路权归国的勾当，就是四川人民所说的"名则国有，实则为外国所有"②。川、粤等省的保路运动的斗争锋芒就是很自然地集中于盛宣怀头上了。

保路运动兴起，以四川省为最早，发展也最快，而后粤、鄂、湘继起。盛宣怀很自然地敌视保路运动。他虽在革命风潮面前不得不作一些让步的姿态，如允许原规定的无利股票改为有利股票；对四川可允商办，但必须限定时间完成，等等，但基本政策不变，用兵镇压的主张不变。他说，干路收归国有，"如不能坚持始终，不如勿为，为之则必坚持到底"③。他要求川督赵尔丰对罢市罢课、匿名告白等"告示严禁，销患未萌"④。他积极主张用兵。他以四川"兵警皆川人，惧不用命"，一会儿请鄂督瑞澂"就宜昌现驻之军，先行调赴重庆，保护商埠，以作声援"⑤；一会儿请云贵督抚调近川之处的"统将带枪队千人驰往"，以期"镇慑解散"⑥ 革命群众。但运动的发展，完全出乎盛宣怀的预料，"让步"既未奏效，用兵镇压犹如赵尔巽（赵尔丰之兄）所说，"有类抱薪救火"⑦，愈烧愈旺，盛宣怀不得不作"殊觉宽猛两难"⑧ 之叹。

1911 年 10 月 10 日（八月十九日）武昌起义爆发了，以推翻清王朝反动统治为目标的燎原之火遍及全国各省。各省代表议员集中的资政院，成了从舆论上围攻盛宣怀的场所。资政院议员们的基本立场是从维护清王朝的统治出发的，与孙中山领导人民革命推翻清朝统治不一样，但他们为了清王朝的统治而仇怨盛宣怀所起的客观作用，却有异曲同工之妙。议员们论盛宣怀之罪有很多条，集中起来是四大项：

---

① 《辛亥革命》资料（四），第 342 页。

② 《四川各界人民上邮传部誓死反对出卖川汉、粤汉铁路电》，《四川保路运动史料》第 221 页。

③ 盛档，盛宣怀《致湖广瑞制台》，宣统三年闰六月二十八日，《辛亥亲笔函稿》。

④ 盛宣怀《寄赵季帅》，宣统三年七月初七，《愚稿》卷 80，页 5。

⑤ 盛宣怀《寄武昌瑞制军》，宣统三年七月初五，《愚稿》卷 80，页 6。

⑥ 盛宣怀《寄云南李仲仙制军、贵州沈蔼苍中丞》，宣统三年七月二十二日，《愚稿》卷 82，页 17。

⑦ 《奉天赵次帅来电》，宣统三年七月初六，《愚稿》卷 80，页 12。

⑧ 盛宣怀《寄瑞制军》，宣统三年七月初七，《愚稿》卷 80，页 16。

（一）违宪之罪。即不交院议与破坏商律是也。（二）变乱成法之罪。凡重大事件，必付阁议，铁路国有何等重大，乃贸然擅行，非藐法而何，按律宜绞。（三）激成兵变之罪。四川事起，内阁主和平，盛乃主强硬，激成大乱，而武昌失陷，亦原于此，按之激变良民因失城池之律，亦当绞。（四）侵夺君上大权之罪。擅调兵，擅绝交通，此种紧急命令，事属大权，盛擅行之，罪无可逭。①

以上四条罪状，只说明一点，即盛宣怀激怒民变，以致动摇了清朝的统治，故"宜绞"、"当绞"，"非诛盛宣怀不足以谢天下"②，不足以平民愤而安社稷，等等。资政院攻击盛宣怀的用心，同革命人民推翻清朝统治的目的完全对立。前者反盛以保清；后者反清而涉及到盛宣怀，盛宣怀不是革命打击的主要目标。所以据现有资料看，攻击盛宣怀言论最猛烈者，是保清的一批人，而不是广大人民群众。过去有些著作在讨论到盛宣怀时，似乎把他说成辛亥革命的主要对象，这实际上把资产阶级革命的水平降低了。说盛宣怀成了辛亥革命的打击对象可，说辛亥革命的对象是盛宣怀则不可；说保清派之人士集中力量攻击盛宣怀可，说资产阶级革命派集中力量打击盛宣怀则不可。盛宣怀与攻击他的保清派之保清立场是一致的，因而，他遭到保清者的攻击并要处以"绞刑"，可说是受到了清王朝的委屈，但对辛亥革命来说他却是罪有应得。这些从盛宣怀的行为和措施上也可得到说明。

盛宣怀处于上述形势面前，对保清者的攻击进行解释，力求原谅；但对革命却是竭尽全身解数策划镇压。

其"解释"的一个措施，他除用邮传部名义进行自问自答的说明外，又自作奏片打算上奏清帝③。他说英、法、德、美四国借款合同，系宣统元年所草签，"本年正月，四国使臣向外务部正式催促画押，而合同画押，必先提议铁路国有，取销商办成案，经外务部、度支部、邮传部大臣迭次会议，始行会奏"，国有和借款，均有谕旨，故不得谓"侵权、其次，"借

---

① 盛档，《资政院第二次会议纪略》，宣统三年九月初四。

② 盛档，《资政院第二次会议纪略》，宣统三年九月初四。

③ 此奏片写于宣统三年九月初五，这天正是清廷下令革盛宣怀职，故未写完。原稿存盛档。

债签字不交院议"，也不可说是"违法"，因为他曾请召开资政院临时会议，皇上有过"克期办妥，一俟九月开常年会，即交该院议决……所请开临时会之处，著勿庸议"之谕旨；至于断交通、调兵等事，都是为了反对革命，维护清朝统治，且非事实，不得谓之跋扈等等理由进行辩解①。然而，不管盛宣怀有千万条理由，人民革命要推翻清王朝了，清王朝怎么能不把这位"肇事者"作为"替罪羊"加以革职呢？

盛宣怀效忠于清室，这不仅在于上面的表白，而是表现于积极的行动上，这就是策划武装镇压武昌起义为始点的辛亥革命。他凭借邮传部所掌握的铁路、轮船、电报等全国交通运输等优越条件，和他多年经营的企业、银行、铸币等经济实力，尽最大可能地支援反革命势力。而这些又比较集中地表现在他对袁世凯的支持上。

当年被盛宣怀极力推崇，后因争夺轮船招商局、电报局而交恶达六年之久的袁世凯，在铁路国有风潮和武昌起义中，又被盛宣怀想起了。盛认为只有这位袁氏能担当镇压革命之任。即使在盛宣怀与袁世凯为轮、电二局"交战"的1907年，但在"近日北风又劲，必欲推翻政府而后已"的形势下，盛氏还是把"慰庭练兵"与"香涛管学"，并列为"环顾吾曹"之中的佼佼者，而予以渲染②，迨袁世凯被罢归里，盛氏已将轮局夺回；革命起义热情日益高涨，清王朝正推行所谓"立宪"而设立资政院、咨议局，盛宣怀更不能忘怀于这位袁氏，他说，在今日得人才是关键，"本朝枢臣不下数百人，能为天下得人者，殊亦不多"。在此，他虽对袁世凯作了"惜皆援引私人"的批评，但还是称许袁氏对于用人"颇不吝赏"，作了"倘能化私为公，其凌厉无前之概，何难措天下于治乎"③的推许。他把袁世凯看得这么重要，故当然在革命运动兴起、清王朝危如累卵的情况下，盛必然会瞩目于袁世凯。昔日盛氏心目中的直督之任"微公莫属"，今日镇压辛亥革命更是"非公莫属"了。盛以此商诸端方，端方云："非有如慰帅其人者，万不克镇压浮嚣，纳诸轨物。"④这本来就是盛宣怀的观

---

① 盛档，盛宣怀未发的奏折，宣统三年九月初五。
② 盛档，盛宣怀《致陆南书房都察院总宪》，光绪三十三年七月十九日，《丁未亲笔函稿》。
③ 盛档，盛宣怀《寄吴军机函》，宣统二年三月二十四日，《庚戌亲笔函稿》。
④ 《武昌端大臣来电》，宣统三年七月初五，《愚斋》卷80，页8。

点，他当然举双手赞成，但不到武昌起义后的危急关头，他是不会将此付诸实践的。

武昌起义一声炮响，盛宣怀随即与袁世凯化干戈为玉帛，并向他劝驾。但袁世凯摆架子了：清廷当初不是要我回家"养疴"吗？现在正是"衰病侵寻，入秋尤剧。俟见电钞，拟请另简贤能"①。于是盛宣怀着急了，很恳切地推崇袁氏说：

> 此乱蓄之已久，若不早平，恐各省响应。公出处关系中原治乱，并请默念此身负环球重望，岂能久安绿野。与其迟一日，不如早一日。万勿迟疑。②

盛之"关系中原治乱"、"身负环球重望"的吹捧，何等肉麻！袁世凯随即复电讲条件说："鄂变尽变，库款全失，赤手空拳，用何剿抚？除蜀军各有专帅外，各路援军在鄂境应归敝处节制者，现有若干？"③ 一个是钱饷，一个是兵权，这两者怎么解决？就是说，盛要给充足的钱财和数量众多的军队以及统一指挥的兵权，袁才能接手就道。尽管表面上说有荫昌"不难指日荡平"，实际上说非我袁氏不可。

盛宣怀得袁电即知袁世凯的用意所在，于是答应袁一切均能满足，并促其速行说："中外望公如岁。拨饷募兵无不照准。"④ 至于权力，"公此行事权必须归一"⑤ "大约公到，陆军大臣（荫昌）即可调回，以一事权"⑥。其他军需如车辆、轮船、电话、电报等，保证一概无缺。这样，袁世凯到武汉前线就有兵、有饷、有权和战争所需要的一切了，战胜以平乱可操左券了。然而，事情的发展不是盛宣怀所预期的。袁世凯到汉，既不是"武汉得手"，即可使摇惑的人心"镇定"下来，也不是"武昌一定，匪势虽

---

① 《彰德袁宫保来电》，宣统三年八月二十日，《愚斋》卷87，页10。
② 盛宣怀《寄彰德袁宫保》，宣统三年八月二十五日，《愚稿》卷87，页10。
③ 《彰德袁宫保来电》，宣统三年八月二十六日，《愚稿》卷87，页13。
④ 盛宣怀《寄彰德袁宫保》，宣统三年八月三十日，《愚稿》卷87。页23。
⑤ 盛宣怀《寄彰德袁宫保世凯》，宣统三年八月二十七日，《愚稿》卷87，页14。
⑥ 盛宣怀《寄彰德袁慰庭宫保》，宣统三年八月二十九日，《愚稿》卷87，页17。

有蔓延，剿抚兼施，不难扑灭"①，而是清王朝迅速瓦解。而且盛宣怀就在袁世凯赴武汉前线的后几天，即九月初五日（10月26日）被清王朝作为替罪羊下令革职，"永不叙用"，以期在平息众怒上起点作用。

二 策划汉冶萍公司中日合办与反对南京临时政府用招商局、汉冶萍筹巨款的思想一致性

革命在迅速发展，清王朝在垂死挣扎，盛宣怀则于被革职后的两天即10月28日逃离北京去青岛转大连逃亡日本。革命并不因清王朝的顽抗而停止发展；清王朝并不因革盛宣怀职以息众怒而免于覆亡；盛宣怀并不因逃亡海外而忘情于反对革命，只不过是反对革命的形式不同而已。这时他反对革命，当然不能在调兵遣将上起什么作用，而主要是在经济上对南京临时政府掣肘，其表现当推反对以孙中山为首的南京临时政府用招商局、汉冶萍公司筹措巨款以济燃眉之急的事了。

1912年元旦，中华民国南京临时政府成立，财政极端困难，诚如孙中山所形容的"度支困极，而军民待哺，日有哗溃之虞"②；"每日到陆军部取饷者数十起年内无巨宗之收入，将且立蹐……军人无术使之枵腹，前敌之士，犹时有哗溃之势……而环观各省又无一钱供给"③。在这种情况下，或是坐以待毙，或是举借外债以解厄。然而，"以言借债，南北交相破坏，非有私产，无能为役"④。于是孙想到了用轮船招商局以抵借巨款，用汉冶萍公司与日本合办以筹饷需。孙中山称这样的做法，"譬犹寒天解衣裘付质库，急不能择也"。⑤ 这也就是"质衣疗饥"之法，身虽受寒但可免于饿毙。1912年1月26日，中华民国政府、汉冶萍公司与日本三井物产株式会社在南京订立中日"合办"草约12款。草约规定中日合投股本3000万元，日本之1500万元中500万元先行借给南京临时政府，这500万元借款

---

① 盛档，盛宣怀未发的奏稿，宣统三年九月初二。
② 孙中山《复张謇函》，见张孝若《南通张季直先生传记》第175页。
③ 孙中山《复章太炎函》，1912年2月13日，《史料选辑》第307页。
④ 孙中山《复章太炎函》，1912年2月13日，《史料选辑》第307页。
⑤ 孙中山《复张謇函》，见张孝若《南通张季直先生传记》第175页。

付现金若干，其余向三井购买军需。"合办"草约规定了"政府应承认并尊重旧政府所允许公司之特权"、"政府担保不收中国出口铁块之出口税"等对日本有利的苛刻条款①。孙中山说，他"非不知利权有外溢之处"。后来由于革命党内部如时任总统府枢密顾问的章太炎、临时政府实业部总长张謇等人的反对，参议院提出质问等原因，同时孙中山也考虑到"与外人合股，不无流弊，而其（指日本——引者注）交款又极儒滞，不能践期"②，因而于 2 月 23 日批准下达了取消中日合办汉冶萍公司之令。

汉冶萍公司中日合办，必然牵涉盛宣怀这位公司总经理。盛对中日合办之事耍尽了手腕。当南京政府借款代表何天炯通过王勋将要利用汉冶萍公司筹款之事告诉盛宣怀时，盛答云：

> 义不容辞，但目前即以产业加借押款，无人肯借。或如来电所云，华日合办，或可筹措；或由新政府将公司产业股款、欠款接认，即由政府与日合办，股东只要股款、欠款皆有着落，必允。否则，或由公司与日商合办，均可。③

盛宣怀这段话意思很明显，即将南京临时政府的筹款引到他已与日本酝酿过的中日合办的轨道上来。至于由谁与日合办，政府名义或公司名义均可。当南京政府认为"合办恐有流弊"时，盛则猜度说，孙中山"不欲担此坏名耶"④？当陆军总长黄兴催盛宣怀与三井"商定条约，即日签押交银"⑤ 时，盛宣怀则以"贵电无'合办'字样"，并以责问的口气问黄兴："究竟民政府主意如何?"⑥ 盛宣怀的意图是乘机要挟南京政府，实现他久已密谋的、日本方面所要求的中日合办。就在盛宣怀复黄兴电的当天，小田切告诉盛宣怀说，如果单纯借款的话，"贵公司无货可抵……断难再行

---

① 盛档，《汉冶萍公司中日合办草约》（南京），1912 年 1 月 26 日。

② 孙中山《第二次咨参议院答复关于汉冶萍借款文》，1912 年 2 月 23 日，《孙中山全集》第 2 卷，第 124 页。

③ 盛档，《王勋致陈荫明电》，1912 年 1 月 14 日。

④ 盛档，盛宣怀《致李维格函》，1912 年 1 月 21 日。

⑤ 盛档，黄兴《致盛宣怀电》，1912 年 1 月 22 日。

⑥ 盛档，盛宣怀《复黄兴电》，1912 年 1 月 24 日。

通融"，只有"三井曾有华日合办之说"可行，"除此实亦别无办法"①。可见，中日合办，是盛宣怀的意思，更是日本侵略者所企求的。所以在南京临时政府、汉冶萍公司与日本三井株式会社订立中日合办草约后三天，即 1912 年 1 月 29 日，日方向盛宣怀提出另一个"汉冶萍公司中日合办草约"12 款，盛及其签押代表李维格，只将第十款"华日合办已由中华民国政府电准汉冶萍煤铁厂矿有限公司，立将此办法通知股东"中的"已"字改为"俟"字②。也就是他给李维格的指示："敝总理俟民国政府核准后，再行签押。"③

以上事实说明，盛宣怀是赞同中日合办的④，不过是要等南京临时政府核准后签押而已。然而当国内人士起而反对中日合办时，盛宣怀却完全归咎于革命政府。他一则说："南京政府困于军糈，东人趁机煽惑，遽将汉冶萍公司准归华日合办，先与三井在南京订约，即派其代表何天炯来……一琴持何（天炯）凭函迫令承认；黄克强复来电责我观望。正月二十九日日人小田切以草合同勒逼签字。"⑤ 再则说："昔年轮、电商资官夺，已不合例，此次强汉冶萍为合办，招商局借巨款，共和攘力甚于专制。"⑥ 盛宣怀装成清白无辜者：什么"迫令承认""责我观望""勒逼签字"，多么可怜；而把南京政府说成是受"东人煽惑""遽准合办""攘力甚于专制"！

不仅如此，盛宣怀还扮演了废除"中日合办草约"的英雄。他首先把 1 月 26 日宁约与 1 月 29 日在神户小田切"勒逼签字"的草约区别开来，说孙氏"若批准（废约），实系沪三井之约，是与公司无干，孙所准者，孙驳之，似尚易废，或可不待股东议决即已可废。若批准系二十九草约，

---

①　小田切《复盛宣怀函》，1912 年 1 月 24 日，《史料选辑》第 298 页。

②　盛档，《汉冶萍公司中日合办草约》（神户），1912 年 1 月 29 日。

③　盛档，盛宣怀《致李维格》，1912 年 1 月 29 日。

④　这里需要澄清一下所谓"盛宣怀出卖汉冶萍"的问题。1912 年 1 月部日也就是三井与南京临时政府签"宁约"的那天，上海同盟会《民立报》刊登一则发自东京的消息，说盛宣怀为"求增外资，意欲三厂立于清日共营之下……"，将"求增外资"矢之于盛氏，于是有了"盛宣怀出卖汉冶萍"的误传。紧接着上海《天铎报》、《译文汇报》均作了澄清式的客观报道（见《实业函电稿》下册，第 907—909 页）。就事论事如本节所述，此事起因于南京临时政府为筹集军饷等款项，盛宣怀始而反对，后来才同意的。

⑤　盛档，盛宣怀《致吕幼舲函》，1912 年 2 月 26 日，《壬子亲笔函稿》。

⑥　盛档，盛宣怀《致吕幼舲函》，1912 年 2 月 27 日，《壬子亲笔函稿》。

须即开股东会议决，方能销废"①。这是他 2 月 24 日说的话，在这前一天
即 2 月 23 日孙中山已经下令废除了。但盛宣怀这一区分，废约英雄的文章
就好做了，用股东会名义来废约就不能算是马后炮了。请听他在两天后的
下面一段话。他与人书云：

> 鄙见汉冶萍系完全公司，照各国通例，不能以政府命令夺股东权
> 利，故交股东会议决，必能有效。弟已嘱总公司照办。日内亲赴东
> 京，将与日政府交涉。当尽以公司名义折之开脱民政府为上策。实则
> 皆民政府阶之厉也。各报仍归咎于我一人。唐少川对王阁臣云，恐于
> 共和受影响，故欲请公司出头销废。诗曰：兄弟阋于墙，外御其侮。
> 此时弟当以全力废约，再论别事。②

看起来多么正确！既博得了"全力废约"的美名，又可取得"兄弟阋
于墙，外御其侮"的顾全民族大局的声誉。1912 年 3 月 22 日汉冶萍股东
大会以 440 票全体反对中日合办。盛宣怀据此以"废约英雄"的姿态自神
户分别致书新任总统袁世凯、解职总统孙中山、国务总理唐绍仪及外务总
长、工商总长等人，说明汉冶萍股东大会否决了中日合办草约，并强调：
孙中山批准取消者为 1 月 26 日"沪三井与宁所订草约，非公司草约"，有
了这一次股东大会的否决，那才算是彻底取消了汉冶萍公司中日合办案。
这样，废除汉冶萍公司中日合办草约之功，就归于他盛宣怀了。这样，南
京临时政府成为订约"祸首"，盛宣怀则成了废约保产的"功臣"！

从表面上看，盛宣怀对待中日合办问题的言论并没有可以非议的，但
实际上搞汉冶萍中日合办勾当的，不始于南京临时政府，而恰恰是始于盛
宣怀。为了弄清事情真相，有必要作一历史的回顾。

还在 1911 年春，盛宣怀出于将自己投于汉冶萍公司的资本收回等原
因，又向日本正金银行提出 1200 万元的借款。盛与日的秘密交易，因恐日
方的苛刻条件，董事会很难通过，保路风潮和辛亥革命爆发而未能签订正
式合同。1911 年 10 月 28 日，盛宣怀离京去青岛转大连逃往日本途中，日

---

① 盛档，盛宣怀《致杨学沂函》，1912 年 2 月 24 日，《壬子亲笔函稿》。
② 盛档，盛宣怀《致吕幼舲函》，1912 年 2 月 26 日，《壬子亲笔函稿》。

本趁机将这位盛氏玩弄于股掌之上，沿途继续谈汉冶萍的有关问题，由原来的借款谈判，发展到借用日本力量保护汉冶萍厂矿免被革命所据，而提出了中日合办的谈判课题。

在武昌起义的后三天，盛宣怀即邀日本正金银行北京分行实相寺面谈关于汉冶萍公司之保护问题。盛说："据报汉阳兵工厂和铁厂，今晨已陷入叛军之手……可否乘此时机以该铁厂与日本有利害关系为理由，而由贵国直接与叛军交涉，设法予以保全，多望将此意转达贵公使加以考虑。"正在北京的公司协理李维格，也对实相寺作同样表示。然而，日本公使伊集院"对盛宣怀之处境，虽感同情，但以其所提出之要求，则涉及清朝与第三者之关系问题"，加之"将来与叛党间之关系亦须加以考虑"①，而暂持静观态度。革命形势发展极快，关于保护汉阳铁厂一事，盛宣怀"愈益积极展开活动"，他为取得日方"对保护汉阳铁政局做出确实保证，同时想乘此清廷急于筹措军费而穷极无策之际"②，正式提出由汉冶萍公司向正金银行借600万元的方案。伊集院经过武昌起义后十余天的观察，认为在此变乱情况下贷款可能担些风险，"但就其最终结果来看，总会有助于我方向汉冶萍公司伸展势力和确保权益"，故宜"不失时机……促其实现"③。为达到此目的，日本尽可能将逃亡中的盛宣怀控制在自己手中，不使美、德等国插手。盛氏从离北京时，日本人高木陆郎（盛宣怀顾问）等人即紧随左右。到青岛后李维格曾有去上海的打算，高木认为上海革命党势力甚大，既有受"压迫"之患，又"有泄漏秘密之虞"，故宜去大连并随即赴日本④。在这过程中，盛宣怀、李维格与日本方面不断地谈到由日本负责恢复铁厂生产和中日合办之事。1911年11月中旬，李维格同西泽公雄在逃离大冶的军舰上，谈到武汉地区"将来大有兵连祸结之虞"，策划"将汉阳铁厂所有一切机械设备全部迁往上海"日本所保有的浦东地区，"与日本合资，共同经营"⑤。小田切"自盛到达大连以来，天天与之会谈"关于铁厂生产、迁往上海合办等问题，并通过李维格说服盛宣怀一心一意地

---

①　上引文均见《史料选辑》第249—250页。
②　伊集院《致外务大臣内田电》，1911年10月24日，《史料选辑》第256页。
③　伊集院《致外务部内田电》，1911年10月24日，《史料选辑》第257页。
④　见《史料选辑》第247页。
⑤　西泽《致制铁所长官中村函》，1921年1月14日，《史料选辑》第268页。

依赖日本。小田切对此有一段记载：

> 李曾对盛痛切陈词，提出日本与公司关系近来愈益亲密，依赖日本保护之处甚多，故此时应改变以前态度，以完全依赖日本为好。因此，盛多次反复对本人所谈到者，不外关于汉冶萍公司问题，主要是同日本商量；同时，虽也和其他外国商谈，但那不过是一种外交手法而已。①

据上所述，盛宣怀与日本谈汉冶萍公司中日合办问题，仅是在南京临时政府提出借款合办问题之前三个月；当南京临时政府1912年1月中旬提出用汉冶萍公司筹款乃至中日合办时，盛不仅同意，而且对黄兴给他的电报未提"合办"字样提出质询；对于小田切在1月29日提交给盛氏的中日合办草约，他没有任何不同意的表示，只不过是将"已由中华民国政府电准"，改为"俟中华民国政府电准"而已。怎么忽然把"中日合办"说成是民国政府受"东人煽惑"而搞起来的呢？怎么可说这件事是"皆民国政府阶之厉也"呢？盛宣怀怎么又成了"迫令担认"的受屈者了呢？说穿了，"中日合办"只能让盛宣怀与日本来办，不能让南京临时政府来做。所以他极力把1月26日的宁约与1月29日的神户之约严格区分开来，也就是孙中山只能令宁约取消，小田切交来盛氏的草约孙中山无权过问。盛宣怀是非常想实现"中日合办"的草约的，请看他对唯恐不能"合办"的担心。他对李维格说：

> 孙总统的解职和袁总统的就任，严重地影响我们和日本人合办汉冶萍公司的新合同。按照合同上我的书面附言："俟民国政府核准后，敝总理再行加签盖印。"现在只有袁总统能作出这项批准；而我已从可靠来源闻知，他是不承认南京临时参议院的行动的。袁总统的批准，至为重要而迫切。请来见我，然后及早乘轮船前往北京，把合同送请袁总统批准。我是不可能前往北京的，这项必不可少的工作，只

---

① 小田切《致三岛函》，1911年12月26日，《史料选辑》第281页。

有由你承担。①

看来问题已够清楚了。盛氏一方面担心袁总统上台"严重影响"合办，催促李维格赶紧去北京请袁总统批准 1 月 29 日"中日合办"草约，认为这是"必不可少的工作"。另一方面，他又要李维格敦促日方尽力早办，他说："鄙见请阁下实告山本，如欲合办，须趁早取其核准实据，过此以往，更难着手。"②其要求早订汉冶萍中日合办正约的迫切心情于此可见。这种"心情"，还可找一旁证。他在 2 月 23 日孙中山下取消令的次日与友人书云："论汉冶萍生意，合办必好，日本用钢铁最多，可不买欧铁，余利必厚，于中国实业必有进步。但舆论必不以为然，我故不肯起此念。"③"合办必好"是其真意，"惧怕舆论不以为然"也是实情，但"不肯起此念"却是假话，据前文所述已早"起此念"了。他之所以这样讲，因那时国内反对"华日合办"之声浪已经很高了。

盛宣怀在时过境迁之后，又进一步为自己洗刷并表明自己的正确而致函袁世凯亲信杨士琦说：

> 汉冶萍久困，财力不足，矿产抵押尚不敢为，况合办乎？此次南京发轫，何天炯奉命力迫成议，下走坚持，而三井持宁政府已准之约，以全权与公司交涉，势不能拒。弟幸未签字盖印，且于公司草合同末条声明：民国政府核准后须股东会议决方能知会日商。舆论哗然早在意中。④

从其"矿产抵押尚不敢为，况合办乎"一语，明显看出盛宣怀非常忌讳他实际早已酝酿的"中日合办"，而尽力说明自己是被迫的。事实上，中外合办企业并非不可为，利用外资和外国先进技术达到发展自己工商业的目的，是有利的。问题是半殖民地的中国老是吃外国资本主义侵略者的

---

①　盛宣怀《致李维格函》（原件为英文），1912 年 2 月 20 日，见《辛亥革命前后》第 250 页。

②　盛档，盛宣怀《致李维格函》，1912 年 2 月 21 日，《壬子亲笔函稿》。

③　盛档，盛宣怀《致杨学沂函》，1912 年 2 月 24 日，《壬子亲笔函稿》。

④　盛档，盛宣怀《致杨士琦函》，1912 年 3 月 18 日，《壬子亲笔函稿》。

苦头，因而特别警惕外资侵入"执权"，盛宣怀也曾是反对外资入股者。在办铁路时，他宁愿借洋债不招洋股就是一例①。但随着中国半殖民地日益深入，清政府日益成为侵略者的驯服工具，盛宣怀的官阶却日益晋升。借款办企业也无法免于洋人执政的命运，汉冶萍公司的成立及其发展是一个典型事例。这种情况下，适逢辛亥革命，盛氏为了保产就必然依靠他久已赖借款以支持企业维持发展的债主了。一笔又一笔的债款，已使日人有反客为主之嫌，草约在董事、总协理、办事员、查账员等关键性职位问题上规定中日各占一半或日本人接近一半，这样汉冶萍公司不是真的要为"日人所有"了吗？这一点盛宣怀是明白的，不过是明知之而犹为之罢了。这种在疾风骤雨的革命风暴面前为了自身利益而仰赖外国资本主义鼻息的举动，可说是中国近代史上带规律性的问题。丑事虽没有办成功，其错误的思想言行却有必要给予应有的批判。

三　在孙中山与袁世凯之间

所谓"在孙中山与袁世凯之间"，实际就是盛宣怀在袁世凯篡夺政权后对待反革命和革命的爱憎分明的态度。盛宣怀一生主要以发展维护他的实业企业为准则言行，但到辛亥革命时却一定程度地超越这一准则了。如果说在汉冶萍公司中日合办问题上，他为了免受破坏而依赖日本保护，政治上的反对革命"超越"经济上的维护的话，那么，在辛亥以后尤其在"二次革命"中，乃至在他对待孙中山和袁世凯两人的态度上，则更明显地"超越"了他一贯坚守的"准则"。

盛宣怀是善于抓关键问题的。孙中山解职、袁世凯上任后，舆论界有着盛、袁"交恶"的议论。远在日本神户的盛氏向报界发表声明，说他与袁氏并非社会上所谣传的两人间矛盾很深，而是向来就亲密无间的，他指出：（1）袁氏不是政敌。"袁总统与余二十年前老友，虽为同朝官，然于甲午之前，袁使韩国，盛官直东。其后袁开府入赞枢廷，盛往来沪汉，总司路矿。一在政治，一在实业，安得谓之政敌。"（2）招商局并非袁夺盛权。"招商局盛督办三十年，系北洋大臣李鸿章所派，后因丁忧辞差，袁任北洋大臣时，改派杨士琦总理，非夺也。"（3）借着李鸿章的亡灵抬高袁世凯的威望说："袁世凯素为李鸿章特识，逾于寻常。东学党之衅，胃乱……而升迁尤速……辛丑年李鸿章临终遗折力保袁世凯为替人。"故"袁世凯为李鸿章所恶"① 的说法是完全无稽之谈，等等。以上三点声明，一、三两条确是事实，如果是"政敌"，1901 年盛宣怀就不会极力推荐袁继李鸿章的直督之任，也不会在 1911 年武昌起义后竭尽全力请被罢黜的袁氏出山；如不出山，继孙中山之后的大总统谁属就很难说一定是袁世凯了。但盛否认招商局的争夺战②却完全是假话，这也是盛宣怀在袁任总统后放心不下的一块沉石。其实袁世凯已经当上了总统，区区招商局小事没有必要耿耿于怀，他一则是要稳住总统的地位，二则"普天之下，莫非王土"了，将招商局再一次夺归己有，还不是探囊取物吗？只要盛宣怀在孙与袁也即革命与反动之间，反对前者支持后者，过去某些芥蒂均可置之度外。从盛宣怀的历史来看，他必然本能而自觉地去符合袁世凯的期望的。兹举数例。

第一，在招商局、汉冶萍公司问题上继续扬袁抑孙。盛宣怀反对南京临时政府拟用招商局向日本抵借 1000 万元，以及在汉冶萍公司筹借巨款和"中日合办"上所耍的手法，其根本目的在于在财政上困死革命政府。这可见于他肯答应从被没收的财产中拿出 30 万兀作赈灾之用，但对革命军需却分文不给。他在痛诋南京临时政府"共和攘力甚于专制"之余，将孙、袁作比较说，"民政府力摧实业公司，汉冶萍、招商局几乎不能保全。幸赖项城之力"③，得以维持。又说："招商局幸蒙袁总统主持保护，此皆泗州（杨士琦）之力，令人钦佩无地。"④ 接着不久，盛宣怀又系统地在招商局、汉冶萍公司问题上对孙、袁进行颠倒是非的褒贬而与友人书云：

---

① 盛档，盛宣怀《向报界发表关于与袁世凯关系书面声明》，1912 年 3 月。
② 参见本书第十三章第三节。
③ 盛档，盛宣怀《致张仲炤函》，1912 年 3 月 13 日，《壬子亲笔函稿》。
④ 盛档，盛宣怀《致王子展函》，1912 年 3 月 18 日，《壬子亲笔函稿》。

招商局孙、黄将欲强夺抵押一千万元,幸蒙(袁)总统大力保全,天下称颂。汉冶萍孙、黄先与日本订合办之草约,幸敝处在加一续约,声明须俟政府核准再加股东会通过……卒之股东开会不赞成而废草约。今又生此风浪(指鄂省欲将汉冶萍公司收为公产——引者注),若非我总统正言维持,何能解围。①

总之一句话,盛宣怀的意思是,孙、黄是招商局、汉冶萍之摧残者,袁世凯是维护者。过一年余,盛宣怀又将共和、专制相提并论,并再次攻击孙、黄说:"汉冶萍钢铁业关系富强,专制、共和两政府均漠视之。航业先为各国侵占,所补救者十之三四,遭乱损失已巨,几为孙、黄所夺。"② 当粤商刘学询拟购买承办招商局时,盛又诬称"刘学询乃孙、黄所使"③。于此可见盛宣怀对革命和孙、黄衔恨程度之深了。

第二,反对"二次革命"。逃亡日本胆战心惊的盛宣怀,在"袁、孙交合,心绪较宁"④ 之后,于1912年10月从日本回到上海。不久于1913年3月发生了袁世凯刺杀宋教仁案,革命党人从而发动了"二次革命"。盛宣怀在"二次革命"中,从保护他的经济实业出发,在政治上把反对革命置于第一位,与革命党人为敌。

他侮称:"近日党人需饷甚急,不能忘情于汉冶萍及招商局,先从报纸谣言,函来索借,甚至以反间为要挟,以手枪炸弹为恫吓。无所不至。"⑤ 于是他一方面"托词赴青岛,杜门谢客",实际上对"两公司安危关系","暗中主持,保全万一";另一方面,他向袁世凯的反动军队供军饷,送情报,说"彼党并无能战之兵,且此次人心与前不同(指辛亥革命——引者注),当视兵力为转移",但驻上海的"北军太单",难以任保护商民生命财产之责,只要派数千"雄师早至,不难顷刻化有事为无事";北军来时,"若过吴淞炮台恐海军力不足护,似可在川沙等处上岸"⑥ 必可

---

① 盛档,盛宣怀《致孙慕韩函》,1912年7月15日,《壬子亲笔函稿》。
② 盛档,盛宣怀《致山东股东观察使吴永函稿》,1913年8月22日,《癸丑亲笔函稿》。
③ 盛档,盛宣怀《致吴永函》,1913年8月22日,《癸丑亲笔函稿》。
④ 盛档,盛宣怀《致上海吕幼舱函稿》,1912年9月7日,《壬子亲笔函稿》。
⑤ 盛档,盛宣怀《致杨士琦》,1913年7月22日,《癸丑亲笔函稿》。
⑥ 盛档,盛宣怀《致杨士琦》,1913年7月22日,《癸丑亲笔函稿》。

得手。

　　盛宣怀把镇压"二次革命"放在首要地位，毫不隐讳地说把"二次革命"镇压下去，"不特纾目前之急祸，并可除永远之根株，政府似未可视为缓图"；否则，"养痈成患，滋蔓难图，此之谓也。招商局轮船被拿，汉冶萍厂矿莫保，犹其事之小焉者也"①。这里明确地说明他政治上反对革命是基本的，保护经济实业是附带的，是"事之小焉者也"。

　　为此，盛宣怀不惜依靠帝国主义的力量以反对革命。在"二次革命"中，有不少轮船在革命军控制范围之内，盛说："'江永'、'固陵'两轮扣留湖口，今得闽电，又将留我两轮供彼遣用，其余各船开出未回者，能否平安殊难逆料。其所踞之炮台，局船经过，难免轰击。"为了避免遭受"轰击"的命运，避免"为彼攘夺"和"勒赎变卖"而对彼军有利，他根据中法、中日和八国联军入侵中"暂换洋旗得以无恙"的经验，决定托汇丰"暂换洋旗"②。这遭到革命军的坚决反对，给予了"如该局悬用外人国旗"，即"视为奸宄，察获充公"③ 之类的严令，而未果行。如果说甲申、甲午、庚子三次换旗，是在民族战争中对付当时外来主要敌人不得已采取的措施，尚有一定的积极意义的话，这次却完全是对付革命的反动措施了。其他如电报局也有想依洋人保护的行为，盛宣怀谈起此事说，上海"电局前日党举唐元湛进踞，昨日袁长坤请于领事，以洋巡捕到局纳袁逐唐，电局方得保全。可见诸事仍须外交团相助"。④

　　第三，对待袁与孙、反动派和革命派爱憎分明的感情。除上述第一、第二两点所讲已可看出这种思想感情之外，这里主要列举以下几点事例加以表述：

　　（1）作为"二次革命"导火线的宋教仁被暗杀案发生之后，盛宣怀凭着灵敏的嗅觉与人书云："总统移驻南海，示天下以镇定，此种手段（非）妙手何得之。宋案之后，谣言虽多，以弟看来，外强中干，人心不齐，断无用处。"⑤ "二次革命"战争兴起不几天，就被他咒骂为"革命流毒，忽

---

① 盛档、盛宣怀《致孙慕韩函》，1913 年 7 月 25 日，《癸丑亲笔函稿》。
② 盛档，盛宣怀《致杨士琦》，1913 年 7 月 22 日，《癸丑亲笔函稿》。
③ 盛档，陈其美《致轮船招商局令》，1913 年 7 月 20 日。
④ 盛档，盛宣怀《致杨士琦函》，1913 年 7 月 22 日，《癸丑亲笔函稿》。
⑤ 盛档，盛宣怀《复孙慕韩函》，1913 年 4 月 11 日，《癸丑亲笔函稿》。

又剧作。各报所登檄文，毫无正当名义；人心厌乱，决无响应之机，江南都督绝无预备，非其能也"，他祷祝"大军南下，指日荡平"。当他得知上海制造局之战，"陈其美所部死亡枕藉"，"北军以少胜众"时，喜形于色地称赞"将士用命，与前年大不相同"①。期望革命速败，反革命速胜！

（2）抑孙扬袁的态度非常鲜明。曾被袁世凯"屏逐"并为轮、电两局与之进行过争夺战的盛宣怀，如本章第一节所述，在辛亥革命中对袁寄予厚望。迨袁世凯窃夺了革命果实，除特意澄清这件"争夺战"外，处处表彰袁氏。尽管他曾指责过袁世凯"援引私人"，才力有余而道德不足；尽管袁世凯对盛的"示好之意"，有过"彼与我角力有年矣，何尚有面目作此言"②的奚落，但盛宣怀还是一意逢迎，除称"项城实一世之雄，论其才识经验断无其匹"等等之外，对于"中外皆恐其道德不足"的人，斥之为"以小人之心度君子之腹"③，并为其解释说："其实，现处君人之位，且三千年来第一人之位，何必再以机械胜。"④ 他还吹捧："项城措置大局，举重若轻，实超轶乎汉高、宋祖而上之，方之华盛顿、拿破仑亦有过无不及。其所最难者，兵不血刃，而一班自负伟人，均能从容从命，其用心亦良苦矣。然其积德累仁，亦无可比拟。"他衷心祝愿袁世凯为首的"正式政府告成，当必能扩充用人之道，使人才辈出，再造天下"⑤。这里所谓"再造天下"，就是建立封建专制反动统治的同义语。果然如此，他在讲这段话的两个月前已经点破这个意思了，他献策说：

　　　所望正式总统多用几个人才。破坏之后早图建设，以收中外人心，则共和亦可，专制亦可。邂初没后，闻前途自知若辈皆少经验，难期内阁。拟竭力运动唐南海再任总理，梁三水引为己任。大局安危且看将来用人如何耳！⑥

---

①　盛档，盛宣怀《致孙慕韩函》，1913 年 7 月 25 日，《癸丑亲笔函稿》。
②　刘体仁《异辞录》卷 4。
③　盛档，盛宣怀《致天津孙慕韩函》，1912 年 5 月 13 日，《壬子亲笔函稿》。
④　盛档，盛宣怀《致天津孙慕韩函》，1912 年 5 月 13 日，《壬子亲笔函稿》。
⑤　盛档，盛宣怀《致孙慕韩函》，1913 年 6 月 20 日，《癸丑亲笔函稿》。
⑥　盛档，盛宣怀《复孙慕韩函》，1913 年 4 月 11 日，《癸丑亲笔函稿》。

"共和亦可，专制亦可"一语，很明显是在启发袁氏实行"专制"，而且实行"专制"，不必害怕，宋教仁死后，"少经验"的革命党人"难期内阁"；内阁人选还不是清朝的遗老遗少唐绍仪、梁士诒之类的人吗？盛宣怀又进一步告诉袁氏一个信息，这些清朝的旧人马是不会与革命党合作的，例如，"少川本为中山等举总统，云阶则为克强所举，实皆观望"①。民党既"少经验"，孙、黄嘱意的旧官僚又"皆观望"，因此袁世凯放心地向"专制"迈进好了。只要用人得当，定能成功。至于"用人"是否包括盛宣怀，据盛自己说，袁世凯在 1912 年冬曾"派一心腹来劝我到京帮他"，因自己"老而且病，决计不再入政界"② 而未去。盛宣怀愿不愿再入政界及袁世凯是否请他入幕，这与我们的论述无关紧要，但从此却可说明袁、盛关系之深，无怪盛宣怀对袁世凯的反动事业那样密切关注和献计献策。

然而，盛宣怀对于孙中山却完全是另一态度。从历史看，盛宣怀与孙中山也有过一段相当不错的关系。1894 年初夏，孙中山北去津京上李鸿章书，曾由郑观应等人荐于盛宣怀，请盛转荐于李鸿章③。1900 年 10 月间，孙中山策划成立中央政府，即推荐盛宣怀主持内政，与杨衢云、李纪堂、何启、容闳、孙中山并列为六大委员④。孙中山即将辞总统职之际，对于盛宣怀所说"中华之民穷困极矣！非洞开门户，大兴实业，恐仍不能副公挽回时局之苦心足民大计必从实业入手，路矿圜法尤其大者"⑤ 之议论，报以"执事伟论适获我心"的赞许；并虚怀若谷地说："弟不日解组，即将从事于此。执事经验至富，必有以教我也。"⑥ 这些表明孙中山对盛宣怀是很重视的。但这时盛宣怀的一系列表现，却有负孙中山的期望。此时，他一方面称赞孙中山"造路以二十万里为断"是"伟论"，称颂孙中山"为文明之代表"，并提出"分别先后次序，由近及远，由内及外，路成一

---

① 盛档，盛宣怀《致孙慕韩函》附稿，1913 年 7 月 25 日，《癸丑亲笔函稿》。
② 盛档，盛宣怀亲笔字条，1913 年。
③ 参见《郑观应传》（修订本），第 166—168 页。
④ 见《孙中山全集》第一卷，第 202 页。
⑤ 盛档，盛宣怀《复孙中山函》，1912 年 3 月 8 日，《壬子亲笔函稿》。
⑥ 盛档，《壬子亲笔函稿》附《孙中山来函》，1912 年 3 月 15 日。

节，工商兴旺一节，将来必藉腹地之利源，挹注边陲之用费"① 等不为不好的建议；但另一方面，却蔑视孙中山说：

> 去秋反沪后，中山曾晤两次，彼极言铁路国有政策相合；及论办法，中山意在悉以托诸各国，较我借款造路更进一层，非不痛快，将来流弊何可胜言。总之，有理想而无经验，不足与谋也。②

孙中山的铁路国有政策，即使如盛氏所说是"悉以托诸各国"，那也是孙设想在独立的共和国的前提下进行的，怎么可以与盛宣怀四国借款以实行铁路干线国有而实为帝国主义所有相提并论呢？盛宣怀有几十年办实业的经验这是事实，但盛氏在日本时，不是曾向孙中山表示，在实业上"与下走平生怀抱不谋而合"，回国办实业，"操之纵之，下走皆唯命是从"③ 吗？怎么回国不久，即对孙中山持"不足与谋"的态度了呢？这种不愿与孙中山合作的表现，同他对袁世凯那样热情支持，形成了鲜明的对照。其他如上节说到的盛氏诋毁"民政府力摧实业公司"，招商局、汉冶萍的保全"幸赖项城之力"等等，憎与爱的感情，这里就不加赘述了。

尤有进者，孙中山对盛氏的处境非常同情，函告盛说："执事以垂暮之年，遭累重叠，可念也！"并表示对盛氏被没收的财产，当"保护维持。倘能为力之处，必勉为之"。至于盛与袁的关系，孙说，"现在南北调和，袁公不日来宁，愚意欲乘此机会，俾消释前嫌，令执事乐居故里"④，以度晚年。孙对盛可谓厚矣。盛宣怀也不得不对孙中山的关心表示感激说："吴中祖业蒙公保护维持，加人一等……已承通饬各处，藉以保全，使敝族数百家均沾大德，感悚尤深。"⑤ 虽在稍后还他曾向孙中山表示"鄙人承公厚爱，将来敝业如有规复之期，凡有委托，必当图报"⑥，但暗地里却仇怨在胸。而他对袁世凯却是另一景象。当盛宣怀得悉袁世凯对"南来诸人

---

① 盛档，盛宣怀《致孙中山信稿》，1912 年 9 月 29 日，《壬子亲笔函稿》。
② 盛档，盛宣怀《致孙慕韩函》，1913 年 6 月 20 日，《壬子亲笔函稿》。
③ 盛档，盛宣怀《复孙中山函》，1912 年 3 月 8 日，《壬子亲笔函稿》。
④ 盛档，愚斋《壬子亲笔函稿》附《孙总统来函》，1912 年 2 月 23 日。
⑤ 盛档，盛宣怀《复孙中山函》，1912 年 3 月 8 日，《壬子亲笔函稿》。
⑥ 盛档，盛宣怀《致孙中山函》，1913 年春。

（指随南京临时政府迁北京的一些人——引者注）尚多不满意于庆、泽、那、盛，总统力辟之始息"；和袁世凯要他"目前不如暂在日本，所有财产允为尽力保护"等信息时，"不胜感激零涕"，说这"岂仅一人一家之私谊，足以感动人心，实亦为将来出资办事者劝"①。这些话不是表面文章，观于前面叙述的那些事例，盛是对袁氏真心诚意的"感激零涕"。

　　据上所述，盛宣怀的爱憎分明的感情和两面手法，绝不是个人好恶，而是阶级利害所决定的。因此，盛宣怀对孙中山"以一手变天下如反掌，即以一手让天下如敝蓰，皆以为民也"②的称誉，就是为革命派失去政权、反革命窃取政权庆贺，为革命向反革命妥协庆幸。这种心情，无怪有人说"杏翁最怕革党"③！

四　走完"U"字形路程

　　综观盛宣怀一生的言行，矛盾很多，变化也不小，但万变不离其宗，那就是"办大事"、"作高官"，也就是为了捞取、保护和扩大经元善称之为"夜明珠"的轮船、电报、矿务、邮路、邮政、纺织、银行，乃至举办培养新式人才的专业中等和高等学堂。随着他的经济实力的增强，官阶不断高升，使他能用官力把这些企事业联缀起来，形成初具规模的带垄断性的经济体系。官阶的高升需要清王朝的赏识，也要得到帝国主义的青睐。这就规定盛宣怀对外国虽有抵制和竞争，但到后来加深了自身原妥协性；也规定他在政治上站在人民的对立方面，到辛亥革命时坚定地与资产阶级民主革命为敌。盛宣怀这个人，可以说是"一个本质，多种表现"。抵制与妥协，争斗与缓解，他在经济经营上基本符合历史发展趋势，政治上却是保守的、违反历史潮流的。到 1911 年他任邮传部尚书、大臣，用官力联缀起来的企图实行官僚垄断的经济体系，尤其表现在"实为帝国主义所有"的铁路干线国有上，很难区分其经济政治间的进步与反动了。

---

① 盛档，盛宣怀《致孙慕韩函》，1912 年 7 月 15 日，《壬子亲笔函稿》。
② 盛档，盛宣怀《复孙总统函》，1913 年 3 月 8 日，《壬子亲笔函稿》。
③ 盛档，盛国华《致盛宣怀函》，1913 年 7 月 23 日。

然而，清王朝垮台了，盛宣怀的高官也不存在了，用官力联缀起来的经济体系解体了。袁世凯上台当总统，盛虽表示拥护，但他毕竟不是袁的依靠对象，加上年纪也老了，再做大官的可能没有了，因此用官力把企业联缀起来实现垄断的经济体系的可能性也没有了。尽管他有如本章前两节所述的政治上那些保守甚至反动表现，但从宏观上看，盛宣怀又回到了原来一般资本家的地位，对企业的干预也不过是董事、经理、会长等等的身份而已。这一过程，如果形象化地表达，是一条"U"字形的路，这条路到他去世的 1916 年走完。

首先是他对轮船招商局的控制权大大减弱。盛宣怀是招商局主要创始人之一，1885 年任督办后招商局是其基本的经济基地，中间虽被袁世凯夺去六年，但盛对它的影响力仍然很强，1909 年就将其轻易地夺了回来，并破清朝惯例地以右侍郎的高官任了一个工商业机构董事会的主席。辛亥革命后，招商局甚为萧条，郑观应曾描绘其景象说："董事已纷纷告退，而营私更无忌惮……商局（处于）危急存亡之秋。"[1] 幸赖郑观应、庄得之、张仲炤等人组成招商局股东维持会才得以维持下来。但虽经郑观应等人认真整顿，股票价格仍只有 110 两，距离原来每股 200 两之数很远。盛同意郑观应提出的"如有华商出价八百万，股东每股可收回价银二百万两，不若沽之"[2] 的建议，但不能卖给洋人。其为商民着想是明显的。

在当时，盛宣怀实际上还在与袁世凯为招商局而争斗，盛氏还是有着民族性、积极性表现的。对于招商局处理有两种意见：一是以杨士琦为代表，主张由政府接收和管理；另一种是郑观应、庄得之等人主张由华商收买或包办。杨士琦的主张，即是仍由袁世凯控制招商局的老办法；盛宣怀毫不犹豫地支持后者。两种主张可以说是 1903 年到 1909 年盛宣怀与袁世凯为轮、电两局所进行的"争夺战"在新的历史条件下的继续，因而还是盛与袁的矛盾表现。盛宣怀为了避免政府"强权干预"招商局并将之收归政府管理，指示郑观应"速立股东维持会，结大团体，重举董事"[3]。他尽

---

① 盛档，郑观应《致盛宣怀函》，1912 年 2 月 7 日。
② 盛档，郑观应《致盛宣怀函》，1912 年 6 月 7 日。
③ 盛档，盛宣怀《复郑陶斋函》，1912 年 8 月 16 日，《壬子亲笔函稿》。

管有着"一班粤人盘跟其中，终难整顿"① 的对粤人的厌恶之辞，但还是希望郑观应"联合唐（国泰）、谭（国忠）及林竹部诸粤股，会合各省股东，为阋墙御侮之计"，也就是对付袁政府的接收。盛宣怀为了达到改组商办由自己控制招商局的目的，特别注重"会合各省股东"的问题，因为这是扩大自己力量重要的一着。所以他在"会合各省股东"句旁注云："并请与各省合为一体，勿分省界。"② 这就是要联合各省股东力量，把招商局改组为完全商办的新公司，并通过改组仍由盛宣怀一派人掌握。当然盛宣怀知道再像过去那样独揽大权绝无可能，必须推袁氏代表领头。所以他颇有自知之明地对人云："我国只此区区实业，若并此失败，更何以劝将来。闻各股东以鄙人老马识途，欲举会长，衰老之躯，奚能为力，如有此举，拟推泗州（杨士琦——引者注）为长，吾为次。"③ 这可以减少来自袁世凯方面的阻力。另一方面，为了缓和与粤帮的矛盾，拉紧号称粤帮泰斗的领袖人物郑观应，说"阁下系创始伟人，能仍入董会，方于大局有益"④。后来的事实证明，这些果然奏效。经郑观应等人多方努力张罗，于1913 年 6 月 22 日招商局股东大会上，盛宣怀与杨士琦、王存善、周晋镳、唐德熙、傅宗耀、陈猷、施亦爵、郑观应等九人当选为董事。按照盛宣怀的预期，杨士琦为会长，盛宣怀为副会长。袁世凯势力处于主导的方面。

盛宣怀经过革命的打击，仍能当上招商局董事会的副会长，实非易事。这固与郑观应等人的活动支持、盛本人对各种力量平衡适当有关，其根本上是同盛氏仍坚守以实业为重的一贯主张联系着的。他在政治上销声匿迹了，但对办实业还是积极的。诚如他说的："归国后故园独处，书画自娱，如梦初醒，不欲知秦汉以后事。"⑤ 其实，即使他"欲知秦汉以后事"，客观形势已不允许他在政治上有所作为。对经营实业，贾其余勇是适当的。还在日本时，他即致书程德全说："共和统一，锋镝潜销，正可与斯民休息，徐图自强。然自强必根于富足，富足必生于实业。"⑥ 因此，

---

① 盛档，盛宣怀《致孙幕韩函》，1913 年 6 月 20 日，《癸丑亲笔函稿》。
② 盛档，盛宣怀《复郑陶斋函》，1912 年 8 月 16 日，《壬子亲笔函稿》。
③ 盛档，盛宣怀《致孙慕韩函》，1913 年 6 月 20 日，《癸丑亲笔函稿》。
④ 盛档，盛宣怀《复郑观应函》，1913 年 5 月 11 日，《癸丑亲笔函稿》。
⑤ 盛档，盛宣怀《致吴蔚若函》，1913 年 2 月 18 日，《癸丑亲笔函稿》。
⑥ 盛档，盛宣怀《致程雪楼函》，1912 年 3 月 18 日，《壬子亲笔函稿》。

他说："实业如航业、铁业已成之局，似不难于保守。"① 这种思想观点还是可取的。

盛宣怀在整顿招商局的同时，也着手于汉冶萍公司的经营。他认为孙中山要大举办铁路这是好事，"然铁路打算要大举，钢铁厂断无轻忽之理"②，主张大力举办汉冶萍公司。为赶速恢复，他向孙中山建议说：

> 钢铁关系自强，需本甚巨，华商心有余而力不足，恐非政府与商民合办不能从速恢张，以与欧美抗衡也。③

由于从"自强"、"抗衡"欧美的思想出发，盛宣怀在 1913 年被任为汉冶萍公司会长以后的几年中，力主自办，反对政府的中外合办钢铁业之议。他一则说："今日钢铁世界，吾将赖以富天下，何可让人！鄙见宁将他事稍予通融，铁厂必当与盐同例，删除合办律。"④ 再则说："去年（1913 年——引者注）部定矿律，五金矿均与外人共之，弟亟著钢铁刍议，力请铁矿必宜专利，不宜为外人攘夺……兹闻政府省悟，拟提出钢铁自办。无论国有或（官商）合办或商办，均在门内，将来利益不难与英、美相埒，居于丝茶之上。"⑤

反对中外合办主要是针对日本说的。这时第一次世界大战爆发，日本有乘机挥戈西向中国之势。盛宣怀特意提醒时任外交总长的孙宝琦说："东事发生，外部必更棘手。惟望欧战早停，中立不致败坏。近邻不怀好意，触之即动，似宜小心。"同时，他对汉冶萍公司提出"以外债图扩充，以铁价还日款，以轨价充经费"⑥ 的方针。1915 年当日本向袁世凯提出实质上要灭亡中国的《二十一条》中涉及汉冶萍公司中日合办问题，盛宣怀表示坚决反对，他对于小田切的"公对此问题反对甚力"⑦ 的质问而复

---

① 盛档，盛宣怀《致吴蔚若函》，1913 年 2 月 18 日，《癸丑亲笔函稿》。
② 盛档，盛宣怀《致孙宝琦函》，1912 年 9 月 19 日，《壬子亲笔函稿》。
③ 盛档，盛宣怀《致孙中山函》，1912 年 3 月 30 日，《壬子亲笔函稿》。
④ 盛档，盛宣怀《致孙慕韩函》，1914 年 7 月 3 日，《甲寅亲笔函稿》。
⑤ 盛档，盛宣怀《复鄂巡按使段》，1914 年 11 月 28 日，《甲寅亲笔函留稿》。
⑥ 盛档，盛宣怀《致外交总长孙》，1914 年 9 月 26 日，《甲寅亲笔函留稿》。
⑦ 小田切《致盛宣怀密电》，1915 年 3 月 6 日，《史料选辑》第 567 页。

书云：

> 合办一节，股东势必始终反对，非弟一人所能独断。弟为贵国设想，一国合办，必致各国效尤加以股东必有大欲存之（焉），将来他国合办之局，一无牵制，比较成本，我重彼轻，诸厂跌价争衡，恐日商有损无益，公宜为日商计较实在利益，幸勿徒骛虚名。①

　　尽管信中有为日本商人利益着想的一些套话，但其反对在日本控制下"中日合办"的思想是真实的。当然，高木陆郎有过公司当局对中日合办要求"均表满意，而盛氏尤其显得高兴"② 的记述，但关于他当时同意用梁士诒办的通惠公司的内债维持汉冶萍公司之事，似未可信。当日方"不信通惠有此余力"时，盛斩钉截铁地答以"若果有此能力，则汉冶萍必当签字"③。

　　据上所述，盛宣怀在民国初年到去世的几年间，其期望祖国富强、大办实业，尤其对办好招商局、汉冶萍这些关系国民经济命脉一类企业更为心切，使招商局等极力摆脱官僚控制，说："航业归国有而可与各洋商争竞乎？"④ 在对待汉冶萍公司问题上，他一方面承认过去所订合同，另一方面想方设法摆脱日本财团的控制。盛氏之所以在办实业上比之辛亥前夕表现较好，主要是由于他已失去半殖民地政府的大"官"，受帝国主义、封建政府的牵制制约较少，用"官"维系的经济垄断体系不复存在，他的实业家本色和本质很自然地要显露出来。招商局、汉冶萍固然是民族资本主义性质，作为资本人格化的盛宣怀仍不失为有民族性的资本家。

　　叙述到这里，要解决一个长期以来是非未清的问题，即民国政府没收了盛氏财产而又归还给他的问题。

　　根据本书对盛宣怀一生的全面论述，革命政府对他应该是在政治上批判，在经济上予以保护的。为什么政治上要予以批判甚至打击？这是因为

---

① 盛宣怀《复小田切密电》，1915 年 3 月 28 日，《史料选辑》第 568 页。
② 见《史料选辑》第 571 页。
③ 盛宣怀《致孙宝琦函》，《史料选辑》第 603 页。
④ 盛档，盛宣怀《致杨士琦函》，1914 年 3 月 30 日。

在他的后期，主要是20世纪初叶对外妥协性加深，导致实为帝国主义所有的铁路干线国有，从而爆发了辛亥革命，不打击批判就不能平民愤。为什么经济上应予以保护？这是因为他所办的企业基本上都是作为帝国主义、封建主义对立面而发展，符合历史要求的，仅仅因为他做了大官，用"官力"把这些企业联缀起来成为带有官僚垄断性的资本主义经济体系，而如本书第十四章第四节所说，盛的官不存在了，这个垄断经济体系也随之解体。在这种情况下，对各个企业来说它们是民族资本主义性质的，对盛宣怀个人来说，无论从其所任的职务——经理、会长、董事长、董事等职务看，还是从其如上所述的表现看，基本上回到了原来的民族性的资本家的地位和身份。

事实上，革命党人的主要代表人物孙中山、黄兴等人的态度是基本上正确的。孙中山表示："民国于盛并无恶感情，若肯筹款，自是有功，外间舆论过激，可代为解释。"孙中山并对于公司和盛氏私产被充公者，作了"动产已用去者恐难追回，不动产可承认发还"的允诺①。黄兴与孙中山的意见是一致的，他只是在得不到盛宣怀筹措军饷款项的"确切回答"、认为这是"不诚心赞助民国"情况下，才最后通牒式地警告盛氏说："即日将借款办妥，庶公私两益，否则民国政府对于执事之财产将发没收命令也。"② 盛宣怀对民国政府进行抵制并在经费上处处掣肘，这确是事实，民国政府下令没收其财产给予一定的惩戒也不是不可以，但后来发还其被没收的财产还是恰当的。当时人对此就有过评论，其中以时任南京临时政府实业总长张謇的见解较为公允，兹节录于下：

> 总之，盛于汉冶萍，累十余年之经营以有今日，民国政府对于该公司当始终扶助，不能因其为盛所经营，而稍加摧抑；即盛宣怀之私产，亦当通饬保全，以昭大公。至中日合办之说，则万不可行，未可因其以借款之故，稍予通融。③

----

① 盛档，陈荫明《复盛宣怀函》，1912年1月17日。
② 盛档，黄兴《致盛宣怀电》，1912年1月26日。
③ 张謇《为汉冶萍借款致孙总统黄部长函》，民国壬子（1912），《张季子九录·政闻录》卷4，页5、6。

由上所言，学术界曾有说孙中山主张发还盛宣怀被民国政府没收的财产，是其妥协性的表现，这是不正确的。应该认为，孙中山的见解是对的。至于盛宣怀把发还财产事主要归功于袁世凯，那无关于我们历史学上的科学论断。

叙述到这里，可以结束本书了，但在结束时必须引用盛宣怀在 1910 年所说的假如中国"有十个盛杏荪……"一段话加以评述，以为本书的结束语。盛宣怀说：

> 至责其（指盛宣怀——引者注）化私意而出公理，其所谓私者，创轮船与各洋商争航路；开电政阻英、丹海线不准越中国海面；建纱布厂以吸收洋纱洋布之利；造京汉以交通南北干路；恢张汉冶萍，以收钢铁权利；他人坐享海关道大俸大禄贻之子孙，我则首先入股冒奇险而成兹数事。私乎公乎？……试问天下有十个盛杏荪，实业便有数十件。可惜天下人才莫不鉴其吃亏，苦太甚，俱各援以为戒，竟无一人肯步其后尘！[1]

以上盛宣怀所谈轮、电、路、矿、铁、纺织等实业及其所历艰苦和所起的作用，均是事实，不能算是夸大，其实还应当加上创办中国自己的第一家银行、办第一所正规的工业大学和培养了一批新式人才，等等。所以，"天下有十个盛杏荪"一语，不能算是自负，但却只能说是有部分的道理。概括地说，他所办实业乃至教育事业，都是中国所迫切需要的，反映历史发展的要求和规律，如果有"十个盛杏荪"，多办几十个大型企业和新式学堂，中国社会的进步水平必将大有提高。至于说只是有"部分的道理"，因为盛宣怀在政治上追求做半殖民地半封建的高官，他就必然维护这个制度及代表这个制度的清王朝，而这正是资本主义所要否定的。盛氏所努力经营的资本主义工商业，需要民主政治制度与之相适应，但这恰恰是盛宣怀所反对的。这样，盛氏政治上所追求的东西，正是他应该反对的；他所反对的民主政治，正是他应该追求的。如果他在政治上变"追

---

① 盛档，盛宣怀《寄孙中丞（慕韩）函》，宣统二年三月二十九日，《庚戌亲笔函稿》。

求"为"反对",变"反对"为"追求",有这样的"十个盛杏荪",中国近代史的写法就不像今天的样子,《盛宣怀传》中相当大的一些篇幅,也必然是另一种写法!

附录 盛宣怀一生经历纪要

1844 年（清道光二十四年） 一岁①

继 1842 年 8 月 29 日屈辱的中英《江宁条约》签订之后，于本年 7 月 3 日（五月十八日）②中美《望厦条约》签订。10 月 24 日（九月十三日）中法《黄埔条约》签订。

11 月 4 日（九月二十四日），盛宣怀在江苏武进出生，字杏荪，又字幼勖，号次沂、补楼、愚斋，晚年号止叟、思惠斋、孤山居士、须磨布衲、紫杏等。兄弟六人，行长。

是年，父盛康字旭人，以庚子举人考中进士。

1845 年后（道光二十五年后） 二岁

洋货输入急剧增加，通商五口附近自然经济明显遭到破坏。另一方面各地农民起义频繁。

1850 年（道光三十年） 七岁

入塾读书。此后十余年读孔孟经书，据说"颖悟洞彻，好深湛之思"。

1851 年（咸丰元年） 八岁

洪秀全领导的拜上帝会起义，建号太平天国。

---

① 按中国传统习惯出生那年为一岁，即所谓"虚岁"。
② 括号内月日均为阴历。

1853 年（咸丰三年）　十岁

太平天国建都南京。

1856 年（咸丰六年）　十三岁

太平天国发生"天京事变"，由盛转衰。英国入侵（法随后加入），发动了第二次鸦片战争。

1858 年（咸丰八年）　十五岁

5 月（四月），中俄《瑷珲条约》签订。

6 月（五月），中英、中法、中美、中俄《天津条约》签订。

是年，后来成为盛宣怀至交的郑观应从澳门来到上海在洋行学习经商。

1860 年（咸丰十年）　十七岁

年初，太平军发动"围魏救赵"的杭州战役，势如破竹席卷江浙地区。与此同时，太平军摧毁江南大营后东征，沿常州、无锡东进，直指上海。上海势力正在酝酿"借师助剿"。

10 月（九月），中英、中法《北京条约》签订。

11 月（十月），中俄《北京条约》签订。

1860—1861 年（咸丰十年—十一年）

太平军进军苏、常、沪、杭，随祖父盛隆避居盐城，转辗至时任湖北粮道的父亲盛康处。后因其父由粮道改任湖北盐法道，会淮、蜀争引地，盛宣怀私拟"川、淮并行之议"，被采纳。父勉其从事"有用之学"。

1861 年（咸丰十一年）　十八岁

总理各国事务衙门建立。安庆内军械所成立。洋务运动开始。

盛宣怀居住于湖北粮道衙署内。

1862 年（同治元年）　十九岁

董氏来归。

1863 年（同治二年）　二十岁

12 月（十一月），长子昌颐出生。

1864 年（同治三年）　二十一岁

7 月（六月），天京被清军攻陷，太平天国失败。

1865 年（同治五年）　二十二岁

江南制造局在上海建成。曾国藩派容闳到美国购买的当时堪称先进的"制器之器"，江南制造局主要制造机器，是中国第一个机器制造工业。因此它是中国近代化的标志。

1866 年（同治五年）　二十三岁

8 月（七月），次子和颐生，出嗣于二弟宵怀。
11 月（十月），孙中山出生于广东香山（今中山市）翠亨村。
是年，回常州应童子试，中秀才。

1867 年（同治六年）　二十四岁

因侍奉祖母，未能参加秋试。
是年，因襄办陕甘后路粮台出力，湖广总督官文保奏，奉旨以知府尽先补用。
是年，赴湖北广济考察那里的煤矿，"乃知其地滨江"，考其地方志始知该山属官。
是年，盛康奉两江总督李鸿章命，"招股开张公典三十余家，以便劫后穷民"。盛宣怀协助之。

1868 年（同治七年）　二十五岁

8 月（七月），三子同颐生。

1869 年（同治八年）　二十六岁

读书之余，协助其父盛康在家乡设义庄、建义塾等事。

1870 年（同治九年）　二十七岁

10 月（九月），被杨宗濂荐入湖广总督督办陕西军务李鸿章幕，李派委行营内文案，兼充营务处会办，后奏调会办陕甘后路粮台淮军营务处，"嗣因克复洪岗等处贼寨案内"经绥远城将军定安保奏，奉旨以道员补用，并赏花翎二品顶戴。

是年，随李鸿章淮军从"剿回"前线东去天津处理天津教案。

淮军原驻上海，盛宣怀与其将士们交谈甚洽，获得许多从上海带来的新知识。

1871 年（同治十年）　二十八岁

畿辅大水，奉父命诣淮南北劝募，集资购粮，由沪赴津散发，是为办理赈务之始。

1872 年（同治十一年）　二十九岁

4 月（三月），奉李鸿章面谕，拟上轮船章程，主张集商资商办轮运以挽回航利。是为轮船招商局第一个章程，也是中国第一个商本商办企业章程。

6 月（五月），献议李鸿章、沈葆桢：请速在福建船厂造商船办轮船航运局，并详细陈述有利条件。李鸿章深韪其言，乃命会同浙江海运委员朱其昂（云甫）等酌拟试办章程。朱主张领官项，盛主张集商资。意相左。

1873 年（同治十二年）　三十岁

1 月 14 日（同治十一年十二月十六日），官办轮船公局成立。春，轮船公局酝酿集商资商办。意欲活动商局总办，未果。

7 月（同治十二年六月），官办轮船公局亏损严重，仍基本按盛宣怀所拟"轮船章程"的主张，改为轮船招商总局，唐廷枢任总办，徐润、朱其昂、盛宣怀为会办。盛兼管运漕、揽载。盛家"替出典当首先入股"。从此以后，洋务派从以办军事工业为主转为举办民用工业企业为主。这些民用工业企业，盛宣怀是主要经营者。

9月（八月），在百忙中应北闱乡试，报罢。

是年，被李鸿章派赴福州船政局考察，建议：（1）买西国机器比自造便宜，雇洋匠一二人"亲自送至闽厂，拆合拢，指授华徒"，至"能自造为止"；（2）自己培养新式人才，"开弁学（科学技术）"等项，"另立枪炮一格"。

1874 年（同治十三年）　三十一岁

4月8日（二月二十二日），贝锦泉来函推荐英国友人法乐，意欲任招商局保险行掌管，倘保险行不能，或当招商局总管各轮船之主事务亦可。盛宣怀亲笔批道："招商局总管拟用华人，保险局事，须俟秋中方可就绪，届时再当奉闻。"

是年，日本侵略台湾，盛宣怀在反侵略有积极表现。中日《北京专约》签订。沙俄于1871年进军伊犁后也在加紧侵略活动。中国边疆危机日益严重。清政府兴起了海防、塞防孰重之争，清廷采纳了左宗棠海防、塞防并重的建议。

是年，以直属水灾赈抚案叙劳，赏加布政使衔。

是年，奉李鸿章密谕："中国地面多有产煤产铁之区，饬即密禀查复。"始将自己"抨评于中将十年"的湖北广济煤矿的开采付诸实践。

1875 年（光绪元年）　三十二岁

5月3日（三月二十八日），密札曾在台湾鸡笼查勘煤铁的张斯桂赴湖北武穴勘查煤铁，说"此举关于富强大局，幸勿倭延"。另密谕张查明旧窿产煤、运输以及士绅对采煤态度等情况。

5月18日（四月十四日），张斯桂到广济县与署县令史醇商议开采武穴等处煤铁事。

5月23日（四月十九日），张斯桂在乡绅导引下到山前山后察看情形。

6月上旬（五月上旬），张斯桂报告盛：阳城山确是官山，煤随处都有，亦易开挖，距江亦近，颇合制造局、招商局轮船之用。

6月上旬，广济绅民吴邦杰等四十人具呈广济县，借口挖煤必遭火灾以反对开采。

6月14日（五月十一日），致函广济县令史醇："阳城多煤，武穴狃于风鉴之说。无论妄诬必欲举办，岂能任其阻挠，拟于月内赴武穴，熟商办理。"表现了采矿的决心。

6月15日（五月十二日），史醇复函："武穴绅民纷纷禀请停办。"史认为"此事既攸关楚省地势天险，又关民间庐墓所在，拂舆情而勉为办理，大人必不致不计而行"，请暂时搁下。但盛仍很坚决不为动摇。

6月29日（五月二十六日），李鸿章同意开采阳城山煤矿，并函示，须先集股本，酌议章程，与汉黄德道兼江汉关监督李明墀会同筹办，以取得地方支持，试办稍有头绪，再行推广。

7月7日（六月初五），湖广总督李瀚章、湖北巡抚翁同爵委令会同湖北汉黄德道江汉关监督李明墀督带湖北候补知县史致谟前赴广济县阳城山地方查勘，审度地势，详细绘图禀复。

7月24日（六月二十二日），广济煤矿设厂雇工开挖。

8月15日（七月十五日），李瀚章批文到煤厂，准招商集资，接续兴办，逐渐扩充，以收利益。

10月下旬至11月初（九月下旬至十月初），在天津拟订官督商办性质的《湖北煤厂试办章程八条》：一、地势宜审也；一、利权宜共也；一、用人宜专也；一、资本宜充也；一、税则宜定也；一、贩运宜速也；一、界址宜定也；一、销售宜广也。送呈李鸿章。

11月中旬（十月中旬），拟《湖北煤厂改归官办议》一文呈李鸿章，请照磁州原议，改归官办，以抵制有人企图将鄂矿并归招商局。

12月19日（十一月二十二日），英国矿师马利师由日本抵上海，委托徐黼升与马利师晤谈看山开矿事。

12月24日（十一月二十七日），经南京抵广济阳城山一带再加审察，以便确定"湖北开采煤铁总局"的局址。

12月，捐赈银2000两，清廷给予从一品覃恩封典。

12月28日（十二月初一），向魏肯堂租赁上海美租界下海浦地方的栈房一所，设立广生煤铁公栈（简称广生煤栈）以堆煤铁，议明五年为期。1876 年 5 月 23 日（光绪二年五月初一日）上报李鸿章，6 月 12 日（五月二十一日）批准。

1876 年（光绪二年）　三十三岁

1 月 12 日（光绪元年十二月十六日），禀翁同爵请调盛宣怀任湖北开采煤铁总局提调兼稽查上海运销事宜。

1 月 13 日（十二月十七日），驰抵武穴阳城一带，决定选适中之地盘塘为总局驻地。

同日，与李明墀通详李鸿章等，阳城本系官山煤厂应由官筹本开采，并呈《湖北开采煤铁总局试办开采章程六条》：一、地势宜择要审定也；一、开采宜逐渐扩充也；一、用人宜各专责也；一、官本宜核支用也；一、售款宜缴还资本也；一、官煤宜广开销路也。

1 月 14 日（十二月十八日），启用湖广总督颁发的"湖北开采煤铁总局关防"（木质）。

1 月 15 日（十二月十九日），李鸿章、沈葆桢、翁同爵会奏，拟请委派盛宣怀会同李明墀试办开采鄂省广济、兴国煤铁，售与兵商轮船及制造各局。

同日，札饬徐黼升赴九江，陪同马利师到局会晤，并即勘探广济煤矿。

2 月 1 日（光绪二年正月初七），上谕：鄂省试办开采煤铁着盛宣怀会同李明墀妥为经理。

2 月 17 日（正月二十三日），与李明墀札张福鐄、李振新即着手在盘塘盖造总局房屋。五月间建成。

2 月 19 日（正月二十五日），与英矿师马利师订立雇用合同。该合同体现了自主权。

2 月 26 日（二月初二），偕马利师等抵沪，委托耶松洋厂定造勘矿铁扦。

3 月 15 日（二月二十日），向李鸿章表示，"蒙中堂垂青，谬膺重任，敢不凛遵切诲，勉旃慎旃"；必使有成效而后荐贤自代；"必视国事如家事，尽我心力"。另外诉说矿事有十难。

4 月 29 日（四月初六），分别任命盛宣怀等十人为提调、委员等职，从光绪二年正月起支薪。

4 月下旬（四月上旬），会同署兴国知州吴念椿勘察兴国各山煤矿。

5 月 23 日（五月初一），上禀李鸿章拟在上海租栈储煤。

6 月 12 日（五月二十一日），李鸿章批示同意在上海租屋设立广生煤铁公司。

6 月 26 日（闰五月初五），马利师连续致函盛宣怀，抱怨经办委员掣肘，凡事不能做主。

7 月 21 日（六月初一），与李明墀谕袁辉南等在兴国州属沙村后半壁山一带进行开采煤铁。

8 月 9 日（六月二十日），与李明墀详李鸿章等，请准在兴国、广济租用民田者分别租买；开采民山者酌给钱文，先尽执业民户，其余备拨首士薪资及地方经费。8 月 15 日（六月二十六日）翁同爵批准，10 月 2 日（八月十五日）李鸿章批准。

同日，报告李鸿章：本年四月间会同兴国州吴念椿亲赴各山逐细履勘，煤气甚旺。居民颇愿归官开采。

9 月上旬（七月中旬），著《论矿事书》。主张：一、自己培养认矿人才，一面选聪颖子弟随洋人看矿学习。一面选派人才出洋专学开矿本领。二、至于民情，似可无虑。第所虑者不在民情而在官绅；不患事后之滋事，而患事前之阻挠。提议事前做好工作。三、简放矿政大臣，统一领导，遍勘各省矿产，俱归督办。

9 月上旬，应李鸿章函召由沪到烟台。参与同英使威妥玛议结"滇案"的谈判，签订《中英烟台条约》。

9 月 7 日（七月二十日），徐寿报告托蒲而捺代觅探煤技师，并对马利师评价很低，说马很不称职未能完成任务。

9 月中旬（七月下旬），在烟台面托总税务司赫德聘雇英国矿师一名及匠目两人。

9 月（八月），匆匆应秋试，不售，遂绝意科举。

10 月上旬（八月中旬），被李鸿章委派从烟台驰赴上海与英员梅辉立谈判关于淞沪铁路拆除问题，未即开议。乃于 10 月 7 日（八月二十日），赴苏谒巡抚吴元炳，禀知一切，并顺道返里省亲扫墓。

10 月中旬（八月下旬），札派张福镶到湖南衡州等处察访开煤情形，并招募开矿熟手来鄂。

10 月 22 日（九月初六），张鸿禄函告：所需矿书第一卷已出，待译就即寄呈，现将《申报》上所载《在中国宜广开山矿论》一则寄呈。

主张先用土法采煤，由渐转用洋法采五金。

11 月 19 日（十月初四），由苏州到上海与英使梅辉立开议，几经磋磨，以 28.5 万两赎回英商擅筑的由沪达宝山、江湾镇至吴淞的铁路。后来盛对于铁轨弃置锈蚀表示惋惜。

12 月 9 日（十月二十四日），驰抵盘塘。

12 月 17 日（十一月初二），与李明墀札龙兆霖，令饬差驰往铸钱炉地方严密查访私挖煤事。

1877 年（光绪三年）　三十四岁

1 月 2 日（光绪二年十一月十八日），与旗昌订购买其船产之约。核价定议，共计轮船栈房及各处码头规银 222 万两。

1 月 6 日（十一月二十二日），致李鸿章函，告以二十四日驰抵盘塘，矿务舆情尚称宁谧。遍历济属各矿，考究煤质。以新开之寅山为最，阳城次之，阮家山又次之。

同日，函告李鸿章，误聘洋匠马利师，遂致旷时糜费。1 月 19 日（十二月初六日）李复书宽慰盛说，用西法开矿，事系创始，"洋匠高下访询殊难确实，此皆不足引咎"；并指示："开矿伊始，局面不必阔大，必须试办有效，再行逐渐开拓，方为稳著。"

1 月上旬（十一月下旬），徐润为归并旗昌事去武穴，与盛商议。盛"特以船多货少洋商争衡为虑"，随去南京，直至所提问题唐、徐"均有解说"，"始毅然请于幼帅以定此议"。此时请于沈葆桢提出更换他的招商局会办之职，未准。

1 月 13 日（十一月二十九日），报李鸿章：济属试采煤厅已在盘塘设立总局，亲自驻局督办。

1月16日（十二月初三日），议定开矿司事，碓头、人夫章程计十五条。

1月18日（十二月初五日），朱其诏函告，"招商局中主政为唐廷枢、徐润二君，局中事宜全仗景翁、雨翁，诏亦不过随声画议"，劝盛缓辞招商局差。

1月22日（十二月初九日），上李鸿章书：购买外国之煤，利自外流，不如开采自产之煤，利自我兴。但咸丰年间所定税则不利于我平土煤成本以抑洋煤。欲平我煤价，必先平我税则。要求每吨减为税银一钱。

2月5日（十二月二十三日），陈请李鸿章，由湖北开采煤铁总局兼采施南、宜昌铜矿。

2月中下旬（光绪三年正月上旬），致函李鹤章：望密请乃兄湖广总督李瀚章准拨煤铁总局资本，采施、宜铜；并希函李鸿章挽留沈葆桢，勿辞江督职，俾利湖北矿务开展。

2月26日（正月十四日），抵江宁领购买旗昌船产款项。

3月1日（正月十七日），为旗昌交盘之期。如期携银到沪，并为妥筹整顿招商局提出意见。

3月1日（正月十七日），翁同爵批饬新署江汉关监督何维健仍照旧章会同盛办理湖北矿务。

3月2日（正月十八日），李鸿章函复：施、宜一带铜、铅及归州煤矿，俟洋矿师到后遍察矿苗，择要开采，不必拘守兴、济奏案。

3月上旬（正月下旬），函报署鄂抚翁同爵：广济、兴国各矿一半停工，俟所聘英国矿师到后勘测再定。

3月30日（二月十六日），赴沧州，谒见李鸿章，禀商招商局厘定章程及煤税事。

4月5日（二月二十二日），由天津抵京，准备赴部验看。

4月7日（二月二十四日），赴部引见。李鸿章推荐盛宣怀说："心地忠实，才识宏通，于中外交涉机宜能见其大，其所经办各事皆国家富强要政，心精力果，措置裕如，加以历练，必能干济时艰。"

4月16日（三月初三日），赫德来函：代延之矿师郭师敦及机器匠人，业于二月初二日由英国起程，约在三月十五日前后即可到沪。

5月6日（三月二十三日），郭师敦、谭克、派克等洋人到达盘塘总局。

5月10日（三月二十七日），领凭出京，仍拟回盘塘总局办理矿务。本日抵天津，面晤李鸿章筹商事宜。

6月24日（五月十四日），抵盘塘总局。

6月29日（五月十九日），致郭师敦函。24日回局，又接郭28日来函，所称龙港一带产煤不多，又不合机器大宗烧用，徒费时日，定不见益，自应舍此而另择他处，冀可早安机器采煤。

6月（五月），禀沈葆桢云：招商局蒙宪台奏请拨款官商合办，利害共之，大局转移在此一举，此后责任更重，不敢稍存恋栈之心，重速素餐之谤，仰恳批准销差，俾得专心开采免致兼营两误。呈请添派大员督办以一事权。

沈批：该道明敏干练，才识兼优，湖北开采，与招商局务两事，尽可兼顾，"即使李伯相准另派大员，亦须该道为之引翼"。

7月15日（六月初五），李鸿章札："平波"轮船拨交湖北煤铁局盛道留局差遣。所有带船委员等人薪水、口粮，月需鹰洋104元，从六月份起由煤局开支。其船价银两亦由盛道随后筹还。

7月22日（六月十二日），谕武穴首士郭在岐等：望广予招徕附近石灰窑等用户，以推销总局不适用于机器、轮船的存煤。

8月16日（七月初八），李鸿章来函，称许"先煤后铁"的见解甚是。在指出鄂省矿务成败利钝动关大局的同时，告以鄂矿为"立足之地，自应在鄂得手，方为办理有效。专望鄂煤得利，渐次推拓，以为开铁张本"。

9月7日（八月初一），率同郭师敦等抵宜昌，准备往归州、兴山、荆当等地勘矿。

9月8日（八月初二），李鸿章见盛对办鄂矿动摇，因而来函鼓励盛在鄂开采作出典型，以便他处仿办；不同意因无成效"改而他徙"。

9月中旬（八月上旬），盛先后派人去归、巴以及当阳、长阳等地查勘煤矿，体察民情，如有端愧，再亲率矿师前往覆勘。

9月17日（八月十一日），致函庄心安请到桂阳代为访雇炼铜炼铁好手两名。

10月16日（九月初十日），李鸿章指示：大冶铁矿据郭师敦化验100分内有铁质62分，可请开办。

10月22日（九月十六日），因兴、济产煤均难合机器局、招商局轮船之用，令就近变价，以归还官本。但据报售销兴国煤，诸多困难，所售无几。

10月23日（九月十七日），从宜昌启程，26日抵沙市，即赴观音寺，会同地方官，向绅民说明延雇洋匠查勘矿务本旨，以免疑阻而生事端。部署既定，即回沙市。

11月11日（十月初七日），亲率矿师乘舟溯沙江，入漳河，水浅滩多，日行二三十里，17日始获行抵观音寺。

11月17日（十月十三日），同矿师等抵观音寺勘矿。郭师敦报称，窝子沟煤窿层齐质坚，可以开扦试探，至明春进行。

11月23日（十月十九日），率矿师自观音寺起程，赴大冶覆勘铁矿。

12月15日（十一月十一日），率同郭师敦等由武昌启程，17日抵大冶黄石港，会同知县林佐，连日详勘铁矿，履察水道。

12月27日（十一月二十三日），回黄石港，周历大冶县属沿江一带寻觅安炉基地。

1878年（光绪四年）　三十五岁

1月2日（十一月二十九日），同大冶林令赴樊口，会同武昌凌令、黄冈恒令，督率矿师履勘武昌、黄冈所属南北两岸，上下百余里。

1月（，绪三年十二月），拟整顿轮船招商局八条：一、官本应分别定息也；二、轮船应自行保险也；三、船旧应将保险利息摊折也；四、商股应推广招徕也；五、息项应尽数均摊也；六、员董应轮流驻局经理也；七、员董应酌量提给薪水也；八、总账应由驻局各员综核盖戳也。

2月（光绪四年正月），以湖北开采煤铁总局名义买得大冶铁矿山。

5月中旬（四月中旬），禀李鸿章：要求在大冶先开炉一座，逐渐推广。

8月31日（八月初四），李兴锐、郑藻如来函称盛：绸缪全局，力创其难，江汉数千里躬亲勘，胃涉炎暑，一侧停面，解苦心，凡删志孰不拜服到地。

9月9日（八月十三日），本日接李鸿章札，批准所请派委李金镛为矿局总办，周锐为提调，自己因时有别项差委，不能专顾矿务，但仍随时会督妥商办理。

9月15日（八月十九日），称赞郭师敦能"视公事一如己事，忠诚在抱，必能妥速成功"，希郭在中国湖北矿务中先得首功。

11月16日（十月二十二日），请假自天津回南，21日抵苏州。岁杪去盘塘局。

12月（十一月），夫人董氏逝世。

是年，写信禀李鸿章：说自己在招商局"无权"，为了"保全创局惟冀荐贤自代"。

是年，偕李秋亭等赴直隶河间府赈灾。每躬自巡行村落，风日徒步，按户抽查，竟至露宿终夜。目击灾重款绌，捐资为倡。

1879 年（光绪五年）　三十六岁

3月（二月），李鸿章上奏对盛办直赈有功予以赞赏。

4月26日（闰三月初六），自湖北回上海。

5月上旬（闰三月中旬），湖北煤铁矿事禀告李鸿章和鄂督李瀚章，说自愧菲才，暗于谋始，以致艰于图成。谨拟两策：一、如仍归官办，拟请在制造、海防项下每年拨款，以煤熔铁，以铁供制造，联为一气。前五年用款，制造局奏销。二、截止官本，另招商股，遣撤洋匠，专办煤矿。已用官本，就截存之官本生息弥补。

5月19日（闰三月二十九日），荆当煤矿探扦竣工，向李鸿章呈送矿师禀报扦图，并详报拟办情形。

5月27日（四月初七），李鸿章批准同意荆门、大冶矿商办。撤销盘塘总局。

6月上中旬（四月中下旬），5月30日（四月初十）接李鸿章批复后，与李金镛共同拟《湖北荆门矿务招股简明章程》十六条。议定招集商股10万两。

6月15日（四月二十六日），苏抚署江督吴元炳批评湖北矿务旷日持久，巨款虚糜，官本愈亏，商更裹足，中国需用煤铁依然仰给外洋，而徒多内地开矿之费，"实属无益而有损，转不如暂议停止之为愈"。

6月28日（五月初九），向李鸿章汇报荆门、大冶煤铁两矿，经勘定确有把握，经费难筹，拟先用土法，试办荆煤，辞退洋匠，所需资本，招集商股先行开办。前领官本，一律截止，以清界限，将截存直、鄂两省官本交江苏、汉口各典生息，以每年利息弥补动缺官本。

11月（十月），被李鸿章奏署天津河间兵备道。值灾情方剧，受任伊始，首先综理赈务，集捐数十万，兼资工抚，救济甚众，并裁革天津县书差供应各项积弊，建广仁堂留养孤嫠，设戒烟局，民间戒除者万人。

11月（十月），李鸿章以盛"开通风气自任，辄垂问商榷"。盛认为欲谋富强，莫先于铁路、电报两大端。路事体大，宜稍缓，电报则非急起图功不可。李鸿章慨然曰："是吾志也，子盍为我成之！"盛唯唯。随即架设津沽电线，是为办理电报之始。

1880 年（光绪六年）　三十七岁

1月（光绪五年十二月），给矿师郭师敦证明单，评价较高。说该矿师于矿务、化学、绘图一切甚为熟谙，办事亦颇认真。只因所勘煤矿运道艰难，一时难以建造铁路，是以中止。

秋，商请北洋大臣李奏请津沪陆线，通南北两洋之气，遏洋线进内之机。开始津沪电线的设立，设天津电报总局，盛任总办。郑观应任上海分局总办。

10月（九月），在天津设立电报学堂，由丹国招雇洋人来华教习电学打报工作。

12月（十一月），荆门矿务总局续订招股启事。原招商时先入股四成，试办一年，兹已逾期。说荆门煤矿质地最佳，甚合兵轮之需，亟应广筹开采，隐寓自强之机于万一。然股本不足，开运难广。

是年，详定《开办自津至沪设立陆路电线大略章程二十条》。

是年，王先谦等人弹劾招商局营私舞弊案，盛宣怀首当其冲，李鸿章准盛暂时"不预局务"。

1881 年（光绪七年）　三十八岁

1 月 28 日（光绪六年十二月二十九日），李鸿章批准津沪电线大略章程二十条。

3 月 5 日（光绪七年二月初六），薛福成与沈能虎函说，"商局之件，杏兄被诬实甚"。

3 月 6 日（二月初七），唐廷枢说盛在招商局经济上未曾经手，盛道"不能受不白之冤"。

3 月 7 日（二月初八），给胡雪岩函：招商局事权悉在唐廷枢、徐润二人，"若舍唐、徐而问及鄙人，犹如典当舍管秦管账而问及出官，岂不诬甚"。盛称此案为"莫须有之奇案"。

3 月 10 日（二月十一日），李鸿章上《查复招商局参案折》，为盛开脱。

6 月 2 日（五月初六），认为大冶等处铁山最好最多，拟集三五万金小办，仅熔生铁，不炼熟铁，并请购煽风机器等。

6 月（五月），丹国电报公司提出《商议彼此电报交涉事宜》六条，取得海线上岸权。盛后来尽力收回此权。

8 月上旬（七月中旬），李瀚章据人告发：盛赴鄂省开矿以来，扦煤武穴，成效未睹，亏累已多。继复设局于荆门，始而收买运售，既又集股开采。迄今三载，局务既无起色，亏项亦毫无弥补，而徒屡禀求公家减免税厘。

8 月 21 日（七月二十七日），李鸿章批评试办武穴煤矿数年，既无丝毫成效，反多累官帑。开采荆煤，未几交金董接手，官气太重，事不躬亲，一任司事含混滋弊。所运之煤竟买自民间，运赴下游各口出售，攘夺民利，以致怨谤迭兴。荆煤既无可采，应即将该局裁撤。

9 月 2 日（闰七月初九），向李鸿章申述试办武穴煤矿不成的原因，误听矿匠马利师之言，土法开采百余处，见煤者亦四五十处，而煤质碎劣，煤层薄而散。但认为开煤窿甚多，养活穷民不少，颇得人心。在官在商，尚未能收成效，而于民则不为无益。

同日，再上李鸿章禀：湖北矿务开局以来，收支尚不敷钱 6402 串 267

文，统由盛尽数垫赔，历经造具清册详报在案。

9 月 19 日（闰七月二十六日），李鸿章对盛等办理荆门矿不善的狡辩而批评说："该道等尚谓办理不谬，于事有益，人言冤诬，何其昧昧若此……何其好为大言也……业经批饬，酌筹裁撤。"

10 月 28 日（九月初六），李鸿章札盛，令赶速裁撤荆局，勿得借词宕缓，煤运完毕立即禀销关防。荆门矿局随即撤销。

是年，下半年总结办矿经验有七条：一、首勘矿苗；二、次辨矿质；三、次查运道；四、次计人工；五、次募炉头；六、次集资本；七、次议税厘。

冬，津沪陆线工竣，请改为官督商办。拟《电报局招商章程》。说中国兴造电线旨在：固以传递军报为第一要务，而其本则尤在厚利商民，力图久计。李鸿章奏派盛为督办。盛首先投资入股。逾年，商股大集，分期缴还官本，遂与轮船招商同为官督商办之两大局。

1882（光绪八年）　三十九岁

4 月 23 日（三月初六），关于轮船招商局参案，李鸿章据郑玉轩、刘芝田、李兴锐查复无事，上《复查盛宣怀片》为之开脱说："该道前派会办招商局，订明不经手银钱，不支领薪水……嗣以屡次代人受过，坚辞会办……臣叠经严加考察，该员勤明干练，讲求吏治，熟习洋情，在直有年，于赈务、河工诸要端，无不认真筹办，洵属有用之才，未敢稍涉回护。"

4 月（三月），与郑观应等禀江督左宗棠，请设自沪至汉长江电线。

春，乞假赴杭省视官于此的父亲盛康时，并往来杭、沪、苏、常间，料量家事。盛这时回忆过去，感到办矿亏损甚感委屈，他与人书云："五年艰苦，屡濒于危，十万巨亏，专责莫逭。地利亿万年，暂置之犹可望梅止渴，竟舍之则泼水难收。天理人心，昭昭如揭。原拟俟东海得手，分资派员，先办荆矿，俟煤可供用，而冶炉反掌可成矣。"

6 月（五月），署北洋大臣张树声饬盛宣怀派矿务学生池贞铨随同赴烟台查勘铅矿，以备制造铅弹。随即率池和委员冯庆镛赴烟台。

8、9 月（七、八月），率池贞铨、委员冯庆镛勘得登州府属之宁海州栖霞县、招远县俱产铅矿。随即将宁海矿石送天津制造局化验，招远矿石送外洋化验。盛拟有《试办山东滨海各铅矿章程》十条，对用人才招商股等均有明确规定。李鸿章给予"亦尚周妥"的批示。

8月（七月），法国挑衅侵越，被召的李鸿章在籍丁忧守制，赴烟台，路经吴淞口，盛登轮迎接并随同赴烟台。不久李受命署北洋通商大臣，函招盛销假回津。

9月（八月），成立金州矿务总局于上海，任督办；聘郑观应为总办，负责招集股份。

同月，英大东电报公司请设港沪海线，其间各埠架设陆线。总署驳回。

冬，清政府正式将电报机构命名为"中国电报总局"，局址设于上海，盛宣怀任督办，负起与外商交涉电线侵权的任务。

冬，禀李鸿章，反对英、法、德、美在上海设万国电报公司添设自港至沪海线，认为这"既与批准大北公司成案不符，亦与公法自主之权有碍"。

是年，盛等禀李鸿章，请设苏、浙、闽直达广东电线。说：凡欲保我全权，只争先人一着，是非中国先自设线，无以遏其机而杜其渐。自江苏、浙江、福建以达广东，与粤商现在所办省港旱线相接。并奏明请旨饬下该四省地方官予以照料保护。谨拟章程十二条。

1883（光绪九年） 四十岁

1月6日（光绪八年十二月初八），李鸿章准照所议招商接办沪粤陆路电线，并严饬沿途各地方官一体照料保护，勿使稍有阻挠损坏。

3月31日（光绪九年二月二十三日），中国电报总局与英大东议订《上海香港电报章程十六条》：一、大东遵照同治九年原议，安设港沪海线，线端不得上岸，只能设于趸船上；二、线端做到大戢山岛对面之羊子角。但随后大东即翻议。

春，越南边防紧要，朝命李鸿章驻沪，统筹全局，再定进止。盛参预机宜，靡间昕夕。

4月23日（三月十七日），禀闽浙总督何璟，建议拆除厦门丹线，以免英国借口，达到拒英线上岸的目的。

4 月中（三月间），大东翻议，要求改在吴淞接线，并要在汕头、福州上岸。盛宣怀与其上海代办滕恩谈判并驳回。

4 月 28 日（三月二十二日），盛认为，大东之所以翻议，是因为大北有陆线由吴淞达沪和它在厦门在上岸之线。因此，他函禀闽浙总督何璟：现丹商所称厦门线端系由海滨岸边由地下水线直达屋内，虽与私立旱线有别，然已牵引上岸。如不理论，恐他日英商水线延及福州、汕头，亦必援照由地下引至洋房之内，届时难以拒绝。

5 月 7 日（四月初一），中国电报局、英国大东公司会议订立福州电线合同章程九条。

5 月 19 日（四月十三日），中国电报局与大北签订淞沪旱线合同。中国缴银 3000 两，大北将淞沪线交中国。

6 月（五月），同意大东公司将电线展至川石山。

春夏间，盛以闽粤等处电线道远费繁，法越事兴，市面清寥，商股观望，不得已，暂挪金州矿款 10 余万金以济急需。矿电商股，皆盛所招募，以矿易电，商所乐从，股本无虑亏耗。而部议谓为办理含混，铺张失实，科以降级调用处分。时左宗棠方奏保盛才堪大用，奉旨以海关道、出使大臣交军机处存记。事下南北两洋，会同查覆。旋经曾国荃、李鸿章奏办，有"苏、浙、闽、粤电线所以速成者，皆该道移缓就急之功，于军务裨益尤大"等语。旋得旨将降调处分，改为降二级留任。

7 月 12 日（六月初九），向李鸿章《禀请开采登州铅矿并拟章程由》，目的是杜漏卮，杜洋人。

8 月（七月），李鸿章回直督署任，盛随同抵津。

法越事起，北洋海防益亟，沿海七省戒严。李鸿章函商译署，议设海部，兼筹海军。盛缮具条陈，请考查德、日两国办法，分年筹款，逐渐添船，为经始根本。

10 月（九月），以山东利津等处水灾赈捐案，经东抚陈士杰奏请，传旨嘉奖。

11 月 2 日（十月初三），因滕恩提出川石山风浪甚大，线端要改地方，乃会同滕恩航海去福州。第三天抵闽，察看川石山形势。

11 月 19 日（十月二十日），与大东续订福州电线合同。准大东将海线引至川石山海岸，准租小屋一所以安线头，但不得在岸上立电杆。至此，大北、大东侵夺的电线权利收回。

11 月（十月），招商局受上海金融倒账风潮影响，徐润、张鸿禄等亏欠颇巨。遵李鸿章之命筹议整顿招商局大略章程。李鸿章批曰：总办宜各有责成。已另饬郑观应于揽载之外，会同唐、徐二道总办局务。其提纲挈领调度银钱大事应令盛道暂行会同郑、徐二道秉公商办，俟唐道回沪后，再随时察酌饬遵。盛道在沪日多，应令随时随事就近稽查商办，该局嗣后有关兴革变通之事，郑道、徐道等仍须与盛道商定会禀，不得稍有诿卸。从此重返招商局。

12 月（十一月），法国侵略越南和中国的战争爆发。

1884 年（光绪十年） 四十一岁

2 月（正月），筹建中的上海机器织布局也受到金融危机影响，原任总办郑观应请盛赶速接理。

3 月（二月），盛已旋津。两广总督张树声专折奏调盛赴粤办理沙面案件。未成行。

4 月下旬（四月上旬），李鸿章札，转致户部咨文内称：湖北开矿亏折直隶练饷钱 10 万串，应责成盛一人赔偿，不得以官款生息弥补；又盛经手苏典练钱生息有两笔，一笔减息二厘，一笔不减，难保无掩饰腾挪之弊。

5 月 5 日（四月十一日），郑观应来函，请盛鼎力维持织布局。

5 月 10 日（四月十六日），闽督抚何璟、张兆栋奏调赴闽重用。李鸿章奏留说：盛宣怀于交涉重大事件，洞悉症结，经办数事，刚柔得中。"如蒙天恩，先试以通商繁剧之地，历练数年，当能宏济艰难，缓急可恃"。

6 月 5 日（五月十二日），唐廷枢来函云：徐润的雨记房屋尚无受主，所该局账现奉严谕提产归款，此间各钱庄亦留弟帮同料理，目前尚无头绪。

6 月，天津海关道周馥病假，李鸿章推荐盛宣怀署理，摄篆四阅月，"因法事上书"而去署任，李鸿章对此"时以为屈"。

同月，闽粤陆线竣工，沪港可直通电报，丹公使谓碍彼利权，盛折以中英两公司有约在先，港地与丹无涉；又讽大东行主勿为丹人所愚，致爽前约。

驻津英领事翻译详询章程，盛又以"电线由中国自主，英商只须查照合同办事，不应过问详章"答之。

7月上旬（闰五月中旬），向李鸿章诉说，中国以西法试办矿务，断非巨资积久不能为功。开平煤矿用商款200万，八年未能获利；台湾基隆煤矿用官款数十万，九载未能归本。奉委办理湖北矿务不幸失败，议将"余剩矿本生息弥补，原为以公济公，免致开销正项"。对户部四月上旬亏损全要盛赔，不准以息保本的指示，表求不同意。

7月上旬，写信给阎敬铭诉说试办湖北煤矿被指控，系无中生有之事，并说："俺自李傅相奏调十四年，差缺赔累，祖遗田房变卖将罄，众皆知之。今再被此重累，恐欲求吃饭而不能。父年古稀，无田可归。从此，出为负官债之员，入为不肖毁家之子。"

7月31日（六月初十），中法战争中，马建忠将招商局各码头局栈轮船全盘售与美国旗昌洋行，以便局船照常行驶，得到盛同意。但只有杜卖明契，未立买回密约。

9月4日（七月十五日），徐润致盛书诉说亏欠招商局款情况，房产地契抵押，几次议价未成，请代为陈情，暂准宽限期。俾将产契向亲友处抵借，倘告贷无成，代为乞恩，准其仍以各项产业暂抵局欠，免其置议。

11月12日（九月二十五日），电报局与大北电报公司为由琼州至雷州安设海线订立合同。

1885 年（光绪十一年）　四十二岁

1月（光绪十年十二月），徐润、张鸿禄由于亏欠招商局款，一并革职。

2月4日（十二月二十日），关于湖北煤矿亏款，自认赔贴制钱1万串，这样连同垫用制钱6402串267文，共赔16402串267文。

6月9日（光绪十一年四月二十七日），中法《越南条款》签订。

7月28日（六月十七日），招商局向汇丰银行订借款30万合同，借款主要用于向旗昌赎回船产。

8月1日（六月二十一日），受命任轮船招商局督办。

同日，订立招商局向旗昌洋行赎回局产契约。因售与旗昌未立买回密约，盛宣怀费很大气力才赎回。

同日，电报局聘博来充当总理洋匠，本日订立雇用合同。

8月（七月），因总理电线，成绩卓著，李鸿章特疏请奖。奉旨以海关道记名简放。

9月23日（八月十五日），李鸿章上奏表扬盛："该员才具优长，心精力果，能任重大事件，足以干济时艰。"

10月24日（九月十七日），成立"总理海军事务衙门"。

10月（九月），自津至杭省视父亲。

秋，南北两洋又奉寄谕，加意整顿招商局，盛顺道诣沪，通盘筹议具复，拟请先将该局运漕水脚，照沙宁船一律，并准回空货船免税，俾获赢余，分年还债，藉纾商困，而杜外谋。李鸿章、曾国荃据以上达，得旨分别议行。

是年，拟招商局理财十条。

1886年（光绪十二年）　四十三岁

1月（光绪十一年十二月），招商局同文书局订立抵押合同。徐润开设的同文书局房地产业机器石版药水，原存图书集成两部，各项殿版书籍，所买许道台书画及印就各书，并徐雨记原抵商局基地契据，全数抵押招商局规银10万两。

3月（光绪十二年二月），招商局、怡和、太古三公司订齐价合同。1883年3月三公司订的为期六年的齐价合同因中法战争中断执行，这次是恢复重订。

4月（三月），拟《内地设轮船公司议》。说：近年来外国富强，无不自通商始，口岸通商，人与我共之，内地通商，我自主之。故欲求中国富强，莫如一变而至火轮。设一内地快船公司，与招商局相为表里。

5月17日（四月十四日），醇亲王奕譞到天津巡阅北洋海防，盛宣怀与黄花农往"海晏"照料。

6月（五月），醇贤亲王巡阅北洋水陆各营，盛以随同经理轮电各事出力，奉旨从优议叙。

7月（六月），简授山东登莱青兵备道兼烟台东海关监督。这是正任道官之始，但仍办轮、电事居多。

9月28日（九月初一），致李鸿章函：去夏收回旗昌轮船赴沪之日，蒙密许津关道周馥升任时尚可栽培。"宣怀非木石，岂不知利钝悉出裁成。"表示不应粤督张之洞之招说谁肯以丑恶无益之干求，商诸爱憎无常之大吏。"以示一心一意追随李鸿章左右。

10月16日（九月十九日），致李鸿章函：烟台缫丝局之设可以使东省野茧仿制洋丝，倍价销售。历年得出教训，洋人牟利如有把握，断不肯分让华人。"洋人会计精密，而自为谋则自利，为我谋利则我损，其始甘言话（饴）我，其继狠心吞我，其终破面诋我"。

11月9日（十月十四日），上李鸿章禀：东海各口，南与江苏盐城毗连，北与直隶盐沧毗连，所辖1300余里大小海口100余处，而水深七八尺可驶浅水小轮者约有10余处。建议在山东省发展内河小轮船航运业。

12月2日（十一月初七），招商局进行严格分工，规定将流水月总寄交盛道复核，汇造季总呈送李鸿章。

12月8日（十一月十三日），李鸿章来函，同意内地设小轮船，别其名曰"内地华民轮船"。

12月19日（十一月二十四日），致东抚张曜函，告以到烟台后即募匠试铸银元，说是"总以钱可适用银不亏耗为主"。两年余后打算制钢模大批铸造，李鸿章指示此事"造端宏大"，缓办。

是年，山东济阳、惠民等处黄水为灾，情形极苦，盛宣怀等就招商局与怡和、太古、麦边各洋行轮船公司议于搭客略增水脚，俾助赈款。

1887年（光绪十三年） 四十四岁

2月（正月），与马建忠禀山东巡抚张曜发展山东内河小轮，得到批准。随后山东内河小轮通航。这是中国内地第一个通航小轮船。

7月7日（五月十七日），电局与丹国大北、英国大东三公司会订电报齐价合同九款。

7月16日（五月二十六日），中国电报公司督办盛、美国传声公司米建威签订设立电话合同四款。规定不得传字致碍中国电报权利,至于电话线路、地点等均以维护主权为原则。盛识破美商"初欲造德律风(电话)以夺我电报之利,继欲改设中美银行仍愿以出售德律风股票余利分别报效贴补",以达到渔利目的。坚决抵制。美商未能如愿,中止。

7月初(五月中),荣城县海岸有"保大"轮船失事,村民乘危捞抢。该处境内海线广袤,岛礁林立,航行偶一失事,居民肆掠,相习成风。因具禀抚院暨北洋大臣,请重申总理衙门奏定保护中外船只遭风遇险章程,并酌议新章六条,并设拯济局。

10月(九月),拟招商局粤省设内地江海民轮船局章(八条)。

11月4日(九月十九日),两广督宪催办粤省设内地江海轮船公司,盛派人前往西江等内河测量水之浅深、宽窄,作好开航准备。

是年,禀李鸿章:不同意马建忠让美国设电话杆线的主张,认为与英、丹争之数年而始定者,复一旦失之于美,其贻害何止夺吾之利,将来必致归咎于创议之员。表明保护中国电线、电报权利是始终不渝的。

1888年(光绪十四年)　四十五岁

2月7日(光绪十三年十二月二十六日),与马建忠等禀北洋李鸿章:广泛发展内地小轮船,以便利进出口物资。

5月23日(光绪十四年四月十三日),致沈子梅函,说李鸿章信任马建忠,"似已不放心敝处","眉叔宪眷日好一日,局务意在责成一人。弟亦将若赘疣,昨以三年期满禀辞,请另派督办"。

5月31日(四月二十一日),签订购买日本商人田代助作电碗等器材合同。

8月18日(七月十一日),与世昌洋行订立购线等器材合同。

8月(七月),驻津法领事林椿奉其政府之命至烟,会同盛商订滇粤边界与越南北圻接线事宜。

9月10日(八月初五),台湾船合于招商局。盛保十年无人另树旗帜。李鸿章意:暂由招商局代理数月,试看盈亏,再与台抚刘铭传商定分合。招商局搭股2万,盛自搭股1万。

9月27日(八月二十二日),致电李鸿章:拟到外洋请一头等矿师,打算大举勘查和开采五金矿藏。

1889 年（光绪十五年）　四十六岁

3 月 23 日（二月二十二日），代表电局与洋匠葛雷生订立雇用合同。

6 月 6 日（五月初八），台湾抚院咨北洋大臣：台湾商务局前经招集股银 33 万两，台林绅认招三分之一，招商局盛认招三分之二。购"斯美"、"驾时"快轮两号。台船与招商局"外合内分"。按外合内分原则拟订《台船大略章程》十条。

7 月 29 日（七月初二），与日本田代签订购买日本电碗 5 万个、铁钩 5 万副、橡皮圈 5 万副等器材合同。

8 月 5 日（七月九日），与德商泰来洋行签订购买 7 号旱电线 400 吨合同。

同日，向德商泰来洋行订立购买小块硬白铁 1000 担合同。

8 月 7 日（七月十一日），与上海信义洋行德商李德签订购买住友牌铜板 3000 担合同。

8 月 12 日（七月十六日），与天津瑞生洋行订购买电线等合同。

12 月 7 日（十一月十五日），奉李鸿章等之命，驰抵上海与张之洞"面商铁厂事宜"。

12 月上旬（十一月中旬），与张之洞会晤于上海，谈关于创办汉阳铁厂事。盛拟订创办铁厂章程，并于 12 月 15 日《筹拟铁矿情形》禀李鸿章，主张招集商股商办，与张之洞的官办主张相左。

12 月（十一月），上李鸿章禀帖：招商局费用之最巨者，莫如用洋人与用洋煤两宗；"窃思借助于彼族，不如求材于内地"，主张自办轮船学堂，自己广开煤矿，以节靡费。

是年，粤督张之洞不同意与法国接滇粤、越南边界电线，致函译署，谓此线益彼损我，实不可行。盛抗言中法接线原为藉收通报利益，助滇粤官局养线之需，但能坚守约章，自属有利无害；设两国有事，法水线随地可通，无藉此线，可不必虑。今珲春、海兰泡欲接俄线，彼方才难；现法接旱线，俄必较易就范，于电务大局有益。且英、丹、日皆与我接，何独拒俄？是约定后，果不逾年而中俄接线草约成。

是年，禀请李鸿章核奏开复张鸿禄原职。

是年，开始用"以工代赈"之法，整治山东自历城至寿光县历年泛滥成灾之小清河。殚三年之力，疏浚河道 400 余里。两岸农田受益甚大。

是年冬，刁夫人逝世，与盛宣怀生活十五年。

1890 年（光绪十六年）　四十七岁

1 月（光绪十五年底），招商局与怡和、太古齐价合同届满，又开始削价争衡。

2 月 1 日（光绪十六年正月十二日），在烟台致函张之洞，告张："饬白乃富只需在沿江寻觅（煤矿），似不必拘定鄂界，但不通水路之处，纵有好煤亦不足取。"

2 月（光绪十六年正月），李鸿章奏：徐润招商局亏欠已赔垫结案，请将二品衔已革浙江补用道徐润准予开复。

3 月 16 日（二月二十六日），张之洞致李鸿章：盛道前在沪具一禀，所拟招商股办铁厂办法与鄙见不甚相同，说"商股恐不可恃，且多胶葛"。

3 月 24 日（闰二月初四），密请李鸿章与总署、户部酌加厘金，贴补商局以与怡、太角斗。

3 月 30 日（闰二月初十），对格致书院学员钟天纬论文的批语：对该员奉调赴鄂躬与筹办铁厂事非常高兴，认为这是"坐而言者起而行，继我未竟之志，殆亦天假之缘也"。

4 月 5 日（闰二月十六日），致汉口招商分局施子卿函：对怡、太要有充分认识，"既防太古明与倾轧，亦须防怡和暗中损我"。

春夏之交东省黄河南北两岸及滨临运河被水各地，至 37 州县之多。司库支绌，截漕发仓，不敷赈需，巡抚张曜嘱盛宣怀与藩司福少农协同筹济，盛不遗余力地协济。张曜来函表示感谢说："万家生佛，所赖唯公。"

10 月 30 日（九月十七日），致函谢家福："天生大才，既厄之以遇，又厄之以病，皆彼苍之过也，世道之忧也，朋僚之咎也，鄙人之谬也……朱静山近与眉叔不和，拟请综理仁济和公司，岁有三千金，事不甚繁，并可调和盛、马，不使十分决裂，实为维持中国商务之大端。"

11 月 13 日（十月初二），致钱应溥函：当今官民交困，财用渐成漏厄，欲挽其弊，"必得长于理财之大吏，究心洋货土货进出口之数，或塞之，或畅之，不沾沾于损下益上之图，乃能藏富于商民，而国内日裕"。

11 月 28 日（十月十七日），致总署大臣张樵埜函，对于马建忠以招商局主要负责人兼综宁海金矿与机器织布局两事，提出不同意见说"恐心志稍纷"；并说："弟智不及眉叔之半，俟明年与怡、太齐价合同议定，稍有转机，即当禀求傅相另委他人接办，以免陨越。"表明盛与马矛盾很深。

11 月（十月），禀庆邸：大冶铁矿官办必致亏本，如果及早改归商办，就大冶江边设炉开炼以就煤铁，可以做到"轻运费而敌洋产"。

1891 年（光绪十七年）　四十八岁

2 月 24 日（正月十六日），致函驻外公使薛福成，说打算开采利国煤铁矿，那里运输等条件比湖北好。

3 月 5 日（正月二十五日），就筹备俄储至烟台的接待之事请示李鸿章，李电复云：俄储至烟，距京近，"此系代国家款接，不可寒俭贻讥，潮馆门面宽敞，街道宜修好，队伍尤要精整"。

3 月 8 日（正月二十八日），盛致函镇江招商分局总办姚岳望说：长江野鸡船日多，今年太古作梗，合同不定，开河以后势必互相跌斗。镇局亦须振作精神，与沪汉各局时相斟酌，以期竞争取胜。

3 月 19 日（二月初十），致函李鸿章推荐隐居于澳门的郑观应至唐山帮理矿务，郑以"亲老多病，不敢远离"辞，乃向李鸿章荐郑代理开平煤矿粤局总办。

5 月 21 日（四月十四日），陈猷来函："拟新成立粤港渡轮公司，以与怡、太争。"盛意"恐与大局有碍"，陈乃嘱其兄蔼亭停招渡轮公司股份。

6 月（五月），以倡捐劝赈，奉旨赏头品顶戴。

7 月 6 日（六月初一），与马建忠矛盾日益尖锐，与人书说：近日商局经马道亏挪，并有移花接木之事。

9 月 21 日（八月十九日），致在招商局任会办的亲信沈能虎函，"眉叔屡言兄与诸君不能商筹公事"，要沈改正缺点，团结局员，以便取马建忠之位而代之。不日马建忠离局，盛、马争斗以盛胜结局。

9 月（八月），所办平度金矿因主持人李宗岱经营不善亏欠颇多，盛与以查封备抵。

10 月 18 日（九月十六日），函告沈子梅、谢绥之：马建忠离局以后，撤去马的亲信王子平、沈卓峰、周锡之等人。

10 月 23 日（九月二十一日），与人书云：招商局一败于徐，再败于马，反对马建忠请借银百万另办一纺织局。

秋，庄氏来归。

11 月 6 日（十月初五），致陈辉庭函，商议与怡和矛盾问题，认为分数彼要比去年冬议多三分，"弟断不能允，宁可亏本再斗，决不能为大局失此体面"。

11 月 8 日（十月初七），致陈辉庭函，为与怡和"齐价合同"事，提出两策：一、长江准其不减，天津亦不加；二、天津加二分，长江现减二分，候其添一大船即加还他二十七分。他说本局局面虽不在乎二三万，而面子不能不顾。

11 月 21 日（十月二十日），致陈辉庭函，请将我实在主意切实告知怡、太两家，如若它们不让步，我即赴津京请将漕米归本局包运，再请海军衙门将土药厘金酌提 20 万两一年津贴商局，这样，"虽一百年亦不再议和矣"。

是年，马建忠离招商局后，谢家福亦因病离差，严潆、唐德熙、陈猷为商董，沈能虎为会办。

1892 年（光绪十八年）　四十九岁

2 月 11 日（正月十三日），致李凤墀、严潆、陈耀庭函说：尚有施子香在"江平"轮船，因眉翁前欲安置亲戚，撤去其差。至此，马建忠在招商局亲信和势力基本上被撤除。

3 月 26 日（二月二十八日），与上海信义洋行订立购买电线等合同。

4 月 29 日（四月初三），致招商局会办函：注意与太古通融，以便联合压制"野鸡船"。

5 月 24 日（四月二十八日），致严潆函，马建忠一路人总说招商局招徕不及从前，搭客尤吃亏，此皆无稽之谈。然不可不使人明白，拟将本年正月起每船每月搭客做一表账，须查以前三年逐月逐船比较。以后坐舱功过亦可以此定断。这表明盛宣怀决心做到招商局盈利超过马建忠。

5月（四月），致陈敬亭函，告以遇有"野鸡船"争竞，则联合三公司以斗之；遇有太古暗中损我，则尤当自己与客人暗中迁就。总不可比较怡、太分数太多，以长他人之气焰。

6月（五月），从登莱青道调补天津海关道兼津海关监督，七月到任。沈毓桂贺诗六章，说天津为"运筹帷幄之地"，"上佐爵相调剂中外之情"，"得心应手，固应裕如"。

夏，怡、太争竞愈烈，招商局股票跌至60两。乃函请郑观应来烟台商谈三公司和局事，拟请郑重入商局以事整顿加强竞争能力。

7月（六月），致陈敬亭函：现在三公司毁议，应联络客商，以广招徕，屏弃太古。

9月25日（八月初五），马建忠来函云：他日后有四策：随从主人为参谋，不出头，不做官，上策也；随从康节公到台当差，次策也；向主人等借款自为营运，中策也；乞怜回局，下策也。别求局差为无策也。

9月27日（八月初七），与天津瑞生洋行订购12吨六重三心水电线合同。

12月6日（十月十八日），委郑观应为招商局帮办。本日郑从广东来到上海，莅局视事。

12月7日（十月十九日），致施子英函：生意之道，以要结客心为主，棉纱匹头归怡、太装载，而不议涨，药材伊不装者，独议涨价，名为抵"野鸡船"，实则使我受恶名。而彼得实惠，计甚狡毒，应与竞争。

12月13日（十月二十五日），从天津致函张之洞，同意张的"招商承领官督商办汉阳铁厂"的意见，并提"出货必须求速售，而售货必须轻成本，方能辘轳周转，运化无穷"的经商之道的见解。

12月（十一月），四子恩颐生。

是年，在格致书院学员王益三关于邮政问题的文章上眉批：中法之战，因中国未兴邮政，法船书信皆在洋馆递寄未能阻绝，若中国早兴邮政，收回各国书信馆，法人即无从寄信，军机迟速败胜所由，关系不小，不独自收自主之权利而已。表现了挽回邮政权利的迫切心情。

1893 年（光绪十九年） 五十岁

1 月 12 日（光绪十八年十一月二十五日），致函厦门招商分局王叔蕃：为在厦埠设立码头及创设泉漳两郡民轮驳船，发展那里的内河航运。

1 月 15 日（十一月二十八日），郑观应拟整顿招商局十条，主要内容是开源节流。盛逐条加批语，多数同意郑的意见。

1 月 21 日（十二月初四），王叔蕃接信后，随即前往谒见司道各宪陈托一切，当蒙许诺开设内河航运业。

1 月 23 日（十二月初六），禀奉李鸿章札：添委道员郑观应会同沈能虎驻局以总其成。郑由帮办升任"会同办理"。

1 月（十二月），五子重颐生。

3 月 30 日（光绪十九年二月十三日），派郑观应溯长江西上，稽查各招商分局利弊，以为整顿的依据。

4 月 5 日（二月十九日），郑观应自汉口致书盛，告以张之洞的汉阳铁厂恐办不下去，请做好接办准备。

4 月（三月），招商、怡和、太古三公司重订齐价合同。

同月，与天津瑞生洋行订立购买电线器材合同。

6 月 5 日（四月二十一日），为太古违反齐价合同致函陈辉庭，要陈向太古严切诘问，何以又暗中跌价违碍定章？即催太古据实函复与之理论。

7 月 25 日（六月十三日），致沈能虎等函：三公司查账必须信得过公正细心之人，否则坚持不允。

9 月 9 日（七月二十九日），耶松洋行格勒士来函：愿揽购棉花机器。盛加以审查是否可靠再作决定，并不轻信洋人。

10 月 19 日（九月初十），上海机器织布局厂被焚，损失惨重。李鸿章以洋货纱布进口日多，此举断难停缓，亟应在沪号召华商另设机器纺织厂，以敌洋产而保利权。社会公认盛宣怀的财力、身份、势力最适宜担当织布局的规复之任。

11 月 26 日（十月十九日），奉到规复上海机器织布局札委。

12 月 3 日（十月二十六日），由李鸿章奏明，在上海另设机器纺织总局，官督商办，并拟订华商机器纺织公所章程。

12 月 8 日（十一月初一），自津抵沪，暂寓上海电报局。从事规复织布局重任。与原织布局总办杨宗濂等协商，结束前账，招股集资，很快有了头绪。改"局"为"厂"，命名为"华盛纺织总厂"，下设十个分厂。

12 月（十一月），东抚上奏：小清河全功告成，推盛首功，传旨嘉奖。是河工程阅时三载，用镪 70 余万，皆盛筹集。

是年，委天津信义行满德在英国劳得等厂购办纺细纱机 110 座，计 40040 锭子，一切零件等运到上海码头交货，共计英金 51270 磅 16 先令。

1894 年（光绪二十年）　五十一岁

2 月 4 日（光绪十九年十二月二十九日），借差归省，在苏州留园度岁。

2 月 10 日（光绪二十年正月初五），赴沪。

2 月 17 日（正月十二日），张之洞委派盛筹办湖北纺织局，说将来此厂办成，即委该道兼充总理局务，以资整饬。未就。

2 月 17 日（正月十二日），赴南京谒总督刘坤一，主要是为了新建华盛纺织厂事。

3 月（二月），回天津海关道任。

4 月 27 日（三月二十二日），华盛纺织总厂的建设接近完成。"神旅"号轮船已抵吴淞，载有 600 箱纱锭，"巴拉梅"号轮另载来 500 箱纺织机器设备。

5 月 1 日（三月二十六日），华盛总厂盛与美国人哈顿订立雇用合同。

同日，华盛总厂盛与美国人威林顿订立雇用合同。

5 月（四月），李鸿章巡阅海军，盛奉饬随往，因病未行。

6 月 5 日（五月初二），禀南北洋大臣为华盛进口机器三年免税。

6 月（五月），盛垣知日俄谋韩益急，伺隙即动，曾从容言于李鸿章，请仿欧西瑞士例，由数大国公司保护，勿贪藩属空文，而受唇齿实祸。未纳。

同月，郑观应来函，推荐孙中山于盛宣怀，请转荐于李鸿章；并请在总理衙门为孙办理游学泰西护照。盛在信封上亲笔批上"孙医士事"四字。

7月25日（六月二十三日），日本发动侵略朝鲜和中国的战争。

同日，致沈能虎、郑观应函：拟将津沪轮船六号明卖与怡和或汇丰，明立售约、欠银约各一张，暗立事竣还局密约一张，也即"明卖暗托"。

8月7日（七月初七），致郑观应函：局船除北洋不走外，长江照旧开行。同意将有些轮船归外商代理的意见。

8月25日（七月二十五日），与天津瑞生洋行订购买电线等器材合同。

9月16日（八月十七日），华盛纺织总厂经过不到一年规复重建，于今日投产。

9月15日（八月十六日），平壤之役，五弟星怀在前敌阵亡，极悲痛。

10月13日（九月十五日），致沈能虎、郑观应函，与英商元丰顺洋行斯毕士议售"求清"轮船一艘，拟定规银4万两，请郑观应、陈猷与斯毕士同赴奥国总领事署内签押过户，收银换旗。

10月23日（九月二十五日），致沈能虎、郑观应函：与信义洋行李德议售"海琛"轮船一艘，拟定规银6万两。请郑观应、陈猷即与李德同赴德领事署内签押过户，收银换旗。

11月3日（十月初六），郑观应第四十八号信说："礼和洋行四船（新裕、海定、丰顺、美富）业已交易换旗。"

是年，中日甲午战局已成，旅顺、威海相继沦陷，盛屡请起用前台抚刘铭传，廷意初不以为然，事急召之，刘不出。

是年，盛上书枢府译署，请募德弁，练新兵，购快艇，协助海军，当轴意少动。

是年，奉委办理东征转运，甚棘手，有人诬劾盛以采买兵米侵蚀浮冒等，旋由李鸿章查复，奏称：前敌军米奉明饬由臬司周馥、道员袁世凯就近在奉天采买，畿防防军米向由各统将自行购备，该道但司转运，并未经手采办，无从浮冒。至天津招商局北栈被火，所毁商米杂货，均系客商存件，并无官米在内，该道无从侵蚀。奏入，奉旨毋庸置议。

1895年（光绪二十一年）　五十二岁

4月8日（三月十四日），致书郑观应，感谢郑所赠《盛世危言》四部，说乞再寄赠二十部，拟分送都中大老以醒耳目。

4月17日（三月二十三日），中日《马关条约》签订。盛在"病榻拊膺长叹"。

5月1日（四月初七），与美国人哈顿、威林顿续订雇用合同。

5月2日（四月初八），康有为为首的应试举人上皇帝书，要求维新，是为"公车上书"。

5月5日（四月十一日），禀李鸿章：和议已定，社稷乂安，浮议只可置之不问，中国必须乘时变法，发愤自强，除吏政、礼政、刑政暂不更动外，户政、兵政、工政必须变法。"其转移之柄在皇上，而开诚布公集思广益之论，微我中堂谁能发之。"

5月8日（四月十四日），请户部速开招商银行，归商办而官护持之。

5月（四月），上北洋大臣王文韶书：拟在烟台利用当地丰产葡萄的资源建一葡萄酒厂，粤侨张振勋为主要投资者，名曰张裕公司；请专利三十年，免税厘三年。不久被批准。

6月7日（五月十五日），致书郑观应，告以《盛世危言》一书蒙皇上饬总署制印2000部，分送臣工阅看。

6、7月（五、六月），将去年"明卖暗托"于德、英等国洋行企业的招商局20艘轮船全部收回。

8月17日（六月二十七日），致郑观应函：自7月13日起仍照局、怡、太三公司齐价合同办理，以免猜忌争衡。换旗讼师费每船应照章50两。

秋，请就光绪十一年（1885年），所建天津博文书院原有房屋设头等学堂，又另设二等学堂一所，使学生递相推升，与曾充教习之美国驻津副领事丁家立商订课程，以切近易成、循序渐进为本旨，倡捐巨资，宽筹经费，禀请具奏立案，克期开办，是即所称北洋大学堂。该校延华洋教习，分教学员天算、舆地、格致、制造机器、化矿诸学，是中国第一所工业大学。亦为盛宣怀办理正规学堂之始。

12月27日（十一月十二日），电告王文韶：观音山矿苗胜于漠河，如家有窖藏，强邻觊觎。建议宜速抢挖，归漠河矿厂并办。

冬，因华盛纱厂及电报水线事，借差回沪就医。

冬，廷旨以卢汉铁路工程亟当举办，命直、鄂二督王文韶、张之洞会筹，两人酝酿认为盛宣怀堪胜此任。

冬，值湘省长、衡、宝三郡大饥，湘抚陈宝箴驰电告急。盛捐资募款以拯之。

1896 年（光绪二十二年）　五十三岁

2 月 18 日（正月初六），江督刘坤一来电说，闻公在津新设学堂，章程甚佳，即祈抄示全卷，以便将来仿办。

2 月 23 日（正月十一日），张之洞有意要盛承办铁厂，盛电告张之左右手恽莀耘表示：愿承办铁厂，拟于下月送李鸿章出洋后，到鄂勘议。如张之洞意定，必当竭力为国家筹计远大，决不存丝毫私见。

3 月（二月），应刘坤一招赴江宁，商议新政条陈。盛面禀在上海筹办南洋大学堂。

4 月 9 日（二月二十七日），回常州江阴扫墓。4 月 14 日（三月初二）折回沪。

4 月 27 日（三月十五日），电直督王文韶：沿江查察各招商分局，今日到汉。鄂厂已靡 500 万，但可设法补救，"宣系创始得矿之人，颇愿为之区画"。

4 月 27 日，向王文韶陈述办铁路的方针："权自我操，利不外溢，循序而进，克期成功。"

4 月 30 日（三月十八日），赴汉阳看铁厂。随即去大冶、马鞍山察看铁、煤矿。

5 月上旬（三月下旬），拟铁厂招商章程八条，在拓销路、觅好煤及用人等方面，完全按商办原则行事等，提出一套办法。

春，禀两江总督刘坤一，筹建南洋公学。捐资于上海徐家汇购买基地，作为公学校址。此即今之上海交通大学原址。

5 月 14 日（四月初二），奉张之洞札委督办汉阳铁厂。铁厂改归商办，聘郑观应兼任总办，以事整顿。

同日，禀复张：中国办事最易纷歧，万一铁路所用钢轨等件，仍欲取材于外洋，使华铁销路阻塞，商局何能挽回。届时如果出现这种情况，请准其停工发还华商资本，仍归官办。

5月15日（四月初三），与人书云：铁政不得法，徒糜费，几为洋人得。张之洞属意宣，意甚坚，"若一推让，必归洋人"，故接办。

5月16日（四月初四），认为铁厂用洋人36名，不务实，可知其整顿之难，更难于当年之招商局。

5月23日（四月十一日），正式接办铁厂。

5月24日（四月十二日），汉阳铁厂总办郑观应今日到任。

6月21日（五月十一日），由鄂厂回沪。

7月23日（六月十三日），致恽菘耘函：说明铁厂布置尚未周妥，内部情况复杂，办钢铁业极为艰难，路轨必须与之相辅而行。

7月27日（六月十七日），禀王文韶、张之洞：铁路之利远而薄，银行之利近而厚，华商必欲银行铁路并举，方有把握，如银行权属洋人则路股必无成。闻赫德觊觎银行，此事稍纵即逝。也即"银行铁路应一气呵成"，将铁路银行统于一手。

8月（七月），向政府提出开办银行的意见。认为开银行可以流通上下远近之财，振兴商务，为天下理财一大枢纽，欲富国富民必自银行始。

同月，写《铸银币意见》，认为铸一两重的银元可以"徐禁他国银币不准通用，头系塞漏危之一端"。

9月2日（七月二十五日），张之洞向清廷推荐盛宣怀督办铁路，因盛兼商业、官法、洋务三者之长。

9月（八月），奉上谕："王文韶、张之洞会奏请设铁路总公司，并保盛宣怀督办一折，直隶津海关道盛宣怀着即饬令来京，以备咨询。"随即于9月20日（八月十四日）遵旨入都。

秋，杨廷杲来函，请代推销《时务报》。

10月19日（九月十三日），皇上召见，奏对关于南北铁路事一时许。盛敷陈大旨，皇上深维至计。

10月20日（九月十四日），奉命：直隶津海关道开缺，以四品京堂候补督办铁路总公司事务，并被授予专折奏事特权。

10月30日（九月二十四日），被授予太常寺少卿衔。

11月1日（九月二十六日），上《条陈自强大计折》，陈练兵、理财、育才三大政，及开银行、设达成馆诸端。

11 月初（九月底），上奏《请设银行片》，说银行流通一国之货财，以应上下之求给，比之票号、钱庄要好。英、法、德、俄、日本之银行推行来华，"攘我大利"，近年中外士大夫亦多建开设银行之议。现又举办铁路，造端宏大，中国非急设银行，"无以通华商之气脉，杜洋商之挟持"。

11 月初（九月底），上奏《请设学堂片》，拟以上年津海关道任内所办北洋大学堂为楷模，在上海筹办南洋公学，"如津学之制而损益之"进行筹备。

11 月 3 日（九月二十八日），陛辞。奉谕：《条陈自强大计折》"已交议"。

11 月 12 日（十月初八），电告王文韶、张之洞：今因铁厂不能不办铁路，又因铁路不能不办银行。这就要铁厂、铁路、银行三者一手抓。

同日，军机处面奉谕旨："银行一事，前交部议，尚未定局，昨盛宣怀条陈有请归商办之议，如果办理合宜，洵于商务有益。著即责成盛宣怀选择殷商，设立总董，招集股本，合力兴办，以收利权。"

11 月 13 日（十月初九），出都，顺道勘卢沟桥工，认为卢汉铁路路线直径取道信阳，不绕襄樊，以免迂折。

11 月 16 日（十月十二日），驰抵天津，与直督王文韶议设立铁路总公司于上海，天津、汉口设分局。

同月，筹备成立中国通商银行，先集商股 250 万两，招商局集 80 万两。

12 月 3 日（十月二十九日），告张之洞：炼钢需煤，现开平焦炭供不应求，不得已另派干员赴萍设炉，采煤自炼。此铁厂生死关键，势难全徇人情。

12 月 17 日（十一月十三日），与日本商人永原壮二郎订购买电碗等电线器材合同。

1897 年（光绪二十三年），五十四岁

1 月 6 日（光绪二十二年十二月初四），正式启用"铁路总公司关防"。

1 月 13 日（十二月十一日），寄翁叔平、张樵埜：争取官股办银行。

1 月 21 日（十二月十九日），请户部发官款 200 万两，存放于新办的

银行，外人知有官款在内，足以取信，可与中俄银行争衡。

1月27日（十二月二十五日），报告总署，银行名称公拟"中国通商银行"。

1月29日（十二月二十七日），与日本商人平林专一订购买电碗等电线器材合同。

1月（十二月），铁路总公司成立于上海。奏明先造卢汉干路，其余苏沪粤汉次第展造，不再另设公司。时各国商人先谋入股，继谋借款包揽路工；而京外绅商亦竞请分办他路，实则影射洋股与借名撞骗者各居其半。盛宣怀通电枢、译、直、鄂，一律驳置不理，坚持先尽官款开办，然后择借洋债，再集华股，坚决反对招洋股。

同月，南洋公学基本建成。自任督办，聘何嗣焜任总理（校长）。向清廷建议在京师及上海两处各设一达成馆，学员专学政法交涉。

2月（光绪二十三年正月），比商至鄂，议铁路借款。就商于张之洞，金以比为小邦，重工业，但斤斤于购料趱工，无他觊觎。即阴附他国商股，我于条款内坚明约束，只认比公司不认他人，可无流弊。其息率亦视他国所索为轻，且允既以铁路作保，无须再用国家名义，磋议至5月7日（四月初六），始订草约。

4月8日（三月初七），南洋公学达成馆未办成。乃招成才之士先办师范班，于本日开学。这是中国第一个正规高等师范学堂。

5月27日（四月二十六日），"中国通商银行"上海总行本日开张。此后自夏徂冬，天津、汉口、广州、汕头、烟台、镇江等处分行陆续开设。京城银行本年亦已开办，认为今后自王畿以迄各通商码头，泉府机括，血脉贯通，或不尽为洋商所把持。

6月16日（五月十七日），铁路学堂归并北洋大学堂，派王修植兼管。

8月1日（七月初四），请直督王文韶将军粮应交商局轮装运，不得为洋船争揽，以保利权。

10月15日（九月二十日），南洋公学外院（小学）成立。

11月5日（十月十一日），汉孝路轨开工，由沪驰赴鄂，料理开工事宜。

11月23日（十月二十九日），函告王文韶：反对容闳办京镇路，说若清江别开一路，则东南客货均为所夺，卢汉将来断不能集华股还洋债，卢汉一路必致停废无成。

同月，德占胶州湾。盛电总署南北洋，请以德曾属意之金门岛与彼交易，将胶口开放为商埠，与各国共之，以杜后患。且谓以胶界德，祸更烈于以台界日，不数年俄、英、法将效尤踵起，请亟练兵。

12月4日（十一月十一日），建议总署将胶州电局移平度，以便照常营业使用，免遭德霸占。

12月24日（十二月初一），被补授大理寺少卿衔。

1898 年（光绪二十四年）　五十五岁

1月（正月），自德占胶州湾后，俄占旅顺，法窥琼州，日图福建，英亦有图扼长江之谋，瓜分危机严重。盛上奏陈述危急形势之后，争粤汉路自办说：是各要害口岸，几尽为外国所占。仅有内地，犹可南北自由往来，若粤汉一线再假于英人，将来俄路南引，英轨北趋，只卢汉一线踟蹰其中，何能展布？惟有赶将粤汉占定自办，尚堪稍资补救。故此路借款，断以美国为宜，若无意外枝节，竭六七年之心力，当可使南北相接。1月26日（正月初五）清廷批准粤汉路自办。奉谕妥速筹办粤汉、卢汉等铁路。达到了督办粤汉铁路的目的。与此同时，盛建议筑广州至九龙铁路，说"我若不造，英必自造以达省垣，其患不徒在失利"！

2月（正月），1897年10月与比签订的卢汉铁路借款草约，因胶州之役情势变迁，比欲翻议；借口东线将筑津镇路，延不交款，多方要挟。盛乃以卢汉、粤汉均将用美款以慑之，几经磋磨，续议条件，并允加息，始未悔议。

3月15日（二月二十三日），反对帝国主义占路权和矿权，向政府陈说英国之于山西侵占全省矿权，"恐藉开矿而渐及派兵保护，占利竟至占地"。

4月10日（三月二十日），托驻美公使伍廷芳在华盛顿与美国合兴公司签订粤汉铁路借款合同。

4月30日（闰三月初十），张之洞来电，同意盛的使英办晋路开晋矿，以借分俄势的策略。

4月（三月），上奏清廷，请援照开平煤矿例，不准在萍乡另立煤矿公司。

同月，奏陈：湖北铁路改归商办渐有端绪，拟大力开采萍乡煤矿、造运煤铁路各情形。

4月18日（三月二十八日）奉旨：即著照所议办理。

5月27日（四月初八），郑观应来密函，要盛抓紧轮、电督办职，说早闻有人谋夺轮船、电报督办之位。时事多艰，宜早设法对付。

5月（四月），上奏：南洋公学办附设译书院。7月7日（五月十九日）奉朱批"著照所拟办理"。随即成立了译书院，翻译出版多种关于西方军事、政治、法律等书，对西方民主和理财、商务等思想的传播，起了较大作用。这个行动，基本上与戊戌维新同步。

同月，上奏清廷：新设各学堂学生，请免岁科两试。7月7日（五月十九日）奉朱批："著照所请礼部知道。"

同月，奏陈筹办中国通商银行次第开设情形，请饬下户部通行各省关，嗣后凡存解官款，但系设有该银行之处，务须统交该行收存汇解，以符事体，而树风声。

7月8日（五月二十日），奉朱批："户部速议，具奏。"旋经分别议准。

6月11日（四月二十三日），光绪帝下诏"明定国是"。百日维新从这一天开始。

6月12日（四月二十四日），奉旨饬令各省会地方设立商务局，局为官设，不用商董。盛认为未免官与商视同秦越。

7月28日（六月初十），奉上谕旋即赴津督催卢汉北路工程。

8月10日（六月二十三日），复陆伯葵：朝廷锐意求治，第一在知人用人，否则虽百变其法，而一效难收，甚至求治太急，转为流弊；认为中国根本之学不必更动，止要兵政、商政两端，采取各国之所长，厘定章程，实力举办，"此即足食足兵之道，无他奇巧"。这与康梁变法的主要目标相悖。

8月11日（六月二十四日），卢汉铁路比国借款合同，于6月26日（五月初八）在上海画押。本日奉朱批依议。"

8月（七月），入觐，召对两次，命递练兵说帖，翌日由枢臣代呈。

同月，百日维新正在进行中，盛语人曰："吾辈遭遇圣明，千载一时，然不揣其本，不清其源，变法太锐，求治太急，朝局水火，萧墙干戈，忧未艾也。"

9月21日（八月初六），百日维新失败。

10月24日（九月初十），上军机大臣王文韶，建议将实在应办之事如用人、练兵、理财数大端，议定规模，参酌中西异同，分别年限，次第筹办。

10月（九月），奏请足食备荒根本至计，速筹积储，以固邦本。奉旨嘉纳，谕令各省整顿仓储，实力举办。

11月18日（十月初五），上庆亲王：训政以来，百事皆归旧辙，而环海疑议纷腾，以为更新不求实际，复旧又似太激。既不同意光绪的维新，也不同意慈禧的复旧。

同日，上庆亲王：铁路不要归交涉，而归商务。一归商务，可由中国造路公司与外国借款公司订立合同，准驳之权仍归政府，可消除许多后患。

11月（十月），赴鄂，督催滠口至信阳路工。

12月7日（十月二十四日），上南洋大臣刘坤一书：对英提督派人代在长江练兵持不同意见，说：默念我全国为他人所困，几无自主之权，"若再不自整军政，恐一国创代我练兵之议，各国踵之，且各就其阳为保护，阴实占割之地"；若使数强国分地代练，是"于路权利权之外，又益之以兵权，愈不可以收拾矣"。

12月7日（十月二十四日），与日本订购淡水海线合同，议定英洋10万元。

1899年（光绪二十五年）　五十六岁

1月（光绪二十四年十二月），赴大冶查勘铁矿，岁杪返沪。

同月，因上年选派熟悉放赈人员，赈济徐淮海水灾有功。奉上谕："大理寺少卿盛宣怀筹办赈务委任得人，著传旨嘉奖。"是冬，待赈尤急，复筹垫巨金，散放冬赈。

4月7日（光绪二十五年二月二十七日），与日本制铁所长官和田签订煤铁互售合同。向日本买煤每年三四万吨，供应日本每年5万吨铁矿，以

15 年为期。张之洞提出异议。

春，盛宣怀正拟北上就商译署及路矿总局明定办法，闻刚毅忽因筹饷南下，先查轮、电两局款项，徐荫轩相国又言："轮船电报创立三四十年，获利不资，而上不在国，下不在商，所称挽回利权者安在?"

6 月 10 日（五月初三），经元善致郑观应函，说盛宣怀独揽轮船、电报、铁政铁路、银行、煤矿、纺织诸大政是"一只手捞十六颗夜明珠，有务博不务精之弊"。

7 月（六月），感到美合兴之约颇为狡狠，恐他时驾驭更难于比，思辞去他路，专心卢汉，以轻肩责。商之张之洞，张复电谓："美约不成，必为法占。若南北两干均归一国，如大局何!"不同意盛辞去粤汉路之职。

8 月 6 日（七月初一），复陈清政府，轮船、电报两局接办十三年半结存公积银 90.7 万余两，以此添置轮船 13 只，栈房 27 所之用，尚不敷银 35.6 万两。

9 月 14 日（八月初十），患痢疾，扶病北行，验收卢保路工。由上海附乘轮船，十五日到天津。

9 月 29 日（八月二十五日），驰至卢沟桥顺轨西行以达保定。

10 月 4 日（八月三十日），乘车进京。

10 月 6 日（九月初二），召对。其中推荐了袁世凯新建陆军。

10 月（九月），奏递练兵、筹饷、商务 30 条。军机大臣面奉谕旨："各口关税，如照现在时价核估，所增税项，实为筹款大宗。著盛宣怀、聂缉椝会同赫德查照条约，迅速筹办。"乃倡"税厘并征"废除厘金之议。这能做到华洋货平等对待，增财政收入除中饱，并于是年曾首先与英国代表谈判此事，但未能成功。

11 月 22 日（十月二十日），给总署文：中国矿产至富，大利未收，烟煤焦炭用途最广，而东南各省多待济于日本。致使汉阳铁厂、轮船、纺织各厂局，成本加重。各国讲求商务，总以出口之货抵入口之货为第一义。故宜大力自办煤矿，用先进技术开采。

11 月（十月），奏请卢汉铁路北端接轨至马家铺。本日奉朱批："著照所请该衙门知道。"

同月，奏请招商试办德律风。奉旨"依议"。

12 月（十一月），入对，面奉懿旨暂时留京，备随时商询要政。

是年，向德国礼和洋行借 400 万马克，以加速萍乡煤矿开采的建设，用招商局财产作押。

是年，拟设商务学堂，学员学商律，培养商务人才。

是年，义和团运动在山东兴起，发展很快。东抚毓贤承认团为合法，以期达到利用的目的。

1900 年（光绪二十六年）　五十七岁

1 月 25 日（光绪二十五年十二月二十五日），慈禧太后特颁殊谕，为光绪帝立嗣，以达到废立目的。上海电报局总办经元善联合维新志士电致总理衙门反对，触怒了慈禧，下令查拿。盛宣怀得悉，即暗示郑观应、杨廷杲通知经氏远避。经元善于 1 月 28 日（十二月二十八日）挈眷潜逃香港转去澳门。西太后谕令盛宣怀追查，否则唯盛是问。盛详奏此事于己无关，建议对经先行革职；另一方面设法严密缉拿。这就是轰动一时的"经元善案"。

3 月（光绪二十六年二月），有人谓电局利权太重，奏请遴员接管。盛宣怀疏陈历办情形，恳将所管各局、厂一律交卸，以让贤能，俾释负荷，保全末路。未蒙允准。仍留京会议洋货税则，并酌拟税厘并征事宜。

春夏间义和团向津京地区发展，以慈禧太后为首的一些权贵定下了照毓贤办法，利用义和团与列强决一雌雄的方针。

5 月 29 日（五月初二），电告两广总督李鸿章，"拳匪戕杨福同后，拆毁卢保铁路及半，法、比洋人二十余名尚未出险"，皆毓贤所造成。

6 月 5 日（五月初九），电奏请降旨严饬"剿匪"，以杜外患。

6 月 12 日（五月十六日），分别致电刘坤一、张之洞，提出调粤督李鸿章督直的意见。

6 月 17 日（五月二十一日），电天津荣禄：建议调李鸿章为直隶总督，说李督直二十五年，久得民心，威名素著，即调令督直，限十日到津，于平内乱、劝阻洋兵进京必能做到。

6 月 20 日、21 日（五月二十四日、二十五日），清廷先后连下两次诏书，命令各督抚"联络一气保疆土"和"招义民御侮"。

6月21日（五月二十五日），与日本签订煤铁互售合同第一次续订条款。

6月24日、25日（五月二十八、二十九日），先后电粤督李鸿章、江督刘坤一、鄂督张之洞等，发起"东南互保"。其总方针是：剿拳、护使、惩祸首、不援京师；与列强互保东南，不受干扰。当即得到督抚们的赞同。他们称清廷20日、21日（二十四日、二十五日）的诏旨为"矫诏"，不予奉行。

6月26日（五月三十日），指导沪道余联沅与列强驻沪领事订定《东南互保章程九款》：上海租界归各国保护，长江内地归各督抚保护，两不相扰。此后，盛尽力确保"互保"局面成功，并扩大，"互保"范围至西南、山东等处。

7月8日（六月十二日），清廷下令调李鸿章为直隶总督、议和全权大臣。李随即由广州启程北上。

7月13日（六月十七日），委托驻美公使伍廷芳与美国合兴公司订《粤汉铁路借款续约》。

同日，电请发密诏，平内乱以挽危局。认为内乱一平，外衅自解，过此不图，悔莫能及。

7月21日（六月二十五日），李鸿章到上海，盛与其密谈两天。李认为议和时机尚未成熟，决定由陆路北行，以拖延时间。在"密谈"中李对盛表示"和约定，我必死"。

8月8日（七月十四日），致浙藩恽祖耘函：东南全局极易动摇，力请保使剿匪，只望东南免荼毒便是圆满。

8月14日（七月二十日），八国联军攻陷北京。慈禧太后、光绪帝和一部分王公贵族仓皇出逃。

8月18日（七月二十四日），请大西洋华总领事邀集各国领事会议，发给一信与修电线工员，面呈天津各国领事向各国统带护照，俾各工匠迅速前往修理京津一带电线。

8月24日（七月三十日），清廷在李鸿章的议和"全权大臣"之上又加了"便宜行事"四字。

8月29日（八月初五），与日本签订煤铁互售合同第二次续议条款。

9月14日（八月二十一日），李鸿章自沪乘轮北上，19日抵津。

9月15日（八月二十二日），电北京庆亲王：昨接直隶布政使署直督廷雍电："已办匪目数名"，请速告各国，止其赴保之兵，一面饬廷雍实力自行剿办，免贻口实。

10月1日（闰八月初八），敦促新任粤督陶模赶速赴粤上任。因"粤盗"复炽，宜早收拾。

10月16日（闰八月二十三日），电宁、鄂督和东抚袁世凯："粤匪日甚，若不自了，又增一催促分裂之兆。奈何！"

10月26日（九月初四），中国电报局、大东北电线公司订沽津北京陆线暂时办法合同。

10月31日（九月初九），电西安王文韶：粤"土匪"东西两路甚猖獗，恐英法兵掣动大局。若准陶模辞粤督，须速调知兵者前往，方可保粤。

10月（九月），孙中山筹组新中央政府，以盛宣怀为新政府主持内政的委员。

同月，屡请清廷严治毓贤罪。说义和团实倡自毓贤，王大臣之所以纵庇"拳匪"，皆惑于毓贤之说，必须严治毓贤之罪"以谢天下并以谢各国"。

秋，北洋大学堂为德军侵占，学生避难南来，盛决定并入南洋公学肄业，并将头班毕业生资送出洋游学。

12月17日（十月二十六日），电询粤抚署粤督德寿，了解惠州事平后，有无他处倡乱。翌日，德寿复电：一律肃清，全省各属安静无事。

12月22日（十一月初一），奉旨补授宗人府府丞。

12月31日（十一月初十），刘坤一来电：说盛应该"主持农曹兼入译署，方资展布"。

是年，陕省连岁欠收，又遭旱灾，遵旨筹办义赈。

1901年（光绪二十七年） 五十八岁

1月5日（光绪二十六年十一月十五日），被派充会办商务大臣（商务大臣为李鸿章），驻沪；随请刊用"钦差会办商务大臣关防"（木质）。

2月19日（光绪二十七年正月初一），张翼（燕谋）出卖开平矿权与英，今日签订移交合同。

2月26日（正月初八），沙俄于1900年八国联军侵华期间，独自出兵中国东北，逼清政府在和约签订前与俄国签订要索多端超越和约利权的东三省专约。盛坚决反对，于今日电请荣禄"借各国之力牵制俄国"。

3月23日（二月初四），电李鸿章请坚拒俄约说："万一画押后另有波折，师亦无以塞责。"

3月（二月），子昇颐生。

同月，枢府意欲令盛宣怀入佐度支，袁世凯赞成甚力。慈禧谓荣禄云："今日看来，盛宣怀为不可少之人。"荣对曰："诚如圣谕，现在理财、交涉等事，仗着他处很多，目前交涉要紧，令其在上海办事，诸多方便，内用不妨且缓。"

同月，枢府尝论：东南互保之功，皆谓无盛某维持策划，刘、张亦无所措手，何论余（联沅）道。慈禧深以为然。

5月（四月），拟复准法国顺化水线在厦门登岸。

5月，奉请筹款展造潼关至河南直隶电线，以备跸路传递要报。6月20日（五月初五）奉朱批："著照所请。"。

6月（五月），工部侍郎缺，上意及盛。慈禧谓盛宣怀长于理财，俟户部有缺畀之。

7月（六月），请于清廷，专设东文学堂培养翻译人才。

9月7日（七月二十五日），《辛丑条约》签订。

夏，清廷电旨：饬江、鄂、粤三督会同盛宣怀议复银元币制。刘坤一、张之洞等均主七钱二分，盛欲参用衡法并主张铸重量一两之银元，故未列名。

9月18日（八月初六），电北京胡芸楣侍郎说：光绪二十五年冬奏准德律风悉归电局办理。现设军线，例应官还，若交洋人代办，诚恐从此效尤。

10月1日（八月十九日），被授予办理商约税事大臣。任务是议办通商各条约，改定进口税制。清廷命一切事宜，就近会商刘坤一、张之洞，妥为定议；税务司戴乐尔、贺璧理均着随同办理。

10月31日（九月二十日），有入外务部之说。电行在于文韶：外务部工作任重难胜，老亲尤难久离，如有以为言者，求勿上闻。

11月7日（九月二十七日），李鸿章去世。遗折由袁世凯继任直隶总督。盛宣怀认为此任非袁莫属。清廷即日降旨任命袁世凯为直督、北洋大臣。

11月（十月），请为南洋公学第一任总理（校长）何嗣焜学行宣付史馆立传。

12月11日（十一月初一），因赞襄和议，保护东南地方有功，被清廷赏加太子少保衔，并受命着手办理商约谈判事宜。1902年2月23日（光绪二十八年正月十六日），添派吕海寰为商约大臣，名列盛宣怀前。

12月12日（十一月初二），与英、美所派商务大臣议约专使晤谈。

12月14日（十一月初四），慈禧、光绪从西安启驾回北京。

1902年（光绪二十八年）　五十九岁

1月8日（光绪二十七年十一月二十九日），慈禧太后、光绪帝于本日回到北京。

1月（十二月），为南洋公学推广编辑政治、法律诸书，向清廷敬陈纲要大端。

1月中（十二月中），首先与英国马凯进行商约谈判。盛宣怀谈判中思维敏锐，针锋相对，表现出色。但也只能在"守定和约"原则下"力争"而已。

2月20日（光绪二十八年正月十三日），被授为工部左侍郎。

3月10（正月二十二日），英国福公司拟造铁路夺卢汉之利。盛认为，如有必要，亦须俟卢汉完工之后，察看情形方可。翌日，电张之洞：福公司所商路事，敝处坚持未允。

3月10日（二月初一），开用"钦差办理商约事务大臣关防"。

4月（三月），与商约大臣吕海寰会奏请减轻茶税。

7月1日（五月二十六日），与吕海寰偕英使马凯由沪启程赴宁、鄂，与刘坤一、张之洞晤商商约事。

7月8日（六月初四），电外务部：葡萄牙索造铁路，意在推展澳界，图占香山，如不允所请，只能由葡借款筑造作为中国支路，并须订立合同以清界限，而保主权。

9月5日（八月初四），在上海与英国签订商约画押。该约在内河航行权上损失尤大。

10月1日（八月十九日），受命为办理商务大臣，办理商税通商行船各事务。

10月初（八月下旬），中美商约开议。因故停议，1903年3月（光绪二十九年二月）重新开议。

10月18日（九月十七日），奏陈南洋公学历年办理情形：自光绪二十二年十二月十二日奏请由轮、电两局集捐筹办南洋公学以来，二十三年开设师范班；二十四年开设中院；二十五年开设蒙学堂，并成立译书院；二十七年开设东文班，二十八年九月请定为工商高等学堂。实际上到1905年才正式办成为工商科大学堂。

10月21日（九月二十日），电外务部请统一规划铁路：各国铁路皆由自主，中国穷于财力借助外人，应先定干路若干条，由国家借款兴造。其余支路应准华商筹款接造。今若各国择地请造，仍要中国还款方能收回路权，恐全球无此办法，中国独吃此亏。即互有利益，亦不能有碍干路权利。

10月23日（九月二十二日），电奏：招集华商创设内河轮船招商局，先购浅水轮船五号，在江浙等处试办，派同知朱鸿寿等总董。以期在所订"商约"损失的内河航行权上，用竞争的办法挽回一些权利。

10月24日（九月二十三日），父盛康逝世。电请开去各差缺，俾安心守制。旋奉谕旨："卢汉、粤汉铁路总公司及淞沪路筹款、购地、买料、修工事宜，仍着盛宣怀一手经理。"张之洞复力陈铁路不可易人，三辞不获。事实上其他一些差缺并未开去，改为署任。

同月（九月），奏请在上海设立勘矿总公司。

同月，奏为上海设立商业会议公所，遴派总董，联络商情。调和于商与商、官与商之间，以便统一对外。

同月，资送学生出洋游学。认为学生出洋游历，"躬验目治，专门肄习，乃能窥西学之精，用其所长，补我之短"。

同月，派湖北铁厂总办李维格带同洋工程司去日本，转赴泰西各国参观有关工厂，"究其工作精奥之大端，借他山之石以攻错"。

同月，奏请将编修汪凤藻留于上海总办南洋公学，候补知府伍光建为总提调。

同月，请奖电局有功人员，说"用人之道，激其将来，必先勉其以往"。

11 月 12 日（十月十三日），听说轮、电两局将派张翼为督办，盛不同意，恳求袁世凯以北洋名义出面阻止。

11 月（十月），袁世凯到上海乘吊盛康丧之机，与盛宣怀面谈轮、电两局事。盛答："船宜商办，电宜官办。"

1903 年（光绪二十九年） 六十岁

1 月 15 日（光绪二十八年十二月十七日），清廷派袁世凯为电务大臣，原直隶布政使以侍郎候补吴重憙为驻沪会办电务大臣。

1 月 24 日（十二月二十六日），袁世凯来电问：闻南洋公学已罢散，能否趁此停办？或请南洋另筹款。

2 月 3 日（光绪二十九年正月初六），不同意袁世凯停办南洋公学的意见。说：经费如果无着，拟将译书院、东文学堂及特班、师范班全裁，商务学堂亦缓办，留中院生 6 班，以 200 人为度。轮、电两局原拨公学每年 10 万两，本年起遵即停拨。船局另捐之 2 万两，电局另捐之 2 万两，拟改充出洋肄业经费。

2 月（正月），去招商局督办职，袁世凯亲信杨士琦为总理，徐润为会办。

3 月 24 日（二月二十六日），接准直督电，到津面商恭办大差车务。25 日偕同直督袁勘查车道。

3 月（二月），两宫谒陵，道经所管铁路，盛因在制，不入觐，旋奉旨准素服冠顶，在保定迎驾请安。

3 月 29 日（三月初一），吴重憙正式接办电政局。

4 月 7 日（三月初十），皇上召见，命赏福字、匹头、饽饽、肉食。

4 月（三月），奉上谕："随同袁世凯、张之洞、吕海寰、伍廷芳会议商约事宜。"实际仍由吕海寰、盛宣怀两人具体负责。

6 月 6 日（五月十一日），扶病出京，回上海延医诊治。行动即喘，医云须调治月余，方能出门治事。但本月还是为争山西福公司路矿事，与彼代理人哲美森执议多次，及与外务部、晋豫方面往返函电甚多。

6月19日、23日（五月二十四日、二十八日），吕海寰与美方古纳商约谈判，盛均未与会。

9月26日（八月初六），奏请南洋公学开办高等商务学堂，以造人才而备实用。10月10日（八月二十日）奉朱批："管学大臣议奏。"

9月（八月），向清廷陈明开办南洋公学，即以激发忠爱、开通知慧、振兴实业为主义，应毫不动摇办下去。

同月，奏请南洋公学总教习美国洋员福开森办学有功，赏给宝星，以示优异而奖勤劳。

10月4日（八月十四日），电外务部：反对奥、法吞并中国通商银行的企图。

10月8日（八月十八日），美国商约定议，遵旨在上海会同美国代表画押。同日，日本商约定议，在上海会同日使画押。在美、日商约订定的余隙，赴江阴为其父筑圹安葬。

10月17日（八月二十七日），清廷降旨，赏加尚书衔。

10月25日（九月初六），明确表示拒绝英国福公司"因矿而及路"的阴谋。

冬，日俄战争发生。清政府守局外例宣布中立，划辽河以东为作战区。盛认为无论胜负属谁，于我皆不利，乃与有关总督密陈安危大计。

1904年（光绪三十年）　六十一岁

1月15日（光绪二十九年十一月二十八日），与小田切之助订大冶购运矿石预借300万元矿价正合同，以冶矿等物产作押。

1月28日（十二月十二日），向清政府表示：在日俄战争中，滇桂须防法，山东须防德，长江西藏须防英；亦勿任"土匪"稍有蠢动，各省切须保护洋人财产生命，万不可碍及教堂，致使他国借口，祸生不测。

2月20日（光绪三十年正月初五），电湘抚赵尔巽：湘中为将帅所产地，如能设练将学堂，又有人才辈出。

3月13日（正月二十七日），函告陆伯葵侍郎：鄙见在日俄战争中，中国以兵力不足，惟赖各国互相牵制，须于胜负未分之际，派重臣先从美国下手，再与各国协谋如何处置东三省，同时将"赖各国互相牵制"的意见，告有关部院大臣。

3 月 19 日（二月初三），在上海议成与中、英、法、德合办上海万国红十字会。盛被推为上海红十字会负责人。盛随即向清廷建议，定名为"大清帝国红十字会"。被批准。

5 月 10 日（三月二十五日），电外务部：币制必须自主，外人不得干预，以尊主权而免攘利。

5 月（四月），收回粤汉铁路权的呼声甚高，赴江宁就张之洞、魏光焘商议美国合兴公司废约事。

7 月 2 日（五月十九日），电告外务部：各国公司每于合同夹缝中力争权利，稍一放松，则数十年吃亏无尽，必须警惕。

11 月 11 日（十月初五），与葡萄牙签订通商条约。

1905 年（光绪三十一年） 六十二岁

1 月 16 日（十二月十一日），被奏派接办"周生有案"。在日俄战争中，沙俄败逃来沪的俄兵舰水兵杀死周生有的案件，原为上海道袁树勋所经办，因损失主权遭人民反对，而于今日派盛宣怀为首席谈判代表。

2 月 9 日（光绪三十一年正月初六），朱批：着准盛宣怀收受日本赠送的宝星。

3 月（二月），请奖南洋公学洋教习美国人薛来西、勒芬迩、乐提摩三等第一宝星。

同月，南洋高等商务学堂移交商部接管。辞去督办职。盛说：南洋公学开办八年，毕业四次，先后出洋者 50 余人，著有微效。

5 月中（四月中），北上勘黄河桥工、正太路工。

5 月 22 日（四月十九日），被召见。面奉皇上垂询卢汉铁路工程及黄河桥工情形。

5 月（四月），服阕循例到京请安，召见三次。以京汉全路完工，引疾求退。慈禧太后谕："国家正值多事，汝系旧臣，不应出此。"

6 月（五月），密陈整顿卢汉铁路办法三端，其中着重谈了收赎问题。

说借款还清，合同即废，行车进款可无外散。其尤要者，有事之秋他人不能干预。

同月，上《东事贴危密陈办法折》，提出与其权利让一国独占，必致妨碍自主，不若利权让各国公共，可以永保自主。

7月27日（六月二十五日），奉谕：着加恩在紫禁城内骑马。

8月20日（七月二十日），中国同盟会在日本东京成立，孙中山为总理。

9月（八月），请设铁路法文速成学堂，派委候选知府衡璋驻堂经理。

同月，奉谕旨：粤汉铁路废约事，责成张之洞、梁诚一手经办，盛宣怀不准干预。

10月1日（九月初三），自北京回上海。

10月（九月），与德国在上海开议商约。

11月（十月），遵旨自沪赴荣泽会同唐绍仪验收黄河桥工，并举行全路落成典礼。咯血病发，未及复命即回沪。

12月5日（十一月初九），电奏：上海铁路总公司请即裁撤，并归铁路总局唐绍仪督办，以一事权。

1906年（光绪三十二年）　六十三岁

2月13日（正月二十日），与日本三井洋行订100万元借款合同。以汉阳铁厂物产作押。

3月（二月），报交卸铁路差使裁撤上海总公司。督办铁路总公司事至此结束。

同月，清廷责成盛与英商磋商，废苏杭甬铁路草合同，务期收回自办。

4月（三月），奏为各省矿务现经自办，请裁撤勘矿总公司，拨款专办晋矿。4月12日（三月二十九日）朱批：外部商部知道。

初夏，至杭州西湖养病，未逾月，因义国商约开议，返沪。

夏季，湖南衡州等地和皖北均遭水灾，盛约吕海寰倡义赈。因此次灾情广巨，故义赈号召之广，遍及国内外。

9月（八月），续请汉阳铁厂免税展限十年。（1896年张之洞奏请获准免税五年，1901年盛请准展限五年，此为第二次展限。）

11月（十月），萍、浏、醴起义，飞电宁、鄂、湘、赣调兵镇压，以保有关矿区。

12月11日（十月二十六日），请地方官调兵镇压安源矿工"滋事"。

12月（十一月），江北灾情严重，盛垫募义赈百万之外，代筹官赈办法，以截漕为大宗。

同月，手订义赈办法十八条：官赈与义赈合办，惩弊端使灾民受实惠。

是年，亲笔拟《轮船招商局节略》，回顾了自己经办三十年的成绩和功劳，揭露袁世凯接夺商局后经营腐败情形。

1907年（光绪三十三年）　六十四岁

春，对赈务酌拟治标四策：一曰借给麦种，使补春耕；二曰多籴杂粮，以轻市价；三曰就近办工，俾壮丁得食；四曰设借钱局，以田作押，轻息宽期，俾可后赎。

5月1日（三月十九日），与日本大仓组订借日金200万元合同，以萍矿财产作押。

5月4日（三月二十二日），请于邮传部：南洋公学拟招造路行车学生两班。

7月（六月），禀庆邸：现办铁厂兼煤铁矿，成效显著：一手经办之轮、电两局，历年收回利权甚巨。至今邮传部特开一部实赖此以存国体。意思要奕劻对自己支持。

8月28日（七月二十日），致外务部尚书吕海寰，"近来日本兵官常赴大冶勘查铁矿，颇有觊觎之意"，欲事抵御，只有商力团结。故拟奏请将汉、冶、萍合并为一公司，以期增强力量，"永保权利"。

10月（九月），李维格从国外考察回来后，解决铁厂钢质含磷太多易裂的问题，建立新厂；萍乡煤矿建设也颇有成效。乃赴汉阳验新钢厂，赴萍乡验大煤槽。看到"风声所播，商情踊跃"等情况，于是函商张之洞：拟将汉、冶、萍煤铁合成一大公司，以期保全中国厂矿挽回中国权利。

11月（十月），近一两个月间，遍历鄂、湘、赣勘阅厂矿，复筹商川路定轨及萍乡防营等事，因疲劳和冬寒，旧疾复发。

11月25日（十月二十日），江南北赈务结束，奉赏"惠流桑梓"匾额。

12月（十一月），奉旨："迅速来京预备召见。"力即由汉北上，入对。慈禧谕曰近为浙路发生风潮，或言英国要下旗撤使，或言百姓要抗粮拒官，特召汝来解此一结。"奏言："铁路借款不过一二英商之事，与国际无关；臣责其逾期，彼固无辞，何至酿成交涉，此不足上烦圣虑。江浙百姓驯良守法，必无抗官举动，但欲遵商办前命，以拒外者助官耳。恫喝之说，皆可勿听。惟既订约借款，不应再令商造，既废商造，不应又许借款，朝令暮改，失信中外。今后行立宪，正欲借民力以巩国力，倘逆用而不顺用，恐激成事变，外人将不责草野，而归咎朝廷，是宜加意。"上颔之。

越二日密疏详陈苏杭甬草约原案经历情形。

12月15日（十一月十一日），奉旨："着随同外务部妥筹办理。"

1908年（光绪三十四年）　六十五岁

1月15日（光绪三十三年十二月十二日），电鄂督赵尔巽：萍乡招勇并乞拨借后膛枪300杆，以弹压革命群众。

1月27日（十二月二十四日），准内务府传交恩赏江绸袍褂料各一卷。

3月9日（光绪三十四年二月初七），被授为邮传部右侍郎，管摄路、电、航、邮四政。

3月11日（二月初九），谕令仍以商约大臣原差赴沪。陛辞时，慈禧问："何故又要离京？"盛宣怀知此行非慈禧意，含糊唯唯而退。

3月（二月），上奏：为商办汉、冶、萍煤铁厂矿渐著成效，亟宜扩充股本合并为一公司，以期推广，而垂久远。

3月23日（二月二十一日），奉谕：着责成盛宣怀加招华股，认真经理，以广成效。

将原用之"督办湖北铁厂事务关防"缴销，请部另铸铜质"总理汉冶萍煤铁厂矿公司事务关防"，颁发开用。3月13日（二月十一日）奉旨：依议。

4 月（三月），出都抵汉，诣铁厂考验炼钢、炼铁、拉轨、锤折诸法，两洋工程师均极赞美，谓与欧厂无异而质过之。

5 月（四月），留园义庄成立。经苏抚陈启泰入告，奉赏"承先收族"匾额。

6 月 13 日（五月十五日），向横滨正金银行借日金 150 万元，以汉冶萍矿山等作押。

6 月（五月），邮传部奏请将电报商股由部备价赎收，股东以部定每股 170 元收赎太苛，拒不允，相持不下。盛宣怀以"上尊国体，下恤商情"规劝双方，最后盛以拥有 900 股的大股东，带头集股票，按每股 175 元先缴，始得解决，收归官办。

9 月 2 日（八月初七），奏请给假赴日本就医，兼考察钢铁厂矿和银行各业。到日本后为之诊疾者为青山、北里两医学博士。此行著有《东游日记》。

9 月 14 日（八月十九日），在日本参观访问后，初步与人谈其感受，说日本币制改革和立宪优点不少。

9 月 18 日（八月二十三日），在《东游日记》谈及他在日本观览图书馆、博物院及其章程，准备在沪仿行开办图书馆。

10 月 9 日（九月十五日），记在日本购书的情况说，购书"余意本备将来开办图书馆，公诸同好，与收藏家不同，故和汉新旧不拘一格。惟山海壤流，愧无以裨助学界尔"。

10 月 15 日（九月二十一日），日记中谈及外国办旅游事业财政收入很大，意即中国应该仿行。

11 月 5 日（十月十二日），听说光绪帝、慈禧太后先后去世，本日在日本神户"率同领事官等举哀成服"。随后即乘轮回国。

11 月 14 日（十月二十一日），汉冶萍公司向横滨正金银行借日金 50 万元。以汉冶萍矿山等作押。

11 月 25 日（十一月初二），从日本返抵上海。在日本两个月余，参观了那里的煤铁厂矿和银行、制币局，乃至文化教育等。

1909 年（宣统元年）　六十六岁

1 月（光绪三十四年十二月），靠逢迎慈禧太后并出卖戊戌变法派起家发迹的袁世凯，被撵回河南老家"养病"。盛宣怀乘机着手进行夺回被袁夺去的招商局的工作。

3 月 21 日（宣统元年二月三十日），汉冶萍公司向汉口正金银行借款50 万两。以汉冶萍公司汉口地产作押。

3 月 27 日（闰二月初六），致函寓澳门的郑观应，请在广州找"同股兼同志者"列名公呈招商局商办，以反对袁世凯亲信新任邮传部尚书徐世昌收归国有的企图。

4 月初（闰二月），上《推广中央银行先齐币制》一折，附陈各种办法成式，及划一币制统归银行主办等条议。

8 月 15 日（六月三十日），轮船招商局在上海开股东大会，选举董事会，被推为董事会主席，将被夺的招商局又夺了回来。

8 月 18 日（七月初三），电邮传部、农工商部：因现官邮传部右侍郎，而被商举招商局董事会主席，似不合体制，辞。但清政府破例同意任招商局董事会主席。

8 月（七月），长子昌颐因时疫殁于沪第。

1910 年（宣统二年）　六十七岁

2 月 27 日（宣统二年正月十八日），清政府颁中国红十字会试办章程，派盛宣怀为中国红十字会会长。

3 月 29 日（二月十九日），致函吕海寰尚书云："弟久为项城屏逐。"言下之意，袁世凯也有这么一天被清王朝所"屏逐"。

4 月（三月），因江、鄂等地连岁偏灾，议赈议捐，靡所底止。盛疏请饬筹工抚、平粜、当田三事为治标之计，并陈荒政治本策，这就是以重农产、广种植、疏河道为要端；又推广昔人移粟移民之遗意，请饬东三省、直隶、山东各省熟筹交通垦牧，即于济荒之中寓实边之计。这些意见虽得到清廷嘉许，却难以付诸实践。

同月，为"熟筹交通垦牧"专门上了奏片：铁路交通关系荒政甚大，移民至锦爱铁路左右垦牧。说：今日移民以耕种，即为实边大计；将来移粟以济荒，尤为塞漏远谋。数年后锦爱路工告成，荒田亦皆为沃壤矣！一举两得，时不可失。

5月3日（三月二十四日），与人书云：袁世凯"颇不吝赏，惜皆援引私人。倘能化私为公，其凌厉无前之概，何难措天下于治乎"！表明盛、袁间的矛盾甚深。

5月8日（三月二十九日），函致孙宝琦，说明自己大半生建树，函中说："创轮船与各洋商争航路；开电政阻英、丹海线不准越中国海面；建纱布厂以吸收洋纱布之利；造京汉以交通南北干路；恢张汉冶萍，以收钢铁权利……冒奇险而成兹数事。私乎公乎？……试问天下有十个盛杏荪，实业便有数十件。可惜天下人才莫不鉴其吃亏，苦太甚，俱各援以为戒，竟无一人肯步其后尘！"

7月25日（六月十九日），上谕："军机大臣呈递开缺江西提学使浙路总理汤寿潜来电，据称：'盛宣怀为浙路罪魁祸首，不应令其回任，请收回成命，或调离路事以谢天下'，等语。措词诸多荒谬，狂悖已极。清廷用人自有权衡，岂容率意妄陈，无非借此脱卸路事，自博美名，故作危词以耸听，其用心诡谲尤不可问。汤寿潜着即行革职，不准干预路事，以为沽名钓誉巧于趋避者戒。"

8月4日（六月二十九日），清廷因事敦促入都，遂电奏请觐，奉谕：来京陛见。

8月17日（七月十三日），到京，召见三次，博询时局要政，旋奉旨饬令赴邮传部右侍郎本任，并帮办度支部币制事宜。

9月10日（八月初七），汉冶萍公司向正金银行借日金100万元。以汉冶萍公司矿山等物产作押。

10月（九月），捐建上海图书馆成，蒙恩赏"惠周多士"匾额。

11月1日（九月三十日），电东三省总督锡良：警惕日本攘夺本溪铁矿。

11月6日（十月初五），电鄂督瑞澂：兴国州银山锰矿很重要，近闻州人欲与锰矿局为难，务祈速饬劝业道严饬州牧晓谕解散，予以保护，勿使滋生事端。

11月17日（十月十六日），汉冶萍公司向横滨正金银行借日金61.273万元。以汉冶萍公司等物产作押。

同日，汉冶萍公司又向横滨正金银行借日金61.4395元。以汉冶萍公司矿山等物产作押。

12 月 28 日（十一月二十七日），奉旨被任为徐属及皖南北筹赈大臣，并办豫赈，设立江皖赈公所，开办华洋义赈会，集资办赈。

1911 年（宣统三年） 六十八岁

1 月 6 日（宣统二年十二月初六），被授为邮传部尚书。

2 月（宣统三年正月），言官奏劾邮传部官办铁路滥借滥费，请饬查整顿。词连多人。盛宣怀不欲对部属事业骤加裁抑，仅先撤图书通译局、交通研究所，以节糜费。

3 月 16 日（二月十六日），致电南洋高等实业学堂校长唐文治：尽力支持唐欲购买屋地添办商船学校的请求。

3 月 31 日（三月初二），汉冶萍公司向横滨正金银行借日金 600 万元。

从 1908 年春汉冶萍公司成立后至今三年间，向日本借款共约 1200 万元有余，均附苛刻条件。

4 月（三月），因江北灾情与皖北相等，请援案缓征江北重灾各州县本年上忙丁漕。

4 月，因江、皖、豫三省灾赈粮缺乏，请所购运之高粱 10 万石免厘税。4 月 6 日（三月初八）奉旨"依议"。

4 月 14 日（三月十六日），电唐文治：同意另设吴淞商船学校，"腾出课堂添设邮科"之请亦同意照办。三个月后商船学校招生时，考生竟达 2000 余人，因"取额极隘"，又另开办商船学校宁波分校。

春夏间，与日本举行汉冶萍公司 1200 万元借款谈判，以便发展公司生产，并将自己在公司中的大量投资收回一些。为了不受日本过多的苛刻条件，盛作出同时向其他国家借款的姿态。但估计这时公司董事会不能通过，及铁路干线国有引起了保路风潮等原因，借款谈判暂搁。

5 月初（四月初），复陈铁路明定干路支路办法，认为其要尤在干路收归国有，迅速筹办支路，则仍可由商民量力办理，此为处理铁路之要领。

5 月 8 日（四月初十），清内阁改制，"皇族内阁"成立。盛宣怀被留任简授为邮传大臣，所有内阁总协理大臣及各该大臣均为国务大臣。

5 月 9 日（四月十一日），上谕：所有宣统三年以前各省分设公司集股商办之干路延误已久，应即由国家收回赶紧兴筑，除支路仍准商民量力酌行外，从前批准干路各案一律取销。如何收回之详细办法，着度支部、邮传部凛遵此旨，悉心筹划。盛主张将先收归国有的川汉、粤汉铁路所招各股，改换官办股票，其有不愿换票者，有的给还股本；有的发还六成，其余四成发无息股票；川省路股实用之款，给国家保利股票，余款或附股或兴办实业，另行规定，不得由股东收回。

5月20日（四月二十二日），遵旨接办粤汉、川汉铁路，接议英、德、法、美各银行六百万镑借款合同，本日定议签订。干线国有与这次借款，引起川、粤、两湖保路风潮。

5月（四月），奏请邮政归邮传部接管，以归统一而符名实。

5月26日（四月二十八日），奉旨："依议。"

6月（五月），吏部咨开：奏准盛宣怀长孙盛毓常给予正二品廕生。

6月14日（五月十八日），唐文治来电：南洋公学本属电机毕业生，查照前电准送邮部复试，合格者派赴出洋。盛同意照办。

8月（闰六月），原设之捷报处划归邮传部管理，改名邮报处，请另铸新印"邮传部邮报处"。

8月26日（七月初三），电新任川督赵尔丰：保路风潮中的匿名告白，要挟罢市罢课，请出告示严禁，销患未萌。

8月28日（七月初五），电鄂督瑞澂：保路风潮只须略有兵威，不烦镇压。川督以兵警皆川人，惧不用命，鄂系紧邻，请将宜昌现驻之军，先行调赴重庆保护商埠，以作声援。

8月30日（七月初七），电瑞澂：现在民气嚣张，诚不宜专尚压力，"殊觉宽猛两难"。

9月14日（七月二十二日），电云贵督抚：鄂军赴援四川，须二十余日才到，请滇、黔近川之处军队统将带枪队千人驰往，即可将风潮震慑解散。

夏秋间，从四川开始的保路风潮兴起后，广东、两湖也随之继起，清王朝处于风雨飘摇之中，保清派人士群起攻击盛宣怀肇事，盛乃成为众矢之的。

10月10日（八月十九日），武昌起义，随之各省相继宣布独立。盛宣怀与端方等人认为，非请袁世凯出山率兵镇压不能平息起义。于是，盛一方面以老朋友身份电请袁出任统帅，答应所需各种条件，另一方面向清廷极力推荐袁出任镇压起义重任。但均无济于事。盛宣怀理所当然地被人民所反对，也成为清王朝御用机关资政院保清派的主攻目标。

10 月 13 日（八月二十二日），电豫抚宝棻：听说有人要炸毁黄河铁桥，"望速饬就近防军赴黄河赶紧守护，明日即可运兵到桥"。

同日，电江督张人骏：鄂军需饷甚急，已电饬南京造币局将已铸银元"火速运往，请密派妥人护送上船，万勿张扬"。

10 月 16 日（八月二十五日），电各省将军督抚：武昌兵变，不及万人，城中无粮，水陆到齐，不难克复。请各省"荐引宿将，多招防军，度支部已奏准先顾国防，暂缓他用"，经费是不会缺乏的。

10 月 16 日，电彰德袁世凯，"此乱蓄之已久，若不早平，恐各省响应。公出处关系中原治乱"，务请尽早出山肩负镇压起义重任。

10 月 21 日（八月三十日），电袁世凯：军人乘车及军用品运输执照各200 张，即日呈送应用。

同日，电袁世凯：此役"可胜不可败。中外望公如岁。拨饷募兵无不照准"。

10 月 22 日（九月初一），电东抚孙宝琦：交通受挤，万分危急，"汉事不可问，须盼项城速行"。

10 月 23 日（九月初二），电彰德袁世凯：车船运费"半价执照，即请由尊处自行刊发"。

10 月 23 日，电袁世凯：红十字会已派沈敦和由沪带医生去为战场服务，"德律风行军线备妥即运"。

10 月 24 日（九月初三），电袁世凯：已遵示派车由塘沽运米 5000 担，分赴彰德、郾城；所提向直隶借马队两营，直督陈夔龙亦已照办；所需电机明日送到。至此，盛宣怀基本上满足了袁世凯为镇压革命所需要的一切。

10 月 25 日（九月初四），写奏稿对资政院、保清派所提"违宪"、"乱法"、"激兵变"、"侵君权"等罪，一一予以解释，声明自己均是遵旨办事，且一切举动都是为清王朝的利益。未及写完即被解职。

10月26日（九月初五），清王朝为平息众怒稳住统治，将盛宣怀作为替罪羊革职，永不叙用。

10月27日（九月初六），清廷任命袁世凯为钦差大臣节制鄂省水陆各军。

10月28日（九月初七），逃离北京，经天津去青岛。日本顾问高木陆郎等随行，并一直跟随左右，名为保护，实是监视和控制。

11月1日（九月十一日），袁世凯被清廷任命为内阁总理大臣，组织责任内阁。

12月14日（十月二十四日），由青岛抵大连。

12月31日（十一月十二日），由大连去日本。除日本人高木陆郎等人随行外，儿子恩颐、重颐侍从。到日本后，僦居神户之盐屋山。

从青岛到大连、去日本旅途中，日本侵略者利用盛宣怀需要保护生命财产的心情，乘机与盛谈判中日合办汉冶萍公司问题。

1912年（中华民国元年）　六十九岁

1月1日（元旦），中华民国政府在南京成立。孙中山任临时大总统。

逃亡在日本的盛宣怀，注视国内政局，也关心他多年经营的轮船招商局和汉冶萍公司等企业。

1月中旬，南京临时政府财政极为困难，拟以汉冶萍公司财产作抵押，向日本筹借款项，或用中日合办形式，以解燃眉之急。派何天烟为代表赴日，通过王勋（阁臣）将用汉冶萍公司筹款事告盛。盛在"义不容辞"的答话之余，提出"或由公司与日商合办"的意见，并云："合办以严定年限、权限为最要，免蹈开平覆辙。"

1月17日，孙中山通过他的代表告盛，"民国于盛并无恶感情，若肯筹款，自是有功，外间舆论过激，可代为解释。惟所拟中日合办，恐有流弊"；至于盛氏被没收的财产，"动产已用去者，恐难追回；不动产可承认发还"。

1月26日，日本代表小田切说汉冶萍公司已无财产，不同意贷款，只能华洋合办。本日上海三井洋行与民国政府签中日合办汉冶萍公司草约（称"宁约"）。

1月29日，小田切在神户将中日合办汉冶萍公司合同，交盛宣怀草签（称"神户约"）。

2月12—13日，清帝下诏宣布退位。袁世凯声明赞成共和，孙中山向参议院辞职推荐袁为临时大总统。

2月23日，孙中山来函："执事以垂暮之年，遭累重叠，可念也。保护维持，倘能为力之处，必勉为之。现在南北调和，袁公不日来宁，愚意欲乘此机会，俾释前嫌，令执事乐居故里。"

同日，孙中山下令废除中日合办汉冶萍公司草约。这时用招商局财产向日本筹款1000万元，亦未能成功。

2月27日，致吕幼舲函："昔年轮、电商资官夺，已不合例，此次强汉冶萍为合办，招商局借巨款，共和攘力甚于专制。"

3月8日，复孙中山函："公一手变天下如反掌，即以一手让天下如敝屣，皆以为民也。惟中华之民穷困极矣，非洞开门户，大兴实业，恐仍不能副公挽回时局之苦心。侧闻公阅历欧亚，知足民大计，必从实业下手，路矿圜法尤其大者。与下走平生怀抱差幸不谋而合。"对孙中山"保护维持"家族财产，表示了"感劝尤深"之意。

3月10日，袁世凯在北京就任临时大总统职。

3月13日，致张仲炤函，"民国政府力推实业公司，汉冶萍、招商局几乎不能保全。幸赖项城之力"；就此共和统一，目前风已过去，以后实业必大兴旺，"故我辈不可不以保持已成为己任"。

3月15日，孙中山来函："实业以振时局，为今日必不可少之着。执事伟论适获我心。弟不日解组，即将从事于此。执事经验至富，必有以教我也。"

3月18日，致杨士琦函：在汉冶萍中日合约上"弟幸未签字盖印"，且于公司草合同末条声明：俟民国政府核准后，须股东会议决"方能知会日商。舆论哗然早在意中"。

同日，致书王子展：说招商局"幸蒙袁总统主持保护。此皆泗州（杨士琦）之力，令人钦佩无地"。

3月22日，汉冶萍公司开股东大会，取消中日合办草约。

3月30日，致孙中山函："钢铁关系自强，需本甚巨，华商心有余而力不足，恐非政府与商民合办不能从速恢张，以与欧美抗衡也。"

4月1日，孙中山正式辞去临时大总统职。4月3日去沪。

5月13日，致天津孙宝琦函，"汉冶萍事明明是孙逸仙与三井订立契约，逼公司承认"，"尚幸操纵得法，得以轻轻取消。袁世凯犹以影响共和劝我勿即揭破"，"项城实一世之雄，论其才识经验，断无其匹"。

5月20日，复郑观应函：称赞郑观应与张仲炤、庄得之组织招商局维持会，使之转危为安。并邀郑观应到日本与之畅叙，郑未往。

6月7日，致郑观应函，商量出售招商局事，说如能做到每股200两，必当厚赠。

7月15日，致孙宝琦函，吹捧袁世凯为自己保护财产和保全汉冶萍公司、轮船招商局。

7月21日，致孙宝琦函，告以从神户赴东京就医。

8月16日，袁世凯政府拟收招商局归国有，实际上仍是夺盛宣怀所控制的局权。盛于本日致函郑观应，要他联合粤股并会合各省股东"为阋墙御侮之计"，以反对袁政府的国有企图。

8月18日，致上海张仲炤函：主张招商局先设股东清算所，结成团体，自行组织，以期做到旧局翻新，不售不租，而坐得800万新股票。他认为这样做，不数年必又大获其利。

9月5日，为了对付袁世凯的将招商局收归国有计谋和控制于自己手中，必须"暂设股东维持会"以为过渡。"鄙见招商局一日有股东，即当一日有董事；而董事一日不完全，即当有股东维持会以协助之"。

9月7日，致上海昌幼龄函："现今孙、袁交合，心绪较宁。"孙中山于铁路甚主国有，"至于借款，则但求脱胎前作而不可得"。

9月9日，孙中山应袁世凯之邀于8月24日抵北京。本日孙被特授为筹划全国铁路全权。

9月19日，致孙宝琦函：闻孙中山总理各省铁路，"其政策与下走不谋而合。惟其念太奢，恐更无步骤"。

9月29日，致孙中山函称："大驾到京，宏议铁道，所到之处，实业发达，尤为文明之代表。"

10月间，作自日本回上海的准备。在日本期间，除关注他所办实业之外，对于文化事业仍一如既往的热心，他除自己在日本市肆购书外，还先交妥便者携2万日元交给寓居上海的赵凤昌，说接得收到款项的复信后，再寄交2万元，大约以4万元为度，"专买未见之书"，准备将这些书置于他私人刚办成的上海图书馆。

11月30日，从日本回到上海。致吕海寰函说："弟一年流离，归国后田园荒芜，家产损失。人欠我者，无可讨索；我欠人者，刻不容缓。所谓穷得不干不净。"

1913年（民国二年）　七十岁

2月18日，致吴蔚若函："归国后故园独处，书画自娱，如梦初醒，不欲知秦汉以后事。惟民穷财尽，实业如航业、铁业已成之局，似不难于保守。乃因董事不得其人，内外交讧；股东散处四方，每届开会，到者甚稀。西人目为自弃权利。大约官僚附股，讳莫如深！"

3月20日，袁世凯派人刺死宋教仁于上海火车站。

3月29日，致构武先生函：汉冶萍公司有国有之说恐难办到，"鄙见商办公司必当奉工商部为惟一之管辖上司，不宜杂乱，一羊九牧，必无收成"。

同日，汉冶萍公司召开特别股东大会，被选为总理，会后又被举为董事会会长（此前公司董事长为赵凤昌）。

3月30日，致民报馆构甫函："弟与中山先生情谊甚好，旧事不宜重提，务祈格外留意。"

4月22日，致梁启超函，"汉冶萍中日合办，非由弟主，而实由弟挽救。近已有人代为昭雪"；并告以最近股东特别会上被举为总理，说这是"颇类强迫，不得已辞总理仍为董事（会长）"。但因重病，会长事务常由王存善代理。

春间，子恩颐挈妇去英国留学。

5月11日，复郑观应函：阁下系招商局"创始伟人"，能仍入董事会方于大局有益。"因董事非正大光明热心熟羊，难期收效"。故极力帮助郑当选，当郑当选董事缺少权数时，立即送上430权。

6月20日，致孙宝琦函，"招商局为一班粤人盘踞其中，终难整顿"；

"闻各股东以鄙人老马识途，欲举会长"；并说果然如此的话，"拟推泗州为长，吾为次"。

同日，对孙宝琦谈他对孙中山和袁世凯两人的某些看法说：孙中山在办实业上是"有理想而无经验，不足与谋也"；袁世凯则"措置大局，举重若轻，实超轶乎汉高、宋祖而上之，方之华盛顿、拿破仑亦有过无不及"。

6月22日，招商局开股东大会选举董事会，杨士琦为会长，盛副之；郑观应亦当选为董事。这样，即平衡了与袁世凯的关系，也缓和了与粤帮的矛盾。

7月，"二次革命"爆发。盛迫切希望革命军速败，袁世凯军速胜。暂时避居青岛，对于汉冶萍公司、轮船招商局"暗中主持"，以期"保全万一"。

1914 年（民国三年）　七十一岁

1月，拟招商局股东致董事会函：自甲申年（1884 年）起至癸卯年（1903 年）止，余利及房产、轮船、地产等，不下二千万两之数。至辛亥以后仅有一千六七百万两，遭时多故，生业萧条，固时势之适然，"亦未尝非经理者之未能尽善也"。矛头所指是清楚的。那就是主要由于北洋经营之未善。

9月26日，致外交总长孙宝琦函，要他警惕日本侵略。第一次世界大战爆发，日本对德宣战，乘机向德国势力范围的山东进军。乃告孙云："惟望欧战早停，中立不致败坏。近邻不怀好意，触之即动，似宜小心。"对于日本控制的汉冶萍公司，提出"以外债图扩充，以铁价还日款，以轨价充经费"的方针。

是年，同意股东、董事们提出的官商合办汉冶萍公司的意见，并积极进行着。但由于日本帝国主义的干预，1915 年 1 月，日本在向袁世凯提出的《二十一条》中坚持汉冶萍"中日合办"，未能成功。

1915 年（民国四年）　七十二岁

1月，日本帝国主义向袁世凯政府秘密提交灭亡中国的《二十一条》，其中第三条规定："汉冶萍公司中日合办，附近矿山未经公司同意不准他人开采。"名为"中日合办",实为日本独占,以实现它多年处心积虑吞并汉冶萍公司的阴谋。

3月6日,正金银行驻北京董事小田切之助电告盛宣怀:"中日合办"汉冶萍公司,对盛氏说"所享之益尤大"以为引诱,力请盛同意。

3月28日,复小田切:以股东们反对"中日合办"和"各国效尤"为理由,拒绝名为"中日合办"汉冶萍公司实为吞并的妄图。

春夏间,为了既不"中日合办",又能把汉冶萍维持下来,允由梁士诒、孙多森所办"通惠实业公司"出面发行实业债票等办法,维持汉冶萍公司。

11月24日,正金银行上海分行经理儿玉来函:"日本绝不能承认贵公司与通惠公司结成关系。"

12月12日,致函孙宝琦:坚信借内债"只要所借者不是外人间接、息率轻,彼(指日本)断无阻挠之理"。并答复儿玉说,通惠公司"果有此能力(筹款),则汉冶萍必当签字",以借通惠公司之款。

冬,病益重,不能起床,也不能管事。

1916年(民国五年) 七十三岁

4月27日,在上海病逝。终年73岁。

去世时,送挽联者甚多,与盛宣怀共事半个世纪对其了解最深的郑观应的挽联为:

> 忆昔同办义赈,创设电报、织布、缫丝、采矿公司,共事轮船、铁厂、铁路阅四十余年,自顾两袖清风,无惭知己。
> 记公历任关道,升授宗丞、太理、侍郎、尚书官职,迭建善堂、医院、禅院于二三名郡,此是一生伟业,可对苍穹。